KB236886

지리산권 인물의 삶과 정신

지리산권 인물의 삶과 정신

국립순천대 · 국립경상대

인문한국(HK) 지리산권문화연구단 엮음

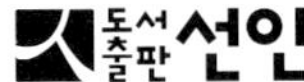

도서출판 선인

국립순천대학교 지리산권문화연구원과 국립경상대학교 경남문화연구원은 2007년에 컨소시엄을 구성하고 '지리산권 문화 연구'라는 아젠다로 한국연구재단의 인문한국(HK) 지원 사업에 신청하여 선정되었습니다.

인문한국 지리산권문화연구단은 지리산과 인접하고 있는 10개 시군을 대상으로 문학, 역사, 철학, 생태 등 다양한 방면의 연구를 목표로 하였습니다. 이에 따라 연구단을 이상사회 연구팀, 지식인상 연구팀, 생태와 지리 연구팀, 문화콘텐츠 개발팀으로 구성하였습니다. 이상사회팀은 지리산권의 문학과 이상향·문화사와 이상사회론·사상과 이상사회의 세부과제를 설정하였고, 지식인상 연구팀은 지리산권의 지식인의 사상·문학·실천에 관한 연구를 진행하였습니다. 그리고 생태와 지리 연구팀은 지리산권의 자연생태·인문지리·동아시아 명산문화에 관해 연구하고, 문화콘텐츠 개발팀은 세 팀의 연구 성과를 DB로 구축하여 지리산권의 문화정보와 휴양정보망을 구축하였습니다.

본 연구단은 2007년부터 아젠다를 수행하기 위해 매년 4차례 이상의 학술대회를 개최하고, 학술세미나·초청강연·콜로키움 등 다양한 학술활동을 통해 '지리산인문학'이라는 새로운 학문영역을 개척하였습니다. 또한 중국·일본·베트남과 학술교류협정을 맺고 '동아시아산악문화연구회'를 창립하여 매년 국제학술대회를 개최하였습니다. 그 과정에서 자료총서 27권, 연구총서 9권, 번역총서 5권, 교양총서 8권, 마을총서 1권 등 총 50여 권의 지리산인문학 서적을 발간한 바 있습니다.

이제 지난 8년간의 연구성과를 집대성하고 새로운 연구방향을 개척하기 위해 지리산인문학대전으로서 기초자료 10권, 토대연구 10권, 심화연구 10권을 출판하기로 하였습니다. 기초자료는 기존에 발간한 자료총서 가운데 연구가치가 높은 것과 새롭게 보충되어야 할 분야를 엄선하여 구성하였고, 토대연구는 지리산권의 이상향·유학사상·불교문화·인물·신앙과 풍수·저항운동·문학·장소정체성·생태적 가치·세계유산적 가치 등 10개 분야로 나누고 관련 분야의 우수한 논문들을 수록하기로 하였습니다. 그리고 심화연구는 지리산인문학을 정립할 수 있는 연구와 지리산인문학사전 등을 담아내기로 하였습니다.

지금까지 연구단은 지리산인문학의 정립과 우리나라 명산문화의 세계화를 위해 혼신의 힘을 다해왔습니다. 하지만 심화 연구와 연구 성과의 확산에 있어서 아쉬운 점도 없지 않았습니다. 이번 지리산인문학대전의 발간을 통해 그 아쉬움을 만회하고자 합니다. 우리 연구원 선생님의 노고가 담긴 이 책을 통해 독자 여러분들이 지리산인문학에 젖어드는 계기가 되리라 기대합니다.

끝으로 이 책이 출간되기까지 수고해주신 본 연구단 일반연구원 선생님들, HK연구원 선생님들, 그리고 외부에서 참여해주신 필자선생님들께 깊이 감사드립니다. 또한 이 자리를 빌려 이러한 방대한 연구활동이 가능하도록 재정적 지원을 해주신 정민근 한국재단이사장님, 송영무 순천대 총장님과 권순기 경상대 총장님께도 고맙다는 말씀을 드립니다.

2015년 6월
국립순천대·국립경상대 인문한국(HK) 지리산권문화연구단
단장 강성호, 부단장 윤호진

　성호(星湖) 이익(李瀷)은 우리나라 산맥의 조종인 백두정간(白頭正幹)을 설명하면서, "퇴계(退溪) 이황(李滉)은 태백산과 소백산 밑에서 출생하여 우리나라 유학의 으뜸이 되었다. 그 계통을 이은 인물들은 깊이 함양하고 돈후하며, 예의가 있고 겸손하며, 문채가 찬란하여 수사(洙泗)의 유풍이 있었다. 남명(南冥) 조식(曺植)은 지리산 밑에서 출생하여 우리나라에서 기절(氣節)이 가장 뛰어났다. 그 뒤를 이은 인물들은 마음과 힘을 다해 극진히 실천하며, 의로움을 즐거워하고 자신의 목숨을 가볍게 여겼다. 그리하여 이로움 때문에 뜻을 굽히지 아니하며 해로움에 의해 절개가 변하지 않는 우뚝한 지조가 있었다. 이것은 영남 북부와 남부의 다른 점이다."라고 하였다. 그리고 이것을 요약하여 퇴계학의 영남 북부는 '인을 숭상함[尚仁]'이라 하고, 남명학의 영남 남부는 '의를 중시함[主義]'이라고 정의하였다.

　이익은 걸출한 학자가 사상을 형성하고 학풍을 이룩하게 되는 원인으로서, 그들과 밀접한 연관을 가진 명산을 통해 그 근원을 탐색한 것이다. 이와 같은 관점은 현재에도 인물에 관한 연구에서 중요한 실마리를 제공할 수 있다. 기존 연구방법론은 개별 인물의 사상과 행적만을 다루었을 뿐, 그 인물이 살아간 삶의 배경이 되는 지역에 관해서는 관심을 가지지 않았다.

　지리산권의 인물에 관한 연구는 이와 같은 문제의식을 전제하고 있다. 어떤 인물이 생장하고 활동한 지역은 단순한 공간적 의미에 그치는 것이 아니라, 인물의 삶에 깊은 영향을 끼쳐 저술을 통해 드러나기도 하고 행적 속에서 구체화되는 양상을 보인다고 이해된다. 지리산권연구단에서는 인물의 사상과 행적을 보다 넓고 깊게 이해하기 위한 하나의 관점으로 이것을 실마리로 삼아 연구를 수행했다.

이 책은 그간 연구단에서 진행한 지리산권의 인물에 대한 연구 결과물을 모은 것이다. 그리고 기존 연구성과 중에서 우수한 논문을 선별해 함께 수록함으로써 지리산권의 인물을 보다 풍성하게 이해할 수 있기를 고려했다. 이 책에 수록된 지리산권의 인물은 고운 최치원, 일두 정여창, 남명 조식, 매천 황현, 도선, 보조지눌, 부휴 선수 등이다. 따라서 유학 관련 인물이 4명이며, 불교 부분에서는 3명이 실려 있다.

막상 이렇게 책을 편집하고 보니, 새롭게 나아간 부분도 적지 않지만 여전히 연구되어야 할 많은 인물이 있다는 사실을 절감하게 된다. 현재까지 연구의 의미와 한계를 있는 그대로 직시하고, 향후 진행될 연구에 새로운 마음으로 박차를 가하기를 생각한다. 그런 의미에서 이 책은 작은 마침표이자 큰 출발점이 될 수 있으리라 기대한다.

2015년 6월
편집자

목차

智異山 遊覽錄으로 본 崔致遠

강정화

—

Ⅰ. 서론

역사 속 인물 가운데 최치원만큼이나 지속적인 연구와 다양한 평가를 받고 있는 이도 드물 것이다. 이를 입증이라도 하듯, 최치원과 관련한 그 간의 연구 성과는 풍부하다. 한국학술정보시스템(www.riss.kr)에 탑재된 '최치원' 관련 기록을 살펴보면 2천여 건이 넘는 자료를 확인할 수 있다. 그의 문집이 19세기 말 20세기 중반에 출간[1]된 점을 감안한다면, 이러한 수치에 더욱 놀라게 된다.

연구 분야 또한 매우 다양하다. 생애를 포함한 작가론 연구를 비롯해, 그가 생존했던 삼국시대 말기 국내외의 역사적 시대적 상황과 관련한 연구, 한시를 포함한 문학 분야, 儒佛仙 三敎와 관련한 사상사적 측면, 중국

---

[1] 『桂苑筆耕集』은 1834년·1918년·1930년에, 『孤雲集』은 1926년에 간행되었다.

史籍에 오를 만큼 칭송되었던 문장력, 그리고 書體 및 후대의 문묘종사 논란에 이르기까지 참으로 다양한 각도에서 조명하고 있다. 또한 그간의 연구 성과와 향후의 방향을 점검하는 자리가 두어 차례 진행되기도 하였다.[2] 이는 '최치원'이 갖는 삶의 좌표 설정에 대한 고찰이 그만큼 다층적이면서도 난해하다는 또 다른 표현이기도 하다.

본고에서는 조선시대 士人이 남긴 지리산 유람록을 중심으로 그 속에 표출된 최치원 관련 인식을 고찰해 보고자 한다.[3] 지리산 유람록은 조선 초기 靑坡 李陸의 유람[4]에서부터 100여 편이 넘게 발굴되었다.[5] 5백여 년의 시간차에도 불구하고 이들 지리산 유람록에는 최치원과 관련한 기록이 끊임없이 등장한다. 게다가 동일한 대상, 곧 최치원의 일화와 전설이 남아전하는 지리산권역의 유적에 대해, 수백 년에 걸쳐 수많은 인물들이 최치원에 대해 언급하고 있다. 본고는 이러한 기록을 통해 조선시대 士人들의 최치원에 대한 인식을 살필 것이다. 이는 선행연구에서 산출된 최치원 관련 인식의 폭을 확대하고, 나아가 지리산권역과 관련한 인물사적 연구를 통해 지리산권 문화 연구 방법론을 확장하는 계기가 될 것으로 기대한다.

---

2) 최병헌, 「孤雲 崔致遠 연구의 문제점과 과제」, 『원불교사상과 종교문화』 21집, 원광대학교 원불교사상연구원, 1997, 505-519쪽; 장일규, 「최치원 연구의 성과와 전망」, 『北岳史論』 9집, 북악사학회, 2002, 71-106쪽.

3) 현재까지 발굴된 지리산 관련한 최치원 연구로는 최석기, 「최치원과 지리산」(『韓文化研究』 2집, 한국한자한문능력개발원, 2009)이 있다. 논자는 지리산 유람록에서 언급된 최치원 관련 기록을 중심으로, 최치원은 '시대와 어긋난 불우한 유학자'였다는 논지를 밝히는 데에 주안점을 두고 전개하였다.

4) 李陸의 지리산 유람은 1463년 8월에 이루어졌으며, 「遊智異山錄」과 「智異山記」가 전한다.

5) 강정화 외, 『지리산 유산기 선집』, 이회, 2008 참조.

II. 지리산 유람록에 나타난 최치원 관련 기록

우리나라 산천에는 최치원의 이야기로 넘쳐난다. 최치원이 만년의 터전으로 삼았던 지리산과 가야산은 특히 그의 일화와 전설이 많은 곳이다. 두 산에서 접하는 그의 유적과 이야기는 수백 년의 역사 속에 이어져 온 것이며, 조선시대 士人이 두 산에서 만난 유적 또한 이에서 크게 벗어나지 않는다.

지리산 유람록에 등장하는 최치원 관련 유적은 주로 河東 雙磎寺와 三神洞 방면에 집중된다.[6] 최치원의 글씨로 알려진 쌍계사 입구의 '雙磎石門' 石刻이 있고, 쌍계사 경내에는 최치원이 撰書하고 篆額한 眞鑑禪師大功塔碑와, 최치원이 청학과 노닐었다 하여 이름 붙여진 靑鶴樓가 있으며, 지금은 없어졌지만 조선후기까지도 그의 영정을 안치했던 孤雲影堂이 있었다. 쌍계사 뒤쪽을 따라 佛日庵으로 오르면 최치원이 청학을 불렀다는 喚鶴臺, 불일폭포 앞에는 그가 폭포를 완상하던 翫瀑臺가 있었다. 삼신동 神興寺 계곡에는 그의 필체로 알려진 '三神洞' 석각과, 최치원이 세상사를 들은 귀를 씻었다는 '洗耳嵒' 석각이 있다. 화개동 입구에서부터 삼신동 계곡까지는 '최치원의 공간'이라 해도 과언이 아닐 만큼 그의 일화와 전설로 가득 차 있다.

이 중 진감선사대공탑비는 최치원이 왕명에 의해 쌍계사를 중창한 승려 慧昭의 사적을 撰書하고 篆額한 유일한 史籍이다. 그 내용까지 섭렵한다면, 대공탑비는 최치원의 사상과 문장력 및 글씨까지 망라해 볼 수 있는 대표적 유적이다. 지리산 유람록에 나타난 최치원 관련 언급 또한 이 진감선사

---

[6] 그 외에도 최치원이 速含太守로 재직 시 지었다는 함양의 學士樓, 그의 시호를 따서 이름한 文昌臺, 그의 호를 따서 이름한 孤雲洞, 그의 글씨로 전해지는 단속사 입구의 廣濟嵒門 石刻 등이 전해지고 있다. 그러나 학사루와 문창대 및 고운동은 지리적 여건에 의해 조선조 유학자의 지리산 유람의 주요 경로가 아니었고, 광제암문 석각은 단속사의 명성과 함께 제법 거론되기는 하나 쌍계동과 삼신동 유적에 비할 바가 아니었다.

대공탑비에 집중적으로 나타난다. 쌍계사 고운영당의 최치원 영정은 조선시대 때 전해지는 기록과 후인의 기억에 의거해 제작된 것이며, 그 외의 것들은 최치원 관련 일화와 전설에 의거해 형성된 관념적 유적일 뿐이다.

유념해야 할 것은 지리산 유람록에 나타난 최치원 관련 언급은 그들의 의도되지 않은 기록이라는 점이다. 조선시대 士人들은 유람 도중 최치원 관련 유적을 접하고서 그에 대한 단상을 피력하였는데, 그 속에는 최치원에 대한 그들의 의도하지 않은 인식들이 표출되고 있다. 동일한 유적을 접하고도 아무런 언급이 없는가 하면, 마치 자신의 처지와 동일시한 연민을 드러내거나, 반대로 강한 비판의식을 표출하기도 하였다. 이때의 기록은 長文의 논리나 청탁에 의한 의도가 들어있지 않다. 의도하지 않은 장소에서의 준비되지 않은 언급, 이것이야말로 그들의 진정성을 엿볼 수 있는 좋은 제재라 할 수 있다.

먼저 지리산 유람록 속 최치원 관련 기록을 시대별로 분류하여 공통적으로 나타나는 내용을 적출해 보았다.

〈표 1〉 유람록 속 최치원 기록(시대순)[7]

시기	유람 인물	관련 주요 공통 내용	
15세기	金宗直, 南孝溫, 金馹孫 (曺偉, 兪好仁)	세상을 이끌 만한 재능을 지녔으나 불우하여 세상에 쓰이지 못했다	文才가 뛰어났다
16세기	曺植, 邊士貞 (黃俊良, 奇大升, 河受一)		
17세기	柳夢寅, 成汝信, 趙緯韓, 梁慶遇, 吳斗寅, 金之白, 宋光淵(文弘運)	신선이 되어 청학동에 살고 있다	
18세기	金昌翕, 申命耈, 鄭栻, 黃道翼, 李柱大, 朴來吾		佛家와 仙家의 영향이 많다
19세기	南周獻, 河益範, 鄭錫龜		
19세기말~ 20세기초	宋秉璿, (田愚) 金澤述	불가를 숭상하였으니 儒家者가 아니다	

먼저 눈에 띄는 것은 그의 文才에 관한 인정이다. 남효온·김일손·황준량·하수일·유몽인·양경우 등이 강하게 표출하였으니, 조선중기 이후까지 지속적으로 나타난다고 하겠다. 조선초기 유람자에게서는 특히 그의 '不遇'에 대한 안타까움이 공통적으로 나타나는데, 주로 글씨와 문장을 매개로 피력하였다. 16~17세기에는 청학동에서 최치원을 찾는 仙界로의 선망이 강하게 나타나며, 이는 19세기 중반까지도 보인다. 18세기~19세기 중반에 보이는 道家와 仙家에 대한 비판은, 19세기 말 20세기 초에 이르면 그의 사상을 강하게 비판하는 것으로 나타난다. 〈표 1〉에서 보듯 최치원과 관련한 다양한 인식과 평가들이 뒤섞여 있어, 시대별 혹은 인물 간 공통요소를 추출해내기가 쉽지 않다.

다음으로 유적별 기록을 분류해 보자. 우선 쌍계석문 석각과 관련한 기록은 조선초기부터 말기까지 다양한 인물에게서 보이며, 특히 임진란 이후인 17~18세기 인물에게서 집중적으로 나타난다. 대체로 최치원의 친필로 인정하면서 서체를 품평하는 내용이 많이 보인다. 최치원의 서첩을 구해 그의 필체를 익힐 만큼 탐닉하거나[8] 顔眞卿의 글씨보다 우월하다고 극찬한 경우[9]가 있는 반면, 어린 아이의 습자와 같은 수준이라 폄하하기도 하였다.[10] 쌍계석문은 쌍계동으로 들어서는 입구에 있는 바위의 刻字로, 최치원을 만나는 첫 관문임과 동시에 조선초기 지리산 유람록에서부터 보이는 유서 깊은 유적이다. 따라서 이를 접하는 조선시대 士人의 감회는 남달랐으며, 때문에 많은 기록이 전하고 있다.

孤雲影堂은 17세기 후반 宋光淵(1638~1695)의 「頭流錄」에 처음 등장

---

7) 표 안의 ( ) 속 인물은 유람록을 남기지 않았으나, 지리산 유람시 및 여타 경로를 통해 최치원 관련 기록을 남긴 부류이다. 논지 전개를 위해 필요한 인물들만 발췌하여 수록하였다.

8) 柳夢寅, 『於于集』 권6 「遊頭流山錄」.

9) 梁慶遇, 『霽湖集』 권11 「歷盡沿海郡縣 仍入頭流 賞雙溪新興紀行錄」.

10) 金馹孫, 『濯纓集』 권5 「頭流紀行錄」.

해11) 19세기 말까지 나타난다.12) 특이한 것은 이 시기 그의 초상화를 통해, 탁월한 능력을 지녔음에도 불우하여 불가나 선가에 심취했던 인물로 일관되게 나타난다는 점이다. 불우의 삶에 대한 탄식이라는 점에서는 조선초기의 인식과 유사하나, 이 시기는 道家와 仙家로의 심취, 그의 仙趣에 집중된 차이점이 있다. 송광연은 "고운의 인물과 재주를 가지고서 중국에서도 알아주는 임금을 만나지 못하고, 우리나라에서도 받아들여지지 못해, 仙家·佛家의 도에 자취를 감추고 산수에 묻혀 배회하다가 생을 마감했다. 때를 만나기 어려움이 이와 같구나!"13)라고 하였고, 黃道翼(1678~1753)은 "안타깝도다! 불세출의 이름난 사람으로서 불가에 자취를 의탁했으니, 학술의 방법을 선택할 적에 신중하지 않을 수 있겠는가"14)라고 하여, 그의 불우한 삶과 불가·선가로의 은거 등을 술회하고 있다. 朴來吾(1713~1785)는 최치원을 '仙翁'으로, 그의 유적을 '仙界'로 비유하였고,15) 河益範(1767~1815)은 최치원을 '雲仙' 또는 '연단술을 익힌 崔文昌'16)으로 표현하였다.17)

---

11) 宋光淵, 『泛虛亭集』 권7 「頭流錄」. 송광연의 지리산 유람은 1680년 8월 20일부터 27일까지 순창을 출발하여 곡성→구례→쌍계사→삼신동을 구경하고 제석봉을 거쳐 천왕봉에 올랐다가 인월과 운봉을 거쳐 귀가하는 일정이었다.

12) 김성렬은 1884년 5월 1일부터 9일까지 청학동 일대를 유람하고 「유청학동일기」를 남겼는데, 그때 지은 「雙溪寺 謹次東崖梁公亨遇韻」(『兼山集』 권1)에 의하면, "盡日緣流到石門 溪山省識舊時痕 晚花冉冉春猶在 亂樹抻陰晝亦昏 眞堪遺碑鑑共語 孤雲影帖尙今存 玉簫千載仙人去 鶴背華扁手自捫"이라고 하여, 그 당시까지만 해도 영당의 초상화가 남아 있었음을 확인할 수 있다.

13) 宋光淵, 『泛虛亭集』 권7 「頭流錄」.

14) 黃道翼, 『夷溪集』 권13 「頭流山遊行錄」.

15) 朴來吾, 『尼溪集』 권12 「遊頭流錄」.

16) 河益範, 『士農窩集』 권2 「遊頭流錄」.

17) 지리산 유람록에서는 최치원을 두고서 오롯이 유학자의 형상만을 읽어내는 기록은 보이지 않고, '學士·文昌侯·儒仙' 정도로 표현하고 있다. 그러나 가야산에 위치하는 최치원의 유적을 읊은 기록에서는 온전한 유학자의 모습을 읊어낸 작품도 보인다. 이는 최치원과 관련하여 조선조 士가 인식한 지리산과 가야산의 변별력이 될 수 있으며, 이에 대해서는 추후 논의할 일이다.

진감선사대공탑비는 조선 말기까지 지속적으로 그리고 다양한 기록을 남긴 유적이다. 글씨와 문장에 대한 언급, 그의 불우에 대한 연민, 무엇보다 최치원의 사상에 대한 비판이 강하게 표출되고 있다. 왕명에 의해 찬술되었다고는 하나, 승려 慧昭의 일대기와 업적을 칭송했다는 점과, 내용면에서 최치원의 유학자로서의 사상과 정신이 혼재되어 나타나기 때문에, 조선 말기까지 불가를 옹호했다는 비판을 면치 못하는 대표적 유적이다. 이에 대한 혹평은 조선 말기에 이르러 더욱 강하게 나타난다.

이상의 두 가지 방식으로 분류하였으나, 그 내용에 있어 어느 한쪽만의 일관성을 읽어내진 못하였다. 그러나 두 가지 방식을 종합해서, 시기나 인물 분류를 배제하고 내용을 중심으로 그 특징을 도출하고, 그 특징에 해당되는 인물과 시기를 분류할 수 있다. 곧 내용 중심으로 분류하되, 장시간 일관되게 그리고 강하게 나타나는 인식을 적출하는 방법이다. 이에 따라 관련 기록을 정리하면 다음 네 가지로 압축할 수 있다. 이를 중심으로 조선시대 士人의 최치원에 대한 인식을 살펴보고자 한다.

<표 2> 유람록 속 최치원 기록(내용 중심)

내용	유람자	주요시기
① 타고난 文才에도 不遇하였다	김종직, 남효온, 김일손, 조위, 유호인, 송광연	조선초기
② 글씨에 뛰어났다	남효온, 김일손, 황준량, 하수일, 황위, 유몽인, 양경우, 오두인, 김지백	임진란 이후
③ 산수 간에 은거하여 신선이 되었다	기대승, 성여신, 조위한, 박래오, 신명구, 하익범	
④ 불가와 도가에 심취한, 유학자가 아니다	박래오, 황도익, 정석구, 송병선, 전우, 김택술	조선말기

趙寅永(1782~1850), 『雲石遺稿』 권10 「孤雲影堂記」. "伽倻之爲名山 以先生也…… 然先生 百世師也 肇倡斯文 配食聖廟 吾儒之尊之也固宜 而學仙者曰 先生吾師也 學佛者曰 先生吾師也 杖屨所及 競爲之崇奉焉 彼崇奉焉者 徒欲得先生重耳 烏知其誣賢也哉……余惟先生之文章聲名 洋溢天下 非末學可贅也 竊恐夫後之入此山者 疑先生於仙佛之間也 不得不爲之辨"

Ⅲ. 조선조 士人의 최치원에 대한 인식

1. 不遇에 대한 憐憫과 慰撫

佔畢齋 金宗直(1431~1492)은 함양군수로 부임한 이듬해인 1472년 중추절을 전후하여 함양 龍游潭과 君子寺 방면으로 지리산 천왕봉에 올랐고, 남효온은 그보다 15년 뒤인 1487년에, 김일손은 1489년 鄭汝昌과 함께 지리산을 유람하였다. 김종직을 비롯한 그의 문하생 중 유람록을 남기지 않았으나 지리산 유람이 확실시 되는 인물을 꼽으라면, 金宏弼·鄭汝昌·曺偉·俞好仁·崔忠成·洪裕孫·楊浚 등이 확인된다.[18]

> 고운은 얽매이지 않은 사람이었다. 氣槪를 자부하였지만 어지러운 세상을 만나, 중국에서 불우했을 뿐만 아니라 우리나라에서도 용납되지 못하자, 마침내 미련 없이 속세를 등졌다. 깊고 고요한 산골짜기는 모두 그가 노닐었던 곳이다. 그러니 세상 사람들이 그를 신선이라 불러도 부끄럼이 없으리라. (金宗直,「遊頭流錄」)

김종직은 최치원의 유적을 직접 방문하지 않았으나, 細石坪에 이르러 동행한 승려가 남쪽을 가리키며 쌍계사라고 하자, 곧장 최치원을 떠올리며 위와 같이 언급하였다. 김종직의 위 언급에서 주목할 것은 두 가지이다. 최치원은 시대의 '不遇'한 인물이라는 것이 그 하나이고, 그러면서도 현실에 연연해하는 것이 아니라 物外에서 노닌 자유로운 존재임을 높이 평가한 것이 나머지 하나이다.

주지하듯 김종직은「弔義帝文」을 짓고도 세조에게 出仕하였고 한명회를 칭송하는 시를 지어[19] 사상과 처세가 의심스럽다는 평가를 받았으

---

[18] 조위와 유호인은 스승 김종직의 지리산 유람에, 정여창은 김일손의 유람에 동행하였고, 그 외 인물은 남효온의 지리산 유람록인「智異山日課」에서 확인할 수 있다.

며,20) 훈척의 시기와 견제를 피해 외직으로 나가는 경우가 있었으나 세상을 떠나기 직전까지 환로에 있었던 인물이다. 그는 일생 벼슬에 대한 집착을 보인 인물이라 할 수 있다. 그런 그에게 있어 최치원은 부러움과 선망의 대상이었다. 시대의 불우를 과감히 떨치고 현실을 벗어난 삶을 살 수 있는 그 용기를 높이 산 것이다. 김종직에게 있어 최치원은 세상을 구제할 뛰어난 능력을 지녔음에도 현실에 쓰이지 못하여 세상을 벗어난 은둔자의 형상이었던 것이다.

최치원은 귀국 후 자신의 포부를 펼쳐보려 했으나 크게 등용되지 못하고 외직인 泰仁縣監으로 나가게 되었다. 김종직은 태인의 蓮池에서 최치원을 그리워하며 다음과 같은 시를 지었다.

할계하던 그때에도 맑은 향기 전파했기에	割雞當日播淸芬
가시나무에 깃들어 사는 난새라 하였었지	枳棘棲鸞衆所云
천 년 전 시 읊던 그 마음 어디서 찾을까	千載吟魂何處覓
일만 개의 연꽃줄기가 제각각 고운이로다	芙蕖萬柄萬孤雲21)

큰 능력을 지닌 인재가 작은 고을을 다스리는 牛刀割鷄의 현실을 비꼬고 있다. 가시나무는 난새가 깃들 곳이 아님에도 그곳에 깃들어 살고 있음을 통해, 난새의 능력을 제대로 인정해주지 않는 현실을 안타까워하고 있다. 난새는 최치원이자 김종직 자신이다. 현실에서 능력을 크게 발휘하지 못하고 작은 고을을 다스리고 있지만, 그곳에서 선정을 펼쳤던 최치원을 통해 현실 속의 자신을 보았다. 자신을 최치원과 동일시하여 현재의 자신을 합리화하고 그를 통해 위무 받으려 한 것이다.22)

---

19) 金宗直, 『佔畢齋集』 권6 「狎鷗亭上黨府院君請賦」,

20) 許筠, 『惺所覆瓿藁』 제11권 「金宗直論」. "若宗直者 眞所謂私其利 竊其名 偃然徒朱軒赤紱者也"

21) 金宗直, 『佔畢齋集』 권21 「泰仁蓮池上 懷崔致遠」.

남효온은 모친의 손에 이끌려 初試를 치렀으나 이후 昭陵復位 등을 청하는 疏가 任士洪과 鄭昌孫의 반대로 받아들여지지 않자, 방랑과 유랑으로 삶을 일관하였다. 無官의 서생으로 홀로 지리산 유람을 떠나던 당시의 상황도 이에서 크게 벗어나지 않았다. 지리산 유람 시기[23]를 전후하여 남효온의 개인적 상황을 살펴보면, 가정적으로는 부모처럼 자신을 거둬주던 고모와 둘째 아들의 연이은 죽음이 그를 고통스럽게 하였고, 姜應貞·鄭汝昌 등과 조직한 小學契를 중심으로 추진되었던 성급한 사회개혁의 실패, 洪裕孫·申永禧 등과 함께 竹林七賢을 본떠 결성한 竹林羽社로 인해 동문 金宏弼 등과의 절교는, 당시 남효온이 처한 세상과의 불화와 고립을 보여주는 단적인 사건들이다.[24]

이러한 복잡미묘한 세상사 속에서 갈등하고 고뇌하던 남효온이, 홀로 떠난 지리산 유람에서 만난 최치원은 현실에서 염원하던 자신의 모습과 흡사하였다. 때문에 그는 「智異山日課」에서 유람 도중 접하는 최치원 관련 유적, 예컨대 최치원이 독서하던 방이라 전해지는 단속사의 선방, 그의 친필로 전해지는 쌍계석문 석각, 불일암 일대의 전경 등을 놓치지 않고 담담하게, 때로는 장황하게 수록하고 있다.

---

22) 이는 김종직이 문인 俞好仁과 더불어 가야산 해인사를 유람하면서 최치원의 일화가 전하는 유적을 읊은 여러 시에서도 확인할 수 있다. 특히 최치원의 바둑판이라 전해지는 곳에서 지은 시에는 이러한 감회를 더욱 절실히 표출하고 있다. 金宗直, 『佔畢齋集』 권14 「海印和板上韻三首 與克己同賦」. "孤雲佳邂客 白日大名聞 巾屨同蟬蛻 風標混鶴群 碁盤空剗落 詩石半刓分 細履仿佯地 追懷祇自勤"

23) 남효온은 1487년 9월 27일부터 10월 13일까지 산청 남사를 출발하여 천왕봉에 오르고, 영신봉을 따라 하동 칠불사로 하산하여 청학동을 유람하였다. 南孝溫, 『秋江集』 권6 「智異山日課」.

24) 정출헌, 「秋江 南孝溫과 遊山」, 『한국한문학연구』 47집, 한국한문학회, 2011, 349~360쪽 참조.

<table>
<tr><td>어찌하여 신라의 교지 두 번이나 받들어</td><td>胡爲再奉鷄林敎</td></tr>
<tr><td>세상의 평범한 한 노승 사적을 기술했나</td><td>疏錄人間一庸叟</td></tr>
<tr><td>축원하고 염불함은 망령되고 우매한 일</td><td>祝上念佛妄庸事</td></tr>
<tr><td>은근한 칭송의 말들 입에서 흘러 넘쳤네</td><td>慇懃讚嘆不容口</td></tr>
<tr><td>혜소의 일과 자취는 내 보고 싶지 않고</td><td>慧昭事跡不欲觀</td></tr>
<tr><td>용처럼 꿈틀대는 가는 글씨에 경탄할 뿐</td><td>但驚細筋龍蛇走</td></tr>
<tr><td>문장은 덜한 노력에도 이백의 글과 같고</td><td>文如李白差鍛鍊</td></tr>
<tr><td>글씨는 백영처럼 취중의 정취를 얻었네</td><td>書得伯英醉中趣</td></tr>
<tr><td>이 나라 문장이 공에게서 비롯되었으니</td><td>此邦文字自公始</td></tr>
<tr><td>우리나라 학사 가운데 공이 으뜸이라네</td><td>靑丘學士公爲首[25]</td></tr>
</table>

위 시는 남효온이 지리산 유람 때 쌍계사에 들러 진감선사대공탑비를 읊은 시의 일부이다. 일개 승려의 행적을 칭송하는 글이나 지었다고 폄하하고 있지만, 그의 문장만큼은 우리나라의 으뜸이라 칭송하였다. 뛰어난 글씨와 문장력을 지니고도 나라의 큰 쓰임에 활용되지 못하고 한갓 승려의 행적을 찬양하는 일에나 쓰인다는 것으로써 그에 대한 안타까움을 표출하고 있다. 남효온이 생각하는 최치원은, 재주가 높고 뜻이 뛰어났으나 고국에서 때를 만나지 못해 당나라로 유학하였고, 귀국해서도 험난한 때를 만나 자신의 뜻을 펼치지 못한 채 泉石의 사이에서 평생을 보낸 인물이었다.[26] 그 역시 최치원을 不遇한 인물로 인식하였으며, 그의 삶을 통해 자신의 고단한 처지와 현실을 위무 받으려 하였다. 때문에 최치원이 부여잡고 개울을 건넜다는 전설과 함께 쌍계사에 전해지는 고목의 뿌리 하나에서도 차마 떠나지 못하고 한참을 서성인다거나, 지리산 유람 이후 곧장 海雲臺로 유람을 떠나 최치원의 흔적을 찾는 남효온의 모습[27] 또한

---

25) 南孝溫, 『秋江集』 권2 「讀雙磎寺碑」.

26) 南孝溫, 『秋江集』 권4 「遊海雲臺序」. "才高志秀 不偶於鄕 入唐登第 仕至翰林供奉 從將軍高駢擊黃巢 手自艸檄 黃巢破 唐室危 乞骸骨東還 適値鷄林黃葉 世道崎嶇 遂放情自晦 膏肓泉石 遊遨終其身"

같은 맥락에서 이해할 수 있겠다.

지리산 유람록에서 최치원과 관련하여 가장 핍진한 기록을 남긴 인물은 김일손이다. 그의 「頭流紀行錄」에는 최치원에 대한 언급이 유달리 많다. 단속사와 쌍계사에 전해지는 유적 외에도 신흥사 입구의 외나무다리에 얽힌 최치원 관련 설화를 장황하게 기록하여 최치원에 대한 각별한 관심을 표출하였다. 급기야 쌍계사 진감선사대공탑비에 이르러서는 감흥의 절정에 이른다.

이번 유람에 비석을 구경한 것이 많았다. 단속사 信行의 비석은 元和年間에 세웠으니, 光啓보다 앞선다. 五臺山 水陸精社의 기문은 權適이 지었으니, 그 또한 한 세상의 文士였다. 그런데 유독 이 비석에 대해서는 끝없이 감회가 일어나니, 이 어찌 孤雲의 손길이 여전히 남아 있고, 고운이 산수 사이에 노닐던 그 마음이 백세 뒤의 내 마음에 와 닿기 때문이 아니랴. 내가 고운의 시대에 태어났더라면, 그의 지팡이와 신발을 들고서 모시고 다니며, 고운으로 하여금 외로이 떠돌며 佛法을 배우는 자들과 어울리게 하지는 않았을 것이다. 고운이 오늘날 태어났더라면, 반드시 중요한 자리에 앉아 나라를 빛내는 문필을 잡고서 태평성대를 찬란하게 표현했을 것이며, 나 또한 그의 문하에서 붓과 벼루를 받들고 가르침을 받았을 것이다. 이끼 낀 비석을 어루만지며 감개한 마음을 금치 못했다. 다만 비문을 읽어보니, 문장이 騈儷文으로 되어 있고, 또 禪師나 부처를 위해 글짓기를 좋아하였다. 어째서 그랬을까? 아마도 그가 晩唐 때의 文風을 배웠기 때문에 그 누습을 고치지 못한 것이 아닐까? 또한 숨어사는 사람들 속에 묻혀 세상이 쇠퇴하는 것을 기롱하며, 時俗을 따라가면서 선사나 부처에 몸을 의탁하여 자신을 숨기려 한 것이 아닐까? 알 수 없는 일이다.[28]

위 인용문에서 보듯 김일손은 스승 김종직이나 남효온과 달리 최치원에 대해 대단히 호의적이다. 왜일까? 최치원은 當代 최고의 文章家이다. 騈麗文는 정교한 대구를 번갈아 사용하는 등 까다로운 형식을 중요시 하나, 당시의 국가문서나 외교문서 등에 사용되던 공식 문체였다. 때문에 최치원이 변려문에 능통했다는 점에 주안하여 그의 사상적 깊이를 의심하기도 하나, 오히려 변려문에 탁월했던 그의 문장 능력은 신라의 국제적 위상을 드높였다는 점에서 높이 평가받을 만하다.29) 최치원은 자신의 문장으로 국가와 민족을 위해 당대 지식인으로서의 역할과 의무를 다하려 했다고 할 수 있다.

김일손 역시 문장에 탁월한 재능을 보인 인물이다. 그는 師門에서 文柄을 잡을 인물로 기대를 모았고, 스승의 권유에 따라 韓愈의 문장 공부에 열의를 다하여 성취가 있었던 인물이다. 중국 사신도 그를 일러 '東國의 韓昌黎'라 하였고,30) 南袞과 權應仁 또한 그의 문장을 칭송하였으니,31) 문장에 있어 뛰어난 능력은 후대까지도 인정되었던 것으로 보인다.

김일손은 최치원에게서 문장을 통해 국가와 시대에 충실하려 했던 지식인을 본 것이다. 바로 자신의 모습이다. 때문에 최치원의 시대에 태어

---

28) 金馹孫, 『濯纓集』 권5 「頭流紀行錄」. "所見碑碣 多矣 斷俗神行之碑 在於元和 則先於光啓矣 五臺水精之記 撰於權適 則亦一世之文士也 而獨於此 興懷不已者 豈孤雲手澤尙存 而孤雲所以徜徉山水間者 其襟懷有契於百世之後歟 使某生於孤雲之時 當執杖屨而從 不使孤雲踽踽與學佛者爲徒 使孤雲生於今日 亦必居可爲之地 摛華國之文 賁飾太平 某亦得以奉筆硯於門下矣 摩挲苔蘚 多少感慨 第讀其詞偶儷 而好爲禪佛作文 何也 豈學於晚唐 而未變其習耶 將仙逸隱淪 玩世之衰 而與時傴仰 托於禪佛 以自韜晦耶 不可知也"

29) 민족문학사연구소, 『한국 고전문학 작가론』, 소명출판, 2006 참조.

30) 宋時烈, 『宋子大全』 권137 「濯纓先生文集序」.

31) ① 許筠, 『惺所覆瓿稿』 권25 惺叟詩話, 「南袞嘗言金馹孫之文朴誾之詩不可易得」. "南止亭嘗言金馹孫之文 朴誾之詩 不可易得 此語誠然 朴之詩 雖非正聲 嚴縝勁悍 如春陰欲雨鳥相語 老樹無情風自哀之句 學唐纖麗者 安敢劘其墨乎" ② 權應仁, 『松溪漫錄』. "濯纓金先生 以文章自名 南止亭常稱曰 挹翠軒之詩濯纓之文 其文集盛行於世而詩則罕傳 三嘉縣觀水樓有一律云……詩與文孰優 觀者詳之"

났더라면 그를 섬겼을 것이며, 자기 당대에 태어났더라면 중요한 자리에 앉아 문필로써 태평성대를 구가했을 것이라 자부하였다. 비록 최치원과 자신의 시대상황이 달랐다 하나, 文柄을 잡아 문장으로 국가와 민족을 위하고자 했던 김일손의 士意識이 최치원에 대한 감개로 발현된 것이라 할 수 있다. 그리고 김일손 또한 그러한 재능을 뜻대로 펼치지 못한 최치원의 不遇한 삶을 회상하며 그를 통해 자신의 현실적 상황을 위무 받고 있는 것이다.

이상에서 보듯 최치원의 不遇에 대한 연민은 특히 초기사림에게서 집중적으로 나타난다. 이 시기는 아직 확고한 성리학적 시각에 의한 최치원 비판이 본격적으로 일어나기 전이었고, 따라서 최치원에 대한 인식 또한 정치적 사상적 측면보다는 그 삶의 전반에 대한 표현이 많이 보인다. 조선초기는 훈구세력과 초기사림의 대립이 성행하였고, 훈척에 비해 초기사림은 탁월한 능력을 소유했음에도 불구하고 이를 제대로 인정받지 못하는 것이 현실적 상황이었다.[32] 김종직과 그의 문도로 대표되는 이들은 그들 시대가 직면한 정치적 사상적 상황에서 보더라도, 혹은 그들 각각의 상황에서 고려해 보더라도, 현실에서 자신의 능력을 제대로 펼칠 기회를 얻지 못한 不遇의 삶이라는 점에서 동질감을 지녔고,[33] 이러한 동질감은 그들 자신을 慰撫하는 방편으로 작용하였다고 생각된다. 이들에게 있어 지리산 속 최치원은 현실에서 상처받은 또 다른 자신의 모습임과 동시에 그 상처를 어루만져 줄 위무의

---

32) 송재소, 「점필재 문학 연구의 몇 가지 문제」,『김종직의 사상과 문학』, 밀양
문화원, 2005, 90쪽 참조.

33) 최치원에 대한 초기사림의 이런 인식은 위 세 인물 외에 梅溪 曺偉에게서도
나타난다. 曺偉,『梅溪集』권4 「題崔文昌傳後」. "或者疑其以公之大才 卷以東歸
陳力就列 遇事匡救 彌縫其闕失 粉飾其文治 則國勢不至於捏脆 萱裔何遽於猖獗 而
顧乃棲遲偃仰 不屑仕宦 國之危亡 視若越人之肥瘠 無乃幾於潔身而亂倫 懷寶而迷
邦者耶 是不然……噫 以公之才 生於今日之盛時 其黼黻王猷 振起大雅之風者 爲如
何哉 人與時不偶 命與才不諧 豈非千古之恨"

손길이었던 것이다.

2. 문단의 변화와 서체에 대한 칭송

최치원의 탁월한 文才는 고려와 조선에서 전반적으로 인정받은 부분이었으나, 엄밀히 살펴보면 그 '인정'에 있어 다소 차이를 발견할 수 있다. 고려시대가 '당대 최고의 唐나라 문인에 비견될 만큼 우리의 문학을 세계적 수준으로 성취한 인물'이라는 자부심을 표출한 경우라면,[34] 조선시대는 유학적 가치체계에 따라 그에 대한 평가가 시대마다 약간씩 달랐다. 예컨대 조선시대에는 초기부터 최치원과 관련하여 문묘종사의 당위성 논의가 지속적으로 제기되었는데, 이는 유가적 사회질서의 정착과 성리학 사상의 경직화 과정과 관련이 있다.[35] 특히 中宗代 이후로는 '道統의 傳授와 出處의 정당성'이라는 두 가지 방향으로 논의의 가닥이 잡히는데, 이와 관련한 최치원에 대한 비판은 退溪 李滉에 의해 정점에 이른다.[36] 따라서 그의 학문적 사상적 성향과 관련한 논의는 적어도 퇴계 이후 비판을 면치 못하는 것으로 치우쳤고, 이는 그의 文才에 대한 평가에도 일정 부분 영향을 끼쳤다.

---

[34] 김부식의 『三國史記』에 실린 崔致遠列傳, 李奎報의 「唐書不立崔致遠列傳」(『東國李相國集』 권22)에서 특히 집중적으로 나타나는데, 이의 기록에 의거해 고려인의 자부심으로 자주 회자되었다

[35] 정경주, 『한국중세문화인물연구』, 신지서원, 2010, 41쪽 참조. 그 논의의 중심 사안으로는 '鷄林黃葉 鵠嶺靑松'이라는 구절이 든 祥瑞를 왕건에게 올렸다는 사실의 眞僞 문제, 처자를 이끌고 가야산에 은거했다는 出處의 명분 문제, 佛家文字를 많이 저술하였다는 사상적 순수성의 문제가 그것이며, 이러한 문제 제기는 그의 학문성취에 대한 평가척도의 변화와 그 맥을 함께 하였다.

[36] 李滉, 『退溪集』 續集 권5 「退溪先生言行錄」. "中朝去文廟追崇之號 改題先聖先師 朝廷亦有欲遵是制者 先生曰 聖人之德 雖不以封贈而有所加損 然尊以是號 世代已久 程朱大儒 亦無異議 而一朝削去 實所未安 今此擧措 何可輕議 我朝從祀之典 多有未喩者 如崔孤雲徒尙文章 而諂佛又甚 每見集中佛疏等作 未嘗不深惡而痛絕之也 與享文廟 豈非辱先聖之甚乎 可歎可歎 又曰 我朝四賢 雖有功德 至於從享聖廟 則未可輕議也 時館學生上疏請從祀 先生聞之 終不以爲是"

예컨대 퇴계의 문인 黃俊良(1517~1563)은 을사사화가 일어나기 직전인 1545년 파직되어 낙향했다가, 곧장 함양의 俞子玉 등과 지리산을 유람하였다. 그는 유람 도중 지리산에 은거했던 韓惟漢과 최치원을 회고하였는데, 특히 최치원에 대해서는 "최고운 불러내 최근 소식 묻고프나, 仙遊하며 신령한 자취 어디쯤 날고 있는지. 火網에서 몸을 빼내 화려한 글 솜씨 떨쳤기에, 맑고 아름다운 풍도와 그 명성 후인들이 흠모하였네"37)라고 한 것이나, 愼齋 周世鵬에게 올린 편지에 최치원을 일러 '문장으로 세상에 이름을 떨쳤으나 유학자로서의 經世之學은 없었습니다'38)라고 한 언급에서, 최치원의 탁월한 문장은 인정하나 유학자로서의 면모를 인정하지 않음으로써 스승의 견해를 존중하는 모습을 보이고 있다. 曺植의 문인 河受一39) 또한 진감선사대공탑비를 보고서 '불가는 儒家者가 할 일이 아니니, 최치원의 행적 중 「討黃巢檄文」 한 편만 적합하다'고 하였다.40) 그의 문장만을 인정했던 것이다.

그런데 지리산 유람록에서는 그의 문장이 아니라 서체에 대한 칭송이, 특히 임진란 이후의 유람자에게서 집중적으로 나타난다. 柳夢寅·梁慶遇·趙緯韓과, 조금 뒷시대 유람자인 金之白·吳斗寅·宋光淵 등의 언급에서 확인해 볼 수 있다.

쌍계석문에 이르렀다. 최고운의 필적이 바위에 새겨져 있었는데, 글자

---

37) 黃俊良, 『錦溪集』 권1 「遊頭流山紀行篇」. "欲喚孤雲訪消息 仙遊何許飛靈踪 抽身禍網振華藻 風聲沒世欽淸丰"

38) 黃俊良, 『錦溪集』 권4 「上周愼齋論竹溪志書」. "有薛弘儒, 崔文昌 生于羅季 薛則譯五經 訓後學特其章句之末耳 崔以文章鳴天下 亦非經世之學也"

39) 이상필, 『松亭集 解題』, 『남명학연구』 13집, 경상대 남명학연구소, 2002, 339쪽 참조. 하수일은 시문 창작에 관심을 기울이지 않던 여느 江右學者에 비해, 문장 수련에 남다른 노력을 기울였고 또 뛰어난 실력으로 칭송받았던 인물이다.

40) 河受一, 『松亭集』 권2 「題雙溪寺崔學士碑後」, "龜足龍冠幾百年 至今猶不受苔錢 早知空寂非吾事 只合黃巢一檄傳"

의 획이 마모되지 않았다. 그 글씨를 보건대, 가늘면서도 굳세어 세상의 굵고 부드러운 서체와는 사뭇 다르니, 참으로 기이한 필체다. 金濯纓은 이 글씨를 어린아이가 글자를 익히는 수준이라고 평하였다. 탁영은 글을 잘 짓지만, 글씨에 대해서는 배우지 않은 듯하다. ……나는 어려서부터 최고운의 필적이 예스럽고 굳센 것을 사랑하여 판본이나 탁본의 글씨를 구해 감상하였다. 그러나 임진왜란을 겪으면서 집도 글씨도 모두 없어져 늘 한스럽게 여겼다. 내가 의금부 問事郞이 되었을 적에 문건을 楷書로 쓰는데, 곁에 있던 金吾將軍 尹起聘이 한참 들여다보더니 "그대는 일찍이 최고운의 서법을 배웠소? 어찌 그리도 환골탈태를 잘 하시오." 라고 했었다. 지금 眞本을 보니, 어찌 옛 사람을 위문하며 감회가 일어날 뿐이랴.[41]

바위 하나에 각각 두 글자씩 새겨져 있었는데 필획이 정돈되어 있고 서체가 엄격하며 칼과 창이 교차한 듯하니 참으로 고운 최치원의 친필이다. 찡하니 가슴이 뭉클하여 말에서 내려 우두커니 바라보았다. 대체로 唐代의 명필로 모두 楮遂良·顏眞卿을 말하면서 崔學士만은 일컫는 말을 듣지 못했으니, 외국 사람이기 때문이 아니었을까? 저수량은 논하지 않더라도, 안진경의 磨崖 碑刻本을 본 적이 있는데, 결코 여기에 미치지 못했다.[42]

유몽인은 文·詩·書에 두루 뛰어나 당시 文壇의 중심에 있던 인물이었지만, 최치원에 대해서는 위의 기록에서 보듯 문장보다는 글씨에 대한 칭

---

41) 柳夢寅, 『於于集』 권6 「遊頭流山錄」, "至雙溪石門 有崔孤雲筆蹟 字劃不泐 觀其
書 瘦且硬 絶異世間肥軟體 眞奇筆也 金濯纓謂兒童習字者之爲 濯纓雖善文 至於書
未之學也……且余自少愛孤雲筆蹟之古勁 得墨本傳壁以玩之 經壬辰亂 室與書 俱亡
常以爲恨 及爲金吾問事郞 楷書文案 傍有金吾將軍尹起聘 熟視之曰 子曾效孤雲書
法乎 何奪胎甚也 今見眞本 豈但弔古興懷 兼有感舊之悲也"

42) 梁慶遇, 『霽湖集』 권11 「歷盡沿海郡縣 仍入頭流 賞雙溪新興紀行錄」, "一石各書
二字 畫整體嚴 劍戟交橫 眞孤雲手迹也 森然魄動 下馬佇眙 盖唐朝數名筆者皆曰
楮太傅顏太師 而獨崔學士無聞焉 得非以外國故歟 卽毋論楮公 曾見顏公磨崖碑刻本
決不及此"

송으로 일관한다. 특히 최치원의 서체에 유독 관심이 많아, 어려서부터 그의 서첩을 구해 익힐 만큼 매료되어 있었다.[43] 유몽인은 어린아이의 습자한 것과 같다고 평했던 김일손의 안목[44]을 폄하하면서까지 최치원의 글씨를 높이 평가하고 있다. 송광연 또한 '필력이 서까래처럼 곧고 힘차다'고 평한 후, "그런데 탁영은 글자를 익히는 아이의 글씨에 비유하였다. 무슨 소견으로 그렇게 말했는지 모르겠다."고 하여, 그 역시 최치원의 글씨를 칭송하였다. 양경우는 唐代 최고의 서예가인 顔眞卿보다 더 우월한 솜씨라 자부하면서도, 자국인이 아니라는 이유로 당나라에서 정당한 평가를 받지 못했음을 못내 아쉬워하고 있다.

이외에도 趙緯韓은 "네 개의 큰 글자가 장엄하여, 용과 이무기가 뒤엉켜 승천하는 듯하고, 칼과 창을 비스듬히 잡고 서 있는 듯하다"고 하였고, 吳斗寅은 "글자의 획이 매우 기이하고 예스러웠다."라 하고 진감선사대공탑비에 대해서는 "용과 뱀이 얽힌 듯 필적이 지금까지도 뚜렷하니, 가히 不朽라 할 만하다."라고 하였으니, 이 시기의 최치원 관련 유람기록은 그의 글씨에 대한 칭송으로 일관함을 확인할 수 있다. 최치원은 東國文宗으로 일컬어질 만큼 문장에 있어 인정을 받았음에도 불구하고 이 시기 지리산 유람록에서는 그의 문장이 아닌 서체에 대한 칭송 일색인 것은 왜일까?

우선 유람자가 최치원의 필적이라 전해지는 글씨를 직접 목격한 감회를 기록했기 때문으로 보인다. 주로 진감선사대공탑비와 '雙磎石門' 석각에서 나타나는데, 실제 장소에서 글씨를 접했을 때의 그 현장감과 감회는

---

43) 柳夢寅, 『於于集』 권5 「答南都憲季獻書」. "僕學古詩古文　又好古人書法　皆從十五歲始　文自三代兩漢止韓柳　目不窺宋以下之作　拘拘法制　如申, 韓律令　慘刻峻急　頗不自滿於意　詩自先唐以上止於李, 杜, 韓　下及於黃　橫驅別鶩　如泛駕脫羈之馬　不避深峭　然後快於心　自以爲詩勝於文　書自中國及東方　學崔致遠楷字　又博取張弼崔興孝金絿黃耆老草書　避子昂安平　若將浼　屈伸盤縮　皆遵古畫　恣睢狂逸之氣　老而不衰"

44) 이 내용은 김일손의 「頭流紀行錄」에 수록되어 있다. 최석기 외, 『선인들의 지리산 유람록』, 돌베개, 2000, 93쪽 참조.

남달랐을 것으로 보인다. 때문에 '용과 이무기가 뒤엉켜 승천하는 듯하다'거나 '용과 뱀이 얽혀 있는 듯하다'는 등과 같이 섬세하고 핍진한 표현이 가능했던 것이다. 대공탑비 내용과 관련한 언급은 지리산 유람록 전체에서도 극히 일부인데, 승려의 사적을 칭송한 내용인 만큼 조선조 士들이 언급조차 꺼려했을 것이고, 따라서 글씨에 대한 기록이 그만큼 용이했고, 또 많은 분량이 전하게 된 것이라 생각된다.[45]

이 시기 조선 文壇에 일었던 변화 또한 하나의 요인이 될 수 있겠다. 임진란을 전후한 조선은 성리학적 이념체계가 확립되던 시기를 지나, 그 사회를 지탱하던 가치체계의 혼란을 초래한 시기였다. 정치적 사상적 문학적 측면에서 다양한 변화가 일어나고 있었다. 이러한 다변화 양상을 보인 원인으로는 '兩亂의 진행과 그 복구과정에서 발생한 知性界의 반성적 자각, 전란에 救援한 明과의 활발한 교류에 기인한 외부의 자극, 양명학이라는 새로운 사상의 충격, 명·청 교체에 기인한 국제정세의 변화와 조선의 위상 정립 및 대처' 등이 거론되었다.[46]

이처럼 복잡하고 다양한 변화는 이 시기 문인의 의식세계에도 영향을 끼쳤다. 특히 이 시기는 이전의 문풍이 晚唐風에 머물렀다는 비판과 함께 盛唐風이 창작과 비평의 기준으로 인식된 점을 주목해 볼 만하다.[47] 최치원의 문장은 이러한 변화의 흐름에서 보아 비판의 대상이 되었는데, 그중 가장 혹독하게 비판한 이가 허균이다.

우리나라는 바다 모퉁이에 치우쳐 있어 당나라 이전의 문헌은 거의 없다. ……신라 말에 이르러 孤雲學士가 처음으로 그 명성이 컸으나, 지금으로써

---

[45] 강정화·구경아, 『지리산 한시 선집, 청학동』, 이회, 2009 참조.

[46] 신승훈, 「조선중기에 나타난 문학적 典範에 대한 논란에 관하여」, 『동양한문학연구』 21집, 동양한문학회, 2005, 133~136쪽 참조.

[47] 김성기, 「양경우의 시 인식과 시세계」, 『한국한시작가연구』 9집, 한국한시학회, 2005, 10~12쪽 참조.

본다면 文은 가벼워 시들하고 詩는 엉성하고 허약하여, 許彬이나 鄭谷의 사이에 두더라도 그 누추함을 드러내는데, 盛唐의 시인들과 공교함을 다투게 하겠는가?48)

최고운 학사의 시는 당나라 말기에 두더라도 鄭谷이나 韓偓의 부류 정도이니, 모두 천박하고 두텁지 못하다.49)

허균은 문단의 변화 과정 중 기존의 문학관에서 이탈한 면모를 가장 두드러지게 보여준 인물로, 문학은 반드시 世敎와 연관 지어 사회의 현실과 삶의 진실을 담아내야 한다고 주장하였다.50) 허균의 이러한 문학관에서 볼 때 변려문의 작가 최치원이 비판의 대상이 되었음은 물론이다. 허균은 그를 우리나라 문장의 시조로 인정하면서도 시·문 모두 그 품격이 현저히 떨어진다고 평하고 있다.51) 이러한 문단의 변화와 최치원 문장에 대한 비판은 이 시기 지리산 유람록 저자들도 비켜가지 못했을 것으로 보인다. 이들 또한 정치적 당파성에 의해 혹은 신분상의 차별 등 여러 요인에 의해 자신의 자질을 온전히 발휘하진 못하였지만, 당대 문단의 흐름 중심에 있었던 인물이기 때문이다.

이러한 개연성과 연관하여 이 시기 지리산 유람록 저자들의 교유관계를 주목해 볼 만하다. 유몽인과 양경우의 절친한 교분은 여러 작품에서 확인되며,52) 동향의 벗인 양경우와 조위한의 교유는 선대는 물론 형제간

---

48) 許筠, 『惺所覆瓿藁』 권10 「答李生書」. "吾東僻在海隅 唐以上文獻邈如……及羅季孤雲學士始大厥譽 以今觀之 文菲以萎 詩粗以弱 使在許, 鄭間 亦形其醜 乃欲使盛唐爭其工耶"

49) 許筠, 『惺所覆瓿藁』 권25 「惺叟詩話」. "崔孤雲學士之詩 在唐末亦鄭谷韓偓之流 率佻淺不厚"

50) 신승훈, 「조선중기에 나타난 문학적 典範에 대한 논란에 관하여」, 『동양한문학연구』 21집, 동양한문학회, 2005, 140~142쪽 참조.

51) 許筠, 『惺所覆瓿藁』 권2 「病閑雜述」. "我國文章天下聞 羅季始稱崔孤雲"

으로 확대 지속되었고,53) 조위한과 허균54) · 권필55)과의 교유, 선대에서
부터 시작된 허균과 권필의 교유56) 등에서 확인되듯, 이들의 교유는 당대
문단의 흐름을 주도할 만큼 서로 친밀하게 연계되어 있었다. 게다가 이들
은 대부분 환로가 순탄하지 않다는 공감대를 형성하였고, 이러한 삶의 불
우는 그들의 문학세계에도 유사성을 지니는 계기가 되었을 것이다.57) 따
라서 이들 지리산 유람록 저자들 역시 최치원 문장과 연관하여 당시 문
단에 일었던 일련의 평가에 대해 묵언의 공감대를 형성하였을 것이며, 다
만 지리산 유람에서는 이러한 비평에서 비껴 있는 최치원의 글씨를 직접
확인함으로써 보다 적극적인 의사표출이 가능했던 것이라 생각된다.

3. 이상향으로서의 靑鶴洞과 神仙

唐에서 文名을 떨치던 최치원이 귀국하여 지방관을 전전하다가 궁극엔
방랑과 은거로 삶을 마감하였다. 이후 그의 발길이 닿았다고 전해지는 전
국 곳곳에는 수많은 일화와 전설이 가미되어 신비감을 증폭시켰다. 이는

---

52) 유몽인은 1611년 남원부사 재직 시 지리산을 유람하고 유람록인 「유두류산
록」과 장편시 「遊頭流山百韻」을 비롯하여 유람시 30여 수를 頭流錄이란 題名
으로 묶었는데, 이에 대해 양경우가 쓴 장편시 「題府伯默好柳相公頭流錄 長律
四十韻」이 전한다.
53) 남원에 살았던 조위한은 양경우의 부친 梁大樸의 문집 『靑溪集』에 발문을 지
었으며, 1618년 청학동 유람에는 자신의 아우 趙纘韓, 양경우의 동생 梁亨遇
등이 동행하였다.
54) 두 사람의 빈번한 교유는 『惺所覆瓿藁』에서 확인할 수 있는데, 『玄谷集』에는
실려 있지 않다. 아마도 반역에 연루된 허균의 죽음 이후 문집을 간행하는
과정에서 두 사람 관련 기록을 삭제했기 때문으로 보인다.
55) 조위한은 권필과 절친했으며, 문학적 교류도 빈번하였다. 『石洲集』에는 「有懷
趙持世」 등 조위한과 관련한 작품이 10여 수 이상 실려 있으며, 「師友錄」에도
그와 관련한 일화가 소개되고 있다.
56) 김창호, 「권필과 허균의 교유와 그 당대적 의미」, 『한국한문학연구』 42집, 한
국한문학회, 2008, 158~165쪽 참조.
57) 이희경, 『趙緯韓의 雜體詩 硏究』, 경상대 석사학위논문, 2002, 9~16쪽 참조.

지리산이 더욱 심하다. 『삼국사기』 열전에는 최치원이 '지리산 쌍계사에서 노닐었다'고만 되어 있을 뿐 지리산에 살았다는 기록이 없다. 그럼에도 후대인들은, 특히 많은 조선조 士들은 지리산에서 최치원을 찾았다. 그리고 그들 기억 속의 최치원은 청학을 타고 날아간 神仙의 모습이다.

동양에서 이상향 공간의 표상 방식은 다분히 관념적으로 그리고 내세에 대한 희망으로 설명되어 왔으며,[58] 그중 중국의 武陵桃源과 우리나라의 청학동이 대표적이라 할 수 있다. 지리산 유람록에서 감지되는 이러한 최치원 형상은 청학동 인식과 관련이 깊다. 지리산 유람록에 나타난 청학동은 대개 불일암·불일폭포가 있는 쌍계사 위쪽 일대로 일관되게 나타난다. 조선시대 士들은 줄곧 청학동을 찾아 이곳으로 찾아들었는데, 특히 임진란 이후 소외된 이들에게서 집중적으로 나타난다.[59] 그들은 지리산 청학동을 찾아 와 신선이 되어 날아간 최치원을 찾았다.

청학동은 조선조 士의 이상향이다. 특히 이 일대가 士들에게 청학동으로 인식된 데에는 최치원과 고려시대 李仁老의 영향이 절대적이었다. 이인로는 무신정변 이후 은거를 결심하고 지리산 청학동을 찾아 삼신동 신흥사까지 왔다가 결국 찾지 못하고 돌아갔다.[60] 그가 삼신동까지 갔는데도 결국 찾지 못했다는 기록에서, 조선조 士들은 청학동의 구체적 공간을 이인로가 미처 가보지 못한 불일폭포 주변으로 한정시켰던 것이다.

김종직은 "아! 여기가 옛 사람이 이른바 신선이 놀던 데라는 곳인가? 이곳은 속세와 그리 멀지 않은데 眉叟 李公이 어째서 찾다가 못 찾았을까?"라고 하여 자연스레 이인로를 연상시키고 있으며, 남효온이 쌍계사와 불일암 일대에 이르러 이인로의 시를 떠올리며 "그는 성문 안 쌍계사 앞

---

58) 유병림, 「이상의 공간적 표상의 문제」, 『환경논총』 30집, 서울대학교 환경대학원, 1992, 143~144쪽 참조.

59) 許穆·邊士貞·梁大樸·成汝信·趙緯韓·梁慶遇·金之白·申命耇·吳斗寅·鄭栻·宋光淵·黃道翼·金道洙 등이 이곳을 청학동으로 인식하고 유람록을 남겼다.

60) 李仁老, 『破閑集』 권1 제14항.

쪽을 청학동이라 여긴 것이 아닐까? 쌍계사 위 불일암 아래에도 靑鶴淵이 있으니, 이곳이 청학동인 것은 의심할 나위가 없다."라고 한 기록에서 이를 확인할 수 있다.

이인로가 지리산 청학동에 대한 공간적 범위를 한정시켜 주었다면, 최치원은 청학동에 대한 관념적 형상을 심화하고 고착시킨 인물이라 할 수 있다. 그가 처했던 현실의 불우, 만년의 은거 등이 조선조 士의 공감대와 동경을 불러일으킨 것이다. 현실에서 고뇌하는 삶의 자취에서는 동질감을 느끼면서도, 만년의 은거는 이를 벗어던진 탈속적 존재로 인식하였다. 그들 스스로는 현실과 이상 사이에서 끊임없이 갈등하면서도 결코 현실을 등질 수 없는, 그런 결단을 과감히 결행한 이상적 인물로 형상화하였다. 그를 현실 속 인물이 아니라 관념적 이상 속에 사는 자유로운 영혼으로 동경하였고, 이러한 동경은 仙界에 사는 신선의 형상으로 심화되었으며, 급기야 지리산 청학동을 상징하는 형상으로 고착화되었던 것이다.

그러나 생전에 지리산에 살지 않았던 최치원이 청학동의 상징적 인물로 인식된 계기와 그 시기는 확실치 않다. 다만 "崔文昌이 이곳에서 책을 읽으면 신령스런 용이 그때마다 나와 그 소리를 들었고, 학도 그 소리에 맞춰 공중을 날며 춤을 추었다. 어떤 때는 최공이 허공에다 '한 일자[一]'를 그려 다리로 삼아서 왕래하기도 하였다."라거나,[61] 최고운은 아직도 죽지 않고 청학동에 살아있다는 등의 속설이 조선초기 유람록에서부터 등장하는 것을 보면, 청학동에 투영된 최치원 관련 인식은 훨씬 이전부터 형성되었던 것으로 보인다.

세상에선 최씨가 금돼지에서 나왔다하나	世傳崔子金猪産
가야에서 학업 닦아 문장에 뛰어났다네	錬業伽倻文字工
바다를 건너 가 온 천하를 유람했으며	泛海橫行李天下

---

61) 李陸, 『靑坡集』 권2 「遊智異山錄」.

화려한 문장 솜씨로 신라에서 벼슬했네　　摛華衣被羅朝中
신선 된 그 해 쌍계석문엔 달이 떴겠지　　當年羽化石門月
천년 전 금을 타던 마음 청학동바람이라　千載琴心鶴洞風
붉은 시내 그 다리를 지금도 보게 되면　　或看至今紅水棧
노새 타고 선동을 데리고서 건너가리라　　靑驢橫渡領仙童

가정 마을 지날 적에 취기가 돌더니　　柯亭道上帶微醺
신선 세계 찾아 드니 황혼이 뉘엿뉘엿　尋到仙區野色昏
횃불 들고 다리 건널 땐 바윗돌 울퉁불퉁　束火渡橋危石露
부여잡고 누각 오르니 저녁 종소리 들리네　攝衣登閣暮鐘聞
저녁 안개 내려앉아 어스름한 삼신동　煙霞縹緲三神洞
이끼 끼어 희미한 쌍계석문 네 글자　苔蘚微茫四字門
선원으로 가고프나 그곳이 어딘가?　欲泝仙源何處是
향로봉 위에서 최고운을 불러 보네.　香爐峰上喚孤雲(62)

　첫 번째는 유몽인이 지리산에서 만난 다섯 선현을 회고하며 시를 읊었
는데, 그중 최치원을 노래한 작품이다.(63) 그는 나머지 4인, 예컨대 鄭汝昌
은 당대 도학의 宗匠으로, 韓惟漢은 만고에 빛날 烈士로, 曺植은 壁立千仞
의 높은 기상을 지닌, 그리고 盧禛은 절개 높은 역사적 인물로 노래하였
다. 네 인물은 후인의 추앙을 받는 전형적인 士의 형상으로 노래한 데 반
해, 위 시에서 보듯 최치원에 대해서는 신선의 형상으로 묘사하였다. 최
치원은 신선이 되어 청학동에 뜬 달로, 청학동에 부는 바람소리로 여태껏
살아있다고 하였다. 그래서 청학동으로 건너던 그 다리를 혹 보게 된다면
자신도 최치원을 좇아가고픈 마음을 피력하고 있다. 유몽인이 지리산 청
학동에서 만난 최치원은 신선의 형상이었던 것이다.

---

⁶²⁾ 成汝信, 『浮査集』 권5 「方丈山仙遊日記」.

⁶³⁾ 柳夢寅, 『於于集』 後集 권2 「懷賢五首」. 그는 최치원을 포함하여 鄭汝昌·韓惟
漢·曺植·盧禛을 회고하는 시를 지었다.

두 번째 시는 성여신이 하동 청학동 일대로 유람하고서 쌍계사 邀鶴樓에 올라 지은 것이다. 그 역시 이곳으로의 유람을 신선세계를 찾는 것으로 인식하였고, 선계로 안내할 인물로 신선이 된 최치원을 부르고 있다. 성여신은 선계로의 유람을 추구한 절정의 인물로 알려져 있다. 71세 때 청학동 방면으로 유람하였는데, 자신을 포함한 동행자를 八仙[64]이라 불렀을 뿐 아니라 자신들의 유람이 신선들의 놀이였기 때문에 유산기를 「方丈山仙遊日記」라 제목하였다. 그는 이 유람에서 장편의 「遊頭流山詩」를 포함하여 수많은 遊仙詩를 지었다.

이외에도 趙緯韓은 청학동에 들어서니 "마음과 영혼이 상쾌해져 훌쩍 속세를 벗어난 듯한 생각이 들었으며, 암굴 사이에서 최고운의 음성이 황홀하게 들리는 것처럼 느껴졌다."고 하였고, 朴汝樑은 '쌍계사 八詠樓 아래의 맑은 물에 발을 씻고, 아득한 옛날의 儒仙을 불러 보고, 천 길 절벽에서 학의 등에 올라타고서 仙境을 유람하는 것을 평생의 숙원으로 여겼다'고 하였고,[65] 明庵 鄭栻(1683~1746)이 신흥사 앞 계곡의 洗耳巖에서 "세이암에서 인간세상 상념들 끊어버리고, 노을에 서성이며 최고운을 그려보네."(洗耳巖邊塵想絕 徘徊斜日憶崔仙)[66]라고 한 것 등이 모두 이에 해당된다.

그러나 이들은 모두 청학동의 선계를 이상향으로 갈망하면서도, 그것은 어디까지나 자신의 내면에 설정한 관념적 공간일 뿐이었다. 그들은 현실에서의 갈등을 회피할 가상의 공간을 갈구했고, 마치 그것을 현실적 공간에서 찾은 듯하나 그들의 내면에 구축된 관념적 이상이었던 것이다. 仙界인 청학동으로의 유람을 갈구하고 그 속에서 신선이 된 최치원을 염원

---

[64] 성여신은 이 유람에서 동행했던 이들을 모두 신선의 호를 붙여 불렀는데, 예컨대 성여신은 浮査少仙, 정희숙은 玉峰醉仙, 강사순은 鳳臺飛仙, 박민은 凌虛步仙, 이근지는 洞庭謫仙, 성박은 竹林酒仙, 문홍운은 梅村浪仙, 성순은 赤壁詩仙이라 하였다.

[65] 朴汝樑, 『感樹齋集』 권6 「頭流山日錄」.

[66] 鄭栻, 『明庵集』 권2 「神興庵」.

하면서도, 그것은 현실을 온전히 등진 것이 아니라 현실과 이상 사이에 각각 한쪽 발을 걸치고 있는 그런 상태라 할 수 있다.

청학동 속 백운산은	靑鶴洞白雲山
별천지로 인간세상 아니니	別有天地非人寰
내 오리 타고 그 사이 나르네.	我從鳧舃飛其間
이 몸 또한 금일의 孤雲이니	是亦今日之孤雲
孤雲을 따르지 못한다 한탄 말라.	莫恨孤雲不可攀[67]

청학동을 선계라 하면서도 眞을 찾는 작자의 주체성을 강조한 것으로 보인다. 작자가 선계에 들었으나 현실의 내가 곧 선계의 고운이다. 내가 서 있는 이곳이 바로 선계이고, 내가 처한 이 현실이 곧 선계인데, 그렇다면 굳이 신선이 되어 날아간 최고운을 찾을 필요가 없는 것이다. 조선조 士들이 지리산에서 찾는 청학동은 유학자적 磁場 속에 내재된 관념적 이상향으로써, 현실을 벗어나지 못하는 그들이 강구해 낸 自己求濟의 방식이자 공간에 불과했으며, 신선의 형상으로 갈구했던 최치원 또한 현실 속의 또 다른 그들 자신의 모습이었던 것이다.

4. 異端에의 혹평과 尊道

19~20세기 지리산 유람록은 대략 50편 정도가 확인되는데, 발굴된 전체 유람록의 절반에 해당하는 수치이다.[68] 이는 이전에 비해 이 시기의 지리산 유람이 급격히 증가했음을 의미한다. 그리고 이 시기 지리산 유람록의 저자와 유람코스를 살펴보면 명확한 양분 현상을 확인할 수 있다. 19세기에는 함양군수로 재직 시 유람한 南周獻과 宋秉璿, 광양의 黃玹, 남원

---

[67] 河受一, 『松亭集』, 「靑鶴洞歌」.
[68] 강정화, 『지리산 유산기 선집』, 이회, 2008 참조.

의 金成烈·鄭錫龜, 20세기 구례의 金奎泰, 남원의 金敎俊·鄭宗燁, 정읍의 金澤述, 화순의 梁會甲, 그리고 吳正杓·梁在慶 등을 제외하면, 모두 영남의 江右 지역 인물에게서 지리산 유람록이 산출되었다.[69] 사승관계로 살펴보면 영남지역은 郭鍾錫·許愈·鄭載圭 등의 문인이, 호남지역은 宋秉璿·奇宇萬·田愚 등의 문인이 주를 이룬다.

이들의 유람코스를 살펴보면, 강우지역 인물은 지역의 선현인 南冥 曺植의 유적지 德山을 거쳐 법계사나 대원사 방면으로 천왕봉을 오르는 일정이, 그리고 호남지역 인물은 하동 청학동으로의 유람이 일관되게 나타난다. 이 시기 강우학자 가운데 청학동을 유람하고 유람록을 남긴 인물은 극히 일부이며,[70] 반면 호남의 인물들은 청학동 일대만을 유람코스로 택한 경우가 대부분이다.

19세기 중반 이후 강우지역에는 인조반정 이후 미미했던 학문 활동이 크게 일어나 각 지역에서 수많은 학자가 배출되었고, 조식을 정신적 지주로 여겨 그의 정신을 본받아 한말의 난세를 극복하려는 강한 동질감을 형성하였다. 조식이 생전에 찾았던 지리산의 여러 유적지를 탐방해 봄으로써 그 정신을 되새기는가 하면,[71] 무너져 가는 도를 扶持하기 위한 일

---

[69] 19세기에는 경상도 산청의 裵瓚과 柳文龍·金永祚·閔在南, 함양의 安致權과 盧光懋, 진주 단목의 河益範, 하동 옥종의 河達弘·姜炳周, 함안의 朴致馥·趙性濂, 합천의 許愈와 鄭載圭가 있으며, 20세기에는 함양의 裵聖鎬, 진주의 李壽安과 河謙鎭, 덕산의 鄭德永, 단성의 金學洙 등이 모두 영남의 인물들이다.

[70] 산청 출신의 柳文龍이 쌍계사 일대를 유람하고 「遊雙溪記」를 남겼다. 그 외 安義 출신의 金會錫이 천왕봉과 청학동을 유람한 후 「智異山遊賞錄」을 남기기도 하였다.

[71] 이와 관련해서는 경상대 남명학연구소의 그간의 연구 성과를 통해 충분히 확인할 수 있다. 남명학연구소는 그 동안 19~20세기 강우지역의 여러 학파에서 활동했던 학자들을 발굴하고 조명하는 연구를 지속적으로 진행하여 그 성과를 출간하고 있는데, 예컨대 『后山 許愈의 학문과 사상』(2007), 『勿川 金鎭祜의 학문과 사상』(2007), 『晩醒 朴致馥의 학문과 사상』(2007), 『俛宇 郭鍾錫의 학문과 사상』(2010), 『橘下 崔植民과 溪南 崔琡民의 학문과 사상』(2011) 등이 있다. 이들이 강우지역에서 남명 정신을 계승하는 양상에 대한 연구 성과도 포함되어 있다.

환으로 ‘큰 근원인 도[大源]’를 염원하여 大源寺를 찾는 유람이 유행처럼 행해졌다.[72]

호남지역 학자에게서 청학동으로의 유람이 잦은 요인은 우선 지리적 접근성을 들 수 있다. 선현들의 지리산 유람은 유람자의 지역적 근거지에 따라 코스가 달라졌다. 예컨대 경북 星州를 비롯하여 합천·삼가 및 경상우도 지역 유람자는 덕산을 거쳐 중산리로 오르거나, 대원사를 거쳐 柳坪 방면으로 오르는 것이 일반적인 반면, 남원을 비롯해 장성·구례·광양 방면의 유람자는 하동 청학동 일대를 거쳐 영신봉을 따라 천왕봉으로 오르거나, 운봉 인월을 거쳐 함양 백무동으로 오르는 것이 일반적이다. 이는 거주지 중심의 지리적 환경을 이용한 산행의 適意함이라 볼 수 있다.[73]

그리고 청학동 인근 지역인 하동과 구례에서의 활발한 講學 활동을 또 다른 요인으로 지적할 수 있다. 19세기 중반을 전후하여 호남지역에는 蘆沙學派·艮齋學派·淵齋學派·華西學派 등의 많은 인물들이 활동하였다. 특정한 하나의 학파나 학맥이 전일적으로 지역의 학계를 주도했다기보다는 다양한 학맥의 학파들이 형성되었다고 할 수 있다.[74] 이는 당시 강우 지역에서도 공통적으로 나타나던 현상인데, 이들 두 지역에서 활동하던 각 학파의 인물들은 지리산 인근의 사찰이나 누정에 모여 강회를 여는 일이 잦았다. 자신이 속한 학파의 학문적 심화와 결속력을 강화하고 또 타 학파와의 교유를 확산시키기 위해 講會에 적극적으로 참여하였다. 청

---

72) 강정화·구경아, 『지리산 한시 선집, 단성·덕산·산청·함양·거창』, 이회, 2010 참조. 대원사를 읊은 한시는 특히 한말 강우지역 학자에게서 집중적으로 나타난다.

73) 강정화, 「청계 양대박의 지리산 읽기, 두류산기행록」, 『동방한문학』 47집, 동방한문학회, 2011, 105~108쪽 참조.

74) 박학래, 「19세기 호남 성리학의 전개와 특징」, 『국학연구』 9집, 한국국학진흥원, 2006, 216~217쪽 참조.

학동 일대의 대표적 강학처로는 鄭汝昌의 은거지인 河東 岳陽亭과 구례 華嚴寺 등이 활용되었다.[75] 이들은 수일간의 강회를 마친 후 인근의 청학동 일대를 유람하거나, 반대로 유람 일정 도중 강회를 열어 인근지역 학자들 간 교유의 장으로 활용하기도 하였다.

그런데 이 시기 호남 유학자의 청학동 유람록에서 최치원에 대한 인식의 한 단면을 확인할 수 있다.

> 다리를 건너 절에 이르자, 뜰에 진감선사비가 서 있었다. 글과 글씨 모두 최고운의 손에서 나왔는데, 唐 僖宗 光啓 3년(887)에 지은 것이다. 그 내용에 "공자는 그 단초를 드러냈고, 석가는 그 이치를 궁구했다."라고 하였으며, 또 "유교와 불교는 한 가지 이치이다."라고 하였다. 崔文昌의 미혹은 禪學으로 기울었던 陸九淵보다 심하니, 어찌 文廟에 배향되기에 합당하다 할 수 있겠는가.[76]

지리산 유람록에서 진감선사비의 내용과 관련한 구체적인 기록은 이 시기에 와서 이루어진다. 대개 그의 불우한 삶과 儒者로 자처하면서도 禪僧의 행적을 칭송했다는 정도로 언급되어 왔는데, 이 시기에 이르면 구체적인 문구를 들어가며 최치원을 평가하기에 이르고, 특히 비판의 강도가 매우 높게 나타나는 것이 특징이다. 주로 진감선사대공탑비의 내용 중 '儒釋一理'와 '孔發釋窮'이라 한 주장을 통해, 유가와 불가를 동등한 지위로 옹호하는 그의 인식을 강하게 비판하고 있다.

이와 관련하여 주목할 점은, 그의 이단에 대한 혹평이 문묘종사 관련

---

75) 강정화, 「노백헌 정재규의 삶과 학문」, 『남명학연구』 29집, 경상대 남명학연구소, 2010, 173~178쪽 참조.

76) 宋秉璿, 『淵齋集』 권21 「頭流山記」. "渡橋至寺 庭有眞鑑禪師碑 而文與筆 皆出孤雲之手 卽唐僖宗光啓三年也 其文曰孔發其端 釋窮其致 又曰有釋一理 文昌之惑 甚於葱嶺帶來者 豈可合於配食聖廟之列哉"

비판으로 이어진다는 것이다. Ⅲ-2장에서도 잠시 언급하였듯, 최치원의 문묘종사와 관련한 비판은 이황에 이르러 정점에 달하고 이후 지속적으로 제기되어 왔었는데, 이 시기에 이르러 지리산 유람록에 처음 등장하고 있다. 송병선은 최치원이 이단인 선학에 심취하였으니 그대로 문묘에 종사하는 것은 부당하다는 점을 강조하고 있다. 이러한 주장은 20세기의 호남 유학자인 김택술의 「頭流山遊錄」에서도 여실히 나타난다.[77]

유가의 도에는 대본과 달도가 있는데	儒有大本與達道
허무적멸은 불가에서 귀히 여긴다네.	虛無寂滅佛所寶
동정체용은 본디 제각각 다른 것인데	動靜體用本自殊
혼용해서 구분치 않아 모호해졌다네.	混而無分已糊塗
'공발석궁'이란 도대체 무슨 말인가	孔發釋窮是何言
儒를 끌어다 佛로 드니 佛을 높인 것	援儒入佛佛反尊
최고운은 아마도 유가자가 아니리니	孤雲豈非儒家子
명분과 실상이 서로 다르지 않은가	無乃名實不相似
퇴계 이후 연재 간재에 이르렀으니	退溪而後逮淵艮
참으로 천년토록 전해질 논의로다	良有以來千秋論[78]

김택술 또한 최치원의 불가로의 심취를 들어 비판하고 있다. 儒者로 자처하면서도 불가를 더 숭상하였음을 들어 '유가자가 아니다'는 말로써 송병선에 비해 보다 강도 높은 비판을 가하고 있다. 김택술은 艮齋 田愚의 학문을 계승한 호남의 대표적 인물이다. 전우는 乙巳勒約이 행해진 1905년 최치원의 진감선사대공탑비와 智證大師寂照塔碑에 대한 발문을 지었는데, 특히 진감선사대공탑비의 '孔發其端 釋窮其致' 등의 내용에 혹평을

---

77) 김택술의 지리산 유람은 1934년 3월 19일부터 4월 7일까지, 고향인 정읍을 출발하여 순창→남원→운봉→함양을 통해 천왕봉에 올랐고, 칠불암 방면으로 하산하여 청학동을 유람하고, 구례와 남원을 거쳐 귀가하였다.

78) 金澤述, 『後滄集』 권17 「頭流山遊錄」.

가하였다. 그리고는 "이는 그가 숭상하는 바가 부처에 있고 공자에 있는 것이 아님이 명백하다. 아, 진실로 그 말과 같다면, 예컨대 周公과 공자가 인륜의 도를 다한 것은 지극한 도가 되기에 부족하고, 程子와 朱子가 佛氏를 배척한 것은 그 大旨를 안다고 할 수 없으며, 또한 더불어 지극한 도를 말하기에도 부족한 것이다. 아, 위태하도다. 만약 이것이 崔公의 문장이 아니라 승려들이 거짓으로 지어낸 것이라면 다행이나, 그렇지 않다면 그를 孔廟에 從享하는 것은 합당하지 않다. 李退溪·柳眉巖·李芝峯 등 제현의 논의는 마땅히 백세의 公案이 될 것이다."[79]라는 말로 끝맺고 있다. 최치원의 이단 심취와 관련한 문묘종사 비판은 퇴계에 이어 眉巖 柳希春[80]과 芝峯 李粹光[81]을 거쳐 송병선과 전우에까지 이르렀으니, 20세기까지 지속되었던 것이다. 위 인용시 7~8구의 '퇴계 이후 연재와 간재로 이어진 논의'란 바로 이를 두고 일컬은 것임을 알 수 있다.

주지하듯 위태로운 한말의 유학자들은 '나라는 망할지언정 도가 망해서는 안 된다'는 정신으로 전통유학의 절대적 도를 扶持하고 확립하려 부단히 노력하였다. 따라서 당시 西學을 포함한 이단에의 혹평은 그 어느 시기보다 강하게 진행되었다. 이는 다소 방법상의 차이가 있으나, 한말의 다양한 학파 내에서 공통적으로 나타나는 현상이었다. 이 시기 지리산 유

---

[79] 田愚, 『艮齋集』 前編 권16 「跋眞鑑智證二碑乙巳」. "是其所尙在佛 而不在孔子 章章明矣 噫 誠如其言 則如周孔之盡人倫者 不足爲至道 而程朱之排佛氏者 不可謂識其大 而不足與言至道矣 嗚呼殆哉 如曰此非崔公文而僧徒僞撰則幸矣 不然則不合孔廟從享 退溪眉巖芝峯諸賢之論 當爲百世公案矣"

[80] 柳希春, 『眉巖集』 권3 「答相公書」. "伏承手筆垂答 仰審台候萬福 仰戀已深 況蒙俯酬空空之問如影響 不勝感悚之至 所示所改 皆當於理 不勝歎伏 四賢從祀 時未決矣 崔孤雲事 希春前日亦疑其無功於斯文 而只有文章華國於晦冥之際而已 今審沒溺於佛 其不合孔庭如台論 但其來已久 只取一節 未敢輕議 故不以語人爲計 台鑑之辭 聖上之答 皆出於至誠 一介小臣 何敢措辭於其間哉 伏惟"

[81] 李裕元, 『林下日記』 권24 「崔孤雲廟庭配享」. "李晬光曰 余按 高麗顯宗 以致遠貽書太祖 有鷄林黃葉鵠嶺靑松之語 爲密贊祖業 功不可忘也 特令從祀先聖廟庭 此偶出於一時 而因循不改焉耳 後之議者 取退溪此論而折衷之 可矣"

람록에 나타난 최치원 관련 비판 또한 그러한 연장선에서 이해할 수 있다. 연재와 간재 등에 의해 보다 강한 비판이 나타나며, 그 외 호남의 유학자인 鄭錫龜·金成烈, 연재의 문인 金會錫, 노사학을 계승한 栗溪 鄭琦의 문인 吳正杓와 金奎泰 등은 청학동을 유람했으나 최치원에 대한 이런 類의 기록이 보이지 않는다. 따라서 이러한 혹평의 요인을 학파의식과의 긴밀성에서 찾는 것은 무리일 듯하다.

다만 간재와 연재의 긴밀한 교유는 확인할 길이 없으나, 연재의 동생 心石齋 宋秉珣과는 절친하였으며, 특히 연재 문인과의 교유 또한 활발하였다. 또한 간재의 문인 중 연재의 문하에서 수학한 인물이 많아, 학파 간 학설의 기본 인식에 있어 공통점이 적지 않았다.[82] 김택술의 시에서 퇴계 이후 연재와 간재를 나란히 언급하는 것에서도 확인되듯, 이러한 친밀한 교유와 공통점은 최치원의 이단 관련 비판에서도 그대로 드러난 것이라 생각된다. 그러나 이에 대해서는 좀 더 精緻한 논의를 필요로 한다.

Ⅳ. 결론

이상으로 지리산 유람록에 나타난 조선조 士의 최치원에 대한 인식을 4가지로 적출하여 고찰해 보았다. 주로 하동 청학동에 포진한 최치원 유적을 유람하고서 감회를 기록한 것이나, 최치원 삶의 전반과 사상 등을 두루 표출하고 있음을 확인하였다. 조선조 士에게 있어 최치원은 불우한 자기 삶을 위무하는 존재였으며, 不和한 현실을 잠시나마 벗어나 이상향의 세계로 이끄는 안내자였으며, 때로는 출중한 재주를 지닌 선망의 대상으로, 때로는 자신과 다른 사상을 지닌 비판의 대상으로 인식되었다.

---

[82] 박학래, 「간재학파의 학통과 사상적 특징」, 『유교사상연구』 28집, 한국유교학회, 2007, 76~81쪽 참조.

여기서 몇 가지를 주목해야 할 것이다. 먼저 이들 네 가지 인식은 조선시대 전 시기에 걸쳐 복합적으로 나타났다는 점이다. 이는 분명 순차성을 띄고 나타난 것은 아니다. 다만 특정 시기에 시대적 조류나 집단성에 의해 어떤 성향이 더 강하게 나타나는 정도의 차이가 있을 뿐이다. 그럼에도 불구하고 보다 장시간 그리고 강하게 나타나는 성향을 중심으로 분류해 본 결과 시대성을 반영한 의식들이 은연 중 드러나는 것 또한 부인할 수 없었다.

지리산 유람록에 나타난 최치원 관련 기록은 그에 대한 논리적이고 전문적인 글이 아니다. 조선시대 士의 지리산 유람은 최치원을 만나기 위함이 아니었다. 때문에 그에 대한 기록 또한 유적을 접한 감회를 적은 단상에 불과하다. 그러나 그러한 의도하지 않은 단상들, 그것도 수백 년에 걸친 이러한 기록들이 오히려 최치원에 대한 인식을 고찰하는데 보다 진정성을 확보하고 있음을 확인할 수 있었다.

마지막으로 지리산 유람록에 나타난 최치원에 대한 인식은 인식 대상인 '최치원'이란 인물보다 조선조 士에 초점을 두고 있었다. 예컨대 진감선사대공탑비에 나타난 '儒佛一理' 의식은 최치원 당대에 성행했던 三敎同原 사상에서 크게 벗어나지 않는다.[83] 따라서 최치원의 불가·선가 사상에 대한 조선조 士의 비판은 모두 최치원이 아닌 그들의 위치에서 가늠한 것이었다. 때문에 천 여 년이 지난 지금까지도 최치원은 여전히 회자되는 인물 중 한 사람이 될 수밖에 없는 것이다.

이 글은 『漢文學報』 제25집(2011)에 수록된 「智異山 遊覽錄으로 본 崔致遠」을 수정하여 실은 것이다.

---

[83] 천인석, 「孤雲 崔致遠의 유학사적 위치」, 『유교사상연구』, 한국유교학회, 1996, 73~74쪽 참조.

최영성

—

一蠹 鄭汝昌의 생애와 학문 역정

諸家記述을 중심으로

Ⅰ. 머리말

우리나라 儒學史를 살펴보면 한 시대를 풍미하며 並稱되었던 인물들이 적지 않게 있다. 퇴계와 율곡, 율곡과 우계 성혼, 서애 류성룡과 학봉 김성일, 우암 송시열과 동춘당 송준길 이 비교적 널리 알려진 인물들이다. 孔子廟에 從祀된 先儒 가운데 寒暄堂 金宏弼과 一蠹 鄭汝昌은 '寒蠹' 또는 '金鄭'으로 일컬어졌다. 양현은 한 스승 밑에서 학문을 연마한 道伴으로서, 학술이 醇正하고 실천이 독실하기로 정평이 있었다. 이들의 관계를 표현할 때 가장 많이 등장하는 말이 바로 '志同道合'이다. 이들은 중국 남송 때의 朱子 晦菴와 南軒 張栻의 관계에 비유된다.[1] '지초와 난초는 그 향기가 같다'(芝蘭同臭)는 말은 이들을 비유할 때 적당한 말이기도 하다.

　한훤당과 일두는 동방 道學의 정맥을 계승하여, 조선 중기 명종·선조 이래 만개하였던 성리학의 서序章을 열었던 儒宗이다. 양현의 공헌과 위상은 일찍이 팔도 士林의 공론으로 文廟에 종사된 사실이 증명한다. 그런데 동방 十八賢 중에서도 양현은 생애라든지 학문·사상이 그다지 널리 알려져 있지 않다. 그 이유는 무엇일까? 일찍이 율곡 이이는 "한·두 양현은 言論風旨가 미약하여 드러나지 않았다"[2]고 평한 바 있다. 여기서 언론은 저술을 가리키고 '풍지'는 학풍(기풍)과 旨趣를 말함일 것이다. '언론풍지가 미약하다'는 점, 그리고 '명성과 지위가 드러나지 않았다'(名位不顯)는 점이 그 이유일 수도 있다. 율곡의 말과 같이, 양현의 경우 후세에 남아 전하는 저술이 별로 없고, 학문 경향이라든지 학풍 역시 본격적인 성리학의 그것과는 차이가 있는 것이 사실이다. 이들은 참혹한 士禍에 희생된 학자들이다. 양현은 평소 독실한 실천을 주로 하였기 때문에 '立言垂後'를 학자의 덕목 가운데 큰 것으로 여겼던 이들과는 학문 경향이 같지 않다. 많지 않은 저술마저도 사화 때 불 속에 던져지고 말았다. 또한 양현은 성리학이 만개하기 이전의 인물이므로 퇴·율의 학풍과는 비교할 수 없다. 그러나, 연원이 없는 학문이란 있을 수 없다. 이들의 '開來學'의 공헌이 없었다면 성리학이 그처럼 빠른 시일에 활짝 꽃을 피우기는 어려웠을 것이다. 양현에 대한 평가가 일률적일 수는 없겠지만, 적어도 조선 후기의 성리학자들과 맞비교 할 수 없다는 점은 분명히 해둘 필요가 있을 것 같다.

　일두의 평생 발자취와 遺文에 대해 국가적 차원의 관심을 보였던 것은, 선조 때 眉巖 柳希春: 1513~1577) 등에게 명하여 『儒先錄』 4권을 엮도록 한

---

1) 『寒岡集』 권12, 27a, 「祭一蠹鄭先生墓文」 "於惟先生, 與我寒暄, 志同道合, 晦菴南軒, 後死有聞."

2) 『율곡전서』 권29, 12b, 「經筵日記(二)」 "金文敬·鄭文獻則言論風旨, 微而不顯, 李文元則出處頗有可議者."

것이 효시이다.『유선록』에는 김굉필·정여창·조광조·이언적 四賢의 사적과 저술이 실려 있다. 이후 寒岡 鄭逑(1543~1620)가『文獻公實紀』1책을 엮음으로써, 극히 적은 분량이나마 일두의 유문과 행적이 한 책에 모여지게 되었다. 김굉필의 외증손인 정구는 당시까지 남아 전하는 김굉필의 유고를 모으고, 거기에다 家範과 行狀·議得[3] 등을 부록하여 엮은『景賢錄』을 완성한 바 있다. 일찍이 선배인 龜巖 李楨(1512~1571)이 고심하여 시작한 사업을 이어받아 완성한 것이다. 그런데, 정구는 '한·두' 양현이 함께 일컬어지는 관계임을 고려, 일두의 유고와 행적까지도 관심을 가지게 되었고, 마침내『경현록』에 이어『문헌공실기』까지 엮기에 이르렀던 것이다.

지금까지 일두 정여창의 생애는 그의 盛名과 유학사에서 차지하는 위상에 비해 그다지 자세히 알려져 있지 않았다. 기존에 나온 논저들도 대부분 소략한 편이다. 1987년에 일두의 후손인 鄭在景씨가 일두와 관계된 여러 자료들을 망라하여 576면에 달하는 방대한 분량의『정여창 연구』를 출판함으로써, 일두의 생애와 학문에 대한 연구가 본궤도에 접어들었다. 또한 2002년에 일두의 18세손 고 鄭炳國 씨가 기존의『일두집』遺集 3권, 속집 4권을 하나로 엮어 번역함으로써, 일두 연구에 또 하나의 초석을 놓았다. 그러나, 아쉽게도 전자는 인용된 典據를 원전과 일일이 대조, 확인하는 데 소홀하여 연구자가 다시 작업을 해야 하는 흠이 있다. 후자는 編譯이니 만큼, 종래의 복잡한 편집 체계에서 벗어나 현대적 감각에 맞는 새로운 텍스트를 기약했어도 좋았을 터인데, 여전히 참고하는 데 복잡하다는 느낌이다. 게다가 오역이 적지 않은 것도 약점이라 할 수 있다.

본고에서는 이와 같은 점에 특별히 유념하여 자료 섭렵에 신중을 기할 것이다. 종래 異論없이 인용되었던 문헌이라 하더라도 자료 비판을 선행시킬 것이다. 그리고 일두의 생애를 조명하되 단순한 생애가 아닌, 그의

---

[3] 왕명으로 나라의 중요한 일을 신하들이 의논하여 결정하는 것.

학문과 사상을 연구하는 데 길잡이 구실을 하도록 그점에 초점을 둘 것이다. 有意未遂한 점이 적지 않을 것이나, 미진한 점은 別稿를 기약한다.

끝으로 한 가지 바라는 점은, 현재 복잡한 형태로 되어 있어 열람에 불편한 '일두문집'이 새롭게 다시 태어나 연구자들에게 활발한 연구의 계기를 제공하였으면 한다. 본고에서 인용한 先儒의 문집은 민족문화추진회에서 영인 간행한 한국문집총간본을 대본으로 하였음을 밝혀둔다.

II. 출생과 修學

정여창의 자는 伯勗[4]이요 호는 一蠹 (또는 睡翁)이다. '일두'는 程伊川의 '천지간의 한 좀벌레'(天地間一蠹)[5]라는 말에서 취하였고, '수옹'이란 '졸기를 잘하는 늙은이'란 뜻이다. 학행이 온축되었음에도 겸양으로 일관했던 일두의 겸양정신을 엿보게 한다.[6] 일두는 세종 32년(庚午, 1450) 5월 5일 단옷날, 경상도 함양군 池谷面 介坪里의 舊第에서 折衝將軍으로 咸吉道兵馬虞侯를 지낸 六乙 공의 3남 1녀 중 맏아들로 태어났다. 본관은 河東이다. 아버지 육을공은 일찍이 세조가 潛邸에 있으면서 명나라에 사신으로 갈 때 行護軍으로 侍從한 바 있으며,[7] 세조 1년(1455) 12월, 세조의 즉위에 협찬한 공으로 靖難原從功臣에 봉해졌다.[8] 뒤에 한성부 좌윤에 추증되었다.

일두가 11세 때인 세조 6년(1460) 3월, 명나라에서 禮科掌科事 給事中인

---

4) 『秋江集』 등 많은 문헌에 '자욱(自勗)'이라 잘못 표기되어 있다.

5) 『河南程氏遺書』 권17, 「伊川先生語(三)」

6) 朴彦桂에게 보낸 편지에서도 "천지간에 한 좀벌레라는 나무람을 면하기 어려우니 스스로 한탄할 뿐이다"(天地間一蠹之譏, 固所難免, 自歎而已)고 한 바 있다. 『일두집』 속집 권1, 2a 「答朴馨伯」 참조.

7) 『세조실록』, 12년 6월 5일 甲辰條.

8) 『세조실록』, 1년 12월 27일 戊辰條.

張寧과 錦衣衛都指揮僉使인 武忠이 우리나라에 사신으로 왔다.[9] 당시 육을공은 義州通判으로 재직 중이었으며 일두는 아우와 함께 부친의 任所에 따라와 있었다. 이때 장녕이 의주 관아에 들러 어린 일두 형제를 보고 기특히 여기므로, 통판공이 두 아들의 작명을 청하니 '汝昌'과 '汝裕'라 이름을 짓고 이를 풀이한 說을 지어주었다고 한다.[10] 그「名說」이 장녕의『奉使錄』과『일두유집』에 전한다.[11]

그 뒤, 일두는 18세 때 부친상을 당한다. 세조 13년(1467) 5월에 아버지 육을이 李施愛의 난을 평정하러 출전했다가 전사하였는데, 이 소식을 들은 일두는 울부짖으며 애통해 하다가 거의 滅性의 지경에 이르렀다. 반란이 평정된 뒤, 겹겹이 쌓인 시체 속에서 先君의 遺體를 찾아 고향 함양에 返葬하고 지극 정성으로 執喪하였다. 哀慕하는 마음이 일시도 시든 적이 없었다. 복을 마치자, 조정에서 국가 유공자의 아들이라 하여 전례에 따라 軍職에 敍用하였다. 그러나 일두는 "아비의 죽음으로 자식이 영광을 누리는 것은 나라의 은혜가 비록 중할지라도 차마 하지 못할 일이다"라 하고는 끝내 벼슬을 사양하였다.

일두는 21세 때 栗亭 李寬義(1409~?)에게 나아가 수학하였다. 이관의의 본관은 廣州로 경기도 利川에 살았다. 당대의 逸民으로 명망이 있어 문하에 들어 배우기를 청하는 사람이 많았다. 다음은『성종실록』에 보이는 그에 관한 기록이다.

---

 9)『세조실록』, 6년 3월 2일 己卯條.

10)『명종실록』, 21년 6월 15일 甲戌條.

11)『일두집』遺集 권2, 1a~1b「事實大略」참조. 韓致奫의『海東繹史』권57,「藝文志 十六」〈張寧, 朝鮮鄭氏二子名說〉에서는 장녕의『奉使錄』을 인용, 정여창의 名說을 싣고 있다. 다만『일두집』에 실린 것과 비교하면 글자의 출입이 더러 있다. 그런데, '명설'에는 8살 때의 일로 되어 있어 年條의 차이를 보인다. '여창'이라 하기 전의 初名도 밝혀져 있지 않다. 11살 때까지 이름이 없었을 리 만무하다. 전후 사정으로 미루어 볼 때 장녕에 의해 '여창'이란 이름으로 개명한 것이라 하겠다.

임금이 宣政殿에 나아갔다. 전 察訪 이관의를 불러서『大學』과『中庸』을 講하
게 하고, 侍講官 徐居正·許琮 등에게 명하여 性理의 근원을 논하게 하였다. 또
천지의 度數, 日月星辰, 歲差, 曆數의 일을 묻자, 이관의가 물음에 따라서 대답
하였는데, 어떤 것은 맞고 어떤 것은 맞지 아니하였다. 이관의는 젊어서 詩書
에 통달하고 성리학에 정밀하여 한때의 선비[縫掖]가 함께 推服하였으나 번번
이 과거에 낙방하고 찰방 벼슬로 마쳤다. 이때 그의 나이 75세였다. 집이 이
천에 있었는데 經義에 밝다 하여 孫舜孝가 추천한 까닭에 부른 것이다.12)

일두가 어떤 경위로 이관의를 찾아가 배우게 되었는지 자세히 알 수는
없다. 다만, 이관의가 성리학에 정통했다고 알려졌던 만큼, 학문적으로
적지 않은 영향을 받았던 것 같다. 일두는 스승을 기리며 다음의 시를 남
기기도 하였다.

學究天人冠一時	학문은 천인을 궁구해서 일세에 으뜸이나
而居陋巷不求知	궁벽한 시골에 살며 알아줌을 구하지 않았네.
聖君特召問治道	성군께서 특별히 불러 치도를 묻고
因許山林意所之	산림에 숨으려는 뜻을 허락하시었네.13)

이후 23세 때(성종 8년, 1472) 일두는 평생의 도우 김굉필과 함께 당시
42세의 중진학자 佔畢齋 金宗直(1431~1492)의 문하에 나아가 執贄門人이
되었다.14) 김종직은 이미 한 해 전에 경상도 함양군수로 부임하였으므로,

---

12) 『성종실록』, 14년 1월 13일 丙午條. 이밖에 李肯翊의 『연려실기술』 권6, 「성
　　종조 고사본말」(고전국역총서 제2권, 36쪽)에도 비슷한 내용이 실려 있다.
13) 『일두집』 속집 권1, 1a 「謹次栗亭李先生韻」.
14) 『점필재문집』, 「연보」〈成化 8년, 壬辰〉條 "一蠹鄭汝昌與寒喧金宏弼, 相友詣先生
　　門下請學. 以古人爲學次第敎之." 김종직에게 입문한 시기를 정재경 씨는 태학
　　에 유학할 당시인 26세 때라 하고(『정여창 연구』, 201·204쪽), 정병국 씨는
　　27세 때라 하였는데(『일두 정여창 선생의 생애와 斯文扶植 고찰』, 20쪽), 이는
　　사실과 다르기에 바로잡는다.

이웃 고을에 살던 그들이 자연스럽게 문하에 들어갈 수 있었던 것으로 보인다.[15] 일두는 김굉필·朴漢柱와 함께 '畢門三賢'으로 꼽힌다. 일두는 '교유하기를 즐겨하지 않아'[16] 知己로 허여한 벗들이 그다지 많지 않다. 점필재 문하에서도 김굉필·金馹孫·남효온 등이 가장 절친한 관계였다. 김굉필은 평생토록 학문의 반려자였으며, 김일손은 14세 연하이지만 평소 忘年之交를 나누었다. 이밖에도 俞好仁·尹孝孫 등과도 마음을 열고 학문을 강론하기도 했다.

일두의 학문 경향과 관련하여 김일손은 일찍이 다음과 같이 말한 바 있다.

> 내 성질이 본디 남을 인정하는 일이 적었다. 17세 때 처음으로 점필재 문하에 유학하여, 열 세 사람과 神交를 나누었으니, 도학에는 김굉필·정여창·李深源이요, 문장에는 姜渾·李胄·李黿·李穆이요, 遺逸에는 남효온·辛永僖·安應世·洪裕孫이요, 음률에는 李摠·李貞恩이라.[17]

일두는 김종직의 문인들 가운데 단연 도학으로 저명하였다. 일두는 시문 중심의 학문 경향을 배척하여 마지않았다. 남효온은 그의 이러한 학문 경향을 퍽 못마땅하게 여겼다.

---

15) 무오사화 당시 정여창의 供招 내용에 "신은 김종직에게 受業한 바는 없고, 다만 신의 어미가 함양에 사는데 김종직이 본군의 군수로 왔으므로 때때로 찾아가 보았을 따름입니다"고 한 대목이 보인다. 그러나 '김종직에게 수업한 바가 없다'고 한 말은 遁辭로서 사실로 보기 어렵다. 『연산군일기』, 4년 7월 19일 癸丑條 참조.

16) 金埈, 『海東名臣傳』 권1, 「鄭汝昌」 "公不喜交遊, 獨與金宏弼, 許爲知己, 論道講書, 未嘗相離."

17) 『濯纓年譜』 상권, 6a~6b, 〈先生十七歲, 庚子〉조 "子性本小許可. 十七歲, 始遊佔翁之門, 得神交十有二(三?)人焉. 道學金大猷宏弼鄭伯勗汝昌李伯淵深源, 文章姜士浩渾李胄之胄李浪翁黿李仲雍穆, 遺逸南伯恭孝溫辛德優永僖安子挺應世洪餘慶裕孫, 音律李伯源摠李正中貞恩."(『일두집』 유집 권2, 3b, 「事實大略」)

정백욱은 周·程·張·朱에 대해 본 바가 있고 오경에 정통하면서도 유독 시를 전공하는 선비는 취하지 않았다. "시란 情性에서 피어나는 것이다. 어찌 자잘하게 억지로 공부한단 말인가"라고 하였다. 그의 생각은, 비록 시를 짓지 않더라도 덕이 갖추어지고 경서에 능통하면 무엇이 병통일 것이냐는 것이다. 그러나 대체로 이러한 생각은 腐儒들의 견해와 다름이 없다. …… 백욱은 시를 異端으로 여겼다. 그렇다면 周子와 邵子가 이단이란 말인가, 晦菴이 이단이란 말인가. 점필재 김선생이 말하기를 "시는 성정을 陶冶한다"고 하였으니, 나는 師說을 따른다.[18]

일찍이 김종직은 經術과 문장이 두 갈래[二岐]가 아니라고 하면서 '道文一致'를 주장하였다.[19] 그는 載道之器로서의 문장이 아닌, 경술·도학에 종속되지 않는 문장의 영역과 그 가치·공효를 인정하였다. 그런데 일두는 스승의 이러한 詩文觀과 다른 관점을 보였다. 師說을 중시하는 남효온이 이를 비판하였던 것도 무리는 아니었다. 그러나, 일두가 시를 비롯한 문학 자체를 통째로 부정한 것은 아니었다. 단지 종래의 詞章學을 비판하는 차원에서, 情感에 호소하는 시가 治心養性하는 데 장애가 될 수 있다는, 부정적 시각을 드러냈을 뿐이다. 여기서도 도학자로서의 일두의 면모를 확인할 수 있다.

일두의 시 가운데 '遊頭流山'은 널리 알려진 것이다. 이는 일두가 40세 때인 성종 20년(1489), 김일손과 함께 16일 동안 두류산을 유람한 뒤 귀로에 배를 타고 岳陽湖로 오면서 지은 시라고 한다.[20]

風蒲泛泛弄輕柔　　바람 부들 둥둥 떠서 가볍게 하늘거리는데
四月花開麥已秋　　사월의 화개에는 보리가 이미 가을이로다.

---

18) 『추강집』 권7, 20b~21a, 「冷話」.
19) 『점필재문집』 권1, 「尹先生祥詩集序」 참조.
20) 『탁영집』 續集上, 5b, 「與鄭伯勗同遊頭流, 歸泛岳陽湖(己酉)」.

看盡頭流千萬疊   두류산의 만학천봉 남김없이 다 둘러보고
孤舟又下大江流   외로운 배로 다시 큰 강을 따라 내려오노라.

　가슴 속이 시원하고 깨끗하며 한 점의 俗氣가 없어, 일두의 사람됨과 기상을 엿보게 한다는 평이 있다.[21] 위에서 起句는 중국 송나라 때의 詩僧 參寥子(법호는 道潛)의 시에서 그대로 따온 것이다.[22] 그러나 이에 대해 비판한 사람은 없다. 星湖 李瀷은 이에 대해 "생각이 있어서 따다 쓴 것이니 같다고 해서 해로울 것은 없다. 끝 글귀의 收殺(흩어진 것을 주어 모음)가 완벽하게 좋으니 白獺補臉(흰 수달의 뼈를 가지고 뺨에 난 상처를 낫게 함)의 솜씨라"고 하였다.[23] 大家의 口氣가 따로 없다는 뜻이리라.

　김종직의 문인들 중에는 문장으로 發身한 이들이 많다. 김종직이 문장으로 일세를 울렸던 만큼 스승으로부터 받은 영향이 지대하였을 것이다. 일찍이 퇴계 이황은 김종직에 대해 "김종직은 학문하는 사람이 아니다. 종신 사업이 단지 詞華上에 있을 뿐이니, 그의 문집을 보면 알 수 있다"[24] 고 하였다. 퇴계의 이 짧은 평은 후대에 결정적인 영향을 끼쳤다. 이러한 평이 있은 뒤로 김종직은 아예 문장가로 굳어지다시피 하였다.

　김종직은 과연 문장가로 평가를 받아 마땅한가. 물론 그의 문집을 一覽하게 되면 문장가라는 평가에 일단 수긍할 수는 있다고 본다. 그러나 시집이 23권인데 문집이 2권에 불과하다는 사실은 석연치 않은 점이 있다. 시집이 온전하게 전하고 있는 데 비해, 문집의 분량이 저토록 적은 것은

---

21) 任輔臣, 『丙辰丁巳錄』"鄭先生伯勗, 平生不喜作詩, 只有一篇傳於世. 其詩曰, ……
　　胸中洒落, 一點無塵態, 盖可想矣."(『대동야승』, 권3 所收)

22) 『參寥子集』"風蒲獵獵弄輕柔, 欲立蜻蜓不自由, 五月臨平山下路, 藕花無數亂汀洲."

23) 『星湖僿說』 권28, 詩文門, 〈鄭一蠹詩〉"其起句意到, 不妨相襲. 收殺得完好, 是百
　　獺補臉手."

24) 『退溪言行錄(五)』, 「論人物」"金宗直非學問底人. 終身事業, 只在詞華上, 觀其文集
　　可知."

士禍로 말미암은 것은 아닐까? 문집에 정치적 학문적으로 문제가 되는 글들이 다수 들어 있었기 때문은 아닐까? 이러한 의문점을 가지고 접근한다면, 문집에 실린 글의 분량만 가지고 김종직의 학문 성향을 평가할 것은 아니라고 본다.

김종직은 쇠퇴한 문운을 일으켜 도학의 문호가 활짝 열리도록 한 공이 있다. 퇴계 이황도 이를 인정하는 시를 읊은 적이 있다.

佔畢文起衰	점필재는 쇠퇴한 문운을 일으켰는데
求道盈其庭	도를 구하는 이들이 門庭에 가득하였네.
有能靑出藍	쪽빛에서 나온 청색이 쪽빛보다 더 푸르니
金鄭相繼鳴	김굉필과 정여창이 서로 이어 울렸도다.[25]

『퇴계언행록』에서 김종직을 사실상 문장가로 지목한 것과 이 시의 내용에는 상당한 차이가 있다. 어느 것이 가벼운 언급이고 엄격한 평가인지, 다시금 생각해 볼 필요가 있다.

김종직의 문하에서는 도학·문장·청담·음률 등 여러 방면으로 濟濟多士가 배출되었다. 김종직의 학문이 '사장학'에 머물렀다면 저와 같은 성황은 불가능한 일이라 할 것이다. 김종직은 도학과 문장이 分岐하기 이전의 인물이다. 그의 다음 세대에 가서 도학과 문장이 갈라지게 되었음을 생각할 때, 김종직은 우리 나라 유학사에서 실로 韓退之와 같은 위치에 있었다고 하겠다.

남효온의 「師友名行錄」에 따르면, 일두는 일찍이 발분하여 뜻을 가다듬고 지리산에 들어가 3년 동안 나오지 않고 오경을 밝혀서 蘊奧를 다하였다고 한다. 또 兪好仁에 의하면, 일두는 젊어서부터 천성이 매이기를 좋아하지 않았고, 泉石煙霞를 즐기며 嘯咏自誤하는 性癖이 있었다고

---

25) 『퇴계전서』 권1, 52b, 「和陶集飮酒二十首」, 〈其十六〉(총간 29-74).

한다.[26] 그는 이른 시기에 지리산 기슭에 '棲息蓄德'할 터를 잡고 그곳에서 늘그막까지 살 계획을 세웠다.[27] 이는 곧 '讀書涵養'하는 데 효과적인 곳이 조용한 山寺라고 생각되었기 때문일 것이니, 고요한 데서 사색을 즐기는 것은 爲己之學을 추구하는 유자에게 常事라 하겠다. '岳陽洞天'이라 불렀던 악양현 花開洞은 일두가 藏修하던 곳이다. 한강 정구는 일두가 지리산에 들어가 수학한 것에 대해 한 승려의 말을 빌어 다음과 같이 기린 바 있다.

스님이 말했다. 어슴푸레한 一抹이 아득하게 남쪽 하늘을 채웠으니 곧 지리산이다. 일두 정선생께서 이른 시기에 棲息하며 덕을 쌓으시고, 南冥 조선생께서 만년에 은둔하며 高尙함을 기르시어 남방을 鎭定하는 분이 되었다. 명산으로 제일인 데다가 다시 산 이름을 양현에게 의탁하여 장차 천지와 더불어 그 이름을 전하게 되었으니, 또한 이 산의 다행이라고 말하지 않을 수 없다.[28]

일두가 發憤入山한 시기는 어느 때쯤일까? 『일두유집』의 「사실대략」 등을 보면, 그는 일찍이 3년 동안 입산 수학하다가 돌아와 37세(성종 17년, 1486) 때 모친상[內艱]을 당해 居喪을 하였고, 모친의 3년상이 끝나는 39세(1488) 때에는 거상이 끝나자마자 처자도 보지 않은 채 곧장 두 아우와 함께 다시 지리산에 들어갔는데, 도를 체득함이 더욱 돈독하였다고 한다.[29] 성리학이 무르익은 경지에 이른 것은 아마도 이 시기였을 것이다.

---

26) 俞好仁, 「岳陽亭 幷序」 "伯勗少自不羈, 有泉石煙霞之疾. 嘗造別墅於此, 仍起亭, 遂名之曰岳陽. 日厭飫以嘯咏自娛"; 『일두집』 유집 권3, 34a 참조.

27) 『일두집』 유집 권3, 32b, 「讚述」; 〈柳希春, 鐘城記聞〉 "鄭先生, 早年卜築頭流山麓, 以爲終老之計."

28) 『寒岡集』 권9, 37a, 「遊伽倻山錄」 "僧云: 「微茫一抹, 杳若補缺於南天者, 智異也. 鄭先生早歲棲息蓄德, 曹先生晚年隱遁養高, 作鎭南方, 爲名山第一, 而復託名於兩賢, 將與天壤同其傳, 亦不可不謂玆山之大幸也」"

　김일손의 「頭流紀行錄」을 보면, 일찍이 지리산에서의 생활상을 엿보게 하는 몇 대목이 있다.

　(A) 나(김일손)는 걸음을 잘 걷는 편이었으나, 백욱은 힘이 빠져서 허리에 새끼 한 오리를 매어 놓고는 중더러 끌라고 하면서 올라오는 것이었다. 나는 그들을 맞이하면서 "중은 어디서 죄인을 잡아오는가?"하였더니, 백욱은 웃으며 "산신령이 이렇게 지나가는 객을 잡아오는구려!"하였다. 대개 백욱은 예전에 이미 이 산에 와서 지냈기 때문에 중과도 허물없이 희롱으로 대답한 것이다.30)

　(B) 이날 밤에는 다시 개어 밝은 흰 달빛이 유난히 빛나고 산은 말끔하게 드러났다. …… "사람 마음의 夜氣가 여기서는 도무지 찌꺼기[査滓] 하나 없는 것 같다"고 백욱은 말하였다.31)

　(C) 金臺菴에 올랐는데, …… 百結衲子 20여 명이 가사를 두르고 막 梵唄를 부르면서 서로 뒤를 쫓아 몹시 빠르게 돌고 있었다. 나는 무엇을 하는가 물었더니 精進道場이라고 한다. 정백욱은 이것을 잘 알므로 나에게 "그 수련 방법이 純精하고 잡된 점이 없으며, 전진만 하고 후퇴는 하지 않는다. 밤낮 쉬지 않고 부처가 될 공덕을 쌓고 있는데, 만일 혼미하거나 게으른 모습을 보이면, 그들 중에서 민첩한 자 한 명이 긴 나무 막대로 쳐서 警責함으로써 피곤해 하거나 졸지를 못하게 한다"라고 이야기 해주었다.

---

29) 『일두집』 유집 권2, 4a, 「事實大略」 "先生曾入智異山, 養性讀書, 至於三年之久. 旣遭內艱, 外除縗畢, 卽携二弟, 復入山中, 體道益篤.";『문헌공실기』"成宗十九年 戊申, 服闋之日, 公不見妻子, 卽率二弟, 入頭流山."

30) 『탁영집』 권5, 16a, 「頭流紀行錄」 "余健步先待於一澗石, 伯勗亦懲, 腰繫一索, 使一僧挽而前. 余迎謂曰:「僧從何處拘罪人來?」伯勗笑曰:「不過山靈拿捕客耳」蓋伯勗曾遊此山, 故戲答云耳."

31) 『탁영집』 권5, 10a, 「頭流紀行錄」 "是夜復晴, 晧月流光, 蒼顔全露. …… 伯勗曰:「人心夜氣, 於此都無査滓矣」"

나는 "부처되기도 참으로 힘들군. 배우는 사람들이 성인이 되는 공부를
정말 이렇게 한다면 어찌 성취함이 없겠는가"라고 하였다.32)

(A)에서는 일두가 지리산에서 어떻게 생활을 했는지, 산중 생활의 일면
모를 엿볼 수 있다. 자주 보는 승려들과 허물 없이 농담할 수 있었던 데
서, 승려들에 대한 친밀감과 山寺에서의 생활이 단기간이 아니었음을 짐
작케 한다.

(B)에서는 산사에서 보내는 짧은 하룻밤에도 『맹자』 '牛山之木' 장에
나오는 '야기'가 수양에 매우 중요함을 일깨우며, 외물의 유혹이 없는 淡
然한 마음의 경지를 그리고 있다. 맹자의 이른바 '야기'는 곧 깨끗하고
조용한 밤의 기상을 말한다.33) 사람은 대개 낮에는 사물과의 접촉이 많
아 물욕이 발동하기 쉬우므로 야기를 보존하기가 어렵다. 그러나 사물과
의 접촉이 뜸한 밤에는 平靜한 기상을 보존하기에 알맞다. 遊山을 하면
서도 도학자의 본령을 망각함이 없는 일두의 철두철미한 생활태도를 엿
보게 한다.

(C)에서는 불교에서의 '정진도량'을 보며 勇猛精進하는 승려들의 수도
생활을 저윽이 羨望하였다. 儒·佛이 비록 가는 길은 다르지만 수양방법
에서는 상통하는 바 적지 않다고 생각한 듯하다. 일두는 실제 수도생활을

---

32) 『탁영집』 권5, 10b, 「頭流紀行錄」 "出一步到金臺菴, …… 百結衲子廿餘, 方荷袈
裟, 梵唄相逐, 回旋甚疾. 余問之, 云精進道場也. 伯勗頗解之曰「其法精而無雜, 進
而不退, 晝夜不息, 以爲作佛之功, 稍有昏惰, 其徒中捷者一人, 以木長板, 拍而警之,
使不得惛睡」, 余曰「爲佛亦勞矣. 學者於作聖之功, 做得如此, 則豈無所就乎?」"
위의 글 말미에 나오는 '余曰' 이하를 『일두집』의 「諸家記述」 등에서는 일두
가 한 말로 되어 있다. 그러나, 여기서 '余'는 「두류기행록」의 저자 김일손이
다. 사실과 다르기에 바로잡는다.

33) 『맹자』, 「告子上」 "雖存乎人者, 豈無仁義之心哉? 其所以放其良心者, 亦猶斧斤之於
木也, 旦旦而伐之, 可以爲美乎? 其日夜之所息, 平旦之氣, 其好惡與人相近也者幾希,
則其旦晝之所爲, 有梏亡之矣, 梏之反覆, 則其夜氣不足以存, 夜氣不足以存, 則其違
禽獸不遠矣."

하면서 불교로부터 영향을 받은 바 적지 않았던 것 같다. 이것은 성균관에서 생활하는 과정에서 가까운 동료들에 의해 문제시되었던 것으로도 짐작할 수 있다. 이에 대해서는 뒤에 다시 말하기로 한다.

Ⅲ. 太學 생활과 出仕

일두는 30대에 이미 전국적으로 盛名이 있었다. 성종 11년(1480), 임금이 성균관에 諭示하여 經明行修의 선비를 천거하도록 명하였는데, 館中에서는 일두를 첫째로 추천하였다. 知成均館事 徐居正은 일두를 불러 講經을 맡도록 하였다. 그러나 일두는 학문이 무르익지 않았다면서 나아가지 않았다.[34] 이때 일두의 나이 31세였다. 평소 과거를 보아 입신 출세하는 데 뜻이 없었던 일두는 성종 17년(1486), 37세[35]로 小科에 급제하여 進士가 되었다. 그 뒤, 동 21년(1490) 12월, 41세 때 別試文科 丙科에 第七人으로 급제하였다.[36] 40세가 넘은 나이에 문과에 응시한 것은 아들이 과거에 급제하는 것을 보고 싶어하는 모친 최씨의 소원을 풀어주려는 효성에서 비롯되었다.

태학에 遊學한 뒤 그는 태학생들로부터 존경을 한 몸에 받았다. 儕輩와의 연령 차이도 한 몫 했겠지만, 학문과 德器가 단연 타의 모범이 되었기 때문일 것이다. 그의 태학생활을 엿볼 수 있는 자료 몇 가지를 소개한다.

일찍이 태학에 유학할 적에 長官이 유생들을 모아『중용』,『대학』을 강론하였다. 정여창이 의심스럽고 어려운 것을 講問하니, 장관이 대답을 잘 하지

---

34) 『增補文獻備考』 권208, 學校考 7, 〈雜考〉;『추강집』 권7, 23a, 「師友名行錄」 참조.
35) 『國朝榜目』 이외의 다른 자료에서는 진사가 된 시기를 한결같이 성종 14년 (1483, 癸卯) 34세 때라고 적고 있다.
36) 모두 10명이 급제하였다.『국조방목』 참조.

못하였다. 學宮의 노비가 항상 조석으로 소를 잡아서 유생들을 먹이자, 정여
창이 의리에 어긋난다 하여 홀로 먹지 아니하니, 여러 동류가 공경하고 어
려워하였다.37)

백욱은 성품이 단아하고 정중하며 술을 마시지 않았다. 냄새나는 葷菜를 먹
지 않았고 쇠고기·말고기도 먹지 않았다. 겉으로는 늘 이야기 하면서도 안
으로는 정신이 깨어[惺惺] 있었다. 젊었을 적에 성균관에 있으면서 남들과
같이 잠자리에 들었는데, 코만 골고 잠을 자지는 않았다. 남들은 이 사실을
몰랐는데 어느 날 밤 崔河臨(자는 鎭國)에게 들켰다. 館中에 널리 소문이 나
기를 "정아무개는 參禪을 하느라고 잠을 자지 않는다"고 하였다.38)

일찍이 지리산에서 수도 생활을 하면서 승려들의 '용맹정진'을 자주 보
아왔던 그였기에, 나름대로 불교의 수양법을 받아들인 듯하다. 이점은 한
때 태학생들 사이에서 문제가 되었던 것 같다.
일두는 문과에 급제하던 해 7월에 司贍寺正 趙孝仝의 추천39)으로 將仕
郎 昭格署 參奉에 임명되었다.40) 조효동은 일두와 같은 함양 출신이었다.
조효동의 상소에 접한 성종은 "정여창의 制行이 이와 같으니 지금 나도
모르게 눈물이 흐른다. 빨리 擢用하여 국가에서 善을 표창하는 뜻을 보이
게 하라"고 전교하였다 한다. 그러나 일두는 참봉에 임명된 지 두 달째 되

---

37) 『성종실록』, 21년 7월 26일 丙子條 〈史臣評〉
38) 『추강집』 권7, 23a, 「師友名行錄」 "伯勗, 性端重, 不飮酒醴, 不茹葷菜, 不食牛馬
肉. 外爲常談, 內惺惺也. 少時, 居館與人寢, 鼾睡而不寐. 人不知也, 一宵見獲於崔
鎭國, 館中喧傳, 以爲鄭某參禪不寐."
39) 『성종실록』, 21년 7월 26일 丙子條. 『증보문헌비고』를 비롯한 일부 문헌에서
는 같은 해에 參議 尹兢이 조효동과 별도로 상소하여 정여창의 학행을 조정
에 추천하였다고 되어 있다. 그러나, 대부분의 문헌에서는 조효동과 윤긍이
連名으로 상소한 것으로 적고 있다. 실록에는 조효동의 이름만 보인다.
40) 조효동의 상소에 따라 정여창은 당일로 소격서 참봉에 임명되었다. 『성종실
록』, 21년 7월 26일 丙子條.

는 그해 9월, 자신이 효자로 포상을 받을 만한 실상이 없음에도 관직에 등용된 것은 冒進[41]의 폐단을 초래할까 두렵다고 하면서 관직을 거두어 줄 것을 상소하였다. "진실로 착한 일을 한 실상이 없는데도 상을 준다면 僥倖을 구하는 사람이 나올 것이요, 만약 벌할 만한 죄가 있는데도 이를 면해주면 欺罔하는 풍습이 번성할 것이라"는 것이 요지였다. 성종은 御書의 말미에서 "너의 행실을 듣고 나도 모르게 눈물이 흘렀노라. 너의 선행을 가릴 수가 없거늘 지금 오히려 이와 같이 하니 이는 네가 착하기 때문이다"고 하였다.[42]

문과에 급제한 일두는 藝文館 檢閱(정9품)에 補任되었다. 이때 그를 추천한 사람은 평생토록 神交를 나누었던 탁영 김일손이었다. 김일손은 성종 17년(1486) 문과에 급제하여 검열에 있은 지 4년 만에 世子侍講院 待敎로 옮겨 가면서 下番의 자격으로 일두를 추천하였다고 한다.[43] 추천한 글이 『일두집』에 실려 전한다.

이듬해 성종 22년(1491)에는 세자시강원 說書(정7품)가 되어 東宮을 輔導하는 중책을 맡았다. 이때 그는 會賢坊에 살면서 김굉필과 동문의 友誼를 더욱 깊게 다졌다. 뒷날 연산군이 될 동궁은 師傅인 趙之瑞·정여창 등을 좋아하지 않았다. 好學과 거리가 멀었던 세자에게 대쪽처럼 剛直한 성품의 소유자인 이들이 마음에 들 리 없었던 것이다. 이것은 다음의 기록으로도 짐작할 수 있다.

임금(연산군)이 옛날 동궁의 僚屬들을 써서 아뢰도록 명하였다. 임금은 동궁에 있을 때 이미 講學을 즐겨하지 않고, 남이 간언을 해도 자기 생각대로 결단하는 것이 말씨와 얼굴에 나타났다. 요속들 가운데 剛正한 성품을 지닌 이

가, 일이 있을 때 規戒하고 諷諫하면 금새 얼굴을 찌푸렸다. 항상 조지서·黃啓沃·李琚·정여창 등을 좋아하지 않았고, 金壽童의 사람됨을 매우 좋아하였다. 즉위한 뒤, 일찍이 書筵에서 모셨던 사람이 말하기를 "임금이 김수동을 좋아하여 다른 요속과는 다르니 그는 멀지 않아 발탁될 것이다"고 하였는데, 얼마 안 가서 그렇게 되었다.44)

조지서(1454~1504)는 경상도 진주 사람으로, 당대의 講官으로 이름이 있었으며, 淸白吏에 錄選되었다. 시강원 재직시에는 弼善·輔德으로서 동궁에게 집요할 정도로 강학을 요구하였고 자주 諷諫했던 까닭에, 결국 연산군이 즉위한 뒤 忌諱에 抵觸되었다는 이유로 참형을 당하였다. 동궁과의 악연이 아까운 생명을 앗아간 셈이다. 이것은 일두의 경우도 크게 다를 바 없었다.

이에 일두는 성종 25년(1494), 외직을 자청하여 경상도 安陰縣監으로 나갔다. 안음은 일두가 단 한 차례 외직에 있으면서 治化를 베풀었던 遺愛之鄕이다. 일두는 이곳에서 4년 동안 재임하면서 '仁恕'를 치화의 대강으로 삼아 많은 치적을 쌓았다. 일찍이 공자는 제자 子游가 十室之邑에서도 大道를 써서 치화를 이루어 나감을 대견하게 여겨 "닭을 잡는 데 어찌 소 잡는 칼을 쓰는가?"라고 한 적이 있는데,45) 작은 고을의 邑宰로서의 일두의 치화가 바로 그것이었다고 하겠다.

일두는 먼저 『소학』으로 백성들을 교화하고 풍속을 선량하게 하며 孝悌의 기풍을 일으켰다. 또 학문을 권장하고 교육에 힘쓰게 하여 文風이 살아 있는 고을로 변모시켰으며, 便宜 數十條를 지어 민생을 위한 각종 어진 정사를 펼쳐 백성들이 心悅誠服하였다고 한다. 그의 치적에 대해서

---

44) 『연산군일기』, 5년 1월 11일 辛未條.
45) 『논어』, 「陽貨」 "子之武城, 聞弦歌之聲, 夫子莞爾而笑曰, 割鷄焉用牛刀? 子游對曰, 昔者, 偃也聞諸夫子, 曰, 君子學道則愛人, 小人學道, 則易使也. 子曰, 二三者, 偃之言是也. 前言戱之耳."

는 역대 先儒들이 자세히 서술하였고 누누이 칭송한 바 있으므로 재언을 필요로 하지 않는다. 일두는 실로 '守令七事'[46)]에 충실했던 牧民官이자 학문과 교육에 힘썼던 학자·교육자였다. 金安國은 일찍이 경상도 관찰사로 있을 때 안음·함양 향교의 諸生에게 보낸 시에서 다음과 같이 읊은 바 있다.

淵源性理鄭先生　　성리학에 연원한 정선생이시여!
欽想當時政化成　　당시 정치와 교화가 제대로 되었던 것을 欽想하네.
餘俗定應敦德行　　넉넉한 풍속, 응당 덕행에 돈독할 것이지만
須將小學益修明　　모름지기 『소학』으로 더욱 닦고 밝혀 나가라.

金公治化鄭公鄉　　점필재 김공께서 치화를 펴신 정공의 고향!
庠塾薰風盡善良　　학교에 훈풍이 불어 모두가 선량하구나.
小學工夫須更勉　　모름지기 소학 공부에 다시 힘쓰라.
兩賢遺範詎宜忘　　양현이 남긴 모범 어찌 잊을 것이랴.[47)]

　위의 시는 『소학』을 律己와 治化의 바탕으로 삼았던, 실천 유학자로서의 일두의 면모를 엿보게 하는 것이기도 하다.
　한편, 일두는 안음현감 재직시에 합천 冶爐縣 末谷村에 머물던 김굉필과 자주 만나 道義之交·麗澤之功을 돈독히 하였다. 당시 김굉필은 처가에서 가까운 말곡촌에 거처하였다. 양현은 居昌 加祚縣의 山際洞[48)]에서 만나곤 하였는데, 이곳은 중간 지점일 뿐만 아니라 자못 泉石의 아름다움이 있었기 때문이다.

---

46) 조선시대에 지방 수령이 힘써야 할 일곱가지 사항. 곧 農桑盛·戶口增·學校興·軍政修·賦役均·詞訟簡·奸猾息을 말한다.
47) 『慕齋集』 권1, 7a, 「勸安陰學者」, 「勸咸陽學者」.
48) 『경현록』의 「遺事」에서는 '非汝川'이라 하였다.

Ⅳ. 7년의 謫居와 身後의 영광

안음현감으로 재직하면서 治化를 이루었던 일두는 연산군 4년(1498), 史草 문제가 발단이 되어 무오사화가 일어나자 김종직의 문도라는 이유로 연좌되어 긴급 체포당하였다. 그해 7월 27일, 마침내 스승 김종직이 剖棺斬屍의 형에 처해지고, 동문인 김일손·權五福·權景裕는 붕당을 결성하여 大逆을 범했다는 죄목으로 凌遲處斬되고, 李穆·許磐은 亂言을 한 죄로 참형에 처해졌으며, 表沿沫·洪瀚·정여창·茂豊正摠 등은 난언을 범했거나, 난언임을 알면서도 고하지 않은 죄로 곤장 1백대에 3천 리 밖으로 내쳐지고, 李宗準·崔溥·康伯珍·이주·김굉필·박한주·任熙載·李繼孟·강혼 등은 붕당을 만들었다는 죄목으로 곤장 80대에 遠地付處에 처해졌다.49) 일두의 귀양지는 함경도 鐘城(古號는 涪溪·愁州)이고, 김굉필은 평안도 熙川이었다.

極邊으로 北竄 길에 오른 정여창·김굉필 두 사람에게 당시 충청도 관찰사였던 楊熙止(1439~1504)는 송별의 편지를 보내 위로하였다.

곧장 북으로 삼천리 길이지만, 이틀 갈 길을 하루에 가더라도 능히 죽지 않는 것은 하늘의 보살핌 때문이요, 밝은 세상에서 竄逐을 당하는 것은 옛 현인들도 면치 못한 바일세. 평생토록 독서한 것을 어디다 쓸 것인가. 바라건대 自重自愛하시게나! 이밖에 다시 무슨 말을 하리. 이만 줄이네.50)

어제 백욱이 종성으로 떠나고, 오늘 그대가 희천으로 가게 되니, 이로부터 만사가 그만일세. 그러나 惠州도 天上에 있지 않기에,51) 范忠宣이 필경 살아

---

49) 『연산군일기』, 4년 7월 27일 辛酉條.

50) 『大峯集』 권2, 11a, 「與鄭伯勗」 "直北三千里, 倍日并行而能不死者, 天也. 明時竄逐, 昔賢不免. 平生讀書, 用之何處. 幸須自愛, 此外更何言哉? 不宣."

서 돌아왔으니, 반드시 웃음을 머금고 길을 떠날 것이요, 또 곤궁과 橫厄을 당하는 마당에서도 평소의 지조를 변하지 않을 줄로 아네. 太虛(梅溪 曹偉의 자)도 아침 아니면 저녁에 강을 건너게 될 것이니 만나거든 이 말을 전해주시게. 하지만 불난 숲에 덴 새가 마침내 歸宿할 곳에 제대로 안주할 지 모르겠네. 다만 이것으로 줄이겠네.52)

몇 줄 안 되는 서한이지만 傷心하는 뜻이 한없이 함축되어 있고, 또 권면하는 정성이 절절이 배어 있다. 국경 지방에서 孤寂한 귀양살이를 하는 일두에게 知己들이 보낸 위로의 편지는 적지 않게 심적 위안이 되었을 것이다. 귀양간 이듬해(1499) 봄, 50세가 된 일두는 동문인 李守恭(1464~1504)에게 보낸 답서에서 귀양살이의 고달픔과 시름을 토로하면서도, 蘧伯玉의 고사53)에 비추어 지난 49년 동안의 前非를 조용히 되돌아볼 기회로 삼겠노라는 생각을 내비쳤다.

등잔불 돋우고 밤을 지새며 말없이 앉았노라니 바보 같습니다. 훌륭한 선물[瓊琚]을 받고 보니 뜻밖에도 陽春이 저의 나태함을 채찍질합니다. 기쁨을 진정시킬 수 없습니다. …… 허여센 머리에 여관 신세를 지고 있는데 서캐와 이[蟣虱]는 옷에 득실거립니다. 과연 지난 49년 동안 저지른 잘못을 알겠으니, 근심스런 모습으로 무엇을 곡하리까?54)

---

51) 중국 북송 때의 명신 范純仁(시호는 忠宣)이 모함을 받아 혜주로 귀양갈 때, 가족들을 위로하며 "혜주도 하늘 위에 있는 것이 아닐진대, 마침내 돌아오리라"고 하더니, 그 뒤 과연 풀려났다고 한다. 『宋史』 권314, 「范純仁傳」 참조.

52) 『대봉집』 권2, 11b, 「與金大猷」 "昨日伯勗向鍾城, 今日足下向熙川. 自此萬事已矣. 然惠州不在天上, 忠宣畢竟生還, 想必含笑就途, 不貳所操於窮阨之際矣. 太虛朝夕當渡江, 如相見, 亦以此語之! 顧此焚林爛雀, 亦未知終安所歸宿也. 只此不宣."

53) 『淮南子』, 「原道訓」 "蘧伯玉年五十, 而知四十九年非. 何者? 先者難爲知, 而後者易爲攻也."

54) 『일두집』 속집 권1, 3b, 「答李仲平」 "挑燈終宵, 黙坐如癡. 荷瓊琚辱, 不意陽春, 箠我懶慢, 喜不可定. …… 白首旅館濡滯, 蟣蝨滿衣. 果知四十九年非, 愁愁何哭焉?"

일두는 이곳에서 7년 동안 귀양살이를 하면서, 광기 어린 세상이 가고 좋은 세상이 하루 빨리 오기를 고대하였다. 종성으로 가는 길인 鞍嶺에서 세상을 淨化할 바람이 불어오기를 바라며 읊은 시는 이런 마음을 잘 보여준다.

待風風不至   바람 기다려도 바람은 불지 않고
浮雲蔽靑天   뜬구름이 푸른 하늘을 가리었네.
何日凉飆發   어느 날 서늘한 회오리바람 불어
掃却群陰更見天   뭇그늘 죄다 쓸어버리고 다시 맑은 하늘을 보랴.55)

그러나 일두는 새로운 세상을 보지 못하고 이곳 종성에서 세상을 떠나고 말았다.

종성에서의 생활상은 미암 유희춘의 「鍾城記聞」을 통해 엿볼 수 있다. 유희춘은 명종 2년(1547) 을사사화의 여파로 일어난 良才驛 壁書事件에 연루되어 함경도 종성으로 귀양가 그곳에서 19년 동안 謫居 생활을 하였다. 그는 이곳에서 지난날 유배살이를 했던 일두에 관해 많은 사실을 聞見할 수 있었다. 특히 종성 출신으로 일두에게 수학했던 高崇傑56)을 만나 그와 퍽 절친한 관계를 유지하면서, 일두에 관계된 여러 사실들을 종합하여 '종성기문'을 남겼다. 이후 유희춘은 일두의 학문과 사상을 宣揚하는 데

---

55)『일두집』속집 권1, 1b, 「鞍嶺待風」.

56) 자는 伯傑, 또는 君粹이며 호는 樂天堂이다. 詩賦에 뛰어나 중종 11년(1516) 司馬試에 급제, 進士가 되었고, 성균관에 유학하기도 했다. 유희춘은 종성에서 귀양살이하면서 고숭걸로부터 書册과 식량을 공급받은 바 있으며, 物情이 궁핍한 극변에서 자신을 반겨주는 고숭걸을 만나게 된 것을 퍽 다행스럽게 생각하였다(『미암집』권1, 14b 「謝高伯傑」 "窮途幸遇開靑眼, 假我詩書分我羹"). 또한 유희춘은 고숭걸의 '白首窮經'하는 향학열과 '破天荒'의 평가를 받는 詞賦 실력을 기렸다(『미암집』권1, 16a 「題高進士樂天堂」 "白首窮經回日入, 靑春奏賦破天荒"). 이밖에 「次李侯留別高進士韻」에서는 고숭걸의 일생을 장편 오언고시로 읊기도 하였다 "南明而北暗, 此理吾聞邵. 幽都鋤陰鄕, 人才古來少. 偉哉高氏子, 獨也擅風調. 淵源鄭公門, 波瀾自齡妙. 詩齊子勉月, 賦壓成公嘯. 蓮榜破天荒, 徘徊泮水潦, 鉛槧老不休, ……"(『미암집』권1, 6a~6b)

앞장섰으며, 사후 일두와 함께 종성의 鐘山書院에 제향되었다.

일두는 귀양살이 중에 한결같이 怡然히 거처하면서, 원망하거나 후회하는 기색이 전혀 없이 편안하고 고요하게 自守하였으며, 도학자로서의 의연한 威容과 固窮의 절개가 남달랐다고 한다. 처음에 일두는 庭爐夫(火夫)에 差定되었다. 무오년 사화 당시 유배형에 처해진 사람들은 모두 烽燧軍이나 庭爐干의 일을 맡도록 했다.57) 정로간은 관아의 뜰에서 불을 피우거나 횃불을 밝히는 일에 종사하는 下隷로서 庭燎干 또는 庭燎夫라고도 하였다.58) 일두는 사신이 公館에 들 때마다 횃불을 잡고 불을 밝히는 일을 매우 공손하게 하였다 한다.59)

일두는 종성에 있는 동안 바깥출입을 하지 않고 학문에만 힘썼으며, 항상 書案에는 『주역』과 『易學啓蒙』이 놓여 있었다고 한다.60) 또한 무신으로 나중에 절도사를 지낸 李允儉의 아들 希曾을 가르쳤는데, 月暉堂 이희증(1486~1509)은 합천 사람으로 14~5세 때부터 일두를 從學하다가 귀양지인 이곳까지 따라와 수학하였다. 그리고 일두가 세상을 떠난 이듬해(1505) 문과에 급제하여 賜暇讀書를 하고 홍문관 修撰에 오르는 등 문명을 날리다가 24세로 요절하였다.61) 풍속이 미개하고 문풍이 떨쳐지지 않은 곳에서 이처럼 학문의 종자를 뿌린 것은 교육자로서의 일두의 위대함을 논하기에 부족하지 않다. 일두는 안음현감으로 있을 때에도 동향 출신인 盧友明(1471~1541)62)과 같은 걸출한 제자를 길러 냈었다.

---

57) 『大東野乘』 권9, 『海東野言(三)』 참조.

58) '庭燎'란 말은 『시경』, 小雅, 彤弓之什, 〈庭燎〉장에 보인다.

59) 『일두집』 유집 권3, 32b, 「讚述」; 유희춘, 〈종성기문〉 참조.

60) 위와 같음.

61) 金正國, 『思齋集』 권3, 「弘文館修撰李君墓碣銘」, 34a~37a 참조.

62) 盧守愼, 『穌齋集』 권9, 「盧信古堂墓碑銘」, 15a~18a(문집총간 제35권, 255~256쪽) 참조. 정여창의 학통은 노우명을 거쳐 玉溪 盧禛(1518~1578)에게 전해졌다. 노진은 노우명의 아들이며 효자로 유명하였다.

  연산군 10년(1504) 4월 1일, 일두는 향년 55세를 일기로 配所에서 세상을 떠났다. 그의 시신은 가족과 문인·知舊들에 의해 수습되어 함양에 반장되었다. 그해 10월 24일, 갑자사화의 여파로 지난 무오년에 죄를 받은 사람을 다시 加罪토록 하였을 때,[63] 부관참시의 명을 받아 화가 泉壤에까지 미쳤다.

  그러나, 일두가 세상을 떠난 지 2년만에 정국은 일변하였다. 중종반정이 일어난 것이다. 일두는 반정으로 죄가 씻기고 억울함이 풀렸다. 반정 이듬해(1507) 6월에는 무오·갑자의 사화 때 연좌되어 죽음을 당한 이들의 官爵이 복구되었는데, 일두는 通政大夫 승정원 도승지 겸 經筵 參贊官 尙瑞院正에 추증되었다. 이어 중종 12년(1517) 8월에는, 정1품 大匡輔國 崇祿大夫 의정부 우의정 겸 領經筵 監春秋館事에 加贈崇品되었다. 『실록』에 의하면 이 해부터 한·두 양현의 문묘종사와 立祠致祭 문제가 朝臣들 사이에서 논의되었고, 이와 함께 자손을 錄用하는 傳敎가 내려지기 시작하였다.[64] 이후 贈諡할 것을 청하는 건의와 상소가 이어지기도 하였다.

  그러다가 기묘사화·을사사화 등 정치 상황의 변동으로 말미암아 양현의 문묘종사 논의는 그다지 활발하게 진행되지 못하고, 士林이 세력을 얻은 宣祖 즉위 이후에 다시 활기를 띠게 된다. 선조 1년(1568) 4월, 館學儒生 趙憲등이 상소하여 東方四賢(김굉필·정여창·조광조·이언적)을 문묘에 종사하라고 청하였다. 이를 기점으로 이후 경향 각지에서 유림에 의한 문묘종사 운동이 줄기차게 이어졌다. 이전에 조신들을 중심으로 문묘종사 논의가 있어 왔던 데 비해 선조 즉위 이후에는 팔도의 유림, 특히 성균관 유생이 중심이 되었으며, 이것은 하나의 常規가 되다시피 하였다. 선조 6년(1573) 8월부터는 퇴계 이황을 추가하여 동방오현의 문묘종사 운동이 펼쳐졌다.

---

[63] 『연산군일기』, 10년 10월 24일 辛巳條.

[64] 후손을 녹용하라는 전교는 대대로 내려졌다.

한편, 선조 7년(1574)에는 마침내 『儒先錄』이 이루어졌다. 『유선록』은 선조의 명에 따라 동방사현의 저술과 行錄을 모은 것이다. 한·두의 저술과 행록은 이때에 와서야 비로소 국가적 관심사가 되었다. 그리고, 이듬해(1575)에는 『유선록』에 실린 일두의 「행장」을 奉常寺에 보내 시호를 議定하도록 한 끝에, 마침내 '文獻'이라는 시호가 내려졌다. 諡法에 의하면 '道德博聞曰文, 聰明睿哲曰獻'이라 하였다.

팔도 유림에 의한 문묘종사 운동은 선조 즉위 이후 약 40여 년간 끈질기게 계속되었다. 그러나, 조정의 비답은 한결같았다. "선현·先正을 문묘에 종사하는 일은 가벼운 사안이 아니다. 쉽게 거행할 수 없다"는 것이었다. 그러다가 광해군 2년(1610) 9월, 태학생 任叔英 등의 상소에 따라 수십 년 동안 未決의 사안으로 내려왔던 동방오현의 문묘종사가 해결되기에 이르러, 일두는 마침내 공자묘에 종사되었다. 位次는 西廡 제50위였다.

일두의 학문과 덕행을 기리는 후학들은 문묘종사와 병행하여 전국 각지에 서원을 세우고 그를 享祀하였다. 함양의 灆溪書院은 그를 향사하는 俎豆之場의 효시이다. 명종 7년(1552)에 건립되고 동 21년(1566)에 사액을 받았으니, 사액서원으로는 紹修書院에 이어 두 번째이다. 그가 모셔진 서원 가운데 대표적인 것으로는, 사액서원만 들더라도 함양의 남계서원,[65] 거창의 道山書院,[66] 합천의 伊淵書院,[67] 상주의 道南書院,[68] 安義의 龍門書院,[69] 羅州의 景賢書院,[70] 종성의 鍾山書院[71] 등을 꼽을 수 있고, 이밖

---

[65] 정여창·정온·姜翼을 배향.

[66] 김굉필·정여창·鄭蘊을 배향. 현종 2년(1661) 건립, 현종 3년(1662) 사액.

[67] 김굉필·정여창 배향. 선조 20년(1587) 건립, 현종 원년(1660) 사액.

[68] 정몽주·김굉필·정여창·이언적·이황·노수신·류성룡·鄭經世 배향. 선조 39년(1606) 건립, 숙종 3년(1677) 사액.

[69] 정여창·林薰·林芸·정온 배향. 선조 16년(1583) 건립, 현종 3년(1662) 사액.

[70] 김굉필·정여창·조광조·이언적·이황 배향. 선조 16년(1583) 건립, 선조 40년(1607) 사액.

에 사액서원이 아닌 것으로는 牙山의 仁山書院[72] 등 다수가 있다.

V. 학문 경향과 후학들의 평가

일두의 도덕과 학문은 士林의 公論을 얻어 문묘에 종사됨으로써 공식적인 평가가 이루어졌다. 그는『소학』을 律己와 治化의 기본으로 삼았던 조선 초기 학풍에 영향을 받아 힘써 실천하는 것을 위주로 하였다. 윤효손과 주고받은 서한을 보면, 말만 앞서고 실천이 따르지 않은 학자를 꾸짖을 때 자주 쓰는 '欺世盜名' 운운하는 말이 등장한다.[73] 남명 조식의 상징과도 같은 이 말이 이미 심도 있게 사용되었던 것이다. 그를 '조선시대 실천유학의 선구자'라고 일컫는 것은 이러한 이유에서 일 것이다.

'효는 백행의 근원이라'고 하거니와, 그는 실로 효성이 대단하였던 것 같다. 그러기에 閔子騫이나 曾參에 비유되기도 한다. 그는 이른 나이에 부친을 잃은 것을 천추의 한으로 여겨, 홀어머니를 봉양하는 데 지극 정성을 다하였다. 한 예로, 젊었을 때 술을 좋아하였는데, 하루는 친구와 실컷 마시고 취하여 들 가운데 쓰러져 밤을 새고 돌아왔다. 母夫人이 책망하기를 "너의 아버님께서 돌아가시고, 이 홀어미가 믿을 사람이라고는 너뿐인데 지금 이 꼴이니 누구를 믿고 살란 말이냐"고 하였다. 이에 깊이 자책한 일두는 임금이 御酒를 내리거나 飮福할 때가 아니고는, 술을 입에 대는 일이 평생 없었다고 한다.[74]

---

71) 정여창 · 奇遵 · 유희춘 · 鄭曄 · 金尙憲 등 배향. 현종 7년(1666) 건립, 숙종 12년 (1686) 사액.

72) 동방오현 배향. 광해군 2년(1610) 건립.

73) 『일두집』속집 권3, 1a~1b, 「尹孝孫書」"含垢虛名, 不勝心愧而面騂. 近世欺世盜 名之誚, 扭捏主張, ……"

74) 『大東野乘』권3, 「丙辰丁巳錄」; 민족문화추진회 국역본(Ⅰ), 416쪽.

부모의 상을 당했을 때에는 3년 동안 죽만 마시며[歠粥] 시묘살이를 하였고, 평소에도 '蓼莪'[75]에 말이 미치면 슬피 울면서 그치지 않았다고 한다. 그의 효행담은 역대의 수많은 문헌에서 실려 있어, 여기서 새삼 재론할 필요가 없다. 다만, 『성종실록』에 실린 어느 史臣評은 일두의 효행이 얼마만큼 민간에 영향을 끼쳤는지, 그 정도를 짐작하기에 족하다.

> 정여창이 居喪을 잘하자 鄕閭가 감화되었다. 어떤 甲士 한 사람이 정여창을 본받아 喪中에 죽을 먹으니, 어느 白丁이 "정여창을 본받고자 죽을 먹으니 얼마나 고생스러운가?"라고 놀렸다 한다.[76]

유희춘에 의하면, 일두의 학문은 '篤實'로써 근본을 삼고 '자신을 속이지 않는 것'[不自欺]으로 주를 삼았다고 한다.[77] 일두는 일찍이 다음과 같이 술회한 바 있다.

> 나는 바탕이 남들보다 낮다. 만약 십분의 공이 없다면 어찌 털끝 만한 효과라도 보겠는가. 비유컨대, 씨를 심어 기르는 것과 같으니, 메마른 자갈밭에는 좋은 벼라도 잘 자라지 않고, 기름진 땅에서는 강아지풀이라도 쉽게 자라는 법이다. 만약 북돋우고 호미질하여 잘 가꾸는 노력이 없다면 비록 좋은 땅이 있다한들 무슨 보탬이 되겠는가.[78]

과연 일두의 학문은 '學務篤實' 넉 자로 요약할 만하다. 위에서 말한 '不

---

[75] 효자가 어버이를 제대로 봉양하지 못하는 것을 슬퍼하는 시. 『시경』에 나온다.

[76] 『성종실록』, 21년 7월 26일 丙子條.

[77] 『일두집』 유집 권3, 32a, 「讚述」; 〈유희춘, 종성기문〉 "公之學, 以篤實爲本, 以不自欺爲主"

[78] 위와 같음 "嘗曰, 余質下於人, 若無十分之功, 焉得絲毫之效? 譬如種穀, 磽确之田, 嘉禾不茂, 膏腴之地, 稂莠易生. 若無栽培鋤治之力, 雖有良田, 亦何益哉?"

自欺'는 誠意를 말하는 것으로『대학』傳 6장에 나온다. 이와 관련하여 桐溪 鄭蘊의 「신도비명」 일부를 더 보기로 한다.

> 선생의 학문은 程朱로써 準的을 삼았다. 독서는 窮理로써 우선을 삼고 處心은 不欺로써 주를 삼았으며, 일용공부는 誠·敬을 벗어나지 않았다. 治平하는 律令·格例에서는 그 극점까지 궁구하지 않음이 없었으며, 바깥 고을을 다스림에 이미 그 단서를 보였다.[79]

이는 修己로부터 治平에 이르기까지 體用該備된 일두의 학문 규모와 방법 등 그 肯綮을 잘 요약한 것으로 생각된다. 선유들이 일두의 학문을 한결같이 '體用之學'으로 일컬었던 것은 이런 이유에서라고 하겠다. 또 일두가『대학』과『중용』에 정밀했다고 하는 것도 이와 무관하지 않다.

『사우언행록』에 의하면, 김굉필은 '理'에 밝았고 일두는 '數'에 밝았다고 한다.[80] 오늘날 양현의 저술 대부분이 전하지 않아 증명하기는 어렵지만, 이 역시 체용지학과 연결시킬 수 있지 않을까 한다. 송시열은 이에 대해 다음과 같이 말하였다.

> 내가 일찍이 野史를 보건대 "한훤당은 '리'에 정통하고 일두는 '수'에 정통했다"는 말이 있었다. 내가 가만히 의심하기를 "대저 이른바 '수'라는 것이 邵子가 이른바 '하나가 둘을 낳고 둘이 넷을 낳고 넷이 여덟을 낳는다'는 것이라면 이것은 곧 大易의 근본으로서, 이른바 '리'라고 하는 것도 실상은 그 속에 있다. 그러므로, 朱子가 말하기를 周子는 '리'로부터 보았고 소자는 '수'로부터 보았으니 모두가 다만 '리'뿐이라"고 하였다. …… 대저 선생의 고명하신 자질로 그 학문이 어찌 '수'에만 치우치리요.[81]

---

79) 『桐溪集』 권4, 3a~3b, 「文獻公一蠹鄭先生神道碑銘并序」 "先生之學, 以濂洛爲準的, 讀書以窮理爲先, 處心以不欺爲主. 日用工夫, 不出誠敬之外. 至於治平律令格例, 无不究其極, 求諸治縣, 已見其端緖矣"(총간 75-248)

80) 辛永禧, 『師友言行錄』 "大猷精於理, 伯勗精於數."

위에서 말한 '수'는 易數를 가리킨 것으로 짐작된다. 『실록』에 의하면, 성종 23년(1492), 문신 중에서 성품이 愼密한 사람을 선택하여 天文과 算學을 익히도록 하였을 때, 崔溥·朴增榮·권오복·金勘·강혼·柳崇祖·李世仁·鄭鵬·李顆) 등과 함께 일두가 뽑혔는데,[82] 이것은 그가 '수'에 밝다고 하는 것과 통한다고 하겠다.

일두의 성리학에 대해서는 이미 발표된 논고들에서 비교적 자세히 다루었기 때문에, 그에 대해 다시 논급할 생각은 없다. 다만, 일두의 성리설에 대해 그 수준을 높게 보지 않거나 문제점을 제기하였던 이들이 더러 있었다는 점을 밝혀두고자 한다. 그 대표적인 예가 『중용장구』 제1장에 나오는 朱子註에 대한 해석 문제이다. 일찍이 주자는 '天命之謂性'을 해석하면서 "하늘이 음양 오행으로써 만물을 化生함에 기로써 형체를 이루고 리 역시 부여되었다"고 한 바 있다. 그런데 일두는 '氣以成形, 理亦賦焉'이라고 한 대목을 못마땅하게 여겨 "어찌 기 뒤에 있는 리가 있겠는가"라고 하였다 한다.[83] 아마도 리·기에 시간적 선후가 있는 것으로 이해한 데서 비롯되지 않았는가 한다. 이에 대해 다음과 같은 비평이 있다.

> 리기에 선후가 없다는 설은 선유들이 이미 죄다 말하였다. 옛날에 보니 權鞸(1569~1612) 汝章이 우연히 이것에 대해 말한 바 있었는데, 여장은 정일두가 『중용』 첫장의 주자주에 '기로써 형체를 이루고 리 또한 부여되었다'고 한 두 글귀를 가지고, 주자가 리기를 선후로 분변한 양 생각하였는데,

---

81) 『宋子大全』 권144, 「安陰縣光風樓記」, 29a~29b, "余嘗讀野史, 有日寒暄精於理, 一蠧精於數. 余竊嘗疑之日:「夫所謂數者, 若如邵子所謂一生兩, 兩生四, 四生八之云, 則是乃大易之根柢, 而所謂理者, 實在其中矣. 故朱子日: 周子從理看, 邵子從數看, 都只是這理. 然則二先生之道, 不可差殊觀也」 …… 夫豈以先生姿質之高明, 其學顧偏於數也哉."

82) 『성종실록』, 23년 10월 18일 乙卯條.

83) 『추강집』 권7, 「冷話」, 7b~18a, "鄭汝昌伯勗, 取中庸章句日, 天以陰陽五行化生萬物, 而不取其氣以成形, 而理亦賦焉, 日安有後氣之理乎."

이는 도무지 본지를 잃은 것이라고 하였다.[84]

    정홍명이 일두의 일을 거론한 것 자체가 비판에 목적이 있음을 엿볼 수 있지만, 과연 성리학에 대한 일두의 조예에 一累가 된다고 하겠다.
    일두는 '心'에 대한 공부를 중시하였다.[85] 그는 '心出入說'을 주장하였으며, 이 문제를 놓고 남효온과 사실상 논변을 벌이기도 하였다. 문제의 발단은 일두가 공자의 '操則存', 맹자의 '收放心' 등의 설에 근거하여 '마음은 몸을 드나드는 것'이라고 한 데서 비롯되었다. 남효온이 "마음이 어찌 출입하는 것이겠는가"라고 문제를 제기하자 일두는 "여기에 앉아 있는데 마음은 천리밖에 놓고, 잠깐 사이에 말아져서[卷] 腔子 안에 있으니 드나드는 것이 아니겠는가"라고 응수하였다. 남효온은 일두의 심출입설에 대해 다음과 같이 비판하였다.

> 저 孔孟·伊洛의 출입설로 말하자면, '操를 가지고 存으로 여기고 舍를 가지고 出이라 여긴 것'에 대해 나로서는 저윽이 의심할 따름이다. 대개 마음을 잡으면 形氣가 맑고 순수하며 이 마음이 항상 밝아 서로 같이 있으니 이른바 入이라는 것이요, 마음을 놓아버리면 형기가 흐리고 섞여서 이 마음을 掩蔽하여 外物의 유혹이 주가 되니 이른바 出이라는 것이다. 그렇지만, 참으로 드나들도록 함이 있는 것은 아니다. 백욱은 말 때문에 본래의 뜻을 해친 것[以辭害義]은 아닐까? …… 范祖禹의 딸이 열 네 살 때 『맹자』를 읽고 "맹자가 잘못이다. 마음에 어찌 출입이 있겠는가"라고 하였으니, 이 여자가 비록 맹자의 본지는 알지 못하지만 몸밖에 마음이 없다는 사실은 중요하게 알았다.[86]

---

84) 鄭弘溟, 『畸庵集』 권12, 「漫述」, 15a "理氣無先後之說, 先儒已盡言之矣. 昔見權汝章鞸, 偶及此事. 汝章因言鄭一蠹以中庸首章註「氣以成形, 而理亦賦焉」二句, 以爲朱子有先後之辨, 殊失本旨云."

85) 『일두집』 속집 권4, 「師友門人錄」, 6b, "(一蠹)先生曰, 學而不知心, 何以學爲? 寒暄曰, 心在何處? 曰, 無乎不在, 亦無有處."

‘심출입설’은『맹자』에 “마음은 잡으면 보존되고 놓으면 잃어버려서 그 출입이 정해진 때가 없으며 그 定處 알 수 없는 것은 오직 사람의 마음을 두고 한 말이다”[87]고 한 공자의 말에서 나왔다. 범조우의 딸 이야기는 위 인용문의『朱子集註』小註에 나온다.[88] 남효온은 일두가 明經飭行으로 당대에 비길 사람이 없는데도 소견이 이와 같을 뿐이라고 하면서, 공맹과 정주의 설을 비판 없이 따른 데 대해 아쉬움을 표하였다.

한편, 남효온은 일두의 학문에 대해 다음과 같이 말하기도 했다.

백욱은 지리산에 들어가 3년 동안 나오지 않고 오경을 밝혀서 그 蘊奧를 다하였으니, 體와 用이 근원은 같으나 分이 다르다는 것을 알았고, 선과 악이 性은 같으나 氣가 다르다는 것을 알았으며, 유교와 불교가 길[道]은 같지만 자취[迹]가 다르다는 것을 알았다. 그의 성리학은 醒狂(李深源)이 존경하였다.[89]

여기에는 논란의 여지가 없지 않다. 일두의 학설이 과연 위와 다름이 없었는지? 일두의 논저가 대부분 전하지 않는 상황에서 단안을 내릴 수

---

86) 『추강집』 권5, 「心論」, 28a~29b. “孔子所謂操則存, 孟子所謂收放心, 程子所謂使反復入身來. 伯勖用是說, 亦指心出入之物. 余嘗詰之曰:「心豈出入乎?」伯勖曰:「坐於此, 而心遊千里之外, 須臾卷在腔裏, 非出入乎」…… 若夫孔孟伊洛出入之說, 則愚竊疑以操爲存, 以舍爲出耳. 蓋操則形氣淸粹, 此心常明而互存, 所謂入也; 舍則形氣淸駁, 掩蔽此心, 而外誘爲主, 所謂出也. 非眞有出入之也. 伯勖無乃以辭害義乎? …… 范純夫女子, 年十四讀孟子曰:「孟子誤矣! 心豈能出入乎?」此女雖不知孟子本旨, 要知身外無心者.”

87) 『맹자』, 「告子(上)」 “孔子曰, 操則存, 舍則亡, 出入無時, 莫知其鄕, 惟心之謂與.”

88) 성균관대 대동문화연구원 영인, 『經書』 675쪽, 下右 “問:「范淳夫女, 讀孟子曰, 孟子誤矣, 心豈有出入? 伊川聞之曰, 此女雖不識孟子, 却識心. 伊川此語, 是許之, 是不許之?」曰:「此女必天資高, 見此心常湛然安定, 無出入. 然衆人不能皆如此. 若通衆人論之, 心却是走作底物. 孟子所引夫子之言, 是通衆人論耳.”

89) 『추강집』 권7, 「師友名行錄」, 22b. “鄭汝昌字伯勖, 入智異山, 三年不出, 明五經, 窮極其蘊, 知體用之源同分殊, 知善惡之性同氣異, 知儒釋之道同迹差. 性理之學, 醒狂敬之.”

는 없다. 다만, 남효온이 일두와 동문이고 절친한 사이였음을 감안할 때 전혀 사실과 다르다고 하기는 어려울 듯하다. 그러나, 이것이 사실이라면 일두의 학문에 대한 평가는 조선조 사림의 공론과는 다를 수도 있다. 성호 이익의 비평이 대표적인 사례이다.

> 유교와 불교가 길은 같지만 자취가 다르다는 논설은 지극히 의심스럽다. 虛無寂滅하고 윤리가 없는 학설을 우리 유교의 性命之學에 비겨 ‘도가 같다’고 한 것이 옳겠는가? 그가 土禍에 원통하게 죽은 것만을 분하고 억울하게 여겨 그 평생에 한 일을 감히 비판하지 않는다면 이 또한 잘못이다. 그는 평소에 마늘이나 파 따위를 먹지 않았고 마소의 고기도 먹지 않았다. 젊어서 學舍에 들었는데, 코만 골고 잠을 자지 않았으므로, 같이 자던 이들이 알아차리고 마침내 떠들어대며 “정 아무개는 참선하느라 잠을 자지 않는다‘고 했으니, 당시에 벌써 이런 논의가 있었던 것이다.90)

이것은 불교의 수양법을 긍정적으로 보았던 일두의 평소 인식에 비추어 볼 때 충분히 제기될 수 있는 비판이라 하겠다. 이와 관련하여 炭翁 權諰(1604~1672)의 말에 주목할 필요가 있다.

> 『추강집』에 이른바 ‘선과 악은 性은 같고 氣가 다르기 때문이다’고 한 것은 선악이 모두 天理라는 말에 근본한 것 같지만, 그래도 자세한 설명을 빠뜨리지 않았는가 한다. 더구나 유교와 불교가 길은 같고 자취가 다르다고 한 것은 몹시 이치에 해롭다.91)

권시의 비판 내용을 보면, 성리학의 이해와 儒·佛에 대한 인식에서 일

---

90) 『星湖僿說』 권11, 「人事門」, 〈鄭一蠹〉

91) 『炭翁集』 권6, 「答尹吉甫」, 8b, “秋江集所謂善惡性同氣異, 似本於善惡皆天理之語, 猶恐似欠委曲. 至於儒釋道同而迹異者, 似極害理. 秋江高義, 百世興起, 聞道淺深, 未敢容議. 況一寒兩賢儒宗, 誠何云云哉?, 而後生創聞, 不能不駭心.”

두와 남효온의 견해가 일치하였음을 알 수 있다. 우연이었을까? 우연이 아니라고 할 때, 양현의 인식을 통해 당시 학계의 학문 수준과 경향까지도 엿볼 수 있을 듯하다. 선악이 나뉘어지는 원인을 '性同氣異'라고 인식한 것은 남효온의 「性論」에 보인다.[92] 권시는 이것을 程明道의 '善惡天理論'에 근거한 것으로 추측하였다.

일두에게도 「선악천리론」이라는 논설이 있다. 잘 알려진 바와 같이, 일두의 주요 저술로 『庸學註疏』, 『主客問答說』, 『進修雜著』가 있었다고 한다. 이는 일두의 3대 저술로 꼽힌다. 그러나, 무오사화 때 후환을 두려워한 부인이 모두 불 속에 던져버렸다. 현재 전하는 학술 논문으로 「理氣說」, 「선악천리론」, 「立志論」 3편이 있는데, 일두의 성리학에 대한 이해 수준과 학문 경향을 엿볼 수 있는 중요한 자료이다. 고종 17년(1880) 무렵에 경상도 玄風에 사는 士人 郭孝根의 집에 보관되어 있는 것을 발견, 1919년 『일두집』 속집을 간행하면서 실은 것이다.[93] 이것이 일두의 글인지는 의심의 여지가 없지 않다.[94] 그러기에 『속집』의 편집자도 "비록 적확한 증거는 얻지 못했지만 本草에 '일두'라는 선생의 호가 실려 있어 감히 泯沒시키지 않고, 여기에 붙여두어 후일의 考覽을 기다린다"고 하였다. 현재 학계에서는 일두가 남긴 글로 인정하고 있다.

위의 세 논문 가운데 「선악천리론」은 정명도의 선악천리론을 어떻게 이해할 것인지, 나름대로 그 해법을 모색해본 것이라 짐작된다. 선악천리

---

92) 『추강집』 권5, 「性論」, 30a~32b, 참조.

93) 『일두집』 속집 권1, 「後記, 9a~9b, "右三篇及宣平襄行狀, 四十年前, 得于玄風郭孝根家藏, 而行狀則已載於實紀中, 固無可論. 此三篇則雖未得的據. 本草既載先生之號, 故不敢泯沒, 姑附此以俟後考."

94) 정재경 씨는 이 세 논문이 『진수잡저』에 포함된 글이라고 간주하였다(『정여창 연구』, 231쪽). 그러나, 李東熙 교수는 조남욱 교수의 「일두 정여창의 윤리사상」(『유교사상연구』 제13집)에 대한 논평에서, 위 3편의 논문이 일두의 글이 아닐 가능성에 대해 여러 가지로 지적한 바 있다. 『유교사상연구』 제13집, 한국유교학회, 2000, 142~143쪽 참조.

론은 문제가 많은 명제로서 역대로 논란이 적지 않았다. 일두는 그에 대해 의문을 제기하면서도 결국에는 정명도와 주자의 취지에 부합될 수 있도록, 理有善惡의 논리에 입각하여 이해하고자 하였다. 따라서 이「선악천리론」을 근거로 일두가 정명도의 심성론에 영향을 많이 받았다고 한 것[95]은 성급한 판단이 아닐까 한다.

『일두집』은 한강 정구가 일두의 증손 秀民(호는 春睡堂)과 함께 일두의 遺文을 수집하여 엮은『문헌공실기』1책이 그 母胎가 된다.『실기』는 인조 13년(1635)에 처음 간행되고 이어 영조 19년(1743)에 당시 남계서원 원장이었던 陶菴 李縡에 의해 重刊되었다. 그로부터 2백년 가까운 세월이 지나면서 일두의 유문 약간편과 상당한 분량의 관계 기록이 새로 수집되었으며, 마침내 1919년 남계서원의 주도로『문헌공실기』를『일두집』遺集으로 편입시키고, 속집 4권을 간행하였다. 이로써『일두집』은 유집 3권, 속집 4권으로 7권 2책의 체제를 갖추게 되었다.『일두집』에서 일두의 글은 전체의 2할 가량에 불과하고 나머지는 관계 기록들이다. 목판에 사용된 글자는 丁酉字를 復刻한 것이다.

이 글은『東洋哲學硏究』제38집(2004)에 수록된「일두 鄭汝昌의 生涯와 學問歷程: 諸家記述을 중심으로」를 그대로 실은 것이다.

95) 鄭炳連,「일두 정여창의 心性論」, 67쪽.

일두 정여창의 학문과 그 문화공간

악양정과 남계서원을 중심으로

정우락

I. 논의의 방향

오늘날 우리는 문화가 하나의 산업이 된 시대에 살고 있다. '문화산업'
이라는 말을 어렵지 않게 듣는 것에서 이것을 바로 확인할 수 있다. 문화
산업이 가능한 것은 문화가 지니고 있는 내재적 가치[1] 때문이다. 문학이
나 회화, 그리고 음악과 같은 예술에서 볼 수 있듯이 여기에는 인간의 지
향하는 가치가 심도 있게 농축되어 있다는 것이다. 이로써 생경한 자연물
이나 인공물은 인간을 통해 특별한 의미로 재생될 수 있으며, 전통시대

---

[1] 문화는 기본적으로 자연과 구별되는 인간 고유의 존재 양식이며, 공간과 시간
에 따라 차별적으로 표현되며, 내재적 가치를 지니고 있다. 이러한 측면의 서
술은 박이문(2009), 『통합의 인문학』, 지와 사랑, 158~174쪽을 참조할 수 있다.

선현과 관련된 공간 역시 이 같은 방향에서 새롭게 태어날 수 있다.

우리의 논의는 鄭汝昌(一蠹, 1450~1504)의 삶과 학문적 특징은 무엇이며 그의 생활 및 강학 공간인 지리산권역의 하동 岳陽亭과 함양 藍溪書院은 어떠한 의미를 지니는가 하는 것을 따지는 것이다. 이것은 기계적 세계관에서 유기체적 세계관으로, 직선적 사유에서 곡선적 사유로, 거시사에서 미시사로, 분과학문에서 융합학문으로, 이론적 지식에서 문화적 향유로의 전환이라는 탈근대 담론을 염두에 둔 결과이다.[2] 이로써 우리는 정여창과 그를 중심으로 형성된 새로운 문화가 후인들에 의해 어떻게 계승되고 있는가 하는 것을 확인하게 될 것이다.

정여창 관련 문화공간으로 지리산권을 주목한 것은 특별한 이유가 있다. 지리산은 정여창의 대표적인 활동공간인 하동과 함양을 모두 포괄할 수 있을 뿐만 아니라, 정여창의 스승 金宗直(佔畢齋, 1431~1492)이 그의 문도들을 거느리고 이 산을 오르며 초기 영남사림파가 지닌 결집된 비판의식을 보여주고 있기 때문이다. 정여창 역시 이 대열에 동참하여 1489년(성종 20) 동문인 金馹孫(濯纓, 1464~1498) 등과 함께 지리산을 오르며 성리학적 세계관을 예각화한다.[3]

우리는 지리산으로부터 다양한 사람들을 기억해낸다. 정여창 이전의 시대로 한정해서 보면, '雙溪'와 '石門'이라는 글자를 쓰고 청학을 불러 타고 다녔다는 신라말의 崔致遠(孤雲, 857~?), 이상향을 찾아 지리산으로 들어왔으나 결국 찾지 못하고 돌아갔다는 고려시대의 李仁老(雙明齋, 1152~1220), 제자들과 함께 사림파의 비판정신을 지니고 이 산을 올랐던 김종직 등이

---

[2] 이에 대한 자세한 논의는 정우락(2012.8.24), 「조선시대 '문화공간 – 영남'에 대한 한문학적 독해」(『2012년 하계 전국학술대회』 발표자료집, 한국문학언어학회)에서 이루어졌다.

[3] 지리산에 金宗直(佔畢齋, 1431~1492)은 1472년에 올라 「遊頭流錄」을, 南孝溫(秋江, 1454~1494)은 1487년에 올라 「智異山日課」와 「遊天王峰記」를, 金馹孫(濯纓, 1464~1498)은 1489년에 올라 「頭流紀行錄」을 남긴다. 특히 김일손은 정여창과 함께 오르는데, 스승의 지리산 유람을 계승했다는 의미에서 그의 유산기 제목이 「속두류록」이라 불리기도 한다.

그 대표적이다. 그러나 이들은 지리산을 생활의 거점으로 삼고 있지 않았다는 점에서 정여창과는 커다란 차이를 보인다. 정여창이 태어나고 은거·강학하면서 성리학적 세계관을 구축한 곳이 바로 지리산이니, 그는 앞선 시대의 사람들과는 달리 단연 '지리산인'이라 할 수 있다.[4]

그동안 정여창에 대한 연구는 다각도로 이루어졌다. 그에 대한 최초의 연구는 1965년 韓相璉에 의해 쓰여진 「善惡天理論: 일두의 사상을 중심으로」였다. 이를 필두로 해서 현재 단행본 3책,[5] 일반논문 18편,[6] 학위논문

---

[4] 현대 시인들 역시 지리산을 노래할 때, 정여창 등을 두루 떠올린다. 정대구가 「지리산」이라는 시에서, "점필재, 일두, 탁영, 면암도 올랐다는 / 남명이 열 번도 더 올랐다는 / 지리산 멀리 바라만 보며 / 그 주변 남원 거창 함양 산청 구례 일대를 / 몇 번 맴돌았을 뿐 / 벼르기만 하면서 한 번도 나는 / 정상을 오르지 못했네."라고 한 데서도 이를 확인할 수 있다.

[5] 단행본 3책은 다음과 같다. 종합적 성격을 지닌 鄭在景, 『鄭汝昌 研究』, (집문당, 1987) 자료집인 鄭炳國, 『一蠹 鄭汝昌先生의 生涯와 斯文扶植考察』(함양문화원, 2002), 연구서인 조남욱, 『정여창 조선조 실천유학의 선구자』(성균관대학교 출판사, 2003)가 그것이다.

[6] 일반논문 17편은 다음과 같다. 한상련, 「선악천리론: 일두의 사상을 중심으로」, 『동국사상』 3, 동국대학교 불교학회·철학회, 1965; 성교진, 「일두 정여창의 철학사상」, 『한국철학종교사상사(如山柳炳德박사의 화갑기념논문집)』, 원광대출판국, 1990; 姜敬眞, 「一蠹 鄭汝昌의 思想에 關한 研究」, 『논문집』 17, 진주여자전문대학, 1994; 유명종, 「일두 정여창」, 『한국인물유학사』, 한길사, 1996; 장도규, 「일두 정여창의 力行과 시 소고」, 『漢文學論集』 14, 근역한문학회, 1996; 김호성, 「一蠹 鄭汝昌의 정치사상」, 『儒敎思想研究』 13, 한국유교학회, 2000; 이혜란·최왕돈, 「정여창고택의 시지각적 특성에 의한 공간분석에 관한 연구」, 『학술발표대회 논문집』 19, 대한건축학회, 1999; 정병련, 「一蠹 鄭汝昌의 심성론」, 『儒敎思想研究』 13, 한국유교학회, 2000; 조남국, 「一蠹 鄭汝昌의 생애와 학행」, 『儒敎思想研究』 13, 한국유교학회, 2000; 조남욱, 「一蠹 鄭汝昌의 윤리사상」, 『儒敎思想研究』 13, 한국유교학회, 2000; 최일범, 「一蠹 鄭汝昌의 교육정신」, 『儒敎思想研究』 13, 한국유교학회, 2000; 황의동, 「鄭汝昌의 理氣論」, 『儒敎思想研究』 13, 한국유교학회, 2000; 이지경, 「鄭汝昌 政治思想의 再評價」, 『동양정치사상사』 3, 한국동양정치사상사학회, 2003; 김기현, 「鄭汝昌 道學의 특색에 관한 小考」, 『東洋哲學研究』 38, 동양철학연구회, 2004; 안재순, 「일두 정여창의 수양론」, 『東洋哲學研究』 38, 동양철학연구회, 2004; 정우락, 「一蠹 鄭汝昌 文學思想의 樣相」, 『東洋哲學研究』 38, 동양철학연구회, 2004; 정우락, 「一蠹 鄭汝昌 文學思想의 意義」, 『동양한문학연구』 19, 동양한문학회, 2004; 최영성 「一蠹 鄭汝昌의 生涯와 學問歷程」, 『東洋哲學研究』 38, 동양철학연구회, 2004.

5편[7]이 발표되었다. 이는 현재 남아 있는 정여창 관련 자료에 비해 매우 활발한 편이다. 단순히 생애를 소개하는 것에서부터, 철학사상과 문학사상, 그리고 종가를 중심으로 한 건축문화를 다룬 것까지 다양하다. 특히 2000년 6월에는 '일두 정여창의 생애와 사상'이라는 주제를 내걸고, 정여창의 생애와 학행(조남국), 리기론(황의동), 심성론(정병련), 윤리사상(조남욱), 교육정신(최일범), 정치사상(김호성) 등이 구체적으로 논의되어 정여창의 한국유학사적 위상을 타진하기도 했다.[8]

기존 연구가 다양한 성과를 거두고 있음에도 불구하고『일두집』에 대한 텍스트 비판은 제대로 이루어지지 않은 채 진행되어왔다.[9] 이 때문에 심각한 문제가 노정되어 있는 실정이다. 따라서 본고에서는 필요에 따라 이들 연구성과를 제한적으로 수용하면서, 그동안 연구자들이 외면해왔던 정여창 관련 문화공간을 주목하기로 한다. 본고는 정여창 관련 문화공간 가운데서도 그가 주로 활동하였던 하동과 함양을 중심으로 다룬다. 특수한 개인이 일정한 시간과 공간을 거느리며 생활한다고 볼 때, 인간과 시간과 공간, 즉 '三間'은 융합적 측면에서 새롭게 읽힐 수 있기 때문이다.

하동과 함양이라는 공간을 고정시키고 시간대를 달리함으로써 정여창

---

[7] 학위논문 5편은 다음과 같다. 김길동, 「朝鮮時代 선비계층의 住居文化에 관한 研究: 鄭汝昌의 住居生活을 中心으로」, 서울대학교 대학원 석사학위논문, 1991; 신용기, 「鄭汝昌故宅의 建築的 特性에 關한 研究: 배치 및 공간구성을 중심으로」, 성균관대학교 대학원 석사학위논문, 1991; 정준상, 「一蠹 鄭汝昌의 道學思想 研究」, 성균관대학교 유학대학원 석사학위논문, 2001; 허엽, 「鄭汝昌의 敎育理念과 學行」, 경상대학교 대학원 석사학위논문, 2004; 장은영, 「一蠹 鄭汝昌의 師友와 思想的 役割」, 조선대학교 교육대학원 석사학위논문, 2007.

[8] 남계서원에서는 이들 논문과 「일두 정여창의 수양론」(안재순), 「일두 정여창의 도덕실천론 구조」(김기현), 「일두 정여창의 문학사상의 양상과 의의」(정우락)를 합하여 단행본,『일두 정여창의 학문과 사상』(2004)을 출간하기도 했다.

[9] 기존 연구의 대부분은 텍스트에 대한 의심을 하면서도『一蠹續集』권1 「雜著」에 실려 있는 「理氣說」·「善惡天理論」·「立志論」을 통해 정여창의 사상을 다룬다. 그러나 이들 자료는 鄭介淸(困齋, 1529~1590)의 소작으로 확인되는 바, 이에 대해서는 본고의 5장 '남은 문제들'에서 재론하기로 한다.

이 어떻게 기억되고 있는가, 이를 통해 후대의 선비들은 정여창의 어떤 측면을 부각시키고 있는가. 이것은 본고의 중요한 논의거리다. 이로써 정여창 연구에 있어 바로 부딪치는 자료적 한계를 극복할 수 있으며, 정여창을 다른 각도로 이해할 수 있는 새로운 길을 열 수 있을 것이다. 이 과정에서 정여창에 대한 인식의 균질성을 확인할 수도 있을 것이다. 이 역시 정여창을 바라보는 조선 선비의 특수한 시각이므로 일련의 가치를 확보하고 있음은 물론이다.

II. 정여창 삶의 특징과 학문

그동안 정여창의 생애와 학문은 다양하게 논의되어왔다.[10] 따라서 이것을 여기서 굳이 재론할 필요는 없다. 그러나 문화공간을 다루기에 앞서 그의 생애와 학문 가운데 해당 부분을 구체화할 필요가 있다. 정여창의 생애와 학문은 그의 族弟 鄭汝諧(邂齋, 1450~1520)가 쓴 祭文에 요약되어 있어 도움이 된다. 정여해는 정여창의 인도로 김종직 문하에 들었고, 가까이에 있으면서 관찰하였기 때문에 그가 쓴 제문은 정여창을 이해하는 데 있어 매우 중요하다. 즉 사실에 입각해 있기 때문이다. 그는 정여창과 자신의 관계를 이렇게 언급한다.

친함으로는 한 집안이었고 스승도 함께 하였으며, 일에 있어 의논하지 않음
이 없었고 의심나면 묻지 않음이 없었습니다. 내가 학문에 뜻을 둔 것을 보

---

[10] 생애를 가장 방대하게 조사하여 정리한 것은 정재경의 『정여창 연구』(집문당, 1987)이고, 가장 요령있게 서술한 것은 최영성의 「일두 정여창의 생애와 학문역정」(『동양철학연구』 38, 동양철학연구회, 2004)이다. 그리고 간략한 연보는 조남욱의 『정여창, 조선조 실천유학의 선구자』(성균관대출판부, 2003)를 참고할 수 있다.

시고 편지를 보내 계발토록 하셨습니다. 내가 나아가는 길이 어두운 것을 보시고 또한 함께 스승에게로 가게 하였습니다. 항상 추종하여 영남과 호남이 지척 같았으며, 방장산 쌍계의 산수에서 높은 자취를 휘어잡았으니, 한편으로 나의 스승이요 다른 한편으로는 나의 형님이었습니다. 한평생의 의지처가 여기에 있어 걱정이 없었는데, 천리 鍾城으로 귀양 가시니 산천이 아득하였나이다. 글을 부쳐 나를 깨우시던 지극한 뜻이 간절하였는데, 어찌 하루아침에 부음이 날아들어 나의 마음을 이렇게 놀라게 하시나이까?[11]

정여해는 정여창과 나이가 같았으며 8촌 동생이다. 그는 주로 전라도 화순에 살았는데,[12] 정여창의 편지를 받고 김종직의 문하에 들어가 함께 스승을 섬겼으며 金宏弼(寒暄堂, 1454~1504)·南孝溫(秋江, 1454~1492) 등과도 사귀게 되었다. 정여해는 이러한 사실을 위에서 적고 있다. 그는 무오사화(1498년)가 일어났을 때 중풍으로 향리에서 요양을 하고 있었기 때문에 다행히 화를 면할 수 있었다. 정여창이 종성으로 귀양을 가서 거기서 세상을 뜨게 되고 그의 시신이 함양으로 返葬되어 오자, 정여해는 호남에서 아들 鄭億齡을 보내 대신 제문을 읽게 한다. 그 가운데 정여창의 다양한 면모를 언급한 부분을 제시하면 다음과 같다.

---

11) 鄭汝諧, 『一蠹集』 卷2, 「祭文」, "親爲一室, 又同師席. 靡事不論, 靡疑不質. 見我志學, 貽書啓發. 見我昧方, 又因同適. 源源追隨, 嶺湖咫尺. 方丈雙溪, 得攀高躅. 一則我師, 二則我兄. 一生依恃, 在茲無恐. 千里鍾城, 山川脩夐. 寄書警我, 至意懇誠. 如何一朝, 訃車驚情."

12) 정여창은 정여해에게 「題族弟汝諧海望幽居」를 지어서 준 적이 있다. 그는 고향에서 은거하면서 사화로 희생된 스승과 벗의 넋을 위로하기 위하여 1508년(중종 3) 海望壇을 설치하고 김종직·김굉필·정여창·김일손 등의 위패를 모시고 제사를 지냈다. 정여해가 죽은 후 해망단은 돌보는 사람이 없다가 1871년(고종 8) 지역 유림들이 해망단의 제향을 복구하였다. 이때 정여해의 위패도 함께 모셨다. 해망단은 1934년 규모가 커지고 1979년 후손과 유림들에 의해 지금의 모습으로 확장되면서 이름도 해망서원이라 바꾸었다. 해망서원은 현재 전남 화순군 춘양면 대신리 904번지에 있으며, 전라남도 문화재자료 제122호로 지정되어 있다.

(1) 아아! 공은 세상에 드문 정기와 上智의 자질을 품부받아 태어났습니다. 좋은 옥과 순수한 금과 같아서 빛에 아무런 흠이 없었으며, 명나라의 사신이 사랑하여 기꺼이 이름을 지어주었습니다.

(2) 지극한 효도는 천성이었으며 깊은 사랑이 몸과 얼굴에 나타났고, 아버지가 죽어 자식에게 온 영화인데 그 녹을 어찌 받을 수 있었겠습니까? 書塾에 나아가 공부함에 있어 영특한 재주 우뚝하였고, 敬으로써 몸을 단속하였고 독실함으로 뜻을 세웠습니다. 학문이 날과 달로 나아가 근본으로부터 자립하였습니다.

(3) 佔畢齋의 문하에 나아가 크게 허여함을 입었고, 고기가 냇물을 만난 듯 새가 구름을 만난 듯 서로 기뻤습니다. 주자와 묻고 대답하는 듯 季通처럼 함께 벗할 만하였습니다. 같은 스승에 덕을 같이 한 이로는 벗 寒暄堂이 있었습니다.

(4) 나아가서 묻고 물러나서 변론함에 그 즐거움은 지극하였고, 한 부의 『소학』으로 함양하여 純熟하였습니다. 그 다음으로 四書를 읽어 학문의 길이 어긋나지 않았습니다. 성리를 탐구하여 깊은 경계로 나아갔고, 큰 줄기가 우뚝하여 바른 道脈을 이었습니다.

(5) 煙霞의 자연을 사랑하는 뜻이 깊어 晉山의 악양에 터를 잡아 집을 지었습니다. 땅과 사람이 서로 만나서 읊조리고 노래함에 스스로 즐거웠습니다. 섬진강이 아득히 흐르고 두류산은 우뚝한데, 다 구경하고 또 내려와서 외로운 배로 떠내려갔습니다.

(6) 홀로 밝고 넓은 것을 보아 가슴 속이 시원하고 깨끗하였습니다. 體가 있고 用도 있어 대인의 일이 모두 갖추어졌으니, 백 리 되는 작은 읍이었지만 또한 재주를 펼치기엔 족하였습니다. 광풍루와 제월당, 공이 지은 옛집을 행인들은 저마다 손으로 가리킵니다.

(7) 만약 묘당에 있게 되었더라면 군민이 요순의 시절과 같았을 터인데, 여러 소인들이 毒을 빚어서 斯文이 화를 만났습니다. 스승의 무고함을 밝히지 못하고 자신마저 귀양을 가게 되었습니다. 칠 년 동안 賈誼의 「鵩鳥賦」를 읊조렸으나 원망하는 뜻이 없었습니다.13)

(1)은 정여창의 자질과 得名에 대해서 기술한 것이다. 정여창은 1450년 (세종 32) 함양군 지곡면 개평리에서 아버지 六乙과 어머니 경주 최씨 사이에서 3남 1녀 중 장남으로 태어났다. 金馹孫(濯纓, 1454~1492)이 자신의 후임으로 정여창을 천거하면서 올린 「辭檢閱薦鄭汝昌疏」에서 "성정이 편안하고 깨끗하여 이익을 탐내는 마음이 없고, 기질이 단정하고 바르며 몸가짐이 지극히 맑고 사람 대하기를 어질고 두텁게 합니다."14)라고 한 것에서 알 수 있듯이 정여창은 上智의 자질을 품부받아 성정이 곧으면서도 두터웠다.

그의 득명은 명나라 사신 張寧에 의한 것이라 한다. 1460년(세조 6) 정여창은 8세로 아버지 통판공 鄭六乙을 따라 義州에 가게 되었는데, 그때 명나라 사신 장녕을 만났다. 이때 정육을은 아이 둘의 이름과 함께 名說을 부탁했고, 따라서 장녕은 명설을 지었다. 여기서 그는 汝昌과 汝裕라는 이름을 짓고, 정씨 집안이 창성하고 그 후손이 넉넉하게 되기를 기대하였다. 그리고 여창과 여유에게 "후일 학문을 좋아할 줄 아는 나이가 되거든 나의 말로써 이름을 돌아보고 그 뜻을 생각토록 하여라."15)라고 타일렀던 것이다.

(2)는 정여창의 천성과 학문에 대하여 기술한 것이다. 지극한 효도는

---

13) 鄭汝諧, 『一蠹集』 卷2, 「祭文」, "嗚呼! 公鐘間世氣, 稟上智姿. 良玉精金, 瑩無疵瑕. 天使撫愛, 命名不舍. 至孝天性, 深愛形色. 父敗子榮, 豈可冒祿? 就塾受學, 穎悟卓犖. 律身以敬, 立志以篤. 日月就將, 基根自立. 抱刺畢門, 大蒙奬許. 魚川鳥雲, 相得有喜. 晦翁問對, 季通可語. 同門同德, 暄友在斯. 進問退辨, 其樂深至. 一部小學, 涵養純熟. 次及四子, 蹊逕不忒. 探究性理, 深造閫域. 大幹亭亭, 得接正脈. 煙霞泉石, 深寓其愛. 晉山岳陽, 卜築得地. 境與人會, 吟哦自怡. 蟾江洋洋, 頭流峨峨. 看盡又下, 孤舟自如. 獨觀昭曠, 胸次脫灑. 有體有用, 大人事備. 百里小邑, 亦足展才. 光霽舊搆, 行人點指. 使居廟堂, 君民舜堯. 群壬釀毒, 斯文陽九. 師誣莫明, 身遭竄置. 七年賦鵩, 無怨尤意."

14) 金馹孫, 『濯纓續集』 上, 「辭檢閱薦鄭汝昌疏」, "伏以, 新及第臣鄭汝昌, 道通天人, 學備體用, 性情也恬淡, 器質也端方, 持身淸苦, 遇物仁恕."

15) 鄭汝昌, 『一蠹集』 卷2, 「事實大略」, "昌裕, 他日知好學之年, 其以吾言而顧名思義哉."

정여창의 천성에서 나온 것이라 했다. 그의 아버지는 1467년(세조 13) 함길도에서 일어난 李施愛의 난을 진압하던 중에 전사했다. 당시 정여창은 동생과 함께 시골에 있었는데, 아버지의 시신을 返葬해서 3년 상을 치렀다. 조정에서는 아버지가 순절을 하였으므로 아들 정여창에게 무관을 임명하고자 하였으나 그는 사양하였다. 이를 두고 정여해는「제문」에서 "아버지가 죽어 자식에게 온 영화인데 그 녹을 어찌 받을 수 있었겠습니까?"라고 하였던 것이다.

정여해는 정여창의 학문을 실천유학으로 보고, '律身以敬', '立志以篤'으로 요약했다. 일찍이 정여창은 朴彦桂에게 편지하여 "친구 사이에 서로 사랑하는 길은 다만 責善에 있다. 생각건대, 학문을 향해서는 誠으로 하고, 몸가짐은 敬으로 해야 한다."[16]라고 한 바 있다. '성'과 '경'은『중용』과『대학』의 핵심 내용인 바, 정여창은 이러한 용어를 중심으로 자신을 끊임없이 다스려 갔던 것으로 보인다. 그리고 정여창은 굳건히 뜻을 세워 이에 대한 추동력을 지속적으로 지님으로써 마침내 성현에 이르고자 하였던 것이다.

(3)에서는 정여창의 대표적인 師友를 들었다. 정여창에게는 두 스승이 있었다. 한 사람은 22세 때 입문한 李寬義(栗亭, 1409~?)인데, 정여창은 그를 기려 "학문으로는 천인을 궁구하여 한 시대의 으뜸이시어, 누항에 살더라도 알아주기를 구하지 않으셨네."[17]라고 하였다. 23세 되던 해에 김종직이 함양군수로 부임해오자, 그 다음해에 김굉필과 함께 김종직의 문하에 나아가 배움을 청하게 된다.[18] 이후 약 3년간 하동에 들어가 공부하다가, 27세 되던 해 김종직이 상경하자, 그 역시 서울로 올라가 김종직의

---

16) 鄭汝昌,『一蠹集』卷1,「答朴馨伯彦桂」, "第朋友相愛之道, 只在責善, 惟以向學以誠, 律身以敬."

17) 鄭汝昌,『一蠹集』卷1,「謹次栗亭李先生寬義韻」, "學究天人冠一時, 而居陋巷不求知. 聖君特召問治道, 因許山林意所之."

18) 金宗直,『佔畢齋年譜』42세조, "一蠹鄭汝昌與寒暄金宏弼相友, 詣先生門下, 請學."

문하에서 공부하게 된다.

정여창은 교유하기를 그다지 즐기지 않아 지우들이 많지 않았던 것으로 보인다.[19] 김종직 문하생 가운데는 김굉필과 김일손, 그리고 남효온과 가장 친했다.[20] 이 가운데 김굉필은 정여창과 志同道合으로 일컬어지며 많은 고사를 남긴다. 이 때문에 김굉필의『景賢錄』에서는, "함양의 일두 정여창과 뜻이 같고 도가 합치되어 특히 서로 좋은 벗이 되었는데 매양 서로 만나 더불어 도의를 강마하였다."[21]라고 하였고, 鄭逑(寒岡, 1543~1620)도 「祭一蠹鄭先生墓文」에서, "거룩할사 선생께서는, 우리 한훤 선생과 더불어 뜻도 같고 도도 합치되었으니, 주자와 張南軒 같으셨네."[22]라고 할 수 있었다.

(4)는 정여창의 공부 방법과 도학적 맥락을 말한 것이다. 김종직의 문하에 나아간 정여창은『소학』을 깊이 읽고 다시 사서로 나아갔다. 이에 대하여『佔畢齋年譜』42세조에서는 김종직이 정여창에 대하여 "고인들이 공부하던 차례대로 가르쳤는데, 먼저『소학』과『대학』을 읽게 하고, 드디어『논어』와『맹자』로 나아가게 하였는데, 날마다 지도를 하여 강령과 旨趣를 찾아 알게 하였으며 도의를 연마하게 하였다."[23]라고 언급하고 있다. 특히『소학』은 김종직 문도들의 필독서로서 그들의 인식과 행위의 기반이 된 책이라 할 수 있을 것이다.

---

[19] 金堉,『海東名臣錄』卷1,「鄭汝昌」, "公不喜交遊, 獨與金宏弼, 許爲知己, 論道講書, 未嘗相離."

[20] 정여창은 김일손과 지리산을 함께 유람한 바 있으며, 남효온과는 다양한 학문적 담론을 나누었다. 이러한 사실은 김일손의 「두류기행록」과 남효온의 『추강냉화』를 통해 구체적으로 확인할 수 있다.

[21] 金宏弼,『景賢錄』, "與咸陽鄭一蠹汝昌, 志同道合, 特相友善, 每相遇, 與之講磨道義, 商確古今, 或至達曙."

[22] 鄭逑,『寒岡集』卷12,「祭一蠹鄭先生墓文」, "於惟先生, 與我寒暄, 志同道合, 晦菴南軒."

[23] 金宗直,『佔畢齋年譜』42세조, "以古人爲學次第敎之, 先讀小學·大學, 遂及語·孟, 日承指敎, 尋知綱領旨趣, 硏窮道義."

정여해가 정여창을 성리학적 도맥의 선상에서 파악한 것도 중요하다. 그는 김굉필과 더불어 조선 도학의 출발점이 되기 때문이다. 정여창의 문묘종사는 그것을 가장 확실하게 보여주는 대표적인 사례가 된다. 이 때문에 이황은 「和陶集飮酒二十首」 16번째 작품에서, 鄭夢周(圃隱, 1337~1392)가 성리학을 시작한 이래, 김종직이 쇠퇴한 斯文을 일으켰고, 이어 김굉필과 정여창이 김종직 문하의 청출어람이 되었다며, 이들이 서로 어울려 도학을 이끌었다[24]고 할 수 있었을 것이다. 정여창의 성리학에 대한 깊은 탐구와 도맥선상에서의 위상은 이로써 확인된다.[25]

(5)는 정여창이 하동의 악양에 은거하며 자연친화적 태도를 지닌 것에 대하여 언급한 것이다. 정여창과 악양은 오랜 인연이 있었다. 24세에 이곳으로 들어가 3년간 유교경전을 공부하였고, 이후 서울에서 공부하다가 33세에 다시 하동으로 내려왔으며, 이후 진사시에 합격하여 성균관에 들어갔다가, 37세 때 어머니의 죽음을 맞이하여 고향으로 내려와 3년상을 치르게 된다. 39세에는 가족을 이끌고 함양의 개평에서 하동의 악양으로 거주지를 옮기게 된다.

정여해는 정여창이 자연을 특별히 사랑하였다고 했다. 그의 자연사랑은 다양한 문헌에 전한다. 俞好仁(濡溪, 1445~1494)은 「岳陽亭」이라는 작품의 서문에서 "정자가 진주의 악양현에 있는데 鄭候 伯勗이 살던 곳이다. 백욱이 젊어서 한곳에 얽매이지 아니하고 경치 좋은 곳을 사랑하는 성벽이 있어 일찍이 한적한 집을 이곳에 짓고 정자를 세워 이름하여 악양이라 하였다."[26]라고 한 것은 그 대표적이다. 관리로 있을 때 유호인에

---

24) 李滉, 『退溪集』 卷1, 「和陶集飮酒二十首」, "吾東號鄒魯, 儒者誦六經. 豈無知好之, 何人是有成. 矯矯鄭烏川, 守死終不更. 佔畢文起衰, 求道盈其庭. 有能靑出藍, 金鄭相繼鳴. 莫逮門下役, 撫躬傷幽情."

25) 현전하지는 않지만 정여창의 저술로 거론되는 『庸學註疏』·『主客問答說』·『進修雜著』 등을 주목할 필요가 있다. 이들 저술은 그 제목만으로도 그가 얼마나 성리학에 깊은 관심을 갖고 있었던가 하는 부분을 알 수 있기 때문이다.

게 벼슬을 버리고 돌아가고자 해도 돌아가지 못하는 심정을 杜甫(少陵, 712~770)의 「卜居」를 운자로 해서 화답해 주기를 청한 것도 같은 맥락에서 이해된다.[27]

(6)은 정여창의 관리로서의 능력과 그 치적을 언급한 것이다. 정여창은 아버지의 공훈으로 조정에서 무관직을 내렸으나 사양하였고(1468년, 19세), 어머니의 권유로 진사시에 합격하여 성균관에 들어갔으며(1483년, 34세), 趙孝仝의 천거로 昭格署 참봉이 되었으나 사양하였다(1490년, 41세). 별과 문과에 합격한 후에야 비로소 예문관 검열(1490년, 41세), 侍講院 說書(1492년, 43세), 안음현감(1494년, 45세) 등 내·외직을 거쳤다. 특히 안음의 현감으로 자청한 것은 세자 연산군의 미움을 샀기 때문이었다고 한다.

정여창은 안음현감으로 근 5년을 지냈다. 여기서 그는 便宜科條 수10조를 만들어 왕도정치를 펼치고자 하였다. 특히 백성의 교화에 힘썼는데, 이 때문에 고을사람들은 정여창 사후 80여 년 만에 사당을 세워 그의 공덕을 기렸다. 林薰(葛川, 1500~1584)이 쓴 「文獻公一蠹先生祠堂記」에 이러한 사실이 잘 나타나 있다. 즉 "5년 동안 무릇 仁政을 베풀고 文敎를 일으켜서 진실로 우리 백성으로 하여금 마음으로 기뻐하고 성심으로 복종토록 한 것은 조목으로 나누어 자세하게 말할 겨를도 없다."[28]라고 한 것이 그것이다.[29] 이밖에도 안음향교에서의 강학이나 광풍루와 제월당 건축

---

26) 俞好仁, 『一蠹集』 卷3, 「岳陽亭竝序」, "亭在晉之岳陽縣, 鄭侯伯勗所止也. 伯勗少自不羈, 有泉石煙霞之疾, 嘗造別墅於此, 仍起亭, 遂名之曰岳陽."

27) 俞好仁, 『一蠹集』 卷3, 「岳陽亭竝序」, "但侯病不樂仕, 有欲歸未歸之志, 用老杜卜居篇, 求和甚苛, 辭不獲已, 謹步韻錄似淸讌, 冀博一粲."

28) 林薰, 『葛川集』 卷3, 「文獻公一蠹先生祠堂記」, "五年之間, 凡所以施仁政興文敎, 使吾民心悅而誠服省, 亦未暇條陳而縷說也."

29) 안음사람 成彭年(石谷, 1540~1594)이 쓴 「祭一蠹鄭先生文」에서도 정여창의 선정은 잘 나타나 있다. 이 글에서 그는 조세를 알맞게 한 점, 명분 없는 노역을 없앤 점, 법규를 간편하게 한 점, 간악한 자를 형벌하되 자신의 죄로 여긴 점, 고독한 백성을 지극히 사랑한 점, 農本으로 정치를 두터이 한 점, 교육의 법을 세워 근본을 강조한 점 등을 들었다.

역시 그의 문교내지 교화정책과 밀접한 관련이 있다고 하겠다.

(7)은 정여창의 피화와 이로 인한 귀양생활에 대하여 언급한 것이다. 1498년(연산군 4) 史草가 발단이 되어 일어난 무오사화는 신진사류가 훈구파에게 화를 입은 사건이다. 당시 정여창은 동문인 金馹孫과 함께 있었는데, 김일손이 먼저 淸溪精舍에 있다가 체포되었다.[30] 이때 정여창은 "사류의 화가 이로부터 시작되었구나!"라고 한탄하면서, 자신도 곧이어 김일손을 따라 갈 것이라 했다고 한다.[31] 결국 정여창은 亂言罪라는 죄목으로 杖 100대, 천리 밖 流刑에 처해지게 되었다. 결국 그는 두만강 변에 위치한 함경도 종성으로 귀양을 가게 되었던 것이다.

정여해는 정여창이 7년 동안 귀양살이를 하면서, "賈誼의 「鵩鳥賦」를 읊조렸으나 원망하는 뜻이 없었습니다."라고 했다. 「복조부」는 가의가 지은 것으로 그 서문에 의하면, 그가 참소를 만나 長沙王의 太傅가 된 지 3년째 되던 해에 복조가 날아와 자신의 자리 옆에 앉자 스스로 수명이 길지 못할 것을 알고 비감을 없애기 위하여 이 작품을 짓는다고 했다. 당시 장사의 속설에 복조가 집에 날아들면 그 집주인이 사망한다는 말이 있었기 때문이다. 정여해는 이를 인용하면서도 정여창이 원망하지 않았다고 하여 그가 스스로의 귀양을 천명으로 받아들이며 편안했다고 전한다.

정여해는 족형 정여창의 삶과 학문을 이렇게 요약한 후, "浩然하게 세상을 떠나시어 조화옹과 한 무리가 되셨으며, 돌아가 先師를 뫼시고 問對함이 옛날 같으리라. 속세를 벗어나 자적하시니 공께서야 만족하시겠지만, 오직 우리 후학들은 어디에 의지하며, 오직 이 도는 누가 있어 이어가

---

30) 청계정사(경상남도 문화재자료 제56호)는 경남 함양군 수동면 원평리 699-1번지에 있다. 지금은 청계서원 으로 승격되어 춘추로 김일손의 향사를 지내고 있다.

31) 鄭汝昌, 『一蠹集』卷2, 「事實大略」, "是日, 使命至, 逮捕濯纓, 先生適在座, 謂濯纓曰, 士流之禍, 自此始矣. 濯纓曰, 此必克墩發史事也, 吾其不還矣, 願伯勖, 爲道自愛. 先生曰, 勿多言, 吾亦從此逝矣."

며, 오직 이 세상은 누가 도와서 서게 하리오?"[32]라고 했다. 그는 세상을 떠나 저승에서 스승을 다시 모시며 즐겁게 공부하겠지만, 이승에 남은 자신은 의지할 데가 없다면서 비통해 하였던 것이다.

이상에서 보듯이 정여창은 빼어난 자질을 갖고 김종직 문하에서 『소학』을 중심으로 한 실천유학을 배웠다. 여기서 나아가 誠敬으로 수양론적 기반을 다졌으며, 자연친화적 태도를 지니고 악양에서 생활하였고, 안의로 내려와 지방관이 되었을 때는 인정을 베풀었다. 그러나 무오사화를 만나 종성에 귀양 갔으나 이를 천명으로 받아들여 편안하였다고 한다. 이러한 그의 삶과 학문은 후세에서 높이 받들 필요가 있었으므로, 향촌에서는 다양한 서원을 세워 제향하였고,[33] 조정에서는 문묘에 종사하여 국가적 존모를 바쳤던 것이다.

Ⅲ. 하동의 문화공간: 악양정

정여창은 본관이 하동이다. 이 때문에 하동의 악양정은 그에게 특별한 공간이라 하지 않을 수 없다. 일찍이 정여창은 이곳의 자연을 지극히 사랑하여 가족을 이끌고 와서 살면서 심성을 수양하며 강학활동을 하였다. 우리는 여기서 정여창이 학문연마와 강학활동을 하였던 악양정을 하나의 문화공간으로 보고자 한다. 이곳을 중심으로 후인들은 그를 기리며 講契

---

32) 鄭汝諧, 『一蠹集』 卷2, 「祭文」, "浩然而逝, 與化爲徒. 歸侍先師, 問酬如昔. 脫世自適, 在公則得. 惟是後學, 于何歸宿. 惟是斯道, 于誰其續. 惟是斯世, 于誰扶植. 最是此生, 恨益靡極."

33) 정여창을 제향하는 대표적인 서원은 灆溪書院(함양, 1552)·永溪書院(하동, 1579)·龍門書院(안의, 1583)·景賢書院(나주, 1583)·仁山書院(아산, 1610)·道南書院(상주, 1616)·道山書院(거창, 1659)·伊淵書院(합천, 1660)·鍾山書院(종성, 1684) 등이다. 이에 대한 구체적인 기술은 조남욱, 『정여창, 조선조 실천유학의 선구자』(성균관대학교출판부, 2003. 183~190쪽)에서 이루어졌다.

를 맺는 등 일련의 문화활동을 전개하였기 때문이다. 이 활동의 구심에는 정여창과 그의 소학정신이 존재하였으며, 이것은 시대를 거듭할수록 더욱 새로워졌다.

문화공간의 구성방법은 다양하다. 그림을 그려 기념하는 것도 그 가운데 하나이다. 회화와 문학이 서로 융합되면서 새로운 의미로 되살아나기 때문이다. 정여창의 악양정도 마찬가지다. 우리는 여기서 국립중앙박물관에 소장되어 있는「花開縣舊莊圖」(56×89㎝, 보물 제1046호)라는 그림을 주목한다. 이 그림은 정여창이 지리산에 몸을 숨기고 강학을 하던 곳을 상상하여 그린 것이기 때문이다. 이 그림에는 '花開縣舊莊圖'라는 전서 아래 정여창의 舊居圖가 그려져 있고, 정여창의「岳陽」시, 俞好仁(㵢溪, 1445~1494)의「岳陽亭詩叙」와 시, 좌의정을 지낸 東陽尉 申翊聖(樂全堂, 1588~1644)의 後識, 曺植(南冥, 1501~1572)의「遊頭流山錄」및 鄭逑(寒岡, 1543~1620)의「遊伽倻山錄」중 정여창 舊居遺跡에 관한 발췌 기사가 실려 있다.

특히 신익성의 후지에는 이 그림의 내력이 소상히 적혀 있다. 여기에는 지평을 지낸 李山海(鵝溪, 1539~1609)의 손자 李袤(果庵, 1600~1684)가 廣陵墓庵으로 신익성을 찾아와 정여창에 관한 기록을 내어 보이며 그림을 그리도록 한 일,[34] 신익성이 國工 李澄(虛舟, 1581~?)[35]에게 부탁하여 그림을 그리게 한 일, 이징이 문자의 형용에 의거하여 정여창의 구거를 상상하며 그림을 그린 일, 조식과 정구의 遊記에서 정여창의 기록을 찾아

---

[34] 이무에게 그림을 부탁한 사람은 정여창의 증손 鄭秀民(春睡堂, 1577~1658)이다. 신익성의「화개도발」에 의하면 '선생은 일찍이 악양정의 절경을 사랑하여 그림으로 묘사하려다 그 뜻을 이루지 못하셨다.'라는 이무의 말을 전하고 있는 것으로 보아, 이러한 사정을 정수민이 가장 먼저 이무에게 구체적으로 이야기한 것으로 보인다.

[35] 이징은 산수화와 인물화 외에도 翎毛·대나무·나무·풀벌레·꽃 등을 잘 그렸다고 한다. 허균은 그를 '本國第一手'로 평가하였다. 許筠,「題李澄畵帖後」(『惺所覆瓿稿』卷13, 文部10)에 자세하다.

첨부한 일, 손수 '화개현구장도'라는 전액을 쓴 일, 1643년에 이 후지를 쓴
일 등이 두루 제시되어 있다. 그는 이 그림의 가치에 대하여 다음과 같이
언급하고 있다.

지금으로부터 선생의 시대가 오래되었으나 선생의 道는 더욱 빛나 그 도로
인하여 그 사람을 생각하고, 그 사람을 생각하며 그 유적을 찾아 그림을 그
려 영원히 전하고자 하였으니 그 뜻이 근실하도다. 이에 비단을 내어 國工인
李澄으로 하여금 그 산천의 아름다움을 그리도록 하고, 이로써 당시 선생의
고상한 발자취를 상상케 했다.36)

그러나 이징은 산천을 직접 답사하고 이 그림을 그린 것은 아니었다.
이에 대하여 신익성은 이징이 지리산을 직접 답사한 경험이 없고 단지
문자의 형용에 의거하여 그린 것이기는 하지만 정여창의 유적이 그 절경
속에 남아 천추에 없어지지 않을 것이기 때문에 특별한 의미가 깃들어
있다고 했다. 여기서 말한 '문자의 형용'이라는 것은 이징이 정여창의 「악
양」이라는 시와 유호인의 「악양정」 시를 보고 상상해 그렸음을 의미한
다. 그러니까 신익성은 이징이 그린 「화개현구장도」는 정여창이 살던 곳
을 그대로 형용한 것은 아니라 하더라도 그의 정신적 면모를 잘 드러낸
다고 보았던 것이다.

사실 「화개현구장도」를 자세히 보면 현재의 악양 산수와는 사뭇 다름
을 알 수 있다. 여기에는 정여창이 살았을 법한 초가집을 중심으로 왼편
에는 낮은 산이 있고 앞으로는 시내가 흐른다. 그리고 시내 건너에는 다
시 야트막한 구릉이 있고, 그 구릉 너머 아득한 곳에 두어 개의 산봉우리
가 시내를 감싸고 있다. 시내를 따라 거슬러 올라가면 험준한 산이 있어

---

36) 申翊聖, 「花開圖跋」, "今距先生之世遠矣, 而先生之道益明. 因其道而思其人, 思其人
而尋其跡, 至欲圖畵而傳之者, 其志勤矣. 乃出絹素, 令國工李澄, 寫之髣髴於競秀爭
流之志, 有以起假想而追高躅矣."

깊은 계곡에서 장쾌한 폭포수가 쏟아진다. 그리고 오른쪽으로 조금 치우쳐 있어 거리감이 살아 있게 했다. 그림 전체가 환상적이다. 이제 그림을 가능하게 했던 정여창의 「악양」이라는 작품을 보자.

바람결에 부들이 하늘하늘 가볍게 나부끼니,	風蒲獵獵弄輕柔
사월이라 화개 땅은 이미 보리 익는 때일세.	四月花開麥已秋
두류산 천만 겹을 남김없이 다 둘러보고,	看盡頭流千萬疊
외로운 배로 또 큰 강을 따라 내려간다네.	孤舟又下大江流37)

이 작품은 1489년(성종 20) 4월 14일에서 4월 28일까지 金馹孫(濯纓, 1464~1498) 등과 지리산을 유람하고 돌아오는 길에 지은 것이다. 여행 마지막 날 정여창은 "솔과 대는 둘 다 좋지만 솔이 대만 못하고, 바람과 달이 둘 다 청량하지만 바람은 중천에 그림자를 드리운 달의 기이함만 못하며, 산과 물 모두 仁者·知者가 좋아하는 바이지만 산은 공자께서 '물이여, 물이여!'라고 탄식한 것만 못합니다. 내일 날이 밝으면 그대와 함께 길을 떠나 岳陽城으로 나가서 큰 호수에 이는 물을 구경하고 싶습니다."38)라고 했다. 이에 김일손이 정여창의 발의에 동의하면서 섬진강에 배를 띄워 진주로 향하였다. 이 과정에서 위의 시가 창작되었다.

정여창의 「악양」은 여러 사람들에 의해 비평되었다. 許筠(荷谷, 1551~1588)은 『海東野言』에서 정여창이 작시를 즐기지 않아 세상에 전하는 것은 오직 이 시 한 수뿐이라고 하면서, "마음속이 灑落하여 조금의 티끌도 없는 것을 상상해 볼 수 있다."39)라고 하였고, 洪萬宗(玄默子, 1643~1725)

---

37) 金馹孫, 『濯纓集』 卷5, 「頭流紀行錄」, "伯勗曰, 松與竹兩美也, 而不若此君, 風與月雙淸也, 而不若天心對影之爲奇, 山與水俱仁智所樂也, 而不若水哉水哉. 遲明, 將與子行, 出岳陽城而觀瀾於大湖也."

38) 金馹孫, 『濯纓集』 卷5, 「頭流紀行錄」, "松與竹兩美也, 而不若此君, 風與月雙淸也, 而不若天心對影之爲奇, 山與水俱仁知所樂也, 而不若水哉水哉, 遲明, 將與子行, 出岳陽城而觀瀾於大湖也."

은 『詩評補遺』에서 정여창의 「악양」을 비롯해서 여러 편의 시를 거론하고, "아! 이러한 제현의 시는 말이 자연스러워 각기 妙處를 다하였다. 그 바른 성정이 시에 나타난 것이 이와 같도다!"[40]라고 평가하기도 했다.

특히 鄭載圭(老柏軒, 1843~1911)는 정여창의 「악양」에 대하여 각별한 관심을 가진 바 있다. 즉 이 시를 들어 "知德者는 인욕이 맑게 다하는 곳에 천리가 유행하는 것을 생각하나니, 일찍이 가만히 음미해보니 대개 沂水와 舞雩臺에서 바람을 쐬며 읊조리는 것을 공자가 함께 하고자 했던 탄식과 같은 기상이 있다."[41]라며 극찬하였던 것이다. 이로써 우리는 이 한 수의 시가 비평가들에게 얼마나 호평을 받았던가 하는 것을 알 수 있다. 또한 여러 선비들은 차운시를 남기기도 했다. 두 편만 들어보기로 한다.

淸和 속으로 걸어 들어가니 푸르름 정녕 부드러운데,	行趁淸和綠正柔
수옹이 오고간 지 몇 해나 되었던가.	睡翁來往幾經秋
석양에 말을 세워 옛터를 찾노라니,	斜陽立馬尋頹址
산은 스스로 감아 돌고 강물은 절로 흐르네.	山自盤迴江自流[42]

하동 풍물은 참으로 아름답고 부드러운데,	河陽風物正嘉柔
일두 선생이 끼친 향기 사백년이나 되었다네.	蠹老遺芳四百秋
노를 저으며 중류에서 머리를 돌려보노라니,	倚棹中流回首看
빼곡한 고운 빛이 두류산에 쌓여있네.	叢叢玉色疊頭流[43]

---

39) 許筠, 『海東野言』 卷2, "(鄭先生) … 平生不喜作詩, 只有一篇流傳於世, 其詩曰, 風蒲獵獵弄輕柔 四月花開麥已秋 看盡頭流千萬疊 孤舟又下大江流 胸中洒落 無點塵態 蓋可想見矣."

40) 洪萬宗, 『詩評補遺』 卷下, "鄭一蠹汝昌 花開縣詩曰 … 噫! 此等諸賢之詩, 作語天然, 各盡妙處, 其性情之正, 發於詩者, 如是夫!"

41) 鄭載圭, 『老柏軒集』 卷34, 「岳陽亭會遊記」, "一蠹先生, 看盡頭流千萬疊, 孤舟又下大江流一絶, 知德者, 以爲人欲淨盡天理流行, 嘗竊味之, 蓋與沂雩風詠, 發聖人吾與之嘆者, 同一氣象."

42) 盧禛, 『玉溪集』 卷1, 「花開洞口, 憶一蠹先生, 因用其韻」

앞의 시는 盧禛(玉溪, 1518~1578)의 작품이고, 뒤의 시는 鄭載圭의 작품이다. 모두 정여창의 「악양」을 차운한 것이다. 노진이 승구에서 '睡翁'이라 한 것은 정여창을 의미한다. 정여창의 다른 호가 바로 '수옹'이기 때문이다. 노진은 여기서 정여창이 떠난 뒤의 허전한 풍경을 쓸쓸한 필치로 그려냈다. 이에 비해 정재규는 정여창의 유풍을 제시하면서 400년 뒤에도 그 자취가 아름답고 부드럽다고 했다. 이 때문에 지리산 빛이 더욱 고울 수 있었다고 하면서 정여창에 대한 흠모의 정을 감추지 않았다.

정여창의 악양정은 당대부터 중요한 문화공간이었다. 정여창 스스로가 수양과 강학공간으로 이용하였고, 여기서 사우들과 더불어 지리산을 유람하기도 했기 때문이다. 이 과정에서 「악양」 시가 제출될 수 있었으며, 유호인 역시 정여창의 생각에 동참하며 「악양정」이라는 시를 지어 "한 움큼 돌아가고 싶은 마음 하늘까지 다했는데, 악양의 경치는 맑아 그윽하지 않은 곳이 없네."[44]라며 노래할 수 있었다. 정여창이 세상을 뜬 후에는 그를 기리는 문화가 지속되었고, 16세기의 노진과 20세기의 정재규에 이르기까지 이어졌던 것이다.[45]

그렇다면 악양정은 어떤 의미로 문화공간화 되어 왔던가. 우리는 여기서 『소학』을 중심으로 한 실천유학과 도학의 창도라는 측면을 함께 고려할 필요가 있다. 김종직을 중심으로 한 사림파의 전통이 강하게 계승되면서 악양정이 道學의 요람이라는 점을 당시 선비들은 인식하고 있었기 때

---

43) 『河東誌續修』上, "岳陽亭, 在郡西四十里花開面德隱里, 高宗辛丑, 士林與本孫, 合議創建, 晦庵朱夫子・鄭一蠹・金寒暄堂・金濯纓・鄭逃齋, 五先生釋菜儀之所也. 都有司二講長一直月一."

44) 俞好仁, 『一蠹集』 卷3, 「岳陽亭」, "一掬歸心天盡頭, 岳陽無處不淸幽."

45) 정여창의 「악양」에 대한 차운시를 짓거나 악양정에 대하여 작품을 남긴 사람은 매우 많다. 鄭汝諧(逃齋, 1450~1520), 魚得江(灌圃, 1470~1550), 趙性家(月皐, 1824~1904), 金顯玉(山石, 1844~1910), 曹垣淳(復菴, 1850~1903), 李宅煥(晦山, 1854~1924) 등이 대표적이다. 이에 대해서는 『河東誌續修』(上) 등을 참조할 수 있다.

문이다. 崔益鉉(勉菴, 1833~1906)이『岳陽亭重修記』에서 "악양정은 세 칸인데 그 당에는 편액을 '小學'이라고 하고, 좌우 두 개의 室은 왼쪽을 '做樣', 오른쪽을 '思道'라 하였고, 문을 '敬信'이라 하였다. 대개 선생의 학문은 한결같이 주자를 따랐으며, 문경공 한훤 김 선생과 함께『소학』을 창명하여 우리 조선 도학연원의 첫머리를 열었다."[46]라고 한 것에서 이러한 사실을 확인할 수 있다.

앞서 살핀 「화개현구장도」에서 조식과 정구가 함께 등장한다는 것도 주목할 필요가 있다. 조식이 「유두류록」에서 정여창을 특별히 존모하였고, 정구가 「유가야산록」에서 정여창을 높인 것보다 훨씬 더 중요한 의미가 내포되어 있기 때문이다. 즉 정여창과 조식과 정구가 일련의 사상적 맥락 속에서 이해될 수 있다는 것이다. 정여창이 지리산 아래 화개에서 도학을 倡明했고, 조식이 지리산을 오르며 그것을 특별히 기념하였고, 정구가 가야산에서 이 두 선현을 함께 떠올리며 그의 학문을 기리고 있기 때문이다. 조식과 정구의 관련 자료는 다음과 같다.

> 도탄에서 한 마장쯤 떨어진 곳에 鄭先生 汝昌의 옛 거처가 있었다. 선생은 바로 天嶺 출신의 儒宗이다. 학문이 깊고 독실하여 우리 道學에 실마리를 이어주신 분이다. 처자를 이끌고 산으로 들어갔으나 나중에 內翰을 거쳐 安陰縣監으로 나아갔다가 喬桐主에게 죽임을 당했다. 이곳은 삽암과 십 리쯤 떨어진 곳이다. 明哲의 幸不幸이 어찌 운명이 아니겠는가.[47]

---

[46] 崔益鉉,『河東誌續修』上, 「岳陽亭重修記」, "亭凡三間, 扁其堂曰小學, 左右兩室, 左曰做樣, 右曰思道, 門曰敬信. 蓋先生之學, 一從朱子, 而與寒喧金文敬先生, 倡明小學, 啓我朝道學淵源之首."

[47] 曹植,『南冥集』卷2, 「遊頭流錄」, "去陶灘一里, 有鄭先生汝昌故居. 先生乃天嶺之儒宗也, 學問淵篤, 吾道有緒, 挈妻子入山, 由內翰出守安陰縣, 爲喬桐主所殺, 此去鍤巖十里地, 明哲之幸不幸, 豈非命耶?"

중이 말하기를, "흐릿한 산 한 줄기가 아득히 남쪽 하늘의 빈 곳을 메우고 있는 것처럼 보이는 것이 지리산입니다."라고 하였다. 지리산은 정 선생이 젊었을 때에 棲息하며 덕을 쌓고, 조 선생이 만년에 은둔하며 고상한 뜻을 기르던 곳이다. 남쪽의 제일가는 명산으로, 다시 두 현인의 명성에 힘입어 장차 천지와 더불어 그 전해짐을 같이하니, 또한 저 산의 큰 다행이라고 하지 않을 수 없다.[48]

앞의 자료는 조식의 「유두류록」의 일부이다. 1558년 4월 16일 조식은 이곳에 들러 정여창을 기린다. 그리고 그를 '도학의 실마리를 이어주신 분'이라며 성격을 분명히 한다. 이러한 생각 하에 조식은 「寒暄堂畵屛跋」을 지어 김굉필에 대한 특별한 관심을 보였는데 또한 같은 맥락에서 이해된다. 이들 모두 지식을 몸소 실천한 도학자들이었기 때문이다. 조식 스스로가 실천을 강조하고 있는 것처럼 지식이 행동에서 빛날 때 그 지식은 비로소 온전하다고 본 것이다.

뒤의 자료는 정구의 「유가야산록」의 일부이다. 1578년 9월 14일 정구는 가야산 제일봉에 올라 남쪽으로 지리산을 바라보면서 이 같이 말했던 것이다. 조식이 정여창과 김굉필을 특별히 기렸듯이, 그 역시 정여창과 김굉필을 특별히 기린다. 즉 정구는 정여창의 유문을 수집하여 『文獻公實記』(1617년, 75세)를 엮은 바 있으며, 그 전에 이미 『景賢續錄』을 편찬해서 李楨(龜巖, 1512~1571)의 『경현록』(1604년, 62세)을 보완하면서 김굉필의 사적을 정리하였다. 이 역시 뚜렷한 도통의식에 입각한 것이라 하겠다.

우리는 여기서 이미 언급한 정재규를 다시 떠올릴 필요가 있다. 그는 1891년(고종 28) 8월 악양정에 들러 정여창을 기리며 소학강회를 열고 그의 「악양」 시를 노래하고 있기 때문이다. 「岳陽亭會遊記」에 의하면, 당시

---

48) 鄭逑, 『寒岡集』 卷9, 「遊伽倻山錄」, "僧云, 微茫一抹, 杳若補缺於南天者, 智異也. 鄭先生, 早歲棲息蓄德, 曹先生, 晚年隱遁養高, 作鎭南方, 爲名山第一, 而復託名於兩賢, 將與天壤同其傳, 亦不可不謂玆山之大幸也."

金顯玉(山石, 1844~1910)은 朴濟翊·劉啓承·李炳憲·李炳郁·鄭基洙 등과
악양정이 허물어 진 것에 대해 안타까워하면서 유허를 쓸고 講契를 회복
하고자 하였는데,[49] 정재규가 호남인 鄭義林과 함께 이곳을 지나가면서
소학강회를 열게 되었던 것이다. 이때 모인 사람은 수십 명이나 되었다.
당시 이들은『소학』1장을 읽고 술을 한 잔씩 마셨고, 김현옥은 정여창의
「악양」을 시작으로 하여 김굉필의「小學」을 노래 부르며 마쳤다.[50] 여기
서 우리는 악양정이 어떠한 문화공간으로 인식되어 왔는지를 명확하게
이해하게 된다.

　정여창이 은거한 지리산 기슭 하동의 악양정은 매우 중요한 문화공간
이다. 여기서 지은 정여창의 시를 모태로 해서「화개현구장도」가 그려지
고, 뚜렷한 도통의식과 함께 실천주의적 유학정신이 개입되었다. 지역 선
비들은 이 공간을 통해, 정여창의 시를 차운하거나 그를 기리며 다양한
시문을 지어 그 의미를 확대 재생산하였다. 특히「화개현구장도」는 정여
창, 조식, 정구로 이어지는 일련의 흐름을 보이고 있어 주목된다.[51] 이러
한 실천정신은 훨씬 후대에 작성된 정재규의「岳陽亭會遊記」에서 보듯이
『소학』이 그 바탕을 이루고 있다는 것을 알 수 있다. 악양정은 몰론 이를
계승하고 확대하는 문화 생성의 공간이기도 했다.

---

[49] 김현옥은 악양정이 허물어진 것을 안타까워하면서, 이 곳에서 소학강계를 열
　　어 정여창의 소학정신을 계승하는 한편, 이를 통해 악양정을 중건하고자 했
　　다. 이에 대하여 李宅煥은「山石處士金公行狀」(『晦山集』卷12)에서 "岳陽, 此地
　　舊有一蠹先生岳陽亭, 而戊午禍作, 亭爲茂草. 公得其遺址於花開之南, 與同志十數
　　人, 設小學講於此, 又相與修契爲重建之資."라고 하였다.

[50] 鄭載圭,『老栢軒集』卷34,「岳陽亭會遊記」, "余過是, 置酒相邀, 設小學講會, 會者
　　數十人, 各誦一章, 酒一巡而止, 豐五, 遂歌孤舟大江之句, 亂之以寒暄小學詩一絶."

[51] 이밖에도 하동에는 永溪書院이 있어 1579년(선조 12)에 金誠一이 이곳에 순무
　　사로 와서 서원을 건립하고 정여창을 제향하였다. 金誠一의「永溪書院春秋享
　　祝文」(『一蠹集』卷3)과 金昌翕이 영계서원을 노래한「河東鄭一蠹書院」(『三淵集』
　　卷8) 등이 있다.

IV. 함양의 문화공간: 남계서원

함양에는 정여창과 관련한 다양한 문화공간이 있다. 이곳에서는 남계서원을 중심으로 살펴보기로 한다. 남계서원은 앞서 본 악양정과는 다른 문화공간이다. 정여창 사후 함양의 선비들이 그를 기리며 새롭게 조성한 공간이기 때문이다. 이 서원은 1871년(고종 8) 3월에 전국의 대표적인 47개만 남겨놓고 모든 서원을 철폐하라는 명령에도 살아남은 서원이다. 남계서원은 이른바 '辛未存置' 47개 사액서원에 포함되어 있었던 것이다.[52] 이로써 정여창과 남계서원이 갖고 있었던 위상을 바로 확인하게 된다.

남계서원은 1552년(명종 7) 姜翼(介庵, 1523~1567)을 중심으로 한 함양 선비들이 정여창의 학덕을 기리기 위해 건립이 시작되었다. 이는 安珦(晦軒, 1243~1306)을 제향하기 위해 1542년에 건립한 순흥의 소수서원 다음이었다. 처음 서원을 만들 때 사우와 강당 및 동서재와 문간채까지 총 30여 칸이었다. 그리고 여기에는 '明誠', '居敬', '集義', '養正', '輔仁', '愛蓮', '詠梅', '遵道' 등의 이름이 있었는데, 모두 강익이 명명한 것이었다. 「남계서원기」를 쓴 사람 역시 강익이었는데, 그는 여기서 이렇게 말하고 있다.

> 다행히 우리 諸君子들이 마음을 합하고 뜻을 함께 하여 임자년(1552)에 일을 시작했고, 신유년(1561)에 마쳤다. 전후 10년 동안에 무릇 지휘하고 계획하는 데 있어 그 부지런함은 실로 세 분 원님의 손 안에 있었다. 처음 夫子에게 화액을 내려서 그 온축한 것을 능히 펴지 못하게 해놓고 마침내 세 분 원님을 내려 주시어 부자를 사당에 모시게 하여 후학들로 하여금 귀의할 줄을 알게 하였으니 하늘의 뜻이 또한 있었던가. 내가 태어남이 부자보다 늦어 비록 부자의 문하에 들어가 배우지는 못했지만, 부자께서 남긴 풍교를

---

[52] 1865년(고종 2)에 만동묘 철폐를 시작으로 하여, 1868년(고종 5) 미사액 서원이 철폐되었다. 이때 남계서원에 있었던 별묘가 훼철되었다. 이후 1871년(고종 8)에 사액서원도 남계서원 등 47개만 남기고 모두 훼철되었다.

들고 부자께서 남긴 훈계를 익히면서 가만히 스스로 부자의 도에 죄를 짓지 않을 바를 도모하였다. 그러나 아득한 말학이 소경처럼 지팡이로 어두운 길을 더듬은 지가 오래되었다.53)

위의 글에서 '夫子'는 정여창을 의미한다. 이에 의하면 서원의 工期는 1552년(명종 7)부터 1561년(명종 16)까지 약 10년이며, '여러 군자'들의 합치된 마음과 '세 분 원님'의 도움이 있었기 때문에 가능했다. '여러 군자'는 朴承任·盧稞·鄭復顯·任希茂 등이며, '세 분의 원님'은 徐九淵·尹確·金宇弘 등이었다.54) 이 글을 통해 우리는 강익이 정여창에게 무한한 존경심을 갖고 직접 수학을 하지 못한 것에 안타까워하면서도 그의 정신을 계승하기 위하여 혼신을 다했다는 점을 알 수 있다.

1561년(명종 16)에 강당과 묘우가 준공되어 위판을 봉안할 수 있었고, 이어 1564년(명종 19)에 동서재를 건립하여 서원의 전체적인 규모가 완성되었으니, 건축을 시작한 해로 따지면 도합 12년이 된다. 이후 1566년(명종 21) 사액을 받아 국가적 공인에 이르게 된다.55) 이것은 소수서원, 임고서원, 수양서원에 이어 네 번째였고 함양 출신 관료들의 힘을 입었음은 물론이다.

정유재란(1597년)이 일어나 왜적이 함양일대를 습격하자 남계서원의 원임들은 정여창의 위판을 땅 속에 묻었다. 정경운의 『고대일록』에 의하

---

53) 姜翼, 『介庵集』 上, 「灆溪書院記」, "幸我諸君子, 協心同志, 始事於壬子, 訖切於辛酉, 首尾十年, 几指揮籌度之勤, 實我三侯之掌中耳. 始焉厄夫子, 俾不克展其所蘊, 而終焉惠三侯而祀夫子, 使後學知有依歸, 天之意, 亦有在也耶? 余之生, 後於夫子, 雖未及摳衣於夫子之門, 聞夫子之遺風, 服夫子之遺訓, 竊自振勵, 圖所以不獲罪於夫子之道, 而倀倀末學, 摘埴迷途者久."

54) 이에 대해서는 「書院事實」(『灆溪書院誌』 卷1)에 자세하다. 『古文書集成 24 – 남계서원편』(한국정신문화연구원, 1995)에 실려 있다.

55) 임란 병화로 서원이 불탄 후 중건하여 다시 사액을 받은 것은 1606년(선조 39) 12월 26일이다. 남계서원은 이때 천곡·금오·쌍계 등의 서원과 함께 다시 사액되었다.

면 1597년 8월 7일 陳慶胤과 함께 남계서원의 서책을 옮기고 위판을 묻었
다.56) 왜적에 의해 남계서원이 불탄 후,57) 정경운은 2년이 지난 뒤인
1599년 3월 15일 다시 위판을 흙 속에서 찾아냈다. 당시의 상황을 그는
이렇게 적고 있다.

> 내가 서원에 가서 位版을 감춘 곳을 헤쳐 보니, 2년 동안이나 흙 속에 있었
> 어도 한 군데도 상한 곳이 없었다. 분칠한 면이 새롭게 만든 것과 같았고,
> 字劃도 깎인 곳이 없었다. 흉적의 화가 또한 미치지 않았으니, 참으로 하늘
> 의 도움과 귀신의 꾸짖음이 아니라면, 어찌 이럴 수가 있겠는가?58)

전란이 끝나고 정여창의 위판을 찾아낸 정경운은 1599년 3월 18일 작
은 움막을 지어 그 위판을 봉안한다. 이후 인근에 있는 新溪書院과 함께
재건을 진행하는데,59) 이 과정에서 盧禛과 姜翼의 위차문제로 갈등하게
되며, 마침내 북인세력을 중심으로 한 신진파가 서원의 운영권을 장악하
게 된다. 1600년(선조 36)대에 들어 羅村으로 서원을 옮기고자 하는 논의
가 일어나,60) 1605년(선조 41)에 사당을 나촌에 지어 정여창을 봉안하였

---

56) 당시 남계서원에 보관되어 있던 서적과 제기 및 제복은 지리산 기슭의 無住
　　寺로 옮겨 놓는데, 토적과 무뢰배들에 의해 없어지고 말았다고 한다. 이에
　　대해서는 『고문서집성』 24, 한국정신문화연구구원, 1995. 61쪽 참조.

57) 이때 서원의 책도 함께 소실된다. 이러한 사정을 『고대일록』에는 "서원의 책
　　을 점검해보니, 단지 『杜詩』만 全秩이 있을 뿐이고, 기타 『語類』나 『性理大全』
　　은 반 이상 흩어져 없어졌고, 그 나머지는 전부 불에 타버렸으니, 너무 통탄
　　스럽다.(1599년 1월 27일)"라고 기록되어 있다.

58) 鄭慶雲, 『孤臺日錄』卷3, 1599년 3월 15일조, "十五日甲午. 余往書院, 開見位板所
　　藏處, 則兩歲土中, 一無所傷, 粉面如新, 字畫不剜, 兇賊之禍, 亦不及焉. 苟非天祐
　　而鬼訶, 何能若是耶?"

59) 노진이 세상을 떠난 후 1579년(선조 12)에 함양 사림이 노진의 문인들과 서원
　　건립을 추진하게 되고, 1580년(선조 13)에 溏洲마을에 있는 그의 서재를 강당
　　으로 삼아 사우를 건설한다. 이후 이 서원은 1660년(현종 1) '溏洲書院'으로
　　사액된다.

60) 이와 관련하여 정경운은 『고대일록』에서 다음과 같이 적고 있다. "姜景靜이

다가, 1612년(광해군 4)에는 서원을 다시 남계 옛터에 짓게 된다. 이때 정여창의 위패도 함께 이안하게 된다.

인조반정 이후 남계서원에 별묘를 지어 강익을 향사하고, 1642년(인조 20)에 鄭蘊(桐溪, 1569~1641)과 俞好仁(濡溪, 1445~1494)을 함께 병향한다. 이것은 북인이 몰락함으로써 서원이 남인화되었다는 것을 의미한다. 1675년(숙종 1)에 정온과 강익은 陞享되어 正廟에서 정여창을 배향하게 되고, 별묘에는 유호인이 남았다가 1820년(순조 20)에 鄭弘緒(松灘, 1571~1648)를 추향한다. 이후 이인좌의 난을 거치며, 남계서원은 노론계 서원으로 변화되어 마침내 京院長 제도를 채택하기에 이른다.[61]

이러한 다양한 곡절이 있었지만 남계서원은 정여창에 대한 제향공간이자 도학을 위한 강학공간이었다. 춘추로 향사를 지내고, 삭망으로 분향례를 행하면서, 끊임없는 강학을 통해 정여창의 실천유학을 계승하고자 했다. 1562년 강익이 제생들을 이끌고 유생들과 通讀하는 규식을 정하고 강독하였다는 기록[62]이 그 대표적이다. 이밖에도 남계서원은 향촌의 사론을 결집하기도 하고 전쟁을 대비하기 위하여 회합을 가지기도 하는 등

와서 이야기를 나누었다. 밥을 먹은 후, 羅村에 가서 書院 옮길 곳을 두루 둘러보았는데, 산천이 밝고 아름다워 藏修할 땅에 적합하다.(1600년 11월 12일)", "施千摠과 함께 羅村에 가서 땅을 살펴보았다. 시천총의 눈에도 들지 않아, 옛 書院 뒤편에 땅을 택하고서 신선이 손바닥으로 받드는 형상(仙人獻掌形)이라고 하였다.(1602년 윤2월 13일)", "羅村에 가서 터를 살펴보았다. 가시나무를 베어내고 더러운 흙을 실어 나른 뒤 터를 열어 神에게 고하였다. 姜克修가 獻官이 되었다.(1602년 11월 9일 병인)", "두 祠宇의 터를 정하였다. 이른바 '한 줄기 맑은 강을 누르고 만 길 두류산을 마주하고 있었다.'는 자리였다.(1602년 11월 10일)"

61) 남계서원의 건립과 사액과정, 서원의 활동과 운영, 향촌의 분열과 서원의 변화, 노론 당색으로의 변화와 존치 등에 대해서는 윤희면(2008), 「경상도 함양의 濡溪書院 연구」(『남명학연구』 26, 경상대 남명학연구소)에 자세하다.

62) 조식이 1563년 3월에 남계서원을 찾아 정여창을 기리며 河沆(覺齋, 1538~1590)과 河應圖(寧無成, 1540~1610) 등 여러 제자들을 거느리고 와서 강회를 열었다는 기록, 오건이 남계서원에 와서 『주자연보』와 『연평문답』 등을 강론하였다는 기록 등이 모두 이것을 증명한다.

다양한 공간으로 활용되었다.

　남계서원이 일정한 문화공간으로 자리 잡기 위해서는 다른 지역 사람들이 이곳을 심방하여 정여창에 대한 예를 표하는 것도 매우 중요하다. 이러한 측면에서 조식은 1563년 3월에 남계서원으로 가서 정여창의 사당을 배알하고 여러 문생들과 강론을 하면서, 그에 대하여 "학술이 독실하여 한 점 하자가 없었는데 화를 면치 못한 것은 天運이었다."라고 한 바 있다. 이황 역시 남계서원에 대해서는 다음과 같이 노래한 적이 있다. 그가 직접 와서 지은 것은 아니지만, 작품은 이렇다.

당당한 천령 정공의 고향,	堂堂天嶺鄭公鄉
백세토록 유풍 전해져 영원히 사모하네.	百世風傳永慕芳
묘원에 모셔두고 존숭하니 진실로 부끄러움이 없으니,	廟院尊崇眞不添
어찌 호걸 중 문왕을 보필할 이 없으리.	豈無豪傑應文王[63]

　이황은 당대의 대표적인 서원 9곳을 지정하여 노래하는 「書院十詠」을 지었다. 豐基의 「竹溪書院」, 永川의 「臨皐書院」, 海州의 「文憲書院」, 星州의 「迎鳳書院」, 江陵의 「丘山書院」, 榮川州의 「伊山書院」, 慶州의 「西岳精舍」, 大丘의 「畫巖書院」이 그것인데, 咸陽의 「灆溪書院」은 구산서원 다음에 위치하며, 마지막으로 「總論諸院」이라 하여 도합 열 수였다. 여기서 이황은 함양이 정여창의 고향이라는 사실과 함께 그의 유풍이 백세에 전해진다고 했다. 이 때문에 선비들이 서원을 건립하여 그를 향사하는 것은 지극히 당연하다고 하면서, 정여창이 주나라 문왕을 보필한 太公望과 같은 능력을 보유하였다고 하였다.

　조식과 이황의 제자로, 함양에 정여창의 증손인 鄭秀民(春睡堂, 1577~1658)을 그 제자로 두었던 정구 역시 남계서원을 심방한 바 있다. 그는

---

[63] 李滉, 『退溪集』 卷4, 「書院十詠」

1617년(광해군 9)에『문헌공실기』를 편찬함으로써 정여창이 지닌 유학사적 위상을 더욱 공고히 하고자 한 인물이기도 하다. 정구가 남계서원을 찾았을 때는 1606년 11월 18일이었고, 이에 대하여 정경운은『고대일록』에서 다음과 같이 기록하고 있다.

> 한강 선생께서 德山으로부터 龍湫를 유람하시고 서원에 오셨다. 나는 조카와 함께 서원에 가서 인사드렸다. 오후에 선생께서 一蠹先生의 묘에 제를 올렸는데, 내가 祝文을 읽었다. 황혼녘에 모시고 鄭家에 갔다. 다음날 이른 아침에 光風樓에 올라 경치를 감상하고 또 追慕祠를 찾아갔다. 이언화의 집을 방문하였다. 우리들은 點風臺에서 절을 하며 인사를 드린 후 이별할 쯤에 우리들에게 말씀하시기를, "充然히 마치 터득함이 있는 듯하다. 이별을 슬퍼하는 마음이 없지 않은데, 하물며 텅 빈 자루 차고 돌아감이랴!"라고 하셨다.64)

정구는 1606년(선조 39, 64세) 11월에 합천의 香川書院[龍巖書院], 會稽의 吳健 무덤, 산청 德山書院과 조식 사당 등을 배알하거나 제를 올리고, 龍遊潭을 거쳐 함양으로 가서 灆溪書院의 정여창 사당을 배알하고 또 그의 무덤에 제를 올렸다. 정여창의 무덤에 제를 올릴 당시에 제문은 정경운이 읽었다. 정구는 이 제문에서 "箕子의 洪範 사라지고 세상의 도의가 흐려져서, 문장만 숭상하는데 도의 연원을 뉘라서 찾으리오?"65)라고 하면서 정여창이 문장학을 배격하며 도학의 새로운 길을 열었던 사실을 극력 강조하였다.

---

64) 鄭慶雲,『孤臺日錄』卷4, 1606년 11월 18일조, "十八日癸未, 寒岡先生, 自德山遊龍湫臨書院. 余與猶子, 往拜于院. 午後先生祭一蠹先生墓, 余讀祝文, 黃昏陪向鄭家, 翼日早朝, 登光風樓賞玩, 又尋追慕祠, 昌李和彦之家, 余等拜辭于點風臺, 臨別謂余等曰, 充然如有得, 不無黯然之懷, 況坎然垂槖而歸乎?"

65) 鄭逑,『寒岡集』卷12,「祭一蠹鄭先生墓文」, "箕疇邈矣, 世道日昏. 文詞是尙, 孰泝淵源?"

함양의 남계서원은 정여창이 세상을 떠난 후 그를 기리며 도학정신을 계승하려는 대표적인 문화공간이 되었다. 여러 곡절이 있기는 하였으나, 함양선비들은 이곳을 중심으로 강학활동을 하여 유풍을 진작시켰고, 조식과 그의 제자 정구 등 수많은 사람들이 찾아 정여창의 도학을 기림으로써 영남의 대표적인 서원이 되었다. 이 고장 사람인 강익이 서원을 처음 짓고「初建蘫溪書院, 得一絕示諸生」을 지은 것은 물론이고 다양한 선비들이 남계서원에 대하여 시문을 남겼다. 林眞怘(林谷, 1586~1658)의「訪蘫溪書院」등 허다한 작품이 그것이다. 이것은 남계서원이 하나의 문화공간으로 기능하면서, 도학의 요람 역할을 하였다는 것을 의미한다.

V. 남은 문제들

본 논의는 정여창 관련 문화공간을 하동과 함양으로 나누어 살핀 것이다. 이것은 한 작가가 거느린 시간과 공간을 통일적으로 보면서, 그 작가가 세상을 떠난 후에도 어떤 유의미한 공간으로 존재한다는 인식에서 출발한 것이다. 정여창에게 있어 하동과 함양은 대표적인 삶의 공간이었기 때문에 하동은 악양정을, 함양은 남계서원을 중심으로 살폈다. 악양정은 그가 은거하며 심성수양과 강학활동을 본격적으로 전개한 곳이라는 측면에서, 남계서원은 정여창 사후 이곳을 중심으로 추모사업이 적극적으로 진행되었다는 측면에서 중요하다.

정여창은 김종직 문하에서 『소학』을 중심으로 한 실천유학을 배워 김굉필과 함께 도학의 선구가 되었다. 하동의 악양정은 중요한 문화공간으로 거듭났는데 李澄이 그린 「花開縣舊莊圖」나 정재규의 「岳陽亭會遊記」 등에서 이를 확인할 수 있다. 함양의 남계서원은 북인, 남인, 노론의 장악이라는 정치적 변화과정을 거치기는 하지만, 그 중심에는 정여창의 정신을 계승하려는 노력이 굳건히 유지되고 있었다. 이로써 강학 등 서원이 지닌 본래적인 기능을 수행한 것 외에도 수많은 사람들이 이 서원을 심방하며 시문을 남기며 정여창의 정신을 기릴 수 있었다.

악양정과 남계서원이라는 문화공간에는 공통적으로 실천유학의 흐름이 내재되어 있었다. 악양정 주변을 그린 「화개현구장도」에 등장하거나 남계서원을 찾아 강학한 인물에서 이를 확인할 수 있다. 즉 정여창을 중심으로 한 조식과 그의 제자 정구가 일련의 정신사적 흐름 속에 제시되고 있기 때문이다. 이들은 소학정신에 바탕하여 김종직을 중심으로 성립된 초기 사림파의 실천성향이 계승되고 있다는 측면에서 더욱 그러하다. 정여창과 관련된 지리산권 문화공간은 바로 이러한 특성을 갖고 있었던 것이다. 이러한 결과를 염두에 두면서 정여창 연구에서 남은 문제 몇 가지를 제시하기로 한다.

첫째, 정본『일두집』을 만드는 일이다. 그동안 연구자들은 1919년에 출간된『일두집』을 연구의 저본을 삼아왔다. 그 가운데도『일두속집』권1에 전하는「理氣說」·「善惡天理論」·「立志論」은 매우 중요한 연구 자료로 활용되었다. 거의 대부분의 연구자들이 이 자료를 통해 정여창의 사상을 해명하고자 했다.[66] 그러나 이 글의 말미에도 기록되어 있듯이 1880년(고종 17) 무렵 현풍의 郭孝根의 집에 이들 자료가 보관되어 오던 것을 1919년『일두속집』을 만들면서 싣게 된다. 초본 가운데 '一蠹'라는 호가 기재되어 있어 없애지 못하고 우선 붙여두었던 것이다. 이에 연구자들은 이 자료를 한편으로 의심하면서도 다른 한편으로 적극적으로 활용하며 정여창의 이기론, 수양론, 심성론, 윤리사상, 정치사상, 도덕실천론 등을 다루

---

[66] 이들 자료가 정여창의 것이 아닐 가능성은 이미 제시된 바 있다. 이동희가 쓴 조남욱, 「일두 정여창의 윤리사상」(『유교사상연구』 13, 한국유교학회, 2000)에 대한 논평문이 대표적이다. 이동희는 이들 자료에 대하여 정여창의 것이 아닐 가능성과 정여창의 것일 가능성을 함께 따졌는데, 아닐 가능성이 더욱 높다고 했다.

어 왔던 것이다.

필자가 확인한 결과, 정여창의 문집에 실려 있는 문제의 3편은 정여창이 지은 것이 아니라 鄭介淸(困齋, 1529~1590)의 소작이었다. 이 세 편의 글이 『困齋先生愚得錄』 卷1 「論學」에 「論立志」·「理氣說」·「善惡皆天理論」이라는 제목으로 실려 있기 때문이다.[67] 정개청의 『愚得錄』에는 공부론 등 다양한 성리설이 실려 있는데, 이 세 편의 글이 그 가운데 포함되어 있다. 정개청이 성리설에 많은 관심을 갖고 다양한 글을 썼을 뿐만 아니라, 시기적으로도 세련된 성리설이 나올 수 있기 때문에 문제의 이 3편은 정개청의 작품으로 볼 수밖에 없다. 뿐만 아니라 「理氣說」 가운데 『일두속집』에는 비워 둔 곳을 『우득록』에는 그 이유를 설명한 곳이 있고,[68] 정개청의 연보인 「困齋先生事實」 49세조(1577년 2월 13일)에도 「理氣說」을 쓴 것으로 기록해두었다. 따라서 정여창 연구를 위하여 텍스트 비판이 선행된 명실상부한 정본 『일두집』이 만들어져야 할 것이다.

둘째, 정여창 관련 자료를 편언척자라도 수집하여 질서화하고 이를 다시 국역해내는 일이다. 정여창의 연구텍스트는 정확하게 만들더라도 그를 향해 언급된 모든 자료가 수집되어야 한다. 사실 1919년에 편찬된 『일두유집』 3권과 『일두속집』 4권 등 도합 7권 2책도 이러한 과정을 거쳐 만들었고, 정재경의 『정여창연구』(집문당, 1987)와 鄭炳國의 『一蠹 鄭汝昌先生의 生涯와 斯文扶植考察』(함양문화원, 2002)도 이러한 측면에서 편찬된 것이다. 그러나 각종 문집이나 설화집 가운데 여전히 정여창 관련 자료가

<hr>

[67] 『일두속집』의 「立志論」·「理氣說」·「善惡天理論」이 『우득록』에는 「論立志」·「理氣說」·두 편의 「善惡皆天理論」으로 되어 있다. 또한 『우득록』에는 「善惡皆天理論」과 유사한 「선악개천리설」도 실려 있는데, 1576년(선조 9)에 쓴 것이다.

[68] 『일두속집』 권1 장5의 '乃能知理氣之妙也' 뒤에는 빈 칸으로 되어 있고, 『우득록』은 그 부분에 '丁丑二月十三日書而閏八月初九〇手本, 初九下字缺, 不可攷.'라 표시해 두고 있다. 다시 두 글 모두 '蓋無理, 氣無所凝做云云.'으로 글을 잇는다. 이로 보아 「理氣說」은 정개청이 1577년(선조 10) 2월 13일에 쓴 것임을 알 수 있다.

남아 있어 이를 폭넓게 수집하여 질서화 할 필요가 있다는 것이다.

수집된 자료에 대한 번역도 반드시 뒤따라야 한다. 이를 통해 연구가 본격화될 수 있기 때문이다. 현재 1919년에 출간된『일두집』을 저본으로 한『국역 일두집』이 있어 도움이 되지만,[69] 여타의 수집 자료는 아직 정확한 번역이 이루어지지 않고 있는 상태다. 번역된 자료는 다양한 방향으로 활용될 수 있을 것이다. 연구자들에게 편리를 제공함은 물론이고, 문화콘텐츠를 만드는 데도 일조할 수 있다. 특히 남계서원의 고문서 자료는 조선시대 생활사 내지 미시사를 연구하는데 있어 중요한 자료적 가치가 있는 바, 이를 바탕으로 새로운 문화콘텐츠를 만드는 방향으로 나아갈 수도 있을 것이다.

셋째, 정여창 연구를 위한 새로운 방법론이 모색되어야 한다. 정여창의 저술로는『庸學註疏』,『主客問答說』,『進修雜著』등이 있었으나 무오사화 때 화가 미칠 것을 염려하여 부인이 모두 燒却해 없앴다고 한다. 그 후 선조가 즉위하여 己卯名賢을 推獎,『國朝儒先錄』(1570)을 편찬하면서 행장과 유사 등이 작성되었고, 이후 정구가 그 밖의 관계 기록을 수습 편차하여『文獻公實紀』1책을 간행했다. 이 판본은 李縡(陶庵, 1678~1746)의 수정을 거쳐 중간하였고, 다시 1919년 남계서원 유생들이 널리 유문을 수집하고 田愚(艮齋, 1841~1922)의 교감을 받아 총 7권 2책의『일두집』을 간행한다. 이 과정에서「입지론」등 잘못 편입된 자료도 있었던 것으로 보인다.

정여창의 자료가 많이 남아 있지 않은 상황에서는, 그 위상에 합당한 새로운 연구방법이 필요하다. 본 연구에서 시행한 바와 같은 문화론적 접근도 그 가운데 하나다. 이것은 정여창과 관련된 공간이 어떤 문화적 공간으로 기능하는가 하는 것을 살피는 것이니, 사후의 문제가 오히려 초점에 놓인다. 함양으로 한정하더라도, 정여창 사후에 많은 문화공간이 만들

---

[69] 박헌순 외 역,『국역 일두집』, 민족문화추진회, 2004.

어졌다. 본고에서 살핀 남계서원을 비롯해서 서하면의 군자정, 안의면의 광풍루·제월당·사당비, 수동면의 신도비와 묘소, 지곡면 개평의 정여창 고택은 물론이고 하동정씨 3효자비도 중요한 연구 대상이 된다. 이러한 공간자료가 어떤 문화적 가치가 있으며, 이를 중심으로 정여창이 어떻게 인식되는가 하는 부분은 정밀하게 따질 필요가 있는 새로운 연구 주제라는 것이다.

정경운의 『고대일록』을 보면 그가 남계서원을 지키기 위하여 얼마나 고심하였던가 하는 것을 바로 알 수 있다. 그는 아예 남계서원을 '一蠹書院'이라 하기도 했다. 그리고 정재규의 경우에서 보듯이 악양정 역시 소학강회를 열고 정여창의 「악양」 시를 노래하며 당대적 환경 속에서 새로운 문화를 구성해 나가고자 했다. 이러한 노력은 지금도 계승되어 마땅하다. 문화가 당대성을 지니고 있는 것이기는 하지만, 그것이 역사성을 지닌다고 볼 때, 정여창과 관련된 문화공간은 소학정신과 더불어 오늘날에도 여전히 유의미한 것이라 하지 않을 수 없다.

이 글은 『남명학연구』 제36집(2012)에 수록된 「일두 정여창의 학문과 문화공간으로서의 악양정과 남계서원」을 그대로 실은 것이다.

南冥 曺植의 成學過程과 學問精神

최석기

I. 머리말

南冥學 研究는 80년대 들어와 비로소 활기를 띄기 시작하였으나, 짧은 시기에 상당히 집중적인 성과를 이룩해 냈다. 특히 철학·문학·역사학·서지학·교육학 등의 분야에서 괄목할 만한 연구성과를 남겼다. 그러나 양적으로 수십 편의 논문이 나왔음에도 불구하고 남명학이 체계적으로 정리되고 연구되어 남명의 학문적 특성이 전체적으로 조명되었다고는 볼 수 없다. 심지어 남명의 생애나 학문성취과정 등에 대해서조차 어느 정도 논의가 되어 있기는 하지만, 대부분 年譜나 編年에 따라 임의로 시기구분을 해 놓은 수준이며 미세한 부분에 있어 오류도 없지 않다. 이제 남명학 연구가 본격적인 궤도에 오른 이 시점에서 남명의 생애와 학문과 사상적 특성이 총체적인 시각에서 명확히 드러나야 할 필요성을 절실히 느낀다. 남명학에 관한 연구가 확고히 자리 잡아야 한국사상사의 중요한 한 줄기

인 남명학의 사상적 계보에 관한 추적이 이루어질 수 있고, 또 남명의 학문이 후대에 어떤 영향을 끼쳤는지도 살펴볼 수 있을 것이다.

우리는 흔히 남명학의 要諦를 敬·義로 파악하고, 남명의 학문이 실천유학적 성격을 가지고 있다고 말한다. 그러나 남명이 왜 학문의 대지로 敬과 義를 내세우게 되었으며, 그것이 조선조 학술사에서 어떤 의미를 가지고 있는지, 그리고 무엇 때문에 학문의 실천성을 그렇게도 강조하였는지에 대해서는 구체적이고 세밀한 논의가 이루어지지 않았다. 기본적으로 이런 물음에 대한 답을 찾아야 남명의 학문적 특성이 확연히 드러나게 될 것이다.

남명학의 요체가 敬·義라고 하는 점은『南冥集』을 읽어 본 사람이면 누구든지 알 수 있다. 이는 남명 자신이 힘주어 얘기한 것으로 만년에 특히 강조한 그의 핵심사상이며, 또한 제자들이나 從遊人들의 말을 통해 보더라도 모두 이 점을 언급하고 있다. 문제는 남명이 敬·義를 중시한 그 자체를 가지고 남명학의 요체가 敬·義라고 중언부언 얘기할 것이 아니라, 그가 어떤 학문적 사고 위에서 학문의 요지로 敬·義를 내세우게 되었는지에 대해 근본적인 물음이 제기되어야 한다.

또한 남명이 敬·義를 아울러 중시한 것은 사실이지만, 자기 자신을 誠되게 하기 위한 內的 涵養으로서의 敬은 남명만이 중시한 덕목이 아니라는 점을 상기해 볼 필요가 있다. 이는 南冥뿐만이 아니라 사림파의 선배 학자들도 한결같이 중시한 것이고, 동시대 退溪 李滉도 南冥처럼 聖學의 成始成終으로 중시한 것이다.[1] 따라서 이 敬을 남명이 학문의 바탕으로 강조했다고 해서 남명의 전유물처럼 생각해서는 안 될 것이다.

그렇다면 남명학의 특징적인 성격을 어디서 찾을 수 있을까? 그것은 敬과 아울러 義를 특별히 중시한 데 있다. 기존의 연구에서 남명학의 특

---

[1] 李滉,『退溪集』 권7, 「進聖學十圖箚并圖－第三小學圖」. "吾聞敬之一字 聖學之所以成始而成終者也"

징을 퇴계학과 비교하여 義를 중시한 데서 찾으려는 경향이 없었던 것은 아니다. 일찍이 李樹健 교수는 퇴계와 남명의 학문 성격을 비교하여 퇴계는 尙仁 主理, 남명은 尙義 主氣로 파악한 바 있고[2], 최근에 나온 申炳周 씨의 논문에서도 퇴계의 학문은 居敬窮理의 측면을 강조하고 남명의 학문은 居敬集義의 측면을 강조하고 있다고 하였다.[3] 그러나 이 정도의 개괄적 성격 구명은 일찍이 李瀷이 '上道는 仁을 숭상하고 下道는 義를 주로 한다'라고 언급한 바[4]로, 어떤 학문적 토대 위에서 이 義를 그토록 중시하였는가라는 근본적인 물음에 답하기는 어려울 것 같다.

본고는 이런 점에 주의하여 먼저 남명의 학문이 어떤 과정을 통해 성취되었는가를 단계적으로 살펴보고, 아울러 이런 과정을 통해 성취된 남명의 학문정신이 어디에 있는지를 몇 가지로 나누어 고찰해 볼 것이다. 이런 작업을 통해 남명의 학문성취가 체계적으로 밝혀지고, 남명의 학문성격이 구체적으로 드러나 남명학 연구에 조금이나마 보탬이 되기를 기대한다.

II. 成學過程

1. 初學過程

기존의 연구에서 남명의 생애와 수학과정을 어느 정도 밝혀놓았지만[5],

---

2) 李樹健, 「南冥 曺植과 南冥學派」, 『民族文化論叢』 제2·3집, 영남대학교 민족문화연구소, 1982, 188쪽 참조.

3) 申炳周, 「南冥 曺植의 學問傾向과 現實認識」, 『韓國學報』 제58집, 94쪽 참조.

4) 李瀷, 『星湖僿說』 권1, 天地門 「東方人文」. "中世以後 退溪生於小白之下 南冥生於頭流之東 皆嶺南之地 上道尙仁 下道主義 儒化氣節 如海闊山高 於是乎 文明之極矣"

5) 기존의 연구에서 남명의 생애와 受學過程에 대해 가장 자세하게 언급하고 있는 논문이 金忠烈 교수의 「生涯를 通해서 본 南冥의 爲人」(『大同文化研究』 제17집, 成均館大學校 大同文化研究院)이다.

대체로 1897년에 만들어진 「南冥先生編年」(이하 「編年」이라고 칭한다)의 내용을 크게 벗어나지 못하고 있다. 좀 심하게 얘기하자면, 이 「編年」에 있는 내용에 살을 붙여 자의적으로 시기구분을 해 놓은 데에 불과하다. 본고도 이러한 수준에 머물지 모르지만, 몇 가지 자료를 더 첨가하여 새로운 각도에서 조명해 보려고 한다.

남명은 신유년(1501, 연산군 7) 6월 26일 慶尙道 三嘉縣 兎洞 外家에서 태어났다. 유아기를 시골에서 보내다가 언제 서울로 이주하였는지는 명확치 않으나, 대체로 부친 曺彦亨이 갑자년(1504, 연산군 10) 4월 式年試에서 丙科로 급제한 이후인 것으로 간주된다.[6]

「編年」에 의하면 남명은 7세 때 가정에서 수학하기 시작하였다고 되어 있을 뿐, 18세 전까지의 수학과정에 대해서는 현존하는 기록에 보이지 않는다. 따라서 정확히 누구에게 학업을 받았는지는 알 길이 없다. 그러나 친하게 지냈던 몇 사람들의 形跡을 통해서 그 가능성을 추정해 보도록 하겠다.

남명은 어려서 李潤慶(1498~1562), 李浚慶(1499~1572) 형제와 이웃에 살며 친하게 지냈는데,『德川師友淵源錄』李浚慶 조에 보면 "선생은 어려서부터 공과 친하게 지내며 書版을 나란히 하고 함께 栖山에서 독서를 하였다."라는 기록이 보인다.[7] 여기서 '栖山'이 어디인지는 정확히 알 수 없으

------

6) 金忠烈 교수는 위의 논문에서 "南冥은 다섯 살 때 아버지가 文科에 壯元하여 벼슬길에 나아감에 시골에서 서울로 이사해 살기 시작하였다."라고 하였는데, 이는 남명이 쓴 「先考通訓大夫承文院判校府君墓碣銘幷序」의 '始由廷試壯元 授承文院正字'를 잘못 해석한 결과이다. 여기서 '廷試'는 文科 殿試가 아니고 나라에 경사가 있을 때 대궐에서 임시로 보이는 과거의 일종이다.『朝鮮王朝實錄』燕山君 十年 正月 壬午日 조에 의하면 '試藝에서 장원한 생원 曺彦亨을 殿試에 直赴하라.'는 전교가 있고,『國朝文科榜目』에 의하면 조언형은 생원으로서 갑자년(1504) 4월에 시행된 별시 文科 殿試에서 丙科로 급제했다는 기록이 있다. 이런 자료를 종합해 볼 때, 남명의 나이 5세 때 부친 曺彦亨이 문과에 급제한 것이 아니고 4세 되던 해 4월에 급제했으며, 또 壯元으로 급제한 것이 아니고 丙科로 급제한 사실을 확인할 수 있다.

나, 李潤慶이 京都 東部 蓮花坊(現 鐘路 4~5街)에서 태어났다는 기록이 있는[8] 것으로 보아, 이준경의 집에서 가까운 서울 東部 근방의 작은 산일 가능성이 크다. 이 자료를 통해 볼 때, 남명의 집도 처음에는 이준경의 집이 있는 蓮花坊에 있었던 것으로 추정된다.

『東皐遺稿』에 의하면 이준경은 어려서 黃孝獻(1491~1532)에게 『小學』을 배우고, 조금 커서 종형 李延慶(1484~1552)에게 배워 17, 18세에 行成德立했다는 내용이 보인다.[9] 이에 의하면 이준경은 황효헌이나 이연경과 이웃하고 살았다는 것을 짐작할 수 있는데, 황효헌은 갑술년(1514, 중종 9) 별시 문과에 乙科로 합격하여 벼슬길에 나아갔고, 이연경은 정묘년(1507, 중종 2) 생원시에 합격하고, 갑술년(1514, 중종 9) 大夫人을 받들고 北村으로 은거했다가 기묘년(1519, 중종 14) 賢良科에 합격하여 벼슬길에 나아갔다.[10] 이러한 사실로 미루어볼 때, 이준경 형제는 갑자사화 때 괴산으로 유배되었다가 병인년(1506, 중종 1)에 풀려나 이때부터 황효헌에게 『소학』을 배우고, 10여 세가 지나서 이연경에게 배웠을 가능성이 높다.

이런 기록들을 종합해 볼 때, 남명은 한양으로 이사해 이준경의 집이 있는 東部 蓮花坊에서 살았으며, 7세 때부터 가정에서 수학하기 시작하여 8, 9세 때 큰 병을 앓고, 10여 세부터는 이준경 형제와 함께 이연경에게 유가의 기본경전을 배웠을 것으로 추정된다.[11]

「編年」의 正德 13년 무인년(남명 18세) 조에 "이에 앞서 判校公이 서울

---

7) 河禹善 主編, 『德川師友淵源錄』, 李浚慶 條.

8) 盧守愼, 『蘇齋集』 권9, 「有明朝鮮國資憲大夫兵曹判書李公神道碑銘并序」 참조.

9) 李浚慶, 『東皐遺稿』, 「年譜」 및 「行狀」 참조.

10) 盧守愼, 『蘇齋集』 권9, 「有明朝鮮國弘文館校理李灘叟先生墓誌銘并序」.

11) 金忠烈 교수는 「編年」에 공백기로 되어 있는 10년간 이준경 형제와 함께 黃孝獻에게 師事했을 것으로 보았는데, 이준경 형제의 수학과정을 참고로 해 볼 때, 황효헌에게 배웠을 가능성보다는 10여 세 이후부터 이들과 함께 李延慶에게 배웠을 가능성이 더 큰 것으로 보인다.

안의 壯義洞으로 移居했다."라는 기록이 있는 것으로 보아, 남명의 나이 18세가 되기 전에 蓮花坊에서 北部 壯義洞(現 鐘路區 孝子洞 근방)으로 이사하였다는 것을 알 수 있다. 남명은 장의동으로 이사를 가고난 뒤에도 이준경과 함께 山寺에서 공부하였는데[12], 東部의 栖山에 있는 절이 아닌가 싶다. 남명은 장의동으로 이사를 간 뒤 이웃에 사는 成運(1497~1579)을 만나 절친한 벗이 되는데, 대체로 남명의 나이 20세 전후인 것으로 생각된다.

또 「年譜」에 의하면 남명은 18세 때 아버지를 모시고 端川에서 돌아왔다고 되어 있다. 남명이 언제 아버지의 任地인 단천으로 갔는지는 알 수 없으나, 曺彦亨이 남명의 나이 17세 때인 1517년 4월에 정5품직인 司憲府 持平으로 있었던 것을 보면[13], 그 이후인 것으로 간주된다. 또 中宗 15년 (1520년) 6월 29일 대사간 徐祉가 "端川郡守 曺彦亨을 앞서의 政事 때에 持平에 擬望하였으나 지금 한창 농사를 지을 때에 올라오게 되면 폐단이 있을 것이니, 이 뒤로는 注擬하지 마십시오."라고 아뢴 것을 보면, 조언형은 이때까지 단천군수로 재직하고 있었다는 것을 알 수 있다. 조언형은 中宗 18년(1523년) 正月에 종3품직인 司憲府 執義에 제수되었는데, 당시 수령의 임기가 5년이었던 점으로 미루어보아 중종 13년(1518년)부터 중종 17년 (1522년)까지 단천군수로 있지 않았나 생각된다.[14]

이런 자료를 종합해 볼 때, 남명이 언제부터 언제까지 아버지 임지인

---

12) 河禹善 주편, 『德川師友淵源錄』, 李浚慶 條에 보임.

13) 實錄廳, 『朝鮮王朝實錄』中宗 12年 4月 辛亥日 條 참조.

14) 李肯翊, 『燃藜室記述』권9, 中宗朝 故事本末 曺彦亨 조에, 조언형이 丁卯 戊辰年間 단천군수로 있을 적에 監司로 순시 나온 친구 姜渾을 꾸짖고 이튿날 벼슬을 버리고 돌아갔다고 되어 있는데, '丁卯·戊辰'은 己卯(1519)·庚辰(1520)의 잘못인 듯하고, 또 상관인 친구의 행실이 나쁘다고 하여 벼슬을 버리고 갔다는 것은 좀 과장된 얘기인 듯하다. 공적인 임금의 명을 사적인 이유 때문에 헌신짝처럼 버린다는 것은 신빙하기 어려운 말이다. 설령 이 기록을 액면 그대로 받아들인다고 하더라도 위의 자료를 종합해 볼 때, 己卯 庚辰年間에는 단천군수로 재직하고 있었다는 사실이 입증된다.

단천에 다녀왔는지 정확히 추정할 수는 없지만, 아마도 아버지가 단천군수에 제수되었을 때 따라갔다가 돌아왔다고 보는 것이 옳을 듯하다. 따라서 「年譜」의 '陪判校公 自端川歸京第'도 '아버지 判校公을 모시고 갔다가 단천에서 서울의 집으로 돌아왔다.'라는 뜻으로 보는 것이 타당할 것이다. 「編年」에서도 成運의 祭文을 인용하여 18세 때 서울에 있었던 것이 분명하다고 하면서 이 기록을 의심하였으니, 앞에서 언급한 18세 때 李浚慶과 서울 栖山에서 공부했다는 기록과 참조해 보건대, 아버지를 모시고 단천으로 갔다가 바로 돌아와 서울에서 공부하고 있었던 것으로 보는 것이 옳을 것이다.15)

「編年」에 의하면, 18세를 전후한 시기에 남명은 經·史·子를 두루 섭렵하여 융회관통하고, 天文·地志·醫方·數學·弓馬·行陣·關防·鎭戍 등에도 뜻을 두고 궁구하여 세상에 응하는 쓰임을 삼았으며, 文章과 功業으로 자부하여 한 시대를 뛰어넘고 千古를 지나칠 뜻이 있었다고 되어 있고, 또 19세 때 산사에서 『周易』을 읽었다고 되어 있다.

「編年」이 후세에 만들어진 책이고, 또 다른 서책에 전하는 기록을 모아 붙여놓은 것이기 때문에 꼭 그 당시의 실제적인 일이라고 믿기는 어렵다. 그러나 우리가 여기서 중시하고 넘어가야 할 점은, 대체로 남명은 20세를 전후한 시기에 經·史·子의 기본적인 필독서를 다 읽고, 현실세계에 실용적으로 쓸 수 있는 학문에도 관심을 두면서 공업과 문장에 대해 대단한 자부를 가지고 있었다는 사실이다. 바꾸어 말하면 성리학적인 학문의 세계로 깊이 침잠해 들어가지 않고, 성현의 학문을 통해 자신의 자세를 확립하는 동시에 실용적인 학문을 연마해 현실을 태평성세로 만들겠다는 원대한 포부를 불태우던 시기라고 할 수 있다.

뒷날 그가 초야에 묻혀 세상에 나아가려 하지 않으면서도 현실에 눈을

---

15) 金忠烈 교수는 위의 논문에서 17, 18세 때 단천에 있으면서 獨學하던 시기로 보았는데, 이는 맞지 않는 듯하다.

감지 않고 항상 우국애민의 뜨거운 마음으로 눈물을 흘리며, 상소문에서 정치현실의 모순을 구체적으로 들어 直言한 것도 그가 젊은 시절에 꿈꾸던 이런 경세적인 학문정신이나 이상정치를 실현하고자 한 젊었을 때의 포부와 긴밀한 연관이 있을 것으로 보인다.

또한 남명은 어려서부터 글짓기를 좋아하여 기이하고 고아한 문장을 이루려고 힘썼는데, 특히 『春秋左氏傳』과 柳宗元의 문장을 좋아하여 탐독하면서 그것을 본뜨려고 하였다. 스스로도 문장에 대한 자부심이 대단하여 과거를 보면 손쉽게 합격하리라고 생각하였다. 남명은 유종원의 古文을 가장 좋아하여 자신도 그런 문장을 성취하려고 노력하였는데, 다음 글을 보면 그의 어렸을 적 문장공부에 대한 경향이 어떠했는지를 알 수 있다.

> 선생은 젊었을 적에 文章家를 배우는 데 크게 분발하였다. 柳宗元의 문장 읽기를 가장 좋아하여 그것을 본받으려고 노력하였다. 비록 뜻을 굽혀 과거장에 나아가기는 하였으나, 또한 우리나라 사람들의 속된 문자를 잠시라도 보려고 하지 않았다. 시를 지을 적에도 애써 古風을 본받으려고 하였다. 만년에 말씀하시기를 "나는 古文을 배우고자 하였지만 성취하지 못하였다. 退溪의 문장은 본디 今文이다. 그러나 도리어 성취를 하였다. 비유컨대, 나는 비단을 짜다가 천을 완성하지 못했으니 세상에 쓰이기 어렵고, 그는 명주를 짜서 천을 완성하였으니 세상에 쓰일 만하다."라고 하였다.16)

이 글에서 우리는 남명이 어려서 古文에 큰 뜻을 두고 있었다는 사실을 알 수 있다. 남명은 젊어서 『춘추좌씨전』이나 유종원의 문투를 본받아 츙

---

16) 曺植, 『南冥集』 권4, 金宇顒 撰 「行錄」. "少時 大奮業文章家 最喜讀柳文 而力慕效之 雖俯就場屋 亦不肯暫看東人俗下文字 其爲詩 亦刻意慕古 晚歲嘗自言吾學古文而不能成 退溪之文 本是今文 然却成就 譬之 我織錦而未成匹 難於世用 渠織絹成匹而可用也"

古한 글을 즐겨 지었다. 이는 歐陽脩나 曾鞏 같은 송대 고문가들의 醇正한 고문과는 다른 先秦古文에 가까운 문장을 추구한 것이다. 유종원의 문장을 가장 좋아한 데에서도 남명의 문장에 대한 취향을 알 수 있다. 이처럼 남명은 고문에 대한 나름대로의 자부심을 가지고 있었는데, 이런 자부심 때문에 그는 문장을 통하여 拔身을 꿈꾸었다. 우리는 남명의 초기 학문경향을 고찰하는 데 있어 이점을 중시하지 않으면 안 된다.

이처럼 남명은 공업과 문장을 이루겠다는 큰 포부를 갖고 산사에서 공부를 하고 있었는데, 남명의 나이 19세 되던 해 12월 기묘사화가 일어나 趙光祖 등 도학정치를 내세우던 신진사림들이 대거 화를 당하였다. 이때 남명의 숙부 曺彦卿도 연좌되어 이조 좌랑에서 파직되었다. 이 당시 남명은 정치현실에 대해 나름대로 회의하였을 것으로 추정된다. 그러나 공업과 문장에 대해 나름대로 자부하고 있던 남명은 좌절하지 않고 더욱 학업에 매진하며 발신을 꿈꾸었다. 그리하여 20세 때 생원·진사 시험의 초시에 모두 합격하고, 문과 시험의 초시에도 합격하였다. 그리고 다음해에 생원·진사 시험의 會試에는 나아가지 않고, 곧바로 文科 會試에 나아갔으나 실패하고 말았다.

남명은 이후 25세 까지 주로 서울 인근의 산사에서 과거에 뜻을 두고 글을 읽으며 문장수업에 치중했던 것으로 보인다. 요컨대 25세 전까지의 남명은 공업과 문장을 성취하겠다는 원대한 포부를 갖고 작문연습과 독서에 매진하고 있었던 것이다.

2. 學問의 大轉換

이처럼 남명은 20대 초반까지 원대한 포부를 갖고 산사에서 발신을 위한 공부에 정진하고 있었다. 스스로도 자신의 재주에 대한 자부심이 대단하여 과거를 보면 손쉽게 합격하리라고 생각하였는데, 뜻하지 않게 문과 회시에 실패한 뒤로 자신의 문장에 대해 자각적 반성을 하게 된다.

당시의 사정을 남명은 다음과 같이 말하고 있다.

> 또 문장을 짓는 것이 程式에 맞지 않는다고 생각하여 다시 平易하고 簡實한
> 책을 구해 읽었다. 처음으로『性理大全』을 취해 읽었다.17)

남명은 21세 때 문과에 낙방한 이후 상당히 失意에 빠져 있던 것으로
예상 된다. 그러다 심기일전하여 자신의 문장에 대한 반성을 하고, 자신
의 奇崛한 문체를 平易하고 簡實한 문장으로 바꾸어야겠다는 생각을 하게
되었다. 즉 先秦의 奇古한 문체에서 송대의 平易簡實한 醇正古文으로 선회
하게 된 것이다. 이때 비로소 그는『성리대전』을 구해 읽게 되었는데, 이
책을 읽게 된 것이 남명의 학문에 있어 가장 큰 전환점이 되었던 것이다.

남명은 이 시기 이전까지 성리학에 별다른 관심을 가지고 있지 않았다
고 볼 수 있다. 공업을 이루겠다는 원대한 포부와 문장에 대한 남다른 자
부심을 가지고 經·史·子의 글을 폭넓게 섭렵하는 방향으로 공부를 계속
하였지, 송대의 성리학에 대해 깊이 침잠하겠다는 뜻을 가지고 접한 것이
아니다. 즉 문장을 통하여 발신하려는 자기의 의지를 실현시키기 위한 수
단이었을 뿐이다.

이때 그는『성리대전』을 읽다가 許衡(1209~1281)의 설을 보고 크게 깨
달아 이제까지의 자신의 공부에 대해 반성을 새롭게 하기 시작한다.

> 선생은 25세 되던 해 친구와 함께 산사에서 과거공부를 하다가『성리대전』
> 을 읽었는데, 許魯齋의 "伊尹의 뜻에 뜻을 두고 顔子의 학문을 배워, 벼슬길
> 에 나아가면 어떤 일을 이룩함이 있고, 초야에 숨어 살면 자신을 지키는 것
> 이 있어야 한다. 대장부는 마땅히 이와 같이 해야 한다."라는 말에 이르러,
> 이에 척연히 경계하는 마음을 일으키고 망연히 자신을 잃어 비로소 종전에

---

17) 曺植,『南冥集』권2,「書圭菴所贈大學册衣下」. "又慮爲文不中程式 更求平易簡實之
書觀之 始取性理大全讀之"

취향한 바가 잘못되고, 古人이 이른바 爲己之學이라고 한 것이 대체로 이와 같다는 것을 깨달았다. 드디어 깊이 탄식을 하고 발분하는 마음을 일으켜 밤새도록 잠자리에 들지 않다가 이른 새벽에 친구에게 작별을 하고 집으로 돌아갔다.18)

이 시기가 정확히 언제인지는 자세치 않다. 金宇顒이 撰한「行狀」에는 25세 때의 일이라고 하였고19),「編年」에도 25세 때의 일로 기록되어 있는데, 鄭仁弘이 지은「行狀」에는 26세 때라고 하고 있다.20) 아무튼 남명은 과거공부를 하는 과정에서 자신의 문장에 대한 반성을 하게 되었고, 이를 계기로 읽게 된 성리서를 통해서 뜻하지 않게 자신의 학문에 대한 근본적인 의문을 제기하게 되어 비로소 爲己之學에 대한 절실한 욕구가 싹튼 것이다. 그리하여 남명은 출세지향적인 과거공부에 대해 회의하기 시작했고, 드디어 성인의 학문에 전심해야겠다는 생각을 갖게 된 것이다. 이 때의 심정을 남명은 다음과 같이 술회하였다.

어려서 부모를 잃고 돌아갈 곳을 모르다가 어느 날 아침 갑자기 자애로운 어머니의 얼굴을 보고 하도 기뻐서 자신도 모르게 손발이 덩실덩실 춤을 추는 것과 같았다.21)

이때부터 남명은 지엽적인 공부를 떨쳐버리고 발분하여 오로지 육경·

---

18) 曹植,『南冥集』권4, 金宇顒 撰「行狀」. "年二十五 偕友人肄擧業於山寺 讀性理大全 至魯齋許氏語有曰志伊尹之志 學顔子之學 出則有爲 處則有守 丈夫當如此 先生於是 惕然警發惘然自失 始悟從前所趣之非 而古人所謂爲己之學者 盖如此也 遂喟然發憤 竟夜不就席 遲明揖友人而歸"

19) 曹植,『南冥集』권4, 金又顒 찬「行狀」참조.

20) 曹植,『南冥集』권두 鄭仁弘 撰「行狀」참조.

21) 曹植,『南冥集』권2,「書圭菴所贈大學册衣下」. "政如弱喪而不知歸 一朝忽見慈母之顔 不知手足之蹈舞"

사서 및 周敦頤·程顥·程頤·張載·朱熹의 글에 나아가 밤낮으로 마음을 기울이고 정신을 쏟았다.

이처럼 새롭게 修己工夫를 시작하던 시기에 아버지 判校公이 돌아가셨다. 남명이 26세 되던 해 3월에 아버지가 서울의 집에서 돌아가셔서 三嘉縣 冠洞에 있는 先塋으로 歸葬하고, 삼년간 시묘살이를 하였다.

3. 性理學에로의 沈潛

남명은 28세 되던 해 6월 부친상을 마치고, 29세 되던 해부터 다시 학문에 열중하기 시작했는데, 宜寧 闍崛山에 있는 산사에 머물며 독서를 했다. 이때 남명은 성리학으로 깊이 침잠해 들어가기 시작했는데, 당시 학문에 몰두하는 모습을 다음과 같이 기록하고 있다.

> 그 절에 사는 승려가 말하기를 "그가 거처하는 방은 하루 종일 아무 소리도 들리지 않고 적막하였다. 매번 깊은 밤이 되었을 때, 손가락으로 책상을 가볍게 두드리는 소리가 들려 그가 아직도 글을 읽고 있는 줄 알았다."라고 하였다.22)

이런 자세로 남명은 책상 앞에 조용히 앉아 밤낮으로 성현의 글을 완미하였는데, 매우 견고한 의지를 갖고 경전에 깊이 잠심해 들어가기 시작했던 것 같다. 남명은 20대 초반 서울서 발신을 위해 공부할 적에도 학문하는 자세가 조금도 흐트러지지 않았다. 그의 절친한 친구 成運은 서울에서 공부할 때의 남명의 모습을 다음과 같이 기술하고 있다.

> 항상 깊숙한 방에 들어앉아 있으면서 문밖으로 발을 내딛지 않아 비록 지붕

---

22) 「南冥先生編年」, 嘉靖八年 己丑年 條. "寺僧言其所處之室 終日寂然無聲 每夜深時 聞以手指微打書案 因知其尙讀書也"

을 맞대고 사는 사람일지라도 그의 얼굴을 보기가 드물었다. 새벽닭이 울면 일어나 의관을 정제하고 尸童처럼 똑바로 앉아 있었는데, 일직선으로 꼿꼿하게 앉아 있어 멀리서 보면 마치 그림이나 조각물과 같았다.[23]

이런 기록을 보면 남명은 젊어서부터 매우 철저하고 강인한 성품을 지니고 있었음을 알 수 있다. 이처럼 남명은 평소 흐트러지지 않는 자세로 학업에 매진하였는데, 특히 성리학으로 침잠해 들어가기 시작하여 主一無適의 敬工夫와 克己復禮의 공부에 몰두한 이후부터는 더욱더 똑바른 자세를 견지했던 것 같다.

정인홍과 김우옹이 쓴 「行狀」에 의하면, 공부하는 사람은 처자식과 함께 뒤섞여 거처해서는 안 된다고 하였고, 한밤중의 공부가 매우 많으니 잠을 많이 자서는 안 된다고 하였다.[24] 특히 사색공부는 밤에 더욱 전일하다고 하며, 잠을 많이 자는 것을 경계하였다. 이와 같이 철저하고 엄격한 남명의 학문자세에는 그의 千仞壁立·秋霜烈日의 기상이 그대로 나타나 있다.

남명은 30세 되던 해 처가집이 있는 金海 神魚山 밑의 炭洞으로 이사하였다. 이때부터 그는 집근처에 山海精舍를 지어 놓고 繼明室에 들어 앉아 성리학에 침잠하였는데, 예전에 보았던 경전과 성리서를 다시 익히고 연역해 들어가기 시작하였다. 이 당시 남명은 자신의 마음을 誠되게 하기 위한 敬工夫에 주력하였던 것 같다. 즉 성리학에 침잠하여 內的 涵養에 힘쓰던 시기로 보인다. 스스로를 경계하기 위해 쓴 「座右銘」에 "항상 信實하고 항상 삼가서 삿된 마음을 막고 誠心을 보존하라. 산처럼 우뚝하게 서고 연못처럼 깊숙하게 잠기면 환하게 빛나 봄날처럼 영화로우리라."[25]

---

23) 『南冥集』권두, 成運 撰 「墓碑文」. "常潛居幽室 足不攝門墻之外 雖連棟而居者 罕得見其面 聽鷄晨興 冠頂帶腰 正席尸坐 肩背竦直 望之若圖形刻像"
24) 曹植, 『南冥集』권두, 鄭仁弘 撰 「行狀」 및 권4 金宇顒 撰 「行狀」 참조.
25) 曹植, 『南冥集』권1, 「左右銘」, "庸信庸謹 閑邪存誠 岳立淵沖 燁燁春榮"

라고 한 것을 보면, 당시 남명의 학문적 의지를 엿볼 수 있다. 남명은 이 「좌우명」을 계명실 벽에 걸어놓고 늘 자신을 경계하였다.

이 당시 成運, 李源(1501~1547), 申季誠(1499~1562), 李希顔(1504~1559) 등이 찾아와 여러 날 학문을 강론하고 토론하니, 당시 사람들이 德星이 모여든다고 하였다.

31세 되던 해 10월에 옛 친구 李浚慶이 『心經』을 보내왔는데, 남명은 친구에게 감사하는 마음으로 다음과 같이 마음을 다스리는 공부에 전력할 것을 스스로 다짐하였다.

> 마음을 잃어버리고 몸뚱이만 돌아다니면 금수가 아니고 무엇이겠는가. 그렇다면 李君을 저버리는 것이 아니면 이 책을 저버리는 것이고, 이 책을 저버리는 것이 아니면 내 마음을 저버리는 것이니, 슬픔 중에 자기의 마음이 죽는 것보다 더 큰 것이 없다. 죽지 않는 약을 구했으면 먹기를 급급히 해야 할 것이다. 이 책은 마음을 죽지 않게 하는 약이로다. 반드시 먹어서 그 맛을 알고, 좋아하여 그 즐거움을 알게 되면 오래갈 수 있고 편안할 수 있어서 아침저녁으로 날마다 써도 스스로 그만둘 수 없게 될 것이다. 노력하여 게을리 하지 말라. 顔淵처럼 되는 것이 여기에 있다.26)

성리학에서 마음은 一身을 주재하는 주재자로 性情을 통솔하는 것이다. 따라서 이 마음이 자신에게 보존되어 있지 못하면 금수와 다름이 없게 된다. 남명은 『심경』을 마음을 죽지 않게 하는 약에 비유하면서 이에 침잠해 심성수양을 위한 공부에 전념할 것을 굳게 다짐하고 있다.

이 시기에 남명은 한때 어머니의 간청에 못 이겨 鄕試에 나아가기도 하

---

26) 曺植, 『南冥集』 권2, 「書李君原吉所贈心經後」, "心喪而肉行 非禽獸而何 然則非負 李君 則負是書 非負是書 卽負吾心 哀莫大於心死 求不死之藥 惟食爲急 是書者 其 惟不死之藥乎 必食而知其味 好而知其樂 可久可安 朝夕日用而不自已也 努力無怠 希顔在是"

였으나, 會試에 낙방하였다. 그러다 37세 되던 해 세도가 날로 잘못돼 가는 것을 보고서 드디어 어머니에게 말씀드리고 과거에서 완전히 손을 떼었다.

남명은 성리학에 잠심하면서부터 어렸을 적에 꿈꾸었던 공업에 대한 생각을 끊고 성현의 도를 구하겠다는 새로운 이상을 갖게 되었는데, 특히 孔子와 顔子의 경지에 나아가기를 기약하였다. 이준경이 보내준 『심경』을 받고 '顔淵처럼 되는 것이 바로 이 책에 있다'고 하였듯이, 남명은 道를 구하겠다는 원대한 포부를 갖게 된 것이다.

이처럼 30세부터 45세까지 김해에 살던 시절에는 오로지 위기지학을 하겠다는 일념으로 성리학에 깊이 잠심하였는데, 강인한 의지와 철저한 자세로 조금도 흐트러짐이 없었다. 30세 후반이 되자 학문이 널리 알려져 鄭之麟 등이 와서 배우기 시작하였으며, 조정에 천거되기도 하였으나 나아가지 않았다.

45세 때 어머니가 돌아가셔서 삼가의 선영으로 歸葬하고 삼년 동안 시묘살이를 하였다. 그 다음 해 선배 宋麟壽에게 부탁해 어머니 묘갈명을 지었는데, 그중에 다음과 같은 말이 있다.

> 선생(남명을 가리킴)이 과거에 미련을 깨끗이 끊고 聖人을 배우고자 하여 바로 과거를 포기하고 敬과 義에 힘을 쏟았다. 견고한 자세로 의지를 굳게 정하여 한때의 趨向으로 진퇴를 삼지 않고 자신을 닦는 경지를 궁구하였으니, 이는 대체로 부모의 가르침이 그러했기 때문이다.27)

이 글이 비록 남명의 어머니의 덕을 칭송하기 위해 쓴 글이지만, 남명이 과거를 포기하고 성인을 배우고자 하여 자신을 닦는 학문에 힘쓴 내

---

27) 「南冥先生編年」 嘉靖二十五年 條. "先生脫然欲學聖人 便罷試擧 用力敬義 堅把得定 不以一時趨向爲進退 究其自修之地 蓋父母之敎然也"

용과 그 학문정신이 敬·義에 있었다는 것을 우리는 여기서 알 수 있다. 즉 남명은 김해의 산해정사에 우거하던 시절 자신을 닦는 학문에 전념했다는 사실을 알 수 있음은 물론, 그때부터 敬·義를 학문의 요체로 삼고 있었다는 사실도 확인이 된 셈이다. 따라서 우리는 이 시기를 남명이 성리학에 잠심하여 위기지학에 힘쓴 시기로, 특히 敬工夫에 주력한 시기로 보는 것이 타당할 듯하다.

4. 內的 涵養을 통한 外的 發現

남명은 48세 되던 해 2월 어머니 상을 마치고 삼가 兎洞으로 이주하였다. 이때 공부하러 찾아오는 학생들이 더욱 늘어나 어려운 살림에도 불구하고 鷄伏堂과 雷龍亭을 신축하여 강학의 장소로 삼았다. 鷄伏堂이라고 이름을 한 것은 닭이 알을 품고 있듯이 함양한다는 의미를 취한 것이고, 雷龍亭이란 『莊子』 「在宥」에 나오는 '尸居而龍見 淵默而雷聲'에서 따온 말로 尸童처럼 가만히 있으면서도 용처럼 나타나고, 연못처럼 고요히 있으면서도 뇌성처럼 울린다는 뜻이다.

이 鷄伏堂과 雷龍亭이란 명칭을 두고 논자에 따라 지나치게 의미를 부여하여, 남명이 이 시기에 노장사상에 심취하기라도 한 듯이 확대해석을 하는데, 필자는 이에 견해를 달리한다. 심지어 혹자는 '鷄伏'란 말에 대해서조차 『노자』에 나오는 "鷄犬之音相聞 民至老死 不相往來"에 갖다 붙여 해석하려고 하는데, 이는 의미가 전혀 맞지 않는다. '鷄伏'란 닭이 알을 품고 있다는 뜻으로, 묵묵히 들어 앉아 자신의 내적 수양에 힘쓴다는 의미이다. 이는 敬工夫를 지칭한 말이다. 『노자』·『장자』를 아무리 찾아봐도 이런 말이 없다.

또한 '雷龍'이란 말이 『장자』에서 취한 것이라 하여 남명의 사상을 노장에다 끌어대는 것은 지나친 해석이다. 우리는 남명이 이 말을 취한 근본 취지를 이해하려고 해야 한다. 참고로 『장자』의 이 구절에 대해 몇 사람의 주석을 제시해 보기로 한다.

   * 郭　象： 出處語默 常無其心 而付之自然
   * 呂惠卿： 尸居龍見 其見出于無爲 淵默雷聲 其聲出于不言
   * 林希逸： 尸居者 其居如尸 然卽曲禮所謂坐如尸也 龍 文彩也 尸居無爲 以威儀
         可 則自然有文 故曰尸居而龍見 淵 深也 靜也 默 不言也 雷聲 感動人
         也 禪家所謂是雖不言而德聲如雷也 故曰淵默而雷聲
   * 王先謙： 不動而如神 不言而名章

이런 주석을 감안하면서 남명이 왜 이런 뜻을 따다 강학하는 정사의 이름으로 삼았을까를 생각해 보자. '尸居'는 시동처럼 단정히 앉아있다는 뜻으로 세상에 나아가지 않고 깊숙이 들어 앉아 학문에 깊이 정진한다는 의미를 지니고, '龍見'은 용처럼 신비한 조화가 드러난다는 뜻으로 도덕이 있는 사람의 교화가 신묘하게 나타난다는 의미를 갖는다. '淵默'은 말하지 않고 고요히 있다는 뜻이고, '雷聲'은 사람의 마음을 움직이게 한다는 뜻으로 덕을 갖춘 사람이 세상에 나아가지 않고 말없이 묵묵히 있어도 그 덕의 교화가 사람들을 감동시킨다는 의미를 갖는다.

이렇게 볼 때, 雷龍亭이라고 이름을 붙인 것은 초야에 은거하면서 도를 추구하겠다는 그의 의지를 새롭게 다짐하는 의미에서 붙여진 것임을 알 수 있다. 남명은 성현의 학문에 뜻을 둔 후 특히 顔淵을 흠모하였는데, 「陋巷記」를 보면 안연처럼 세상에 나아가지 않고 도를 구하고자 하는 마음이 짙게 깔려 있다. 젊어서 공업과 문장으로 이름을 드날리려는 포부를 가졌다가 25세 때 성현의 학문으로 뜻을 돌린 후 성리학에 잠심하며 도를 추구하였는데, 이때 와서 세상에 나아가 공업을 이룩하는 것보다 도를 구하여 세상을 교화하는 것이 더 중요하다는 것을 인식하고 자신의 의지를 새삼 굳게 다짐하는 의미에서 이런 이름을 붙인 것이다.

남명이 이런 의지를 새롭게 한 데에는 당시의 시대적 상황이 중요한 의미를 가진다. 남명의 나이 45세가 되던 1545년 仁宗이 죽고 明宗이 즉위하자 외척인 尹元衡 일파가 집권하여 사림에 무참한 화를 끼쳤다. 이때 남명의 절친한 친구 李霖·成遇·郭珣 등이 화를 당했다. 남명이 47세가 되던 1547년에 또 윤원형 일파가 이른바 良才驛 壁書事件을 일으켜 사림을 말살하려 하였는데, 이때 남명과 절친했던 선배 宋麟壽가 연루되어 사약을 받았다. 이런 일련의 사림의 화를 목격한 남명은 세상에 나아가 자신이 배운 학문을 펼치려는 생각을 아예 끊고 오로지 도를 구하여 그 덕화를 세상에 펴겠다는 생각을 확고히 하였을 것이다. 남명이 鷄伏堂·雷龍亭이라고 이름을 붙인 의미도 이와 같은 역사적 상황과 밀접한 연관이 있다고 보인다.

우리는 남명사상을 이야기하면서 '南冥'이란 호가 『장자』에서 나왔다, 「神明舍圖」의 '太一'이 『장자』에서 나왔다, '雷龍'이 『장자』에서 나왔다, 詩文에 『장자』의 문자가 산견된다, 『參同契』를 즐겨 읽었다, 일찍이 퇴계가 남명을 노장으로 지목했다는 등의 매우 피상적인 말만 가지고 남명사상을 노장사상과 연관시켜 논하려고 한다. 젊은 시절 박람을 추구하던 남명이 노장의 책을 보지 않았을 리 없다. 金宇顒이 撰한 「行狀」에도 "심지어 陰陽·地理·醫藥·道流의 말에 그 대략을 섭렵하지 않음이 없었다."28)라고 하였다. 특히 젊은 시절 문장에 자부심을 갖고 문장공부에 열중하였던 남명으로서는 『장자』에 매료되었을 법하다. 그러나 이 정도의 단편적이고 피상적인 자료만 가지고 남명이 노장학에 깊이 빠져 있었다고 얘기하는 것은 무리가 있다고 본다.

여기서 우리는 16세기의 학문 분위기를 살펴볼 필요가 있다. 일찍이 李瀷은 자기 시대의 학풍이 전시대에 비해 매우 경직된 모습을 보이고 있는 점에 대해 다음과 같이 말하고 있다.

---

28) 曹植, 『南冥集』 권4, 金宇顒 撰 「行狀」. "至於陰陽地理醫藥道流之言 無不涉其梗槪"

우리나라의 학문은 노망한 풍습을 면하기 어렵다. 中世에 있어서 李晦齋는
『대학장구』를 고치고 바꾸어 놓은 補遺書가 있고, 李栗谷도 『중용장구』의
'氣已成形理亦賦'라는 구절이 이치에 맞지 않는다 하여 『聖學輯要』에서 말하
였는데, 이 모두 간행되어 經筵에서 진강하기도 하였다. 그렇다면 儒門의 禁
網은 후대로 내려오면서 더 심해지게 된 것이다.[29]

이 글에서 알 수 있듯이, 16세기에는 비교적 학문과 사상의 자유가 보
장되어 성리학을 공부하는 학자들이 朱熹의 章句에 대해서도 감히 다른
설을 제기할 수 있는 분위기였다. 바꾸어 말하면 "한 글자라도 의심스럽
게 여기면 망령된 것이고, 이것저것 상고하여 대조하면 죄를 짓는 것이
다."라는 성호의 말처럼 17, 8세기의 정주학 이외의 다른 학문을 하면 사
문난적으로 몰아 탄압하는 분위기와는 사뭇 다른 상황이었다.

16세기의 이런 비교적 자유로운 학문풍토 속에서 호방불기한 성격을
가졌던 인물이나 문장학에 힘을 기울이고 있던 사람들이 노장의 책을 탐
독한 것은 어쩌면 당연한 일인지도 모른다. 또한 이 시기에는 양명학이
전래되어 일부에서 새로운 학문경향이 대두되었는데, 盧守愼·南彦經·李
瑤 등이 양명학에 상당히 심취하여 있었다.

이런 분위기 속에서 남명이 어느 한 가지 사상에 집착하지 않고 폭넓
게 유가 이외의 서책을 박람한 것은 자연스러운 일일 수 있다. 따라서 순
수하게 송대의 성리학에만 전념하지 않았다고 해서 퇴계처럼 노장으로
지목하거나, 양명학과 일정하게 연관된 것처럼 보는 논자들의 말[30]을 액
면 그대로 받아들여 남명이 노장이나 양명학에 잠심했다고 보는 것은 무

---

[29] 李瀷, 『星湖僿說』 권21, 經史門 「儒門禁網」. "東人之學 難免魯莽矣 中世李晦齋改
換大學章句 有補遺書 李栗谷謂 中庸章句 氣已成形而理亦賦 有病 聖學輯要 皆已
刊行 或爲進講 然則 儒門禁網 後來轉急矣"

[30] 『光海君日記』, 光海 12년 8월 丙寅日 條에 "稍涉陽明 不肯苟循途轍"이라고 남명
의 학문을 비판하였다.

리이다. 남명을 싫어하던 사람들이 남명의 학문을 이단적인 것으로 비판한 말만 가지고 노장학에 관심을 가졌다느니, 양명학에 관심을 가졌다느니 하는 결론을 섣불리 내려서는 안 될 것이다.

다시 본 주제로 돌아가, 남명이 삼가로 이거한 뒤 당호를 鷄伏라 하고, 정사의 이름을 雷龍이라고 붙인 것에 대해 단순히 문자의 출처만 가지고 논하기보다는 역사적 상황 속에서 남명이 어떤 의도를 가지고 그런 이름을 붙였는지를 파악해 봐야 할 것이다. 필자의 생각으로는, 남명이 과거를 포기하고 성현의 학문을 공부하려고 한 뒤부터 현실권으로 나아가려는 생각을 끊고 도를 구하겠다는 일념으로 학업에 정진하였는데, 특히 이때에 와서 을사사화 등의 일련의 사화를 보고 초야에 묻혀 도를 구하는 것만이 자기 시대를 구제할 수 있는 유일한 길이라고 여겨 그와 같은 이름을 붙이지 않았나 생각한다.

앞에서 언급했듯이, ‘尸居而龍見 淵默而雷聲’에서 雷龍이란 말을 취해 정사의 이름을 삼은 것은 내적 함양을 통해 도를 추구해서 그 덕화가 신묘하게 나타나 사람들을 감동시킴으로써 세도를 부지해야겠다는 의도에서 비롯된 것으로 보인다. 즉 內的 涵養을 통한 外的 發現을 추구한 것이다.

남명은 61세 때 德山으로 이사하여 서실을 새로 짓고 山天齋라는 이름을 붙였는데, 이는 『주역』 大畜卦의 ‘剛健 篤實 輝光 日新其德’의 뜻을 취한 것이다. 즉 자신을 강건하고 독실하게 수양해 나가면 내적 함양이 축적되어 저절로 그 빛이 드러나서 덕이 날로 새로워진다는 의미로, 雷龍亭이란 이름을 취한 것과 일맥상통한다. 또한 덕산에 새로 세운 정사도 전처럼 雷龍舍라고 이름을 하였다. 즉 雷龍이나 山天이란 당호는 서로 같은 맥락의 의미를 가지고 있는 것으로, 내적으로 도를 축적해 그 덕화가 겉으로 발현되기를 바라는 마음에서 顔淵과 같은 구도자의 자세를 철저하게 견지하려는 남명의 학문정신을 그대로 드러낸 것임을 우리는 상기해 보아야 한다.

이런 정신을 바탕으로 남명은 居敬과 行義를 학문의 요체로 제시하였
는데, 居敬이 내적으로 자신의 마음을 誠되게 하기 위한 심성수양이라면
行義는 외적으로 자신의 언행을 올바르게 하기 위한 실천규범이라고 할
수 있다. 이 점은 다음 장에서 논하기로 한다.

Ⅲ. 學問精神

1. 당대 學風에 대한 反省과 새로운 모색

1519년 기묘사화로 수많은 신진사림들이 화를 당한 뒤, 학계는 말할 수
없이 士氣가 위축되어 일시적으로 성리학을 공부하는 학자들이 줄어들었
다. 이런 역사적 상황 속에서 오랜 기간 성리학에 침잠해 있던 남명은 44
세 때 친구 李霖에게서『心經』을 선물 받고 당시의 학문 분위기를 다음과
같이 말하였다.

> 이 책은 정히 대낮 큰 시장 안의 平天冠과 같아 사는 사람이 없을 뿐만 아니
> 라, 혹시라도 머리에다 써보기라도 하면 참람하다는 것으로 誅罰을 당한다.
> 이 때문에 사람들이 이 책을 싫어해 마치 자신의 몸을 죽이는 것처럼 보니,
> 평천관처럼 꺼릴 뿐만이 아니다. 만고의 역사가 긴긴 밤처럼 깜깜해져 人倫
> 이 禽獸가 되어 단지 묵묵히 한 세상을 보내고 있을 따름이다.31)

平天冠은 위가 평평한 임금이 쓰는 관이다. 성리학으로 정신적 무장을
하고 도학정치를 구현하려던 신진사림들이 대거 화를 당하자, 성리학을
꺼려하는 분위기가 한때 팽배해지게 되었다. 權奸들의 탄압 속에서 도학

---

31) 曺植,『南冥集』권2,「題李君所贈心經後」. "是書也　正似白晝大市中平天冠也　非但
　　無人買之　或加諸頭上　則以僭誅矣　用是人惡此書　視之爲殺身之具　不啻平天冠也　萬
　　古如長夜　人倫爲禽獸　只應默默送了一世而已"

은 땅에 떨어졌고, 사림은 위축되어 세상에 나아가 도를 펴려는 생각을 감히 하지 못하였다. 이런 분위기가 지속되다가 尹元衡 일파에 의해 을사사화가 다시 일어나자, 정국은 더욱 경색되어 사림은 아예 기를 펴지 못하고 있었다.

16세기 중반의 이와 같은 상황 속에서 산림의 학자들은 세상에 나아가기를 꺼려하고 성리학에 잠심하여 오로지 심성수양에만 힘쓰려는 경향이 고조되었다. 그런 분위기 속에서 송대의 성리서를 깊이 궁구하는 방향으로 학문이 진전되다 보니, 학문 자체가 점점 현실과 동떨어진 쪽으로 흐르게 되었다. 즉 현실의 일상생활에서부터 차근차근 단계를 밟아 올라가는 학문이 상대적으로 소홀히 다루어지고, 心性과 理氣·四七 등 형이상학적인 명제들을 밝히는 쪽으로 관심을 갖게 된 것이다. 따라서 올바른 인간자세를 확립하고 그것을 일상에 실천해 나가는 유학의 근본적인 정신을 추구하기보다는 인간과 우주의 본질적인 문제에 대한 원리를 해명하려고 하였다. 실천적인 측면이 상대적으로 경시되고 窮理를 위주로 하는 사변화 경향이 심화된 것이다.

이런 분위기는 16세기 후반에 고조되는데, 남명은 이처럼 학문이 실천을 뒤로 하고 사변화 되는 것을 매우 못마땅하게 생각하였다. 그리하여 그는 64세 때 退溪에게 보낸 편지에서 다음과 같이 당시의 학풍에 대해 경계하였다.

근래 학자들을 보건대, 손으로 물뿌리고 비질하는 절도도 모르면서 입으로 天理를 말하여 이름을 훔쳐 남을 속이려고 생각하지만, 도리어 남에게 상처를 입게 되어 害가 다른 사람에게 미치니, 어찌 선생 같은 長老께서 꾸짖어 그만두게 할 이유가 없겠습니까? 나와 같은 사람은 心性을 보존한 것이 황폐하여 찾아와 공부하는 사람이 드물지만, 선생과 같은 분은 몸소 상등의 경지에 도달하여 우러러 보는 이들이 참으로 많으니, 십분 억제하고 바로잡아 주는 것이 어떻겠습니까? 삼가 헤아려 주십시오.32)

이처럼 남명은 『小學』의 灑掃應對進退之節를 익혀 인간의 기본적인 자세를 확립하지도 않은 상태에서 天理의 고차원적인 문제에 집착해 분분히 이론이나 제기하는 당시의 학풍에 대해 심각한 우려를 하였다. 이때가 1564년이었으니, 李滉과 奇大升이 한창 四七論爭을 벌이고 있을 때였다.[33]

이런 당시의 학풍에 대한 반성이 바로 남명의 학문이 당시의 일반적인 분위기와 다른 성향을 갖게 한 것이다. 이와 같은 반성에 의해 남명은 天理와 性命을 궁구하는 형이상학적인 학문을 지양하고 철저히 下學人事 위주의 학문을 강조하게 되었으며, 실천적인 측면을 중시하여 만년에 居敬行義의 學을 내세우게 된 것이다.

남명이 퇴계에게 이 편지를 보낸 2년 뒤 제자 吳健에게 편지를 보내 出處를 분명히 하지 못하는 점에 대해 심하게 꾸짖고, 당시 젊은 사람들의 학풍에 대해 호되게 비판을 하였다. 남명은 나이 어린 사람들이 修身도 제대로 하지 않은 상태에서 가벼이 성리설을 말하여 宗匠인 체하는 학문 풍토를 꼬집으면서, 다음과 같이 말하였다.

> 性과 天道는 공자 문하에서 드물게 말한 것이다. 和靖(尹焞)이 이에 대해 말을 하자, 程先生이 가벼이 말하기를 구하지 말라고 억제하였다. 그대는 오늘날 선비들을 살펴보지 않았는가? 손으로 물뿌리고 비질하는 절도도 모르면서 입으로 天上의 이치를 말하고 있다. 그러나 그들의 행실을 공평히 살펴보면 도리어 무지한 사람만도 못하니, 이는 반드시 남이 꾸짖어도 의심하는 마음이 없기 때문이다.[34]

---

[32] 曺植, 『南冥集』 권4, 「與退溪書」. "近見學者 手不知灑掃之節 而口談天理 計欲盜名 而用以欺人 反爲人所中傷 害及他人 豈先生長老無有以呵止之故耶 如僕則所存荒廢 罕有來見者 若先生則身到上面 固多瞻仰 十分抑現之如何 伏惟量察"

[33] 李丙燾 著, 『韓國儒學史』, 亞細亞文化社刊, 1987. 206쪽 참조. 退溪와 高峯의 四七論爭은 1559년부터 시작되어 1566년까지 지속되었다.

[34] 『南冥集』, 484下 「與吳御史書」, "性與天道 孔門所罕言 和靖有說 程先生止以莫要輕說 君不察時士耶 手不知灑掃之節 而口談天上之理 夷考其行 則反不如無知之人 此必有人譴無疑矣"

마음을 닦고 자신의 행실을 단정히 하지도 않은 사람들이 이치를 궁구하는 쪽으로만 달려 나아가는 풍조가 이미 사림에 만연되고 있었다. 이런 학문풍토를 개탄하면서 남명은 성리설을 잘 알고 있었으면서도 남들에게 그것을 이야기하려고 하지 않았는데[35], 이 때문에 그는 이 방면에 저술을 남기지 않았고, 또 窮理보다는 下學人事 위주의 실천적인 학풍을 수립하게 된 것이다.

남명은 또 당시의 학풍이 이처럼 형이상학적으로만 흐르는 데 대해 보다 구체적으로 그 사정을 다음과 같이 지적하였다.

> 항상 뜻을 같이 하는 선비들과 함께 탄식하기를 "오늘날 학자들이 매양 陸象山의 학문이 곧바로 요약하는 것을 주로 삼는 것에 대해 병 되게 여기면서도 그들이 자기 자신을 위한 학문을 하는 데 있어서는 먼저 『소학』·『대학』·『근사록』을 읽어 공부를 하지 않고, 『주역』·『주역계몽』을 먼저 읽고서 格物致知·誠意正心의 차서를 구하지 않는다. 그리고 반드시 性命의 이치를 먼저 말하려고 하니, 그 流弊가 단지 육상산의 정도에서 그치는 것이 아니다." 라고 하였다.[36]

알기 쉽고 접근하기 쉬운 것부터 차근차근 체득하고 실천하는 위기지학을 하지 않고 처음부터 고차원적인 문제에 매달려 이치를 깨치려고 하면, 결국 현실과 동떨어진 공허한 학문이 될 수밖에 없다는 말이다. 조선 초기의 성리학은 도덕의 구현을 내세우며 위기지학을 강조하여 실천적인 학풍이 주류를 이루었는데, 16세기 중반 이후로는 형이상학적인 문제에 골몰함으로써 현실생활에 있어서의 실천적인 측면이 소홀히 다루어지고

---

35) 曺植, 『南冥集』 권2, 「與吳御史書」. "僕平生不執他技 只自觀書而已 口欲談理 豈下於衆人乎 猶不肯屑有辭焉"

36) 曺植, 『南冥集』 권4, 裵紳 撰 「行錄」. "常與同志之士 慨然曰 今之學者 每病陸象山之學以徑約爲主 而其爲自己之學 則不先讀小學大學近思而做功 先讀周易啓蒙 不求之格致誠正之次序 而又必欲先言性命之理 則其流弊不但象山而止也"

관념화, 사변화 되는 경향이 뚜렷이 나타났다.

이를 극복하기 위해 남명은 일상생활에서 손쉽게 실천해 나갈 수 있는 것부터 가르치는 학풍이 이루어져야 한다고 주장한다.

> 일찍이 학자들에게 말씀하기를 "오늘날의 학자들은 절실하고 가까운 것을 버리고 고원한 것만을 추향한다. 학문을 하는 것은 애초 어버이를 섬기고 형을 공경하며 어른을 공경하고 어린이를 사랑하는 사이에서 벗어나지 않는다. 만약 혹시라도 이것을 힘쓰지 않으면서 갑자기 性理의 깊은 뜻을 궁구해 탐구하려고 하면 이는 人事上에서 天理를 구하는 것이 아니다. 끝내 마음에 실득이 없을 것이니, 깊이 경계해야 한다.37)

인간의 현실적인 삶과 동떨어져 형이상학적인 것만을 추구할 때, 그 학문은 공허한 것이 될 수밖에 없다. 또한 그것은 孝悌忠信을 기본으로 하는 孔孟의 宗旨에서도 벗어나는 것이다. 그래서 남명은 가까운 데서부터 실천해 나가는 실득 있는 공부를 강조하는데, 제자들에게 다음과 같은 재미난 비유를 들어 설명하였다.

> 넓은 도회지의 큰 시장 안을 구경할 적에 금·은·보화 등 진기한 물건이 어느 곳인들 있지만, 종일토록 시장거리를 오르내리며 그 값만 흥정하게 되면 끝내 자기의 물건이 되지 않는다. 도리어 나의 한 필 베를 사고, 한 마리 생선을 사가지고 돌아오는 것만 못하다. 오늘날의 학자들이 性理를 높이 말하면서도 자기에게는 실득이 없으니, 이와 무엇이 다르겠는가.38)

---

37) 曹植, 『南冥集』 권두, 成運 撰 「墓碑文」. "嘗語學者曰 今之學者 捨切近趨高遠 爲學 初不出事親敬兄悌長慈幼之間 如或不勉於此 而遽欲窮探性理之奧 是不於人事上 求天理 終無實得於心 宜深戒之"

38) 曹植, 『南冥集』 권두, 鄭仁弘 撰 「行狀」. "敖遊於通都大市中 金銀珍玩 靡所不有 盡日上下街衢 而談其價 終非 自家家裏物 却不如用吾一匹布 買取一尾魚來也 今之學者 高談性理 而無得於己 何以異此"

자기 자신에게 실제로 도움이 안 되고, 나아가서 인간의 삶에 아무런 도움을 줄 수 없는 학문은 그 의미를 가질 수 없다. 하나하나 자신이 할 수 있는 것부터 밟아 올라가는 것이 성인의 가르침이지, 단번에 고차원적인 경지에 도달하는 것은 유학의 논리가 아니다. 마치 禪宗에서 頓悟를 추구하는 것과 같은 당시의 분위기에 남명은 일용의 실천적인 것에서부터 학문이 비롯돼야 한다는 점을 뼈저리게 느낀 것이다. 금·은·보화가 값진 것이지만 자신의 능력으로 살 수 있는 생선이나 베를 사가지고 와 실득을 추구하는 것만 못하다는 이 말은 당시의 학풍에 대한 절실한 반성이라고 하겠다.

남명의 이와 같은 학문정신은 그의 제자들에게도 그대로 전해져, 金宇顒 같은 이는 "학문을 하는 방법은 고원한 것을 말하거나 문자를 기억하고 암송하는 사이에 있는 것이 아니고, 實을 힘쓰고 위기지학을 해 가까운 데서부터 공부를 해나가는 데 있을 뿐이다."[39]라고 하였다. 실제로 남명의 제자들 및 남명학파 학자들 중에 理氣·四七 등을 논변한 경우가 거의 없는 것이 이를 반증하고 있다.

2. 下學上達의 進學

이처럼 남명은 형이상학적인 고원한 것만 추구하는 당시 학풍에 대해 심각한 우려를 표명하고, 쉽고 가까운 데서부터 차근차근 배워가는 실천적이고 실득 있는 학문을 내세웠는데, 학문에 나아가는 순서로 下學人事 上達天理를 누누이 강조하였다.

68세 때 올린 「戊辰封事」에서 남명은 進學의 순서에 대해 다음과 같이 말하였다.

---

39) 金宇顒, 『東岡集』附錄 권1, 「行狀」. "學問之道 不在乎談高說遠 記誦文字之間 惟在乎務實爲己 近裏着工而已"

아래로 人事를 배워 위로 天理에 도달하는 것이 또한 학문에 나아가는 순서입니다. 인사를 버리고 천리를 말하는 것은 곧 입으로만 말하는 이치이며, 자기 자신에게 돌이켜보지 않고 많이 들어 아는 것은 귀로만 듣는 학문입니다.[40]

'下學而上達'은 『논어』에 나오는 공자의 말씀으로, 일상생활의 쉽고 가까운 것부터 차례차례 배워 올라가야 한다는 학문방법이다. 남명이 새로 즉위한 선조에게 이런 얘기를 굳이 한 것은 당시 학풍에 대한 일대 반성과 쇄신을 촉구한 것이라고 볼 수 있다. 즉 남명은 당시의 학문을 口上之理나 일삼고 耳底之學이나 하는 것으로 진단한 것이다. 구상지리나 이저지학은 몸으로 체득하여 자기화하지 못하는 껍데기 학문으로, 위기지학이 아니다. 따라서 실득도 없고 실천도 수반할 수 없다. 남명은 이런 학문을 깊이 경계하여 敬으로 자신을 닦는 것이 우선돼야 한다고 간곡히 선조에게 진언하였다.

이처럼 남명은 아래로 人事부터 배우는 것이 학문하는 올바른 순서임을 강조하고, 이 下學人事야말로 불교와 다른 유학의 현실적이고 실천적인 학문정신이라고 하였다. 남명은 55세 때 올린 「丹城縣監辭職疏」에서 上達處는 유가와 불가가 같지만 불가는 인사에 베풀어 시행하는 실천적인 면이 없기 때문에 유가에서 배우지 않는다고 하여[41], 하학인사를 통한 실천적인 학문을 간곡히 권유하며 수신에 힘쓸 것을 당부하였다. 下學人事가 없이 上達天理만을 추구하는 것은 현실과 동떨어진 학문으로 인간 자세를 확립하는 데 별 도움이 안 되는 것이다. 당시 문정왕후가 승려 普雨에 현혹되어 궁중에 불교가 한창 성행하였고, 유가의 학풍도 이미 상달처만을 추구하는 쪽으로 흐르고 있는 상황에서 남명은 아래로부터 인사

---

40) 曹植, 『南冥集』 권2, 「戊辰封事」. "由下學人事 上達天理 又其進學之序也 捨人事而談天理 乃口上之理也 不反諸己而多聞識 乃耳底之學也"

41) 曹植, 『南冥集』 권2, 「戊辰封事」 참조.

를 배워 인간자세를 올바르게 확립하는 길이 무엇보다도 절실하다는 것을 뼈저리게 느꼈을 것이다. 그리하여 철저하게 下學人事 위주의 학풍을 내세우며 실천적인 학문을 강조하였다. 이 점이 바로 남명의 학풍이 당시 유행하던 인식론적 추구에 매달리지 않고, 敬·義의 수양론적인 측면을 강조하는 방향으로 나아간 이유인 것이다.

이런 정신에 의해 남명은 제자들을 가르칠 때, 반드시『소학』으로 기본 자세를 확립하고『대학』으로 규모를 넓히며, 義利를 명확히 분변하여 기질을 변화시키는 것으로 要法을 삼았다.[42] 明宗年間 세상에 나오지 않고 산림에 은거한 학자들 중에 남명처럼『소학』을 특히 중시한 학자들이 있었던 것도 이런 당시 학풍에 대한 일종의 반성이라고 볼 수 있다.[43]

남명의 이런 학풍은 제자들에게 그대로 전수되어 河沆 같은 사람은 '小學君子'로 일컬어지기도 하였다. 하항은『소학』과『근사록』을 더욱 존신하여 학생들을 가르칠 적에도 실천을 힘쓰게 하여 수신을 모범적으로 하는 것을 학문의 과정으로 삼았는데,[44] 이는 바로 남명의 학풍이 그대로 전해진 것이라 할 수 있다.

이처럼 下學人事를 통한 실천주의를 표방하여 초학과정에서『소학』을 중시한 남명은 그 다음 단계로 四書를 중시하였다. 「示松坡子」란 글에서 "고금의 학자들이『주역』을 궁구하기를 매우 어렵게 여기는 것은 사서를 익숙히 이해하지 못하기 때문이다. 학자들은 사서를 정밀하고 익숙하게

---

[42] 「南冥先生編年」, 嘉靖 27년 戊申年 條 참조.

[43] 鄭仁弘은 「松溪申先生行蹟」에서 "沈潛乎六經之文 從事乎小學之書 以敬爲存心之要 以誠爲持敬之本"(『來庵集』, 권12)라고 하여, 남명과 절친했던 申季誠도 『小學』을 중시하고 敬과 誠으로 마음을 보존하는 것을 학문의 핵심으로 여긴 점을 거론하였다. 또한『조선왕조실록』에서도 남명보다 선배인 成守琛도『小學』을 중시하여 사람들에서 修身의 大要가 모두 이 책에 들어 있다고 하였다는 점 (『명종실록』 명종 18년 12월 26일 조)을 언급하고 있다. 이를 보면, 16세기 전반의 학풍이 어떤 성향을 보이고 있었는지를 짐작할 수 있다.

[44] 河沆, 『覺齋集』卷下, 「行狀」 참조.

공부하여 참으로 힘을 오랫동안 쌓아나가면 도의 上達을 알 수 있게 되어
『周易』을 궁구하기가 거의 어렵지 않을 것이다.”45)라고 한 것을 보면,『소
학』으로 인간의 기본적인 자세를 확립하고 그 다음에 사서를 궁구하는
것이 남명에게 있어서 진학의 순서였던 것을 알 수 있다.

　남명이 사서를 특별히 중시한 것은 鄭仁弘이 지은「行狀」에도 잘 나타
나 있다.

> 항상『論語』·『孟子』·『大學』·『中庸』·『近思錄』등 책을 연역하여 그 근본을 배
> 양하고 그 지취를 넓히며, 그 가운데 더욱 자기에게 절실한 곳에 나아가 다
> 시 완미하고서 그것을 들어 사람들에게 일러주셨다.46)

　학문의 근본을 배양하고 지취를 넓히는 데 무엇보다도 이 사서를 바탕
으로 해야 한다는 것이 남명의 학문관이었다. 남명은, 세상의 학자들이
사서에 대해 그 내용이 심상한 데 염증을 느껴 章句나 기억하고 암송하는
속유들처럼 대수롭지 않게 여기는 폐단을 지적하면서 이 사서를 통하여
근본을 배양해야 도체를 알 수 있고 성현의 문호에 들어갈 수 있다고 하
고 있다.47)

　그러나 이 사서 중에서도 남명은 특히『대학』을 더욱 중시하였다.「示
松坡子」에서『대학』은 群經의 綱統이 된다고 하면서『대학』을 읽어 융회
관통하게 되면 다른 책을 보기가 쉽다고 하였고, 주희도『대학』에 평생
힘을 쏟았다고 하였다. 또한 金孝元에게 답한 편지에서도 다음과 같이 말
하고 있다.

---

45) 曹植,『南冥集』권2,「示宋坡子」참조.
46) 曹植,『南冥集』권두, 鄭仁弘 撰「行狀」. “常繹論孟庸學近思錄等書 以培其本 以廣
　　其趣 就其中尤切己處 更加玩味 仍擧以告人”
47) 曹植,『南冥集』권2,「示松坡子」참조.

생각건대, 공은 타고난 資品과 器量이 온순하고 선량하니, 단지 일개 好人일 뿐만이 아니다. 쇄소응대하는 것은 어렸을 적에 읽힌 일이고, 이미 학문이 六分의 길머리를 향하고 있으니, 지금 곧『大學』을 가져다 보고 사이사이 『성리대전』을 1, 2년 탐구하도록 하게. 항상『대학』한 집에만 드나들게 되면 燕나라나 楚나라처럼 먼 곳으로 떠나가더라도 끝내 本家로 돌아와 자게 될 것이니, 성인이 되고 현인이 되는 것이 모두 이 집안에서 벗어나지 않게 될 것이네. 晦菴이 평생 得力한 것도 모두 이 책에 있었으니, 어찌 후인들을 속이는 말이겠는가.48)

『대학』은 주지하다시피 三綱領·八條目으로 되어 있는 窮理正心과 修己治人의 도를 밝힌 책이다. 남명은 이 책을 통하여 대장부 사업의 규모를 근본적으로 세우는 것이 학문에 있어 무엇보다도 중요한 일이라고 생각하였다. 그 때문에 근본을 배양하는 기본적인 서책으로 四書를 내세우고, 또 그중에서 다시 이『대학』을 더욱 존숭한 것이다. 동시대 李恒도 뒤늦게 이『대학』을 읽고 향학의 의지를 세우게 되었다고 한다.

남명의 생각처럼『대학』으로 근본적인 규모를 확고히 세워 놓게 되면, 여타 다른 글을 보게 되더라도 그 근본을 잃지 않게 될 것이다. 이 점이 바로 남명이 노장 등 유가경전 이외의 다른 서적을 많이 박람하였으면서도 그쪽으로 흐르지 않고 敬義의 學을 세우게 된 것이라 생각된다. 초나라 연나라처럼 멀리 떨어진, 즉 유가의 종지와 거리가 먼 다른 사상서를 읽더라도 결국은 본가로 돌아와 자게 된다는 말 속에 남명의 근본적인 사상이 이단으로 흐르지 않았다는 것을 읽을 수 있다.

남명은 사서 다음으로 반드시 성리서를 보라고 권하였다. 위의 인용문에 김효원에게『성리대전』을 傍探하라고 하였듯이, 金宇顒에게도『근사

---

48) 曺植,『南冥集』권2,「答仁伯書」. "想公資器溫良　非但一介好人　灑掃應對　幼稚習慣事也　已向六分路頭　於今直把大學看　傍探性理大全一二年　常常出入大學一家　雖使之燕之楚　畢竟歸宿本家　作聖作賢　都不出此家內矣　晦菴平生得力　盡在此書　豈欺後人耶"

록』을 가져다 보라고 하였다.[49] 앞에서 살펴보았듯이, 남명은 灑掃應對進退之節도 모르는 초학자들이『周易啓蒙』이나「太極圖說」등 고원한 것을 먼저 배우려는 풍조를 매우 우려하였다. 그리하여 心身을 닦는 위기지학을 하도록 하기 위해 성리서를 제자들에게 읽도록 권유하였는데,『조선왕조실록』에 다음과 같은 기사가 있다.

> 학자를 가르칠 적에 매번『近思錄』·『性理大全』등 서적을 부지런히 읽게 하였는데, 모두 몸으로 이해하고 자득하는 것으로 급함을 삼고, 입으로만 읽는 말단적인 것은 달갑게 여기지 않았다.[50]

3. 反求自得과 反躬實踐

남명은 독서를 할 때, 章句의 해석에 연연하지 않고 긴요한 대목을 깊이 완미하여 체득하려고 하였다. 그리하여 독서하다 긴요한 말이 있으면 반드시 세 번 반복한 뒤 붓을 들어 기록해 두었는데, 그것이 이른바『學記』이다. 또한 너저분하게 지식이나 넓히려 하지 않고, 그 내용을 요약 정리하여 자신을 함양하는 자양분을 삼고자 하였다.

鄭仁弘이 지은「行狀」에 "대체로 선생께서는 이미 경전에서 널리 구하고 百家에 널리 통달한 뒤에 번다한 것을 거두고 간략한 데로 나아가며, 자신의 몸에 돌이켜 실천하는 데로 나아가서 스스로 一家의 학문을 이룩하였다."[51]라고 한 것을 보면, 斂繁就簡하고 反躬造約하는 것이 남명이 지향했던 학문방법임을 알 수 있다.

이처럼 핵심적인 내용을 요약하여 자기화하기 위해서는 정밀하고 완숙

---

[49] 曹植,『南冥集』권2,「又與肅夫書」참조.

[50] 實錄廳,『名鐘實錄』, 明宗 21년 12월 戊子日 條 참조.

[51] 曹植,『南冥集』권두, 鄭仁弘 撰「行狀」. "盖先生旣以博求經傳 旁通百家 然後斂繁就簡 反躬造約 而自成一家之學"

한 독서가 요구되는데, 남명은 이에 대해 다음과 같이 말하고 있다.

> 대체로 정밀하기만 하고 익숙하지 못하면 도를 알 수 없고, 익숙하기만 하
> 고 정밀하지 못해도 또한 도를 알 수 없다. 정밀하고 익숙케 하는 것이 함께
> 지극해진 뒤에야 골자를 꿰뚫어 볼 수 있다.52)

　남명은 경전을 공부하는 데 있어 처음부터 그 깊은 뜻을 다 터득하려
고 하지 않고 오랜 기간 꾸준히 積功하는 자세를 취하였다. 즉 정밀하게
그 뜻을 궁구함은 물론, 그 속에 깊이 침잠하여 익숙하게 될 때, 비로소
확연히 그 이치를 깨달을 수 있다고 생각한 것이다. 제자 金宇顒에게 얘
기해 준 "마치 우물을 팔 때 처음에는 혼탁하지만 다 파고나 맑아진 뒤에
는 은비녀가 또렷하게 보인다."53)는 말은 오랜 기간 공력을 쌓아 나가다
보면 저절로 깊은 뜻에 이를 수 있음을 깨우쳐 준 것이다.
　이런 학문자세를 견지하면서 남명은 경전에 있는 뜻을 자신에게 돌이
켜 自得하는 것이 가장 귀중한 것임을 늘 역설하였다. 문인 정인홍은 이
점에 대해 다음과 같이 언급하였다.

> 〈선생의〉 학문은 반드시 自得으로 귀함을 삼았다. 그래서 말씀하기를 "단지
> 책의 글자에 의지해 의리를 講明하여 실득이 없는 자는 끝내 그 뜻을 수용
> 하여 터득함을 보지 못한다. 입은 말하기 어려운 듯이 해야 하니, 학자는 말
> 잘하는 것으로 귀함을 삼지 않는다."라고 하셨다.54)

---

52) 曺植, 『南冥集』 권2, 「示松坡子」. "盖精而未熟　則不可以知道　熟而未精　則亦不可以
　　知道　精與熟俱至　然後可以透見骨子了"
53) 曺植, 『南冥集』 권2, 「奉事金進士肅夫宇顒」. "且如穿井　初間汚濁　掘盡澄澈　然後銀
　　花子歷歷"
54) 曺植, 『南冥集』 권두, 鄭仁弘 撰 「行狀」. "學必以自得爲貴　曰　徒靠册字上　講明義
　　理　而無實得者　終不見受用得之於心　口若難言　學者　不以能言爲貴"

章句나 해석하고 문장이나 記誦하는 학문을 하여서는 자신의 수양에는 물론 현실의 정치교화에도 쓸모가 없을 것이다. 자득은 바로 자기화이다. 단순히 배워 습득하는 단계가 아니고 그 뜻을 스스로 깨달아 자기 것으로 만드는 것을 말한다. 즉 學成의 단계에서 진일보한 상태이다. 학문이 이런 단계에 이를 때 비로소 자유자재로 그것을 현실사회에 실용할 수 있다. 따라서 자득이 없이 장구나 암송하는 그런 학문은 실득이 있을 수 없고, 또 실용적인 것이 될 수 없다.

남명이 이 자득의 논리를 강조한 것은 자기 시대에 대한 반성에서 나온 것으로, 겉치레만 숭상하는 사회풍상을 바로잡아 실질을 추구하도록 하기 위한 것이었을 것이다. 당시 남명의 이런 학문은 이미 조정에 소문이 나 있었는데,『宣祖修正實錄』에 다음과 같이 남명의 학문을 평하고 있다.

조식의 학문은 마음으로 터득하는 것을 귀하게 여기고, 致用과 實踐으로 급함을 삼아 講論하고 辨釋하는 말을 하기를 좋아하지 않았다. 일찍이 학도들을 위해 經書를 담론하고 해설하지 않고, 오직 자신에게 돌이켜 구해 스스로 그 뜻을 터득하게 하였다. 그의 精神과 風力이 사람들을 聳動시키는 점이 있었기 때문에 따라 배우는 자들 중에 계발된 자가 많았다.55)

입으로만 談經說書하여 講論하고 辨釋하는 학문, 즉 지식이나 고명하게 하고 이론적인 논변만을 일삼는 학문이 아니라, 反求自得하여 그것을 현실에 실천하고 실용적인 데 이바지하는 학문을 추구한 것이다. 바로 反求自得을 통한 反躬實踐의 지향이다. 이처럼 남명은 자득을 통한 실천과 실용을 학문의 모체로 삼았는데, 이점이 바로 남명의 학문이 窮理 쪽으로 치우쳐 관념화되거나 사변화 되지 않고, 실천을 중시하는 방향으로 진전

---

55) 實錄廳,『宣祖修正實錄』권6, 선조 5년 정월 무오일 조. "植之爲學 以得之於心爲貴 致用踐實爲急 而不喜爲講論辨釋之言 未嘗 爲學徒談經說書 只令反求而自得之 其精神風力 有竦動人處故從學者 多所啓發"

된 중요한 요인이라고 생각한다. 요컨대, 현실과 동떨어져 심성수양만을 추구한 것이 아니고, 그것을 현실사회에 실천하는 현실지향적인 자세를 취한 것이다. 이 점이 바로 남명학의 가장 큰 특징이다.

이런 정신을 견지함으로써 남명은 평생 산림에 묻혀 있었으면서도 현실에 등을 돌리지 않고 현실을 직시하여 날카로운 비판을 서슴지 않았던 것이다. 또한 이런 그의 철학에 의해 수양론적 측면에서 내적 함양으로서의 敬과 외적 실천규범으로서의 義를 특별히 강조한 것이다.

김우옹도 스승의 학문에 대해 "지엽적인 것을 버리고 마음으로 자득하는 것을 귀하게 여기며 致用과 實踐으로 급함을 삼아 강론과 변석하는 말을 하기를 좋아하지 않았다."라고 하면서, "그렇게 하는 것은 부질없이 空言만 일삼는 것으로 躬行에 도움이 없다고 생각하셨기 때문이다."라고 그 이유를 말하고 있다.56) 이처럼 남명은 실천궁행하는 학문을 강조하며 致用의 學을 수립하여 나갔는데, 김우옹에게 보낸 편지에서 致用에 힘쓸 것을 다음과 같이 훈계하고 있다.

다만 살펴보건대, 자네에게 걱정되는 바가 하루만 빛을 쪼이고 열흘 동안이나 춥게 한다는 말과 같을 뿐만이 아니네. 근본이 확립되지 않고 행실을 절제하는 데 바탕이 없으며, 학문을 강구하는 데에는 정밀하지만 그것을 致用하는 데에는 졸렬하고, 살아있는 학문을 하느냐 죽은 학문을 하느냐 하는 점에 있어서도 단점이 있으니, 이점이 가장 시급히 갖추어야 할 일일세. 일찍이 살펴보건대, 자[尺]는 집집마다 모두 가지고 있고, 아니 집집마다 가지고 있을 뿐만 아니라 평범한 사람들도 모두 가지고 있으며, 또 눈금이 매우 분명하건만, 이 자를 써서 아홉 가지 무늬를 새긴 九章服을 마름질하는 사람도 있고, 한 자밖에 안 되는 버선도 만들지 못하는 사람도 있네. 스스로 생각건대, 자네의 자로 새로운 물건을 마름질해 낼 수 있겠는가? 자네가 알아야 할 바일세.57)

---

56) 曺植,『南冥集』권4, 金宇顒 撰「行狀」. 참조.

남명은 비유를 들어 깨우쳐주기를 잘하였는데, 이 말도 유명한 비유라 생각된다. 즉 이처럼 비유를 잘하였던 것도 따지고 보면 자득의 경지에서 우러나 온 것이라 할 수 있다. 아무리 좋은 자를 가지고 있다 하더라도 그것을 써서 좋은 옷을 만드는 것이 중요하듯, 아무리 훌륭한 경륜을 가지고 있다 하더라도 그것을 현실생활에 베풀지 않으면 아무 소용이 없다. 학문을 아무리 정밀하게 강구하고 익숙히 하더라도 실용적인 데 이바지하지 못하면 아무런 의미가 없는 것이다. 마치 李漢이 '窮經은 致用이다'라고 한 것처럼, 남명도 공리공담의 학문을 지양하고 철저하게 실용적인 학문을 추구한 것이다.

남명은 「戊辰封事」에서 人主의 明善과 誠身에 대해 말하면서 명선은 窮理를 통해 이루어지고 성신은 修身을 통해 이루어지는데, 궁리를 하는 것은 致用을 위한 것이며 수신을 하는 것은 도를 행하려는 것이라고 하여,58) 학문의 실천적인 면을 강조하였다. 즉 窮理를 형이상학적인 인식론의 측면에서 바라본 것이 아니라, 그것의 효용적인 측면을 중시한 것이다. 이처럼 실질을 숭상하고 致用을 중시하며 실천을 강조한 남명의 학문정신은 16세기 후반 성리학이 理氣論爭과 四七論辨으로 思辨化해 가는 과정 속에서 중요한 의미를 갖는다.

그리고 남명의 이런 실용적 학문정신이 조선후기의 實學과 그 맥이 연결된다고 섣불리 단언할 수는 없지만, 致用을 추구하는 실천적 학풍이 실학을 태동시키는 데 일정한 작용을 했다고는 볼 수 있을 것이다. 그러나 이 문제는 鄭逑 → 許穆으로 이어지는 학맥의 사상적 推移를 보다 면밀히 검토해 보고 나서 언급할 성질임을 미리 밝혀둔다.

---

57) 曺植, 『南冥集』 권2, 「又與肅夫書」. "只見吾君所患 不啻十寒 質幹不立 而制行無材 精於講究 而劣於致用 短於殺活手 最是急急備辦事也 嘗見尺度人家皆有之 非但人家 愚夫愚婦皆有之 錙銖分寸 亦甚明白 而用是有裁九章服者 有不能制一尺足巾者 自度君之尺度 能裁初樣物耶 君所知也"

58) 曺植, 『南冥集』 권2, 「戊辰封事」. 참조.

4. 居敬行義의 學

위에서 살펴본 것처럼 남명은 25세 때 학문의 대전환을 가져온 후 위기지학에 뜻을 두고 성현의 글에 잠심해 들어갔는데, 오랜 기간 성리서를 궁구하고 나서 聖學의 요체를 敬·義로 파악하였다. 특히 德山 山天齋로 이거한 후 만년에 이를 강조하고 나선다. 산천재의 왼쪽 창에다가는 '敬'자를 써놓고 오른쪽 창에다가는 '義' 자를 써놓았으며, 임종하기 직전에도 이 敬·義 두 글자에 대해 문생들에게 거듭거듭 다음과 같이 말하였다.

이 敬·義 두 글자는 매우 절실하고 긴요한 것이다. 배우는 사람들은 이에 대한 공부를 익숙하게 해야 할 것이니, 공부가 익숙해지면 一物도 가슴속에 남아있지 않게 될 것이다. 나는 이런 경지에 이르지 못하고 죽는구나.59)

또 남명은 '內明者敬 外斷者義'라는 문구를 새긴 경의검을 항상 지니고 다녔는데, 이를 보아도 그가 敬·義를 얼마나 중시하였는지를 알 수 있다. 이처럼 남명은 특히 말년에 敬·義를 학문의 요지로 파악하고 이에 온힘을 기울였다.

그렇다면 敬·義는 성리학에서 어떤 의미를 갖고 있는 것일까? 남명은 이 敬·義를 왜 이처럼 학문의 요지로 중시한 것일까? 성리학에서는 心을 一身을 主宰하는 주재자로 생각한다. 그런데 이 心을 誠되게 하기 위해서는 敬工夫가 요청되며, 이 敬은 涵養을 통해서 길러지는 것이다. 송대의 程頤는 이 敬工夫로 '主一無適'과 '整齊嚴肅'을 내세웠고, 謝良佐는 '常惺惺'을 내세웠으며, 尹焞은 '收斂其心'을 내세웠는데, 朱熹는 정이의 설을 계승하면서 謝氏와 尹氏의 설을 아울러 설명하였다.60)

---

59) 曺植,『南冥集』권두, 鄭仁弘 撰「行狀」. "此二字極切要 學者要在用功熟 熟則無一物在胸中 吾未到這境界以死矣"

60) 張立文,『朱熹思想研究』, 中國社會科學出版社刊, 1981. 435~436쪽 참조.

『學記類編』에 실린 남명의 「敬圖」를 살펴보면, 이런 주희의 설을 그대로 따르고 있음을 알 수 있다. 부연해 설명하자면, 敬은 자기의 마음을 다른 데로 흩어지지 않도록 전일하게 하는 것으로, 그러기 위해서는 항상 戒懼하고 愼獨하며 자기 마음을 수렴해야 한다.

그런데 이 경공부를 動時에 가할 것인가, 靜時에 가할 것인가 하는 문제가 북송의 학자들에게서부터 제기되어, 雲峯胡氏 같은 사람은 戒懼를 靜時敬으로 愼獨을 動時敬으로 보았다.[61] 朱熹도 이런 動靜說에 따라 有事則動하고 無事則靜한다는 입장을 내세우고 있지만 靜時의 涵養을 보다 근본적인 것으로 봄으로써[62] 다분히 主靜的인 면을 띄고 있다. 그러나 持敬을 하는 데 있어서 朱熹가 내세운 중요한 내용 중의 하나가 바로 '敬義夾持'이다. 주희는 이에 대해 다음과 같이 말하고 있다.

> 敬에는 死敬도 있고 活敬도 있다. 만약 단지 主一의 敬만 지켜 어떤 일을 만났을 경우 義로써 처리하여 그 是非를 분변하지 못하면 이는 살아있는 것이 아니다. 만약 익숙해지게 되면 그 뒤에는 敬에 바로 義가 있게 되고, 義에 바로 敬이 있게 된다. 靜할 때에는 敬·不敬을 살피고, 動할 때에는 義·不義를 살펴야 한다. -중략- 모름지기 敬·義를 夾持해서 끊임없이 순환하게 되면 內外가 투철하게 될 것이다.[63]

주희는 근본적으로 敬이 動靜을 관통하고 있는 것으로 본다. 그런데 그는 이를 다시 體와 用으로 나누어 未發時에 혼연히 함양된 것을 敬의 體로 보고, 已發時에 성찰하는 것을 敬의 用으로 보았다.[64] 따라서 體에 해

---

[61] 柳正東,「退溪의 哲學思想硏究－窮理와 居敬을 中心으로」,『退溪學報』제9輯, 72쪽 참조.

[62] 侯外盧 等 主編,『宋明理學史』卷上, 405쪽 참조.

[63] 黎靖德 編,『朱子語類』, 권20, 學6「持守」, "敬有死敬 有活敬 若只守着主一之敬 遇事不濟以義 辨其是非 則不活 若熟後 敬便有義 義便有敬 靜則察其敬與不敬 動則察其義與不義－中略－須敬義夾持 循環無端 則內外透徹"

당하는 主一의 敬만 함양하는 데에서 그치지 않고, 일에 따라 義로써 성찰하는 것이 필요한 것이다. 그래서 주희는 敬·義가 夾持돼야 내외가 투철해진다고 하여, 그것을 活敬으로 생각한 것이다. 이런 주희의 설은 정이의 '敬은 持己之道로 義의 體며, 義는 시비를 알아 이치에 따라 행하는 것으로 敬이 드러난 것'[65]이라는 설을 충실히 이어받은 것이다.

남명의 敬·義에 대한 견해도 내적 操存涵養으로서의 敬과 외적 省察克治로서의 義를 내세운 것이므로 대체로 程頤와 朱熹의 설을 따른 것으로 보인다.

朱熹나 程頤가 내세운 敬義夾持論은 수양론적 측면에서만 언급한 것으로, 인식론적인 窮理의 문제는 여전히 남게 된다. 일찍이 정이는 "涵養하는 데에는 모름지기 敬을 써야 하고, 進學하는 것은 致知에 있다."[66]라고 하여, 敬과 致知를 학문의 大要로 보았다. 즉 수양론적 측면에서의 敬과 인식론적 측면에서의 窮理를 학문의 길로 제시한 것이다. 이런 이론은 주희에게도 그대로 나타나는데, 주희는 居敬과 窮理를 상호 보완적인 것으로 보아 궁리를 잘하면 거경공부가 날로 진보하고 거경을 잘하면 궁리공부가 날마다 주밀해진다고 하여 별개의 것이 아니라 불가분의 관계임을 주장하였다.[67]

이와 같은 송대의 성리설이 조선 초 우리나라 학자들에게 큰 영향을 주었음은 주지의 사실이다. 이황의 경우 특히 居敬과 窮理를 강조하며 조선조 성리학을 이론적으로 심화시켰는데, 특히 窮理의 문제에 있어 格物致知說 등은 주자학에서 진일보한 면모를 보여준다.[68]

---

64) 朱熹, 『朱子大全』 권43, 「答林擇之」 참조.

65) 黃宗羲, 『宋元學案』 권15, 「伊川學案上」 참조.

66) 程顥, 程頤, 『二程遺書』, 권18, "涵養須用敬 進學則在致知"

67) 黎靖德 編, 『朱子語類』 권9 참조.

68) 柳正東, 柳正東, 「退溪의 哲學思想研究―窮理와 居敬을 中心으로」, 『退溪學報』 제9輯 참조.

그런데 남명은 위에서 살펴본 것처럼 당시의 학자들이 高談性理하는 것에 대해 매우 못마땅하게 생각하였다. 그리하여 선유들이 논한 天道·天命·心性情·理氣 등과 학문을 하는 순서, 德으로 들어가는 路脈 등을 손수 도표로 그려놓고서도 제자들에게 보여주지 않았다.[69] 또한 斂繁就簡하고 反躬造約하는 학문태도를 견지함으로써 성현이 남긴 경전의 요지를 파악하고 자신에게 돌이켜 실천하는 데 힘을 기울였다. 남명은 이런 학문자세를 가지고 있었기 때문에 형이상학적인 문제에 대한 추구를 지양하고 오로지 자신을 存養하고 省察하는데 힘을 쏟았으며 務實爲己의 學을 강조하였다.

「神明舍圖」에 대해 鄭仁弘이 평한 "안으로는 操存涵養의 實을 드러내고, 밖으로는 省察克治의 工을 밝힌 것이다. 표리가 間斷함이 없는 體와 동정이 서로 길러주는 理가 그림을 살펴보면 분명하다."[70]라고 한 말을 보면, 남명학의 요체가 바로 내적 조존함양과 외적 성찰극치에 있다는 것을 알 수 있다. 즉 남명은 인식론적인 면에 있어서는 선현들이 열어 놓은 길을 따라 강학을 통해 의리를 발명해 나가면 되기 때문에 수양론적인 면에서 敬·義에 힘쓰면 된다고 본 것이다. 이렇게 볼 때 남명학은 조존함양을 위한 居敬과 성찰극치를 위한 行義에 그 핵심이 있다고 하겠다.

Ⅳ. 맺음말

이상에서 남명의 成學過程과 學問精神에 대해 고찰해 보았다. 위에서 살펴본 것처럼 남명은 25세 전까지 功業과 文章을 이루겠다는 원대한 포

---

69) 曺植, 『南冥集』 권두, 鄭仁弘 撰 「行狀」 참조.
70) 曺植, 『南冥集』 권두, 鄭仁弘 撰 「行狀」. "內以操存涵養之實 外以明省察克治之工 表裏無間之體 動靜交養之理 按圖了然"

부를 갖고 博覽 위주의 독서와 문장수업에 매진하였다. 특히 자신의 문장에 대한 자부심이 대단하여 문장을 통하여 발신을 꿈꾸며 과거시험에 손쉽게 합격하리라 생각하였다. 그러다 21세 때 문과 시험에 실패한 후 자신의 奇古한 문장에 대한 반성을 제기하게 되어 平易하고 簡實한 글을 구해 읽게 되는데, 이때『성리대전』에 있는 許衡의 글을 읽다가 크게 깨달아 과거에 뜻을 끊고 위기지학을 힘쓰게 된다. 학문의 대전환이 이루어진 것이다.

이후 金海에서의 생활은 대부분 경전과 성리학에 깊이 침잠하여 聖學의 요지를 파악하고 연역하는 나날을 보내게 된다. 남명은 40대 후반 三嘉로 이거한 뒤 정사를 건립하고 雷龍亭과 鷄伏堂이란 이름을 붙였는데, 이는 당시 사림의 무참한 화를 목격하고서 현실권으로 나아가려는 생각을 아예 끊고 초야에 묻혀 도를 구하겠다는 의지를 새롭게 다짐하는 의미에서 붙인 것이다. 즉 顔淵처럼 세상에 나아가지 않고 도를 구하는 것이 세도를 부지할 수 있는 길이라고 생각한 것이다. 이 이후로는 內的 涵養을 통한 外的 發現을 추구한 시기로, 聖經賢傳의 학문요지로 파악하여 자득한 후 자신에게 돌이켜 실천하는 학문자세를 견지하고 있다. 특히 학문이 형이상학적인 이치를 궁구하는 쪽으로 흐르지 않고, 內的 存養과 外的 省察의 修養을 강조하여 敬·義의 學을 확고히 확립하였다.

이런 과정을 통해 이루어진 남명의 학문은 당시의 高談性理하는 풍조를 비판하고, 이에 대한 반성으로 下學人事 위주의 학문을 강조하였다. 이런 학문관에 의해 남명은 우선『小學』으로 인간자세를 확립하고, 四書를 정밀하게 숙독할 것을 주장하였는데, 그중에서도 특히『大學』을 중시하였다. 그리고『心經』·『近思錄』등 성리서를 읽어 심성수양의 공부에 힘쓸 것을 강조하였다.

또한 남명의 학문태도는 談經說書하는 것을 능사로 삼지 않고 斂繁就簡하고 反躬造約하는 것을 중히 여겼으며, 反求自得하여 反躬實踐하는 것을 중시하였다. 이는 당시 학문풍조가 고원한 것만 추구하는 것에 대한 일대 반성에서 제기된 것으로, 남명 특유의 實得·實踐·致用의 학문을 수립하게 된 것이다. 이점이 바로 16세기 후반의 학술사에서 남명학이 갖고 있는 중요한 특성이다. 이런 학문정신에 의해 남명은 퇴계처럼 居敬窮理 위주의 학문을 지향하지 않고, 居敬行義의 수양론적인 면을 학문의 대요로 내세운 것이다.

우리는 흔히 남명학의 요체를 敬·義로 파악하여 그 자체에 지나친 의미를 부여하는 쪽으로만 논리를 전개하고 있는데, 이를 내세우게 된 데에는 바로 실득·실천·치용의 학문정신이 밑바탕을 이루고 있는 것이다. 따라서 남명이 학문하는 방법으로 내세운 敬·義는 궁극적으로 실득·실천·치용의 목표에 도달하기 위한 방편이라고 할 수 있다. 즉 남명은 현실세계에 도를 구현하려는 經世的 意志를 늘 염두에 두고 있었던 것이다.

이런 정신을 가지고 있었기 때문에 남명은 현실권에 나아가지 않고 초야에 묻혀 지냈으면서도 현실에 등을 돌리지 않고 현실에 대한 예리한 인식과 날카로운 비판을 서슴지 않았던 것이다. 또한 상소문 등에 나타난 憂國愛民精神은 남명의 학문이 철저하게 현실세계에 관심을 두고 있었음을 입증해 주고 있다. 남명의 절친한 친구 成運은「墓碑文」에서 이런 남명의 정신적 고뇌를 다음과 같이 기술하고 있다.

그는 세상사를 잊지 못해 나라를 걱정하고 백성을 가엽게 여겼다. 매번 달 밝은 청명한 밤이면 홀로 앉아 슬피 노래를 부르고, 노래를 마친 뒤에는 눈물을 흘렸다. 그러나 곁에 있는 사람들은 전혀 그의 그런 마음을 알지 못하였다.71)

---

71) 曹植,『南冥集』권두, 成運 撰「墓碑文」. "不能忘世 憂國傷民 每値淸宵皓月 獨坐 悲歌 歌竟涕下 傍人殊不能知之也"

마치 金時習이 농사짓는 농부의 형상을 조각해 놓고 익숙히 들여다보다가 불사르고 통곡을 하던 모습을 연상케 한다. 남명은 또한 선비들과 함께 이야기를 나누다가 말이 당시 정치의 득실과 민생의 곤궁에 미치면 팔을 걷어붙이고 목이 메어 눈물을 흘리기까지 하였다고 한다.[72] 이런 현실에 대해 끝없이 고민하였던 일련의 모습을 보면, 남명의 학문이 현실과 동떨어진 공리공담을 지양하고 철저히 致用과 實踐에 그 목적을 두었음을 알 수 있다.

이 글은 『남명학연구』 제1집(1991)에 수록된 「남명의 성학 과정과 학문정신」을 그대로 실은 것이다.

---

[72] 李肯翊, 『練藜室記述』 권11 참조.

南冥의 出處와 문학을 통해 본 선비精神

윤인현

I. 서론

　본고는, 평생을 處士로 살았던 南冥 曹植(1501[연산군7]~1572[선조5])의 出處와 문학을 통해서 그의 선비精神을 고찰하고자 하는 것이다. 남명이 處士로 살아야 했던 이유가 선비정신의 관점에서 보면, 왜 그와 같은 삶을 택해야 했는지를 분명히 알 수 있기 때문이다. 그리고 그의 出處 인식은 현실 정치에서 그의 영향력이 후대에까지 지속되어 후대의 山林 處士들에게 하나의 전범이 되었기에 그 중요성이 더 하다.

　남명은 16세기 초 경상우도 남명학파의 宗匠으로서 理氣心性論의 성리학적 담론보다 오히려 일상생활에서 실천할 수 있는 道를 더 중시하였다. 出處에 있어서도 儒者로서의 도에 벗어나지 않았다. 그리고 경상우도에서 敬義 思想을 중심으로 제자들을 가르쳤으며, 특히 제자들에게 '義'의 중요성을 강조하였다. 그의 대표적인 문인들을 살펴보면 정구·정인홍·곽재우·김우옹·오건·김효원·이제신·강의·문익성·박제인·조종도·곽일·하항 등을 꼽을 수 있다. 이들은 한국 유학사에서 크게 세 가지의 특징을 보였다. 첫째, 대부분 處士로서의 학풍을 지니고 있었다. 제자들의 이와 같은 학풍은 남명이 出仕하지 않고 실생활에 활용할 수 있는 학문을 선호한 행적이 그대로 제자들에게 이어졌다고 볼 수 있다. 그들은 山林에 은거하였지만, 남명이 행한 것처럼 세상을 완전히 등지지 않았다. 둘째, 경상좌도의 이황과 쌍벽을 이루는 경상우도의 학풍을 대표하였다. 지리산을 중심으로 한 경상우도에 은거하면서 유학을 진흥시키고 문풍을 일으킨 지역 문화의 대표적인 선비들이었다. 셋째, 국가의 위기 앞에 선비로서 몸소 앞장서 위기 극복에 참여하였다. 임진왜란이 일어나자 정인홍·곽재우·조종도 등은 의병활동에 참여, 국가의 위기 앞에 袖手傍觀하지 않고 직접 몸을 던진 진정한 선비였다. 이처럼 남명의 문인들은 실천궁행으로 義를 몸소 행하였다. 이 같은 문인들의 救國 활동은 남명이 강조한 敬義 思想의 결과물이라 할 수 있다.

남명은 생전에 10차례의 벼슬 제수를 모두 거절하였으며,[1] 死後에는 선조 때 대사간에 추증되고, 광해군 7년(1615년)에는 성균관 유생들의 상소로 영의정이 더하여졌다. 산청의 덕산서원[덕천서원], 김해의 신산서원, 삼가의 회산서원[용암서원] 등에 제향되고 있다.

남명에 대한 지금까지의 연구로는, 남명의 학문관[2]·남명의 사상[3]·

---

[1] 1538년(중종 33년) 獻陵參奉(종9품)·1548년(명종3년) 典牲署 注簿(종6품)·1551년(명종6년) 宗簿寺 注簿(종6품)·1555년(명종10년) 丹城縣監(종6품)·1559년(명종14년) 造紙署 司紙(종6품)·1566년(명종21년) 尙瑞院 判官(종5품)·1567년(명종22년) 명종 알현·1568년(선조원년) 선조의 김命·1569년(선조2년) 宗親府 典籤(정4품)·1570년(선조3년) 김命.

[2] 李樹健, 「南冥 曺植과 南冥學派」, 『民族文化論叢』 5, 1986.

남명학의 현실주의적 세계관4)·남명의 학풍과 남명문인의 활동5)·남명의 정치 윤리적인 측면,6) 그리고 남명의 교육 사상7)·남명학의 형성과정8)·남명의 문학9)· 남명의 민본사상10) 남명의 出處와 선비 사상11) 등이 있으며, 한편으로는 노장적 취향12)과 노장적 은일심리13) 등에 관한

---

3) 金忠烈, 「南冥學의 要諦－敬義」, 『南冥學研究 論叢』, 1輯, 南冥學研究院, 1988; 裵宗鎬, 「南冥聖學圖」, 『南冥學研究 論叢』, 1輯, 南冥學研究院, 1988; 張永儁, 「南冥先生之理學造詣與人格成就」, 『南冥學研究 論叢』, 1輯, 南冥學研究院, 1988.

4) 權仁浩, 「朝鮮中期 士林派의 社會政治思想 研究」, 성균관대학교 대학원, 박사학위 논문, 1990; 鄭羽洛, 「天命問題와 관련한 南冥의 現實主義的 世界觀」, 『南冥學研究』, 3輯, 경상대학교 남명학연구소, 1993; 權仁浩, 「南冥 曺植의 現實認識과 出處思想 研究」, 『南冥學研究 論叢』, 3輯, 南冥學研究院, 1995; 崔英成, 「南冥 曺植의 現實認識과 出處思想 研究」, 『南冥學研究 論叢』, 4輯, 南冥學研究院, 1996; 鄭羽洛, 「南冥文學의 意味表出樣相과 現實主義的 性格 研究」, 경북대학교 대학원, 박사학위 논문, 1997.

5) 申炳周, 「南冥 曺植의 學風과 南冥門人의 활동」, 『南冥學研究 論叢』, 3輯, 南冥學研究院, 1995.

6) 周道濟, 「南冥 先生 政治思想 研究」, 『南冥學研究 論叢』, 5輯, 南冥學研究院, 1997.

7) 韓相圭, 「曺植의 教育思想 研究」, 중앙대학교 대학원, 박사학위 논문, 1990; 史載明, 「南冥 曺植의 教育思想 繼承」, 경상대학교 대학원, 박사학위 논문, 1999.

8) 李相弼, 「南冥學派의 形成과 展開」, 고려대학교 대학원, 박사학위 논문, 1998.

9) 許捲洙, 「南冥詩에 나타난 救世精神」, 『南冥學研究論叢』, 제1집, 남명학연구원, 1988; 崔錫起, 「南冥의 山水遊覽에 대하여」, 『南冥學研究』, 제5집, 경상대 남명학연구소, 1995; 金輪壽, 「南冥의 旅遊詩 小考」, 『韓國漢文學研究』, 제18집, 韓國漢文學會, 태학사, 1995; 金鍾西, 「南冥詩에 나타난 山과 물의 의미」, 『南冥學研究』, 제12집, 경상대 남명문화 연구원 남명 연구소, 2002; 池信昊, 「退溪와 南冥의 文學論에 끼친 論語의 影響」, 西江大學校 大學院, 碩士學位 論文, 2004; 유호진, 「南冥詩에 나타난 '上達'의 情神境界에 대하여」, 『韓國漢文學研究』, 제36집, 韓國漢文學會, 태학사, 2005.

10) 조순, 「남명 조식의 민본사상에 대한 연구」, 대구가톨릭대학교 대학원, 박사학위 논문, 2006.

11) 金允濟, 「南冥 曺植의 學文과 出仕觀」－퇴계 이황과의 비교를 중심으로, 서울大學校 大學院 碩士學位 論文, 1990; 李在京, 「南冥 曺植의 선비정신 研究」, 成均館大學校 儒學大學院 碩士學位 論文, 2007.

12) 洪性熙, 「南冥 曺植의 作家意識 研究」－敬義精神과 老莊的 趣向을 중심으로, 경희대 교육학 석사학위 논문, 1997.

연구도 있다.

　남명은 儒家의 사상을 지닌 유학자였다. 간혹 남명을 노장 사상을 지닌 유학의 이단[14]으로 평하기도 하였다. 그러나 남명은 「乙卯辭職疏」에서 "전하께서는 이미 불도를 좋아하시니, 그것을 학문하는 데로 옮기신다면, 이것은 우리 유가를 옳게 여기시는 것입니다."[15]라 하여 학문의 뿌리가 유가에 있음을 밝혀 놓았다. 따라서 남명은 유학을 기본으로 한 상태에서 老莊·佛敎 등을 수용하여 그의 사상적 범주를 확대하였다.[16] 그러나 남

---

13) 權鎬鐘, 「南冥 曹植詩의 隱逸心理 管窺」, 『南冥學研究論叢』, 제6집, 경상대 남명학연구소, 1998.

14) 李滉, 『退溪言行錄』 卷5, 「論人物」, "老莊爲崇.";　李植, 『澤堂集』 卷15, 「別集雜著」, "其門徒皆陷於檮杌.";　李德弘, 『艮齋集』 卷6, 「溪山記善錄」, "先生嘗言曰, 曹南冥實加莊周所見一層.";　『光海君 日記』 卷39, 3年 3月, 丙寅. "臣嘗見故贊成李滉, 誣毁曹植, 一則曰, 傲物輕世, 一則曰, 高亢之士, 難要以中道, 一則曰, 老莊爲崇.";　朴惺, 『大庵先生文集』 卷3, 「與鄭仁弘書」 乙巳 "竊恐南冥之學, 或近於頓悟.";　柳壽垣, 『迂書』 卷10, 「論變通規制利害」 "以花潭南冥大谷松堂諸人言之, 當初得名之過重, 亦由於國俗鹵莽之致, 儒學規模門路, 自退溪後 亦旣明白則人亦知其爲老莊氣味, 傍門別傳, 不復慕尚如前矣."

15) 『南冥集』, 「乙卯辭職疏」, 『韓國文集叢刊』 31, 521쪽. "殿下旣好佛矣, 若移之學問, 則此是吾家事也."

16) 權仁浩, 「朝鮮中期 士林派의 社會政治思想 研究」, 성균관대학교 대학원, 박사학위 논문, 1990, 48쪽. 권인호는 '出處는 老莊的 思想의 단면을 보여 준다'고 하였다. 吳進鐸, 「南冥學에 있어서 老子 思想의 位置」, 『南冥學 研究』, 창간호, 경상대 남명학연구소, 1991. 오진탁은 儒者의 입장을 기본적으로 견지하면서 장자의 사상을 수용했다고 하였다. 彭林, 「南冥의 儒家 思想 中 道家的 面貌」, 『南冥學 研究』6, 경상대 남명학연구소, 1996. 팽림은 거시적 관점에서 성리학을 본다면, 남명이 도가 사상을 수용한 것이 이상할 것도 없다고 하였다. 정호훈, 「16世紀末 北人의 형성과 國家·君權 의식」, 『朝鮮 後期 政治思想 研究』, 혜안, 2004, 43쪽. 정호훈은 남명이 노장학을 숭상한다거나, 양명학을 수용했다는 세간의 평가는 그의 사상이 가지고 있던 氣 중심의 세계관을 부각시킨 가운데 제기된 것이었다고 하였다. 유호진, 「南冥詩에 나타난 '上達'의 情神境界에 대하여」, 『韓國漢文學研究』, 제36집, 韓國漢文學會, 태학사, 2005, 173쪽. 유호진은 남명의 도학에 내포된 上達의 국면과 관련하여 주시해야 할 점은 그의 시문에 노장적인 색채가 선명하게 드러난다고 하였다. 이동환, 「남명 사상과 그 현대적 의의」, 『남명학연구원총서』, 남명학연구원, 2006, 4쪽. 이동환 교수는 '남명은 정통 도학과는 기풍을 달리 한다' 하면서 '노장과 도교 병가의 사고를 받아들여 아주 새롭게 빚어냈다'고 하였다.

명이 노장 사상과 불교 사상 등 다양한 학문을 포괄적으로 수용했다고 하더라도 그 出處에 대한 인식은 儒家 思想에서 벗어나지 않았다. 그리고 文藝보다는 德行을 더 중요시한 유가 사상의 특징을 감안하더라도 조선 시대 유학자들의 문학은 기본적으로 文以載道論的 문학관의 범주에서 벗어나지 않았다. 따라서 남명의 시문에도 끊임없이 세상을 바로잡고자 하는 선비의 기질이 곳곳에 발견된다.

본고는 남명의 출처와 문학을 고찰하되, 『論語』와 『孟子』에 나타난 유학자의 행동 원리가 되는 儒家的 出處觀을 바탕으로, 출처관과 선비정신이 그의 문학에는 어떻게 형상화되어 나타나는지를 살펴보고자 하는 것이다. 儒家 哲學의 전체적인 체계 속에서 살펴보면 남명의 儒家的 出處觀이 분명히 드러나기 때문이다. 아직까지는 『論語』와 『孟子』에 나타난 儒者의 행동 원리로 남명의 출처관과 선비정신을 상세히 고찰한 연구가 없었다. 여기서는 經書 중 『論語』와 『孟子』의 儒家 思想에 나타난 儒者의 出處에 나타난 선비정신을 상세히 살펴본 후, 南冥의 出處에 나타난 선비정신을 고찰하고자 한다. 그러면 남명에 가해진 노장 사상의 오해도 불식될 수 있기 때문이다.

II. 出處에 나타난 선비精神

1. 儒家 思想에 나타난 出處觀

먼저 유자의 出處觀의 행동 원리가 되는 유가적 출처관을 『論語』의 구절을 통해 살펴보고자 한다. 『論語』, 「述而」篇, '用行'章에 '공자께서 안연에게 일러 말씀하시기를, "(뜻을) 써 주면 행하고 버려지면 몸을 감추어 숨는 것을, 오직 나와 더불어 네가 그런 점이 있도다."하셨다.'[17]는 공자의 말씀이 있다. 나라 안에 道의 有無와 관계없이 그 뜻을 써 주면 나아가 벼슬하고 써 주지 않으면 은둔을 한다는 것이다. 공자와 안연 같은 성현을 거용하지 못하는 세상이라면 이미 道가 행해지지 않는 시대임을 알 수 있다. 따라서 나라에 道가 없기 때문에 出仕할 의사가 없는 경우의 예라고 할 수 있다.

『論語』, 「泰伯」篇, '篤信'章에 '공자께서 말씀하시기를, "(옛 성현의 도를) 독실하게 믿고서 배우기를 좋아하며, 죽음으로써 지키면서 (그 도를) 닦아 나가느니라. 위태로운 나라에 들어가지 않고 어지러운 나라에 거처하지 않으며, 천하가 道가 있으면 제 몸을 나타내 보이고 道가 없으면 숨느니라. 나라에 道가 있는데 가난하고 또 천하게 지내는 것이 부끄러운 일이며, 나라에 도가 없는데 부자가 되고 귀한 존재가 되는 것이 부끄러운 일이느니라."하셨다.'18)라고 하여, 그 나라에서 그만한 직책이나 직분을 맡지 않은 경우에는, 그 위태로운 나라에 들어가지 않고 그 어지러운 나라에 거처하지 않는다고 하였다. 만약에 그 나라에 들어가거나 거처하면서 그 나라의 위태로움과 어지러움을 바로잡아 줄 만한 역량이 있다면 아마도 그 나라에 들어가거나 거처해도 좋을 것이다. 그리고 천하에 道가 있으면 제 몸을 나타내 보이고 道가 없으면 숨는다고 하였다. 천하에 道가 있고 出仕할 의사도 있다면 儒家的 차원에서 가장 바람직한 出仕의 조건일 것이다. 그러나 천하는 언제나 道가 실현되는 것은 아닐 것이다. 그래서 만약 道가 없으면 벼슬에 나아가지 않고 자연에 은둔하면서도 자신의 참된 속뜻을 쉽사리 드러내지 않고 세상이 맑아지기를 기다리는 것이다. 남명도 10번의 벼슬 제수를 모두 거절하여 세상에 道가 실현되지 못하고 있음을 보여 주고자 하였다.

『論語』, 「衛靈公」篇, '史魚'章에 '공자께서 말씀하시기를, "곧도다, 史官

---

17) 『論語』, 「述而」篇, '用行' 章 "子 謂顔淵曰, 用之則行 舍之則藏 惟我與爾 有是夫."
18) 『論語』, 「泰伯」篇, '篤信'章 "子曰, 篤信好學 守死善道. 危邦 不入 亂邦 不居 天下 有道則見 無道則隱. 邦有道 貧且賤焉 恥也 邦無道 富且貴焉 恥也."

魚라는 사람이여. 나라에 道가 있음에 (곧기가) 마치 화살과 같으며, 나라에 道가 없음에 (곧기가) 마치 화살과 같도다. 군자답구나, 거백옥이여. 나라에 道가 있으면 벼슬하고, 나라에 道가 없으면 거두어 품을[품고 돌아갈 수 있었도다.”하셨다.’[19]라는 공자의 말씀은, 먼저 史官 魚의 史官으로서의 直筆한 점을 훌륭하다고 칭찬한 것이다. 나라에 道가 있으면 直筆이 보탬이 되지만 無道한 나라에서는 直筆이 자신을 해치는 존재가 된다고 하였다. 그러면서 거백옥은 군자답다고 하였다. 나라에 道가 있으면 벼슬하고 無道하면 草野로 물러나서 道를 마음에 간직하고 숨어서 살았기 때문이다. 無道한 나라에서 참된 道를 행하려고 하면 오히려 史官 魚처럼 죽은 몸의 처지가 될 수 있다. 나라에 道가 있을 때 出仕할 경우가 유가적 사회에서 가장 바람직한 出仕의 조건이기에 거백옥이 나라에 道가 있을 때 벼슬한 경우이므로 바람직한 出仕의 태도라 했다. 그리고 나라에 道가 없을 때에는 물러나야 했는데, 거백옥이 나라에 道가 없으므로 물러났다는 것이다. 이런 거백옥의 행동이 유가적 사회에서 바라는 바람직한 出仕의 태도인 것이다. 無道한 시대이면서 자신의 능력 또한 그 시대의 문제점을 감당할 역량이 못될 경우 오히려 세상을 혼란스럽게 만들 수 있기 때문이다.

우리 역사에서도 군인이 나라를 잘 다스리는 일을 하늘이 자신에게 부여한 책임으로 알고 역사의 속용돌이 속에서 無道한 짓을 행한 경우를 우리는 이미 경험하였다. 거백옥은 교만한 발상을 하지 않았으며 자신의 역량의 크기를 고려하여 스스로 물러난 것이다. 그래서 공자도 이 같은 거백옥의 出仕의 태도를 두고 군자답다고 한 것이다.

“邦有道, 如矢.”에서의 ‘如矢’는, 곧기로는 화살이 제일가는 것처럼 그 直筆한 태도가 매우 곧았다는 뜻에서 한 말씀이다. 그 ‘史魚’가 스스로 생각

---

19) 『論語』, 「衛靈公」篇, ‘史魚’章 “子曰, 直哉 史魚. 邦有道 如矢 邦無道 如矢. 君子哉 蘧伯玉. 邦有道 則仕 邦無道 則可卷而懷之.”

하기를, 능히 賢人을 진출시키지 못하고 不肖한 사람을 물리치지 못했다고 하고는, 오히려 죽은 몸의 처지에서 바른 말로 간했으니, 그러므로 공자께서 그 史官으로서 直筆한 것을 칭송하신 것이다. 남명의『南冥集』, 「乙卯辭職疏」에도 "자전[문정왕후, 명종의 어머니]께서 생각이 깊으시기는 하나 깊숙한 궁중의 한 과부에 지나지 않고, 전하께서는 어리시어 다만 선왕의 한 외로운 아드님이실 뿐입니다."[20]라 하여 史官처럼 直言한 구절이 있다.

『論語』, 「微子」篇, '丈人'章에 '자로가 돌아왔는데 공자께서 말씀하시기를, "벼슬하지 않는 것이 의리가 될 리 없으니, 長幼 간의 절차를 없앨 수 없으니, 君臣의 義를 어떻게 (그) 없애리오? 제 몸을 깨끗이 하고자 하여 大倫을 어지럽히도다. 군자가 벼슬하는 것은 (그) 의를 행하자는 것이니, 도가 행해지지 않는 것은 이미 알고 있느니라."하셨다.'[21]라는 구절이 있다. 이 구절은 나라에 도가 행해지지 않아 숨어 사는 은둔자의 모습을 소개한 내용이다. 君臣 간의 義理를 없앨 수 없듯이 마땅히 벼슬하여 군신 간의 의리를 실현해야 했다. 그래서 군자가 벼슬을 하는 것은 군신 간의 의리를 실행코자 하는 것이다. 그 은둔자가 벼슬하지 않는 것은 지금 나라에 도가 행해지지 않기 때문이라는 孔子의 주장이다. 이처럼 나라에 도가 행해지지 않으면 出仕하지 않는 것이 유가의 기본적인 출처관이였다. 남명도 「與吳子强書」에서 "온 세상이 모두 그러해 이미 혹세무민하는 데 급급하고 있으니, 비록 어진이가 있더라도 이미 구제할 수 없다."[22]라고 하였다. 지금의 시대가 無道하기 때문에 제자 오건이 벼슬길에서 물러나

---

20) 『南冥集』, 「乙卯辭職疏」, 『韓國文集叢刊』 31, 521쪽. "慈殿塞淵 不過深宮之一寡婦 殿下幼沖只是先王之一孤嗣."

21) 『論語』, 「微子」篇, '丈人'章 "子路 (反) (子)曰, 不仕 無義 長幼之節 不可廢也 君臣之義 如之何其廢之. 欲絜其身而亂大倫. 君子之仕也 行其義也 道之不行 已知之矣."

22) 『南冥集』, 「與吳子强書」, 『韓國文集叢刊』 31, 488쪽. "渾世皆然, 已急於惑世誣民, 雖有大賢, 已不可救矣."

기를 바랐다. 남명의 글에는 이런 유가적 출처관이 여러 곳에 반영되어 있다.

『論語』, 「微子」篇, '逸民'章에는 나라에 도가 없다고 판단하고 행동한 逸民들의 모습이 있다.

> 〈사적(史籍)에서〉 유일(遺逸)된[빠진] 백성은 '백이'와 '숙제'와 '우중'과 '이일'과 '주장'과 '유하혜'와 '소련'이니라. 공자께서 말씀하시기를, "그 뜻을 굽히지[낮추지] 않으며, 그 몸을 욕되게 하지 않은 분은 백이·숙제인가보다." 하셨다. 유하혜·소련을 두고 이르시되, "뜻을 굽히고 몸을 욕되게 하였으나, 말이 질서[윤리]에 들어맞고 행실이 사려 깊은 데에 들어맞았으니, 그 이러했을 따름이니라." 하셨다. 우중·이일을 두고 이르시되, "은거하며 말을 놓아 했으나, 몸은 청렴한 데에 들어맞았으며 몸을 유폐(遺弊)한 것은 권도(權道)[융통성]에 들어맞았느니라." 하셨다. "나는 이런 경우와는 달라서, 꼭 이래야만 된다는 것도 없고 꼭 그래서는 안 된다는 것도 없느니라." 하셨다.23)

위에 열거된 逸民 중 백이·숙제는 나라에 道가 없기 때문에 不仕한 인물이다. 孔子는 백이와 숙제를 無道한 세상에서 그 뜻을 굽히지 않고 그 몸을 욕되게 하지 않는 분들이라고 평하였다. 따라서 無道한 나라에서는 몸을 감추는 것도 유가의 한 입장이었음을 알 수 있다. 『孟子』, 「萬章章句」下에 "세상이 잘 다스려지면 나아가 벼슬하고, 혼란하면 물러난다."(治則進, 亂則退.)하였는데, 孟子는 이런 백이의 태도를 두고 "백이는 성인 중에서 결백한 者이다."(伯夷 聖之淸者也.)라고 하였다.

유하혜와 소련은 隱居하지 않고 적극적으로 出仕한 경우라 할 수 있다.

---

23) 『論語』, 「微子」篇, '逸民'章 "逸民 伯夷 叔齊 虞仲 夷逸 朱張 柳下惠 少連. 子曰, 不降其志 不辱其身 伯夷叔齊與. 謂柳下惠少連 降志辱身矣 言中倫 行中慮 其斯而已矣. 謂虞仲夷逸 隱居放言 身中淸 廢中權. 我則異於是 無可無不可."

『孟子』,「萬章章句」下에 "더러운 군주를 섬겨도 부끄러워하지 않았다."(不 羞汙君.)라는 구절을 보면, 유하혜는 군주와 나라 백성들을 위해서라면 벼슬할 인물임을 짐작할 수 있다. 이는 자신의 능력을 통해 잘못된 군주 의 정책과 나라의 도를 바로잡고자 하는 충정에서 나온 것이다. 남의 이 목에 구애받지 않고 자신만 잘하면 좋은 세상이 만들어 질 수 있다는 사 고이다. 이런 경우는 대체로 뜻 있는 선비들이 바람직하지 못한 조건으로 여겼다. 왜냐하면 그 시대가 無道한 시대이기에 出仕하지 않는 것이 바람 직한 처세이기 때문이다.

우중·이일은 은거하면서도 현실에 대해서 매우 비판적 자세를 취했음 을 알 수 있다. 그리고 은둔의 태도는 權道에 들어맞게 행했다고 하였다. 공자는 "꼭 이래야만 된다는 것도 없고 꼭 그래서는 안 된다는 것도 없느 니라."(無可無不可.)하여 나아갈 만하면 나아가시고, 물러날 만하면 물러 나시는 出處에 있어서 中庸의 道를 제시하였다.

'中庸'의 '中'은 '희노애락의 감정을 아직 드러내지 않는 상태'(喜怒哀樂之 未發.)를 이르는 말이다. 다시 말하면 옳게 쓸려고 갈고 닦아서 마음 속에 정성되게 간직한 채 아직 드러내지 않은 상태를 이르는 말이다. '庸'은 中 의 자세를 항구불변하게 유지해 나가는 것이다. 따라서 '中庸'의 '中'은 〈도리에 꼭 들어맞게 행하는 것, 곧 義理를 바탕으로 하여 최선책을 택하 는 자세〉를 의미하는 말이며, '庸'은 〈'中'을 택하는 자세를 항구불변하게 유지해 나가는 것〉을 의미하는 말이다. 『孟子』,「萬章章句」下에는 공자께 서 중용의 도를 행하신 구절이 있다.

> 공자께서 齊 나라를 떠나실 때에는 밥을 지으려고 쌀을 담갔다가 건져 가지
> 고 떠나셨고 魯 나라를 떠날 적에는 말씀하시기를 '더디고 더디다. 내 걸음
> 이여!' 하셨으니, 父母國을 떠나는 도리가 이러했다. 속히 떠날 만하면 속히
> 떠나고, 오래 머무를 만하면 오래 머물며, 은둔할 만하면 은둔하고, 벼슬할
> 만하면 벼슬한 것은 공자이시다.24)

위의 자료는 出處가 中庸의 道에 들어맞게 행해야 한다는 것이다. 지금 시대 현실이 中庸의 道에 들어맞으며 벼슬길에 나갈 수 있고 그렇지 않으면 不仕해야 한다는 것이다. 자기 능력이 미치지 못할 경우는 벼슬자리에 연연하지 말고 속히 떠나야 한다는 것이다. 마치 孔子가 쌀을 씻다가 미처 밥을 짓지도 못하고 떠나는 것처럼 반드시 그렇게 해야 한다는 기필함도 없고 어디에 얽매임도 없이 도에 따라 살아가야 한다는 것이다. 물러서야 할 때 물러설 시기를 놓침으로써 자신의 명예를 더럽힘은 물론, 다시는 자신의 능력을 국가를 위해 봉사할 수 없기 때문이다. 산림에 물러나서도 올바른 목소리를 낼 수 있기에 물러날 때 물러날 수 있어야 한다.

『孟子』, 「萬章章句」 下에는 孔子뿐만 아니라 백이·이윤·유하혜 등의 출처관이 제시되어 있다. 백이는 원리 원칙을 중시한 인물로 불의와 조금도 타협하지 않은 인물이다. 이윤의 경우는 어느 군주를 섬기더라도 최선을 다하는 인물이지만, 능력이 부족할 경우는 위험한 결과를 초래할 수도 있다. 유하혜는 어떤 상황에서도 자신에게 주어진 책임을 다하는 인물이다.

먼저 伊尹의 출처관을 살펴보자. '伊尹은 말하기를 "어느 사람을 섬기더라도 군주는 군주이며, 어느 사람을 부리더라도 백성은 백성이다."하여 세상이 잘 다스려져도 나아가 벼슬하고 혼란해도 나아가 벼슬을 해서, 말하기를 "하늘이 이 백성을 낸 것은 먼저 안 사람으로 하여금 뒤늦게 아는 사람을 깨우쳐 주며, 先覺者로 하여금 뒤늦게 깨닫는 자를 깨우치게 하신 것이니, 나는 하늘이 낸 백성 중에 선각자이니, 내 장차 道로써 이 백성을 깨우치겠다."하였으며, 천하의 백성 중에 匹夫匹婦라도 堯舜의 혜택을 입은 것처럼 여겼으니, 이는 스스로 天下의 일을 자신의 책임으로 自任한

---

24) 『孟子』, 「萬章章句」 下 "孔子之去齊 接淅而行 去魯曰, 遲遲 吾行也, 去父母之道也. 可以速而 可以久而久 可以處而處 可以仕而仕 孔子也."

것이다.'25)라고 하였다. 이윤은 어느 사람을 섬기더라도 자신의 직책을 일단 맡았으면 최선을 다하는 인물이다. 이윤은 자기 자신을 하늘이 낸 인물로 보고 先覺者로 자처하였다. 그래서 세상이 잘 다스려져도 조정에 나아가 벼슬하고 시국이 혼란해도 나아가 벼슬을 해서, 선각자로서 道를 알지 못하는 백성을 깨우치고자 했다. 그래서 천하의 백성 중 匹夫匹婦라도 堯舜 시절과 같이 태평성대의 혜택을 입지 못한 자가 있으면, 마치 자기가 그 백성을 밀쳐서 도랑 가운데로 쳐 넣은 것처럼 여겼으니, 백성이 잘못된 것을 자신의 책임으로 여겼다.

그러나 남명은 이윤과 같은 삶을 살지는 않았다. 이윤처럼 모든 것을 자신의 책임으로 여기고 道를 실현하려고 선각자를 자처하지는 않았기 때문이다. 자치 그 큰 뜻이 감당할 능력이 되지 못했을 경우 오히려 세상을 혼란스럽게 할 수 있다. 군인이 나라를 잘 다스리는 일을 하늘이 자신에게 부여한 책임으로 삼을 때 일어날 수 있는 위험성을 우리는 역사를 통해 직접 경험한 바가 있다. 국민이 모두 잘 살 수 있도록 하는 것을 자신의 책임으로 느끼는 마음가짐 자체는 바람직하나 그 자체가 교만한 발상일 수 있고, 실제로 그러한 책임을 실천해 보려고 한다면 이는 매우 위험한 결과를 초래할 수도 있기 때문이다. 그리고 남명에게 내려진 벼슬은 숭고하고 이상적인 뜻을 펼칠 수 있는 자리가 되지 못한 미관말직이었다. 능력보다 그릇이 작아도 문제겠지만 그 능력에 비해 그릇이 작아도 그 숭고한 뜻을 펼칠 수가 없을 것이다. 그의 한시 〈題德山溪亭柱〉에는 "천 섬을 담을 수 있는 큰 종을 보소서!"(請看千石鍾.)26)로 남명의 큰 포부가 잘 드러나고 있다.

---

25) 『孟子』,「萬章章句」下 "伊尹曰, 何事非君 何使非民 治亦進 亂亦進 曰 天之生斯民 也 使先知 覺後知 使先覺 覺後覺 予 天民之先覺者也 予將以此道 覺此民也 思天 下之民 匹夫匹婦 有不與被堯舜之澤者 若己 推而內之溝中 其自任以天下之重也."
26) 『南冥集』,〈題德山溪亭柱〉『韓國文集叢刊』31, 464쪽.

『孟子』, 「萬章章句」下의 나오는 백이의 출처관도 살펴보자. "백이는 눈으로 나쁜 빛을 보지 아니하며, 귀로 나쁜 소리를 듣지 않을 만큼 仁義와 예를 소중히 여겼던 사람이다. 때문에 인의를 갖추어 섬길 만한 군주가 아니면 섬기지 아니하였고, 본성이 착하여 임의로 교화될 가능성이 있는 백성이 아니면 자신이 나서서 그들을 다스리지 않았다. 그리하여 세상이 인의로 잘 다스려지면 자신의 능력을 발휘하기 위해 나아가 벼슬하였지만, 정치가 문란하면 자신의 몸이 더럽혀지지 않도록 물러나서 벼슬을 하지 않았다. 그래서 그는 은 나라 폭군이었던 紂가 나라를 다스렸던 시절에 멀리 한적한 곳에 숨어 천하가 맑아지기를 기다린 것이다. 그런 까닭에 백이의 소문을 들은 사람을 무지한 사람들도 분별이 있게 되었고, 의지가 나약한 사람도 설 뜻을 두게 되었다."27) 이같은 내용으로 보면, 백이는 원리원칙에 충실한 사람이다. 불의와 조금도 타협하거나 허용하지 않는 인물이기 때문이다. 이런 사람은 세상이 잘 다스려질 때 관직에 나아가 자신의 능력을 충분히 발휘할 수 있을 것이다. 그러나 그렇지 못할 경우에는 그저 평범한 사람으로 살아갈 것이다. 남명의 처사적 삶도 백이의 삶과 유사하다. 남명은 정치가 문란한 시기에 살았기 때문에 자신의 몸을 더럽혀지지 않도록 산림에 물러나서 出仕하지 않았다.

『孟子』, 「萬章章句」下에 유하혜에 대한 평으로, "더러운 군주를 섬김을 부끄러워하지 않으며, 작은 벼슬을 사양하지 않으며, 나아가면 어짊을 숨기지 아니하여 반드시 그 도리대로 하며, 벼슬길에서 버림을 받아도 원망하지 않았다."(不羞汚君, 不辭小官, 進不隱賢必以其道, 遺佚而不怨.)라고 한 부분이 있다. 유하혜의 이 같은 평은, 남의 이목에 구애되지 않고 正道를

---

27) 『孟子』, 「萬章章句」下 "伯夷 目不視惡色 耳不聽惡聲 非其君不事 非其民不使 治則進 亂則退 橫政之所出 橫民之所止 不忍居也 思與鄉人處 如以朝衣朝冠 坐於塗炭也 當紂之時 居北海之濱 以待天下之淸也 故 聞伯夷之風者 頑夫 廉 懦夫 有立志."

지키며 주어진 직책이 있다면 그 지위에서 최선을 다 할 수 있는 인물이기에 가능한 것이다. 각자가 주어진 위치에서 최선을 다 한다면 그 사회는 정의로운 사회로 나아갈 수 있다. 남명도 유하혜와 같은 삶의 태도로 주어진 위치에서 최선을 다한 인물이지만, 出仕하지는 않았다. 하지만 남명은 산림에 은거하면서도 선비의 본분을 잊지 않고 비판의 목소리를 냈다. 그래서 우리는 남명을 참된 유학자라 칭하는 것이다.

남명이 생존한 시기는 사화로 인해 혼란한 때였다. 그가 태어나기 3년 전에 무오사화, 4세 갑자사화, 19세 기묘사화, 45세 을사사화가 일어났다. 기묘사화 때는 숙부가 파직 당했으며, 을사사화 때에는 성우·송인수·이준경·노수신·정황·곽순·이림 등 그와 절친한 학문의 벗들이 화를 입었다. 원리원칙에 충실한 남명이 어지러운 정국에서 자신의 능력을 충분히 발휘할 수가 없었다. 그래서 남명은 세상이 맑아지기를 바라면서 爲己之學의 한 방법으로 敬·義에 더욱 정진했던 것이다. 남명은 66세 때 명종이 敎旨로 불러서, 10월 3일 대궐에 나아가 명종을 배알하였지만 함께 정사를 논할 임금이 못된다고 판단하여 11월에 산청으로 내려왔다. 『禮記』, 「儒行」篇에도 "선비는 도를 굽히면서 위로 천자에게 신하 노릇하지 않으며, 아래로 제후에게 봉사하지 않는다."(儒有上不臣天子, 下不事諸侯.)와 같이 남명은 섬길 만한 군주가 아니면 섬기지 아니하였다. 정인홍도『南冥集』, 「南冥先生集序」에서 벼슬할 수 있으면 벼슬하는 것이 道이며, 벼슬할 수 없으면 벼슬하지 않는 것도 또한 道라고 하면서 오직 出處의 때를 잘 파악하여 義에 맞게 해야 千古에 부끄러움이 없을 것이[28]라면서 君子만이 가능한 일이라고 하였다. 이처럼 남명도 공자가 행한 중용의 도에 따라 出仕와 不仕를 판단하였다.

---

28) 『南冥集』, 「南冥先生集序」, 『韓國文集叢刊』 31, 453쪽. "可仕則仕者 固道也 可止則止者 亦道也. (중략) 惟識時明 行合義 出處一出於正 前千古而無愧 後百世而不惑者 方得爲君子之道也."

『論語』와『孟子』의 내용을 살펴 본 바와 같이, 유가적 차원에서의 출처관에 나타난 선비정신은 단지 벼슬을 하느냐 하지 않느냐 하는 차원이 아니라 草野에 묻혀 살면서도 그 행동은 義에 맞게 행하면서 비판의 목소리를 내는 것이다. 그리고 그 같은 삶의 태도 기준은 작게는 의리이며, 크게는 中庸의 道인 것이다. 남명의 出處에는『論語』와『孟子』에서 제시한 儒者의 出處觀과 상통한 면이 있다. 다음 節에서 자세히 살펴보고자 한다.

2. 南冥의 出處에 나타난 선비精神

선비가 無道한 시대에 한갓 부귀영화를 위해서 出仕를 하는 것은 正道가 아닐 것이다. 참된 선비는 그 지위가 있고 없고를 떠나 언제나 인간세상을 잊지 않는다. 남명의 〈嚴光論〉에는 그의 유가적 출처관에 따른 선비정신이 잘 나타나 있다.

남명은 〈嚴光論〉에서 "엄자릉이 성인의 도를 추구한 사람이다."(嚴子陵, 聖人之徒也.)라고 하였다. 어째서 남명은 후한을 재건한 광무제의 조정에 不仕한 엄자릉에게 성인의 도를 추구한 사람이라 하였는가? 그 이유 또한 〈엄광론〉을 통해 살펴보고자 한다.

옛날 맹자가 제후를 만나보지 않으면서 "한 자를 굽혀서 여덟 자를 펴는 일도 하지 않을 것인데, 하물며 한 자를 펴기 위해서 여덟 자를 굽히겠는가?"하였다. 그러므로 선비로서, 위로는 천자에게 신하 노릇을 하지 않고, 아래로는 제후에게 신하 노릇하지 않는 자가 있었으니, 그들은 비록 나라를 나누어 주더라도 이를 조그만 물건처럼 가볍게 생각하며 달가워 하지 않았다. 그들은 품고 있는 포부가 크고 가지고 있는 능력이 무거워 일찍이 남에게 가벼이 자기를 허여하지 않았다. 용을 잡는 기술을 가진 사람은 희생을 잡는 부엌에 들어가지 않고, 왕도정치를 보좌할 수 있는 사람은 패도정치를 하는 나라에 들어가지 않는 법이다. 자릉이 양털 가죽 옷을 입고 시골에 살면서 스스로 고기 낚는 사람이라고 하면서 漢 나라를

위해 자신의 뜻을 조금도 굽히려 하지 않았던 것은, 품고 있는 포부가 커
서 그런 것이 아니겠는가?[29]

위의 자료는 자릉이 出仕하지 않은 이유를 단적으로 밝힌 글이다. 자릉
은 왕도정치를 꿈꾸는 원대한 포부를 지닌 사람인데, 광무제는 패도정치
밖에 할 수 없는 인물이었다는 것이다. 그래서 出仕하지 않았다는 것이
다. "枉尺而直尋"는 『孟子』, 「滕文公章」下의 陳代의 말[30]을 用事[31]하였으
며, "故士有上不臣天子, 下不臣諸侯, 雖分國如錙銖, 有不屑焉"은 『禮記』, 「儒
行」篇 "儒有上不臣天子, 下不事諸侯"를 용사하여 선비로서 행동의 규범을
밝혀 놓았다. 옛날 맹자가 제후를 만나지 않는 것을 의아해하며 맹자의
제자 진대가 이른 것으로, 한 번 굽혀서 왕도정치나 패도정치를 이룰 것
을 바라고 한 말이다. 그러나 맹자는 "자기 몸을 굽힌 자가 능히 남을 곧
게 펴는 경우는 없다."(枉己者, 未有能直人者也.)[32]라 하여 제후 만나기를
거절하였다. 또한 『禮記』, 「儒行」篇에서도 선비는 도를 굽히면서 위로는
천자, 아래로는 제후에게 신하 노릇을 하지 않는다고 하였다. 남명 역시
자릉의 고사를 통해 자릉이 왕도정치의 원대한 포부가 있어 出仕하지 않
았다는 것이다. 지금의 시대가 왕도정치를 실현할 수 있는 시대가 아니며
광무제 또한 그런 역량을 지닌 제왕이 아니라고 한 것이다.

---

29) 『南冥集』, 〈嚴光論〉, 『韓國文集叢刊』 31, 496~497쪽. "昔孟子之不見諸侯曰, 枉尺
而直尋, 所不可爲也, 況直尺而枉尋, 豈聖人之道乎. 故士有上不臣天子, 下不臣諸侯,
雖分國如錙銖, 有不屑焉, 彼其所挾者大, 而所辦者重, 未嘗輕與人許己也, 屠龍之技,
不入於犧庖, 佐王之足, 不踐於伯都, 子陵之羊裘澤中, 自托於漁釣, 終不肯爲漢小屈
者, 豈非所挾者大而然乎."

30) 『孟子』, 「滕文公章」下 "陳代曰, 不見諸侯, 宜若小然, 今一見之, 大則以王, 小則以
覇. 且志曰, 枉尺而直尋, 宜若可爲也."

31) 用事란, 詩文을 지을 때 역사적인 사실과 같은 前代의 말 또는 故事, 古語, 古
人名, 官名 등을 이끌어다 씀으로써 자신의 논리를 보완하는 작법류 용어이
다. 용사의 방법에는 직용법과 번안법이 있다.

32) 『孟子』, 「滕文公章」下

〈엄광론〉의 내용을 살펴본 바와 같이, 자릉이 不仕한 이유와 마찬가지로, 남명도 그가 살던 시대가 士禍로 인해 無道하였으며, 왕은 왕도정치를 실현할 역량을 지니지 못한 군주였다는 것이다. 이런 현실로 인해 남명은 出仕하지 않았다. 출사하지 않았다고 하여 현실을 망각한 것은 아니다. 출사의 문제는 개인의 욕망과 관련이 있을 뿐만 아니라, 도를 이해하고 실천하는 방법의 차이도 있다. 반드시 벼슬길에 나아가야만 개인의 욕망이 실현되고 도가 실천되는 것은 아니기 때문이다. 앞 節의 '1. 儒家思想에 나타난 出處觀'에 나타난 유가의 선비정신에 비추어 보자면 벼슬살이의 유무와 道 실천과는 상관관계가 없었다. 『論語』의 내용에서 밝힌 바와 같이 나라에 도가 없으면 기본적으로 출사하지 않는 것이 유가의 선비정신인 것이다. 또한 『孟子』, 「萬章章句」下의 백이처럼 불의와 타협하지 않는 것 또한 선비정신의 발로인 것이다. 이처럼 남명의 〈엄광론〉에 이 선비의 출처관이 잘 나타나 있다.

남명이 出仕를 하지 않은 이유를 분명히 알 수 있는 漢詩가 있다. 〈贈別大谷〉의 "굽어진 골짜기에서 학이 화답하는 것 일찍 바라던 바인데, 다른 별자리 아래 멀리 떨어져 길 막혔구나."33)는 言略하고자 하였음을 단적으로 표현한 시이다. 명종 21(1566)년에 成運과 함께 召命을 받아 명종을 알현하였지만, 왕도정치가 실현될 기미가 보이지 않아 임금에게 하직하고 대궐을 나와 대곡과 이별하면서 지은 시이다. 남명은 『詩經』, 「小雅」, '鶴鳴'章의 구절을 翻案法34)으로 用事하여 신하의 진언이 임금에게까지 전달되지 않는 현실을 안타까워하고 있다. 『詩經』, 「小雅」의 "학이 울

---

33) 『南冥集』, 〈贈別大谷〉, 『韓國文集叢刊』 31, 476쪽. "九皐鶴和曾心願, 千里星分已道窮."

34) 徐居正, 『東人詩話』 卷下64. "趙先生嘗詠秋穫詩, 有磨鎌似新月之句, 語子曰, 韓退之詩云, 新月似磨鎌, 吾用此語而反其意, 此謂翻案法, 學詩者不可不知已."(趙 先生이 일찍이 〈秋穫詩〉를 읊어 "낫을 가니 초생달 같네"는 구절이 있다. 그런데 내게 말하기를, "韓退之의 시에 '초생달이 간 낫 같다'고 하였는데, 나는 이 말을 쓰되 그 뜻을 뒤집어 쓴 것으로 이것을 翻案法이라고 하니, 시를 배우는 자로서는 알지 않으면 안 될 것이다."하였다.)

거든 소리가 하늘에 들리도다."35)를 남명은 '학이 울어도 굽어진 골짜기
에서 그 울음소리가 다른 별자리에 도달하지 못한다'고 하여, 處士의 직언
이 위로 전달될 수 없음을 개탄한 것이다. 이런 현실적인 사정도 不仕의
한 이유였을 것이다.

남명의 한시에는, 유가적 출처관에 따라 행한 선비의 자세가 반영된 곳
이 있다.

〈斷俗寺政堂梅〉(단속사 정당 매화)
절 부서지고 중 파리하고 산도 옛날 같지 않은데.　寺破僧羸山不古,
전 왕조[고려]의 왕은 집안 단속 잘하지 못했네.　前王自是未堪家.
조물주가 추위 속에 지조 지키는 매화의 일 정말 그르쳤나니,
　　　　　　　　　　　　　　　　化工正誤寒梅事,
어제 꽃 피우고 오늘도 꽃 피웠구나.　　　昨日開花今日花.36)

위의 시는 단속사에 핀 매화를 두고 읊은 작품이다. 단속사는 신라 때
李純이 창건한 절37)로, 솔거의 벽화인 維摩像이38) 유명했다. 고려 말 政堂
文學을 지낸 通亭 姜淮伯이 단속사에 심은 매화를 두고 쓴 시로 다분히
비꼼의 어조이다. 강회백은 고려 때뿐만 아니라 조선 왕조에도 벼슬한 인
물이다. 이를 두고 남명은 이른 봄 추위 속에 핀 매화를 통해 지조를 지
키지 않은 강회백을 풍자하였다. 쌀쌀한 날씨에 피는 매화는 당연히 지조
를 지키는 선비를 상징해야 했다. 그런데 지조 없이 두 왕조에 벼슬한 강
회백이 심은 매화가 자신의 변절의 당위성을 대변하는 것처럼 암향을 드

---

35) 成百曉 譯註,『詩經集傳』上, 傳統文化研究會, 1993, 429쪽. "鶴鳴于九皐, 聲聞于天."

36)『南冥集』,〈斷俗寺政堂梅〉,『韓國文集叢刊』31, 467쪽.

37) 金富軾,『三國史記』권제9,「新羅本紀」, 제9〈경덕왕〉; 宋熹準,「斷俗寺의 創建
　　以後 歷史와 廢寺過程」,『南冥學研究』제9집, 1999, 424쪽. 송희준은 단속사가
　　신라 경덕왕 5년(748) 이순에 의해 창건되었다고 하였다.

38) 金富軾,『三國史記』권제48,「列傳」, 제8〈솔거〉

리고 있다. 지조를 지키는 매화라면 당연히 꽃을 피워서는 안 된다. 그런데 매화는 어김없이 봄이 되면 꽃을 피우고 있다. 그래서 남명은 조물주로 하여 잘못한다고 냉소하였다. 이처럼 남명은 단속사 매화를 통해 두 왕조를 섬기면서까지 出仕한 강회백의 지조 없음을 질타하였다. 연산군의 폭정에 따른 중종반정, 그 후의 빈번한 士禍 등이 남명의 충절 사상에 영향을 미쳤을 것이다. 마치 백이가 두 임금을 섬기지 않은 것처럼 남명도 두 임금 섬김을 꺼려했던 것이다.

이에 반해 고려 왕조가 기울자 草野에 은둔한 冶隱 吉再에 대해서는 「冶隱吉先生傳」을 지어 "두 성씨를 섬기지 않은 의리를 지켰다."(守不事二姓之義.)[39] 하여 강회백과 대조적인 평을 하였다. 남명은 〈嚴光論〉에서도 子陵 嚴光이 '광무제가 왕도정치를 실현할 수 있는 역량을 가진 사람이 아니하였기'[40]에 不仕하였다는 것이다. 그런 子陵을 "성인의 무리다."(聖人之徒也.)[41]라고 높이 평하였다. 그러면서 남명은 "만약 이윤이 탕 임금을 만나지 못했다면 마침내 有莘(유신)의 교외에서 죽었을 것이고, 만약 부열이 고종을 만나지 못했다면 마침내 傅巖(부암)의 들판에서 늙어 갔을 것이니, 도를 굽혀가면서까지 벼슬하기를 구하지는 않았을 것이다. 가령 자릉이 탕 임금이나 고종 같은 임금을 만났더라면, 또 어찌 마침내 시골 구석에서 늙어 桐江[일명: 富春江, 중국 절강성 동려현 위치]에 낚시질하는 한 늙은이로 지냈을 뿐이겠는가?"[42]라 하여 이윤과 부열이 벼슬길에 나아간 이유를 탕 임금과 고종의 시대가 도가 있는 때였기에 가능했다고 하였다. 남명의 〈엄광론〉의 내용만 보아도 남명이 왜 처사로 남아야 했

---

39) 『南冥集』, 「冶隱吉先生傳」, 국역 『남명집』, 경상대학교 남명학연구소 옮김, 한길사, 415쪽.

40) 『南冥集』, 〈嚴光論〉, 『韓國文集叢刊』 31, 497쪽. "如以王佐之才觀子陵 則其不爲光武屈 宜矣."

41) 『南冥集』, 〈嚴光論〉

42) 『南冥集』, 〈嚴光論〉

는가를 짐작할 수 있다. 따라서 남명도 자릉과 같은 생각으로, 지금의 시대가 道가 실현될 수 없는 때이기에 出仕하지 않았다.

남명의 出處觀이 더욱 분명한 곳이 있다. 『洛川集』, 卷1, 「南冥先生言行錄」에 '묻는 자가 있어 말하기를 "선생[남명]은 엄자릉과 비교하면 어떠합니까?"하니, 남명이 "아아 자릉의 氣節을 가히 바라겠는가? 그러나 자릉은 나와 道가 같지 않으니, 나는 이 세상을 잊지 못하는 사람이다. 나의 소원은 孔子를 배우는 것이다."라고 하였다.'[43]라는 내용이 있다. 남명이 언급한 것처럼 자릉과 자신은 道가 같지 않다는 것이다. 자릉은 왕도 정치가 실현될 수 없는 군주이기에 세상을 등졌지만, 남명 자신은 이 세상을 잊지 못하는 사람이라고 하였다. 「乙卯辭職疏」에서 "훗날 전하께서 왕천하의 지경에 이르도록 덕화를 베푸신다면, 臣은 마부의 끝자리에서 채찍을 잡고 그 마음과 근육의 힘을 다해서 신하의 직분을 다할 것이니, 어찌 임금을 섬길 날이 없겠습니까?"[44]라고 피력함으로써, 出仕에 대한 자신의 분명한 뜻을 밝혔다. 『明宗實錄』, 卷19에도 "그러나 [조식은] 세상을 잊지는 않았다."[45]라 하였으며, 鄭仁弘도 「南冥曺先生行狀」에서 "은거하였으나 반드시 현실을 살피고자 하였다."[46]한 것처럼, 어떤 곳에 처해도 세상을 잊지 않은 유학자의 현실관을 잘 드러낸 글이다. 그리고 남명 자신도 孔子의 공부를 익혀 중용의 도로 처신하는 선비가 될 것을 다짐하였다. 이런 점을 통해 살펴보자면, 남명의 사상이 노장·불교 등 다양한 학문을 포괄적으로 수용하고 있다고 하더라도 그 出處에 대한 인식은 유가적 出

---

43) 『洛川集』, 卷1, 「南冥先生言行錄」 "有問者曰, 先生孰與嚴子陵 曰惡 子陵氣 其可跂歟 然子陵與吾不同道 余未忘斯世者也 所願學孔子也." 〈裵紳(1520~1589)의 호가 낙천임. 배신은 남명과 퇴계 양문에서 수학하였다.〉

44) 『南冥集』, 「乙卯辭職疏」, 『韓國文集叢刊』 31, 521쪽. "他日, 殿下致化於王道之域, 則臣當執鞭於廝臺之末, 竭其心膂以盡臣職, 寧無事君之日乎."

45) 『明宗實錄』, 卷19, 10년, 11월, 庚戌. "然非果於忘世."

46) 鄭仁弘, 『來庵集』, 12卷, 「南冥曺先生行狀」, 韓國文集叢刊, 43, 448쪽. "隱見必欲相時."

處 思想에서 벗어나지 않았다.

남명의 出處觀은 퇴계와 주고받은 편지글에도 잘 드러났다. 퇴계는 남명이 전생서 주부에 제수되어도 出仕하지 않자,『論語』,「微子」篇 '丈人'章에 나오는 "벼슬하지 않는 것은 義가 아니다."[47]를 인용하여 지금은 벼슬할 만한 시대이므로 벼슬하는 것이 선비의 도리를 행하는 것이기에 出仕를 재촉하였다.[48] 이에 대하여 남명은 "식과 같은 우매한 사람이 어찌 자신을 아끼는 것이 있겠습니까?"[49] 하면서 나만을 깨끗이 하면서 세상을 살아가는 은둔자가 아님을 분명히 드러내면서 道가 있는 세상이 오기를 바라고 있다.

남명은 제자 吳健(1521~1574)에게 보낸 편지글에서도 지금은 時事가 어두운 시대이기 때문에[50] 벼슬에서 물러날 때라고 일러주기도 하였다. 남명은 〈乙卯辭職疏〉에서 丹城縣監에 제수되었지만 不仕하는 이유를 두 가지로 들고 있다. 하나는 자신의 이름이 헛되이 나서 잘못 추천이 되었다는 것이고, 다른 하나는 지금 전하의 나라일이 잘못되어 나라의 근본이 이미 망했으며 하늘의 뜻은 이미 떠나버렸고 민심도 이미 이반되었다는 것이다.[51] 이는 나라의 道가 행해지지 않기 때문에 不仕한다는 것이다. 이 같은 남명의 출처관은『論語』에서 孔子가 '無道한 나라에서는 出仕하지 않겠다'고 한 주장과『孟子』,「萬章章句」下의 儒者들의 출처관이 상통한다고 하겠다. 따라서 무도한 시대에는 벼슬길에 나아가지 않으면서 어디에 처해도 현실을 잊지 않는 남명의 이 같은 출처관은 유가의 선비사

---

47)『論語』,「微子」篇 '丈人'章 "不仕無義"

48)『退溪集』, 卷10,「與曹楗仲」"滉私竊以爲 不仕無義 君臣之大倫 烏可廢也. … (중략) … 以爲人不知也 則拔尤於幽隱 不可謂不知 以爲時不可也 則主聖而渴賢 不可謂非時."

49)『南冥集』,「答退溪書」"植之愚蒙 寧有所斬耶."

50)『南冥集』,「與吳御史書」"時事倪倪 愚婦猶知之, 先生本不見高 方在局中 所見已昧."

51)『南冥集』,〈乙卯辭職疏〉,『韓國文集叢刊』31, 521쪽.

상의 발로인 것이다. 남명의 이 같은 출처관은 "노장이 그 학문의 빌미가 된다."(老莊爲崇.)는 주장을 불식시키기에 충분하였다.

Ⅲ. 문학에 나타난 선비精神

1. 銘과 賦에 나타난 선비精神

선비精神이란, 孔子와 같이 君子的 삶의 지극한 道 곧 '仁者'로서의 '中庸'의 道를 행하고자 하는 선비들의 삶의 자세를 이른 말이다. 다시 말하면, 언제든 지조를 지키면서 삶의 참된 자세를 견지하여, 어떤 환경에 처하더라도 제 뜻을 실현하는 것을 이른 것이다. 『論語』, 「擁也」篇, '爲儒'章에 "너는 君子로서의 선비 공부를 할 것이요. 小人으로서의 선비 공부를 하지 마라."[52]라는 구절이 있다. 공자가 제자 子夏[卜商]에게 한 말씀으로 爲己之學을 할 것을 당부한 것이다. 이처럼 자기를 위하는 학문이 군자로서의 선비 공부이다. 남명은 일찍이 敬義 思想에 입각하여 군자로서의 선비공부를 하였다.

남명이 "26세 때(1526) 山寺에서 『性理大全』을 읽다가 元 나라 許衡(1209~1281)이 伊尹의 뜻과 顔子의 학문을 모범으로 삼되 벼슬길에 나아갈 경우 남긴 업적이 있어야 하고, 초야에 머무를 때는 지키는 것이 있어야 하는 것이 대장부가 할 일이다."[53]라고 한 대목에 이르러 크게 깨달아 이로부터 성리학에 전심하게 되었다라는 내용이 『南冥集』, 「行狀」에 있다. 이는 이전까지 과거시험에 대비한 爲人之學의 소인 공부를 하였다는 것이

---

52) 『論語』, 「擁也」篇, '爲儒'章. "女爲君子儒, 無爲小人儒."

53) 『南冥集』, 「行狀」, 『韓國文集叢刊』 31, 457쪽. "先生年二十六歲時, 偕友人肄業於山寺, 讀性理大全, 至魯齋許氏之言曰, 志伊尹之斯志, 學顔子之斯學, 出則有爲, 處則有守, 丈夫當如此."

다. 그러나 허형의 글을 읽고는 남이 알아주는 공부가 아니라 참된 사람이 되고자하는 爲己之學 공부를 하기로 결심했다[54]는 것이다. 곧 義理를 추구하는 君子儒에 뜻을 두었다는 것이다.

'선비'에 해당되는 말에 '士'와 '儒'가 있다. '士'와 '儒'는 개념이 거의 일치하면서도 다소 차이가 나는 말이다. '士'와 '儒'가 모두 도를 배우고 행하며 벼슬한다든지 하여 세상에 도를 펴는 것을 목표로 한다는 점에서는 마찬가지이겠으나, '士'는 '배워서 벼슬에 나아가는 사람'을 일반적으로 일컫는, 보다 넓은 의미의 '선비'를 지칭하는 말이라고 할 수 있는 데 비하여, '儒'는 '선비' '선비 공부' 또는 '孔子의 道를 배우는 선비' '공자의 도를 배우는 선비 공부'라는 의미에서 '士'로서의 구체적인 학문의 방향까지도 아울러 제시하는 뜻을 지닌 말이라고 하겠다.[55] 선비의 문학에는 끊임없이 세상을 바로잡고자하는 현실관이 반영되어 있다. 그것은 修己治人의 학문적 과정을 중시하는 것으로도 나타나고, 겸양의 德으로도 나타나며, 聖賢의 道를 따라 세상을 밝히고자 하는 聖道之學의 궁극 목표를 둔 것으로 나타나기도 한다. 따라서 선비정신에 바탕을 둔 유학자의 시문은 단순히 자연을 노래하는 賞自然의 단계에만 그치는 것이 아니라 끊임없이 현실을 염려하는 자세를 보여 주었다. 유학자라 해서 孔子의 道만을 위해 道로써 이루어지고 德으로써 만인 앞에 우뚝 선 분(道成德立者)만을 끊임없이 추구하는 것이 아니라 때에 따라서 樂山樂水(요산요수)하여 마음껏 자연을 노래하기도 한다. 그러므로 유학자들은 자연을 노래하는 가운데서도 현실을 돌아본다.

유학자인 송순의 〈면앙정가〉에서 "亦君恩이샷다."와 정철의 〈관동별곡〉에서의 戀君之情, 〈사미인곡〉에서의 사계절 따라 생각나는 님, 〈속미인곡〉에서의 임의 소식을 알고 싶어 하는 안타까운 심정 모두 연군지정

---

54) 『南冥集』, 「行狀」 "古人所謂爲己之學者, 盖如此也."
55) 鄭堯一, 『漢文學의 硏究와 解釋』, 一潮閣, 2000, 18쪽.

이다. 박인로는 〈누항사〉에서 "시시로 멀이드러 북창을 보라보며 傷時老淚를 天一方이 디이느다"로, 戰船 위에서 태평성대를 바라면서 임금과 나라를 근심하는 憂國之情까지 보여주었다. 가사뿐만 아니라 시조에서도 연군지정은 표현되었다. 맹사성의 〈江湖四時歌〉에서, 강호에서 자연을 즐기는 것도 "亦君恩이샷다."로 노래하였으며, 윤선도는 〈漫興〉에서, "강산이 좋다고 한들 나의 분수로 이렇게 편안히 누워 있겠는가 이 모두가 임금의 은혜인 것을 이제 더욱 알겠도다."라고 하면서 賞自然 속에서 현실 정치를 그리워하였다. 조식도 중종 승하에 대한 슬픔을 君臣有義로 노래한 시조가 있다. 이처럼 유학자들은 자연을 노래하면서 인생 또는 현실을 노래하였다. 삶의 이치나 자연의 이치가 일치하기 때문에 자연을 노래하는 것과 인생을 노래하는 것은 같은 것이다. 이처럼 선비는 자연을 노래하는 가운데 현실 세계를 염려하듯이 어떠한 곳에 처해도 현실을 잊지 않았다.

남명의 문학에는 선비정신이 어떻게 반영되었는지 먼저 '銘'을 통해서 살펴보고자 한다. 남명이 항상 차고 다녔다는 〈佩釖銘〉에는 선비가 지녀야 할 정신이 잘 반영되어 있다.

〈佩釖銘〉

안으로 마음을 밝히는 것은 敬이요,　　　內明者敬,
밖으로 행동을 결단하는 것은 義이다.　　外斷者義.56)

위의 〈패인명〉은 선비의 실천궁행을 강조한 敬·義 사상이 표현된 것이다. 마음을 밝힐 수 있는 것이 敬의 수양이고, 행동의 결단력을 높일 수 있는 것은 義의 수양이라는 것이다.

공자가 魯 나라 哀公을 위해서 선비의 행실을 열거한 『禮記』, 「儒行」篇

---

56) 『南冥集』, 〈佩釖銘〉, 『韓國文集叢刊』 31, 480쪽.

에 "선비는 금욕을 보배로 여기는 것이 아니라 忠信으로 보배를 삼는다. 토지를 祈求하지 않으며 義를 확립하는 것으로 토지를 삼는다. 많이 축적하는 것을 바라고 구하지 않으며 多文으로 富를 삼는다. 얻기가 어려워야 祿이 쉽고, 녹을 쉽게 얻으면 저축하기가 어렵다. 때가 아니면 볼 수 없으니 또한 얻기 어려운 것이 아니겠는가? 義가 아니면 화합할 수 없으니 또한 저축이 어려운 것이 아니겠는가? 수고한 뒤에야 祿이 있는 것이니 또한 祿이 쉬운 것이 아니겠는가? 거기에 가까운 사람으로 이와 같은 자가 있다."57)라고 한 내용이 있다. 위 구절의 핵심은 선비가 귀하게 여기는 대상으로 忠·信·義·多文이다.

이 네 가지는 쉽게 얻어지는 것이 아니므로, 먼저 자신을 琢磨한 후에야 그에 대한 보상이 따른다는 것이다. 그리고 이 네 가지를 어렵게 얻은 후에야 봉녹도 쉽게 얻을 수 있다고 하였다. 또한 때가 안 되면 이 네 가지를 갖춘 선비를 만날 수 없을 뿐만 아니라 혹 얻는다 하더라도 의로운 정신이 결핍되기 때문에 이런 인재와 함께 政事를 논의할 수 없다고 한 것이다. 따라서 인재를 얻기 위해서는 먼저 자기를 切磋琢磨한 후에야 가능하며, 忠·信·義·多文 이 네 가지 요소들을 다 갖춘 그런 사람이 참된 선비라는 것이다. 그래서 남명도 切磋琢磨하는 자세로 敬·義 사상으로 마음과 몸을 수양하였다.

선비는 의리를 추구하여 道를 밝히는데 뜻을 두었다. 〈패인명〉에서 살펴본 바와 같이 남명은 敬으로써 마음을 밝히고 義로써 결단력 있게 행동하였다. 남명의 이런 태도가 참된 선비로서의 학문인 儒者之學인 것이고, 선비정신의 발로인 것이다.

다음은 敬義 思想을 통해 선비정신을 강조한 '銘'을 살펴보고자 한다.

---

57) 『禮記』, 「儒行」篇 "儒有不寶金玉, 而忠信以爲寶, 不祈土地, 立義以爲土地. 不祈多積, 多文以爲富, 難得而易祿也, 易祿而難畜也. 非時不見, 不易難得乎, 非義不合, 不亦難畜乎, 先勞而後祿, 不亦易祿乎, 其近人, 有如此者."

〈失題銘〉
우레 같은 소리를 내려면 몸을 깊이 감추고 있어야 하며,　　雷則晦冥,
용 같은 모습을 드러내려면 바다처럼 깊이 침잠해야 한다.　　龍則淵海.58)

　위의 '銘'에서 "우레 같은 소리를 내려면 몸을 깊이 감추어라" 한 것은 자기 자신의 수양을 먼저 강조한 것이다. 배우는 자에게 우선적으로 중요한 것은 敬을 통해서 存養省察하는 것이다. 마치 용처럼 승천하기 위해서는 먼저 내적인 수양 공부가 필요하며, 그런 후에야 義의 정신을 드러낼 수 있다는 것이다. 만약 敬의 공부가 우선되지 않거나 부족하면 義의 정신을 드러낼 수가 없다는 뜻으로 "연못에 물이 없으면 곤란하니, 물고기와 용이 등을 드러내게 된다."59)는 것이다. 남명의 이 같은 논리는 도덕적 주체성인 敬의 공부가 우선되어야 義의 정신을 드러낼 수 있다는 것이다. 그러면서 선비는 홀로 지낼 때에도 義를 잃지 않는다고 하였다. 따라서 出處의 문제도 이 같은 의리 정신과 관련이 되면서 出仕의 문제도 언제나 敬과 義의 사상에서 판단의 대상이었을 것이다. 남명은 시대 현실에 대한 철저한 인식을 바탕으로 하는 출처대의의 사회적 중요성을 누구보다도 잘 인식하였을 것이며, 그런 인식의 바탕 위에서 현실의 문제에 대처하였을 것이다. 이런 敬義의 사상이 남명이 추구한 선비정신이었던 것이다.

　「原泉賦」에도 "敬으로써 그 근원을 함양하고"(敬以涵源.)라 하여 敬 사상을 강조하였다. 「民巖賦」에서는 "백성이 물과 같다는 말은, 예로부터 있어 왔으니, 백성은 임금을 받들기도 하지만, 백성은 나라를 전복시키기도 한다."(民猶水也, 古有設也, 民則戴君, 民則覆國.)라 하여 백성을 위한 政

---

58) 『南冥集』, 〈失題銘〉, 국역『남명집』, 경상대학교 남명학연구소 옮김, 한길사, 392쪽.
59) 『南冥集』, 「愼言銘」, 『韓國文集叢刊』31, 480쪽. "澤無水困, 魚龍背背."

事가 펼쳐져야 한다는 민본사상을 강조하였다.『大學』의 3대 강령으로 ①
明明德 ②親民 ③止於至善 등이 있다.「民巖賦」의 민본사상은『大學』의 3
대 강령과 관련이 있다. ①明明德은 인륜을 밝히는 것으로, 자식들이 부
모께 효를 행할 수 있도록 위정자는 정사를 펼쳐야 하며, ②親民은 백성
들을 내 몸같이 친히 대하자는 것으로, 백성의 아픔을 자기 몸 아픔으로
여기는 것이다. ③止於至善은 백성을 다스리는 정책의 방향으로, 善의 경
지에서 결정하며 시행되어야 한다는 것이다. 이런 3대 강령이 잘 실행되
지 않았을 경우에는 백성들이 험한 물결이 되어 나라를 엎어버릴 수도
있다는 것이다. 따라서 남명의「民巖賦」는 나라를 전복시키고자 하는 뜻
이 아니라, 임금의 잘못을 깨우쳐 주려는 글인 것이다.

　『禮記』,「儒行」篇에도 선비는 몸을 씻고 덕으로써 목욕하고 진언하고
복명하지만 고요하고 바르게 하기 위해서는 위를 알지 못한다.[60]라고
하여 신하된 자가 자기 분수를 넘지 않고 임금을 깨우치는데 그쳐야 하
며 근본을 흔들어서는 안 된다는 것이다.「民巖賦」에서 “民則覆國”이라
한 것은『荀子』,「王制」의 “임금은 배이고 서민은 물이다. 물은 배를 띄
우기도 하고 배를 엎기도 한다.”(君者舟也, 庶人者水也, 水則載舟, 水則覆
舟.)와『書經』,「召誥」의 王不敢後 用顧畏于民嵓의 細註에 “소씨가 말하기
를 백성은 물과 같다. 물은 배를 실을 수도 있지만 또한 배를 엎을 수도
있다. 세상에는 백성보다 더 암험한 것은 없다.”(蘇氏曰, 民猶水也, 水能
載舟, 亦能覆舟, 物無險於民者矣.)를 용사한 것이다. 남명은「民巖賦」에서,
백성이 나라를 전복시킬 수 있는 원인을 임금의 부덕에서 그 근원을 찾
았다. 그리고 임금께 간곡히 간하여 깨우쳐 주고자 하였다. 이와 같이
위정자의 도리를 밝히는 남명의 敬義 思想은『禮記』의 내용처럼 선비정
신의 발로인 것이다.

---

[60] 『禮記』,「儒行」篇, “儒有澡身而浴德, 陳言而伏, 靜而正之, 上弗知也.”

2. 漢詩에 나타난 선비精神

南冥은 「答成聽松書」에서 "일찍이 시를 읊는 일은 玩物喪志하기 쉬운 일일 뿐 아니라 나에게 교만한 죄를 한없이 더해 주는 것이라 하였습니다. 이로 인해 시를 읊조리는 일을 그만둔 지가 수십 년이 지났습니다."[61]라 하여, 시를 짓는 일에만 치중하는 일은 선비다운 자세가 아니라는 견해를 보였다.

시 짓는 일에 치중하는 일은 선비다운 자세가 아니라는 남명의 인식은, 유가의 전통적인 문학관이 반영된 것이다. 杜甫는 「貽華陽柳少府」에서 "文章一小技, 於道未爲尊."[62]이라고 하여, 문장은 하나의 작은 솜씨라서 道에 있어서 높은 것이 되지 못한다고 하였다. 조선 초 서거정은 『東人詩話』 卷下에서 "詩者, 小技."[63]라고 하였으며, 金宗直도 「永嘉連魁集序」에서 "文章, 小技也, 而詩賦, 尤文章之靡者也."[64]라고 하여, 문장을 '작은 솜씨'라고 하였고 詩·賦는 문장 가운데에서도 더욱 대수롭지 않은 것이라고 하였다. 남명과 동시대의 유학자인 퇴계도 「與鄭子精琢」에서 "夫詩雖末技, 本於性情, 有體有格, 誠不可易而爲之."라 하여, 시를 末技라 하였다. 또한 율곡도 「文武策」에서 "小技末流"라[65] 하여 재주꾼·말단의 무리들이 文을 章句의 末藝만을 일삼는 것을 경계하였다. 이와 같이 조선 초·중기의 유학자들은 문장 또는 시를 聖道之學에 견주어 小技·末技라 하였다. 이처럼 문장 또는 시가 道에 비해 작은 솜씨에 불과하다고 인식해 온 것이 유가의 전통적인 문학관이었다. 남명의 수제자격인 정인

---

61) 『南冥集』, 卷二, 「答成聽松書」, 『韓國文集叢刊』 31, 487쪽. "嘗以哦詩, 非但玩物喪志之尤物, 於植每增無限驕傲之罪, 用是廢閣諷詠, 近出數十載."

62) 杜甫, 『杜詩詳註』 卷之十五, 「貽華陽柳少府」

63) 徐居正, 『東人詩話』 卷下

64) 金宗直, 『佔畢齋文集』 卷之一, 「永嘉連魁集序」

65) 李珥, 『栗谷全書』, 拾遺, 卷六, 雜著, 「文武策」

홍도『南冥集』,「南冥先生集序」에서 "항상 시에 빠지는 것을 경계하여 시인들의 志趣가 虛誕하여 實質이 없는 것은 학자들의 커다란 병통이 된다고 하였다. 그러므로 著述하는 것을 좋아하지 않으셨다."66)라 하여 스승인 남명 선생도 저술하는 것을 좋아하지 않았다고 술회하였다. 이런 유가의 전통적인 문학관에 입각한 남명은 많은 문학 작품을 남기지 않았다. 하지만 전해지는 그의 漢詩에는 유학자가 지녀야 할 선비정신이 반영되어 있다.

〈別敬溫師〉(경온 스님과 이별하면서)

스님은 구름과 함께 고개 넘어 가고,	僧同雲入嶺,
나그네는 티끌세상 향해 돌아간다네.	客向塵歸兮.
그대 보내고 산마저도 이별했으니,	送爾兼山別,
어찌할꼬? 서쪽으로 지는 산 속의 해를.	奈如山日西.67)

위의 시는 현실을 초월한 스님과 함께 고개를 넘어 현실적 일상에서 벗어나고자 하는 초월적 욕구와 유학자로서의 현실 지향의 갈등을 표현한 작품이다. 스님을 따라 풍진의 세상을 등지고 싶지만 시적화자는 현실을 쉽게 벗어날 수가 없다. 현실은 서쪽으로 해가 지고 있기 때문에 시적화자는 더욱 인간 세상을 등질 수가 없다. 道가 사라지는 현실을 두고 세상을 등지는 것은 철저한 유학자로서의 자세가 아니기 때문이다. 서쪽으로 지는 산 속의 해를 다시 떠오르게 하기 위해 인간 세상으로 돌아가 濟世救民하고자 하는 선비정신이 구현된 것이다.

다음 漢詩는 연꽃을 통해 선비의 모습을 노래하였다.

---

66) 『南冥集』,「南冥先生集序」,『韓國文集叢刊』31, 453쪽. "常持詩荒戒, 以爲詩人意致虛曠, 大爲學者之病, 故旣不喜述作."

67) 『南冥集』,〈別敬溫師〉,『韓國文集叢刊』31, 463쪽.

〈盆蓮〉(화분에 심은 연꽃)

상림원 복사꽃 자랑하는 것 인정 마소서,	上園休許小桃誇,
진흙뻘 속의 군자다운 꽃을 누가 알리오?	淤裡誰知君子花.
조그만 화분에 담아두고서 함양하는 뜻은,	留得小盆涵養意,
은은한 향기 밤 깊어야 달빛과 어울리기 때문.	暗香將月夜深和.[68]

〈盆蓮〉은 宋 나라 주돈이의 〈愛蓮說〉을 點化[69]하여 君子의 풍모를 드러낸 시이다. 〈애련설〉의 "나 홀로 유독 연꽃이 더러운 진흙에서 나왔으면서도 물들지[더럽혀지지] 않고 물결에 씻겨졌으면서도 요염하지[지나치게 곱지] 않고 속이 빈 채로 겉으로 꼿꼿하고 넝쿨이 지지 않고 가지 치지도 않고 향기가 멀수록 더욱 맑아서 꼿꼿하고 초출하게[깨끗하게] 서 있는 것을 사랑하니 가히 멀리서 바라 볼 수는 있어도 가까이서 구경하고 즐길 수는 없도다."[70]를 "진흙뻘 속의 군자다운 꽃을 누가 알리오?"로 點化하여 君子의 모습을 부각시켰다. 군자는 士와 儒 모두 목표로 삼는 이상적 존재이다. 연꽃을 군자화라 하는 이유는 더러운 진흙 속에서 피어났으나 주변 환경에 지배 받지 않고 깨끗하고 아름다운 자태를 유지하기 때문이다. 남명도 진흙 속에 핀 연꽃처럼 어지러운 현실에 동요하지 않고 선비로서의 지조를 지닐 것을 다짐하였다. 남명의 또 다른 연꽃을 소재로 한 시를 보자.

〈詠蓮〉(연꽃을 읊조리다)

꽃봉우리 늘씬하고 푸른 잎 연못에 가득한데,	華盖亭亭翠滿塘,

---

68) 『南冥集』, 〈盆蓮〉, 『韓國文集叢刊』31, 470쪽.

69) 點化란, 先人의 시에 나타난 뜻을 쓰되 그 뜻의 어느 지점으로부터 변화를 加하여 자기의 시 작품에 쓰는 것을 말한다.

70) 周敦頤, 〈愛蓮說〉 "子獨愛蓮之出於淤泥而不染 濯淸漣而不夭 中通外直不蔓不枝 香遠益淸 亭亭淨植 可遠觀而不可褻翫焉."

덕스런 향기 누가 이처럼 피워내랴?　　　　德馨誰與此生香.

보게나! 묵묵히 진흙뻘 속에 있을지라도,　　請看默默淤泥在,

해바라기 햇빛을 향하는 것과는 다르다는 걸.　不是葵花向日光.

〈又〉(또)

다만 연꽃이 유하혜의 기풍 있음을 사랑하여,　只愛芙蕖柳不風,

손으로 당겨 보아도 그대로 연못 속에 있네.　援而還止于潢中.

고죽군의 편협함 응당 싫어하겠지,　　　　應嫌孤竹方爲隘,

멀리 맑은 향기 퍼뜨려 이 노옹에게까지도 이르네.

遠播清香到老翁.71)

〈詠蓮〉1연의 2·3행은 〈애련설〉을 點化한 것이다. 주돈이의 〈애련설〉을 점화하였기에 더욱 심화된 연꽃의 의미를 담을 수가 있다. 진흙뻘 속에 묻어 있는 연꽃은 현실 정치로부터 소외된 處士의 모습이고, 해를 따라 줏대 없이 움직이는 해바라기는 간신배일 것이다. 아무리 현실 정치에 소외돼 있더라도 해바라기마냥 권력의 간신은 되지 않겠다는 다짐이 보인다. 그러면서 해바라기와는 다름을 통해 선비로서의 자세를 잃지 않을 것임을 보여주고 있다. 연꽃은 주위 환경에 지배를 받지 않고 깨끗하고 아름다운 자태를 유지하기 때문이다. 2연에서는 '유하혜'와 '고죽군'의 人名을 用事하여 시적 의미를 한층 심화시켰다. 『孟子』, 「萬章章句」下에 "유하혜는 더러운 군주를 섬김을 부끄러워하지 않으며, 작은 벼슬을 사양하지 않으며, 나아가면 어짊을 숨기지 아니하여 반드시 그 도리대로 하며, 벼슬길에서 버림을 받아도 원망하지 않고, 곤궁을 당해도 걱정하지 않으며, 俗人들과 더불어 처하되 차마 悠悠하게 떠나지 못해서 말하기를 너는 너이고 나는 나이니, 네가 비록 내 옆에서 옷을 걷고 벗는다 한들 네 어찌 나를 더럽히겠는가 하였다. 그러므로 유

---

71) 『南冥集』, 〈詠蓮〉, 〈又〉, 『韓國文集叢刊』 31, 469쪽.

하혜의 행적과 기풍을 들은 자들은 비루한 지아비라 하더라도 인심이 후해진다."[72]라 한 부분이 있다. 유하혜는 어떤 상황에서도 자신에게 주어진 책임과 도리를 다하는 인물이다. 더러운 군주를 섬김을 부끄러워하지 않으며, 작은 벼슬도 사양하지 않으며, 벼슬길에 나가서는 어짊을 숨기지 아니하며 반드시 그 도리대로 하는 인물이다. 그는 자신과 남을 엄격하게 구별하여 자신이 올바르기만 하면 주위의 힘이 자신을 더럽히지 못하리라 생각하는 인물이다. 남명도 유하혜와 같이 남의 이목에 구애되지 않고 자기 정도를 지키며 자기 위치에서 최선을 다하고자 하였다.

孤竹君은 백이를 가리키는 말이다. 남명은 『學記』에서 백이에 대해 생각이 편협하다고 하였다.

"백이가 말머리를 두드리면서 무왕에게 간했고 周 나라의 곡식을 먹지 않았다는 것이 사실인가? 말머리를 두드렸다는 것을 알 수 없으나 무왕을 그르다 한 것은 진실로 있었는데, 다만 이것이 바로 저 사람의 생각이 비좁은 곳이었다. 임금이 높고 신하가 낮음은 천하의 떳떳한 이치이다. 백이는 떳떳한 이치를 지킬 줄만 알았고 성인의 권변은 알지 못했던 까닭으로 비좁았다. 周 나라의 곡식을 먹지 않았다는 것도 다만 그 나라의 녹을 먹지 않았던 것이고 굶주리면서 먹지 않았던 것은 아니다. 『史記』에 실린 간하던 말 같음은 모두 잘못이다. 무왕이 상을 정벌한 것은 즉위한 지 이미 11년 만이다. 어찌 아비가 죽었는데에도 장사하지 않았겠는가?"[73]

---

72) 『孟子』, 「萬章章句」下 "柳下惠 不羞汙君 不辭小官 進不隱賢 必以其道 遺佚而不怨 阨窮而不憫 與鄉人處 由由然不忍去也 爾為爾 我為我 雖袒裼裸裎於我側 爾焉能浼 我哉 故 聞柳下惠之風者 鄙夫 寬 薄夫 敦."

73) 『學記類編』, 경상대학교 도서관 장본 "伯夷扣馬諫武王. 義不食周粟有諸. 曰扣馬 則不可知. 非武王則誠有之, 只此便是他隘處, 君尊臣卑. 天下之常理也, 伯夷知守常 理, 而不知聖人之變, 故隘, 不食周粟, 只是不食其祿, 非餓而不食也, 至如史記所載, 諫詞皆非也, 武王伐商, 卽位已十一年矣, 安得父死不葬."

위의 자료는『孟子』에서, 孟子가 백이를 "성인 중에서 결백한 사람이다."(聖之淸者也.)라고 평한 것과는 다소 차이가 난다. 백이를 생각이 비좁은 사람으로 평한 이유가 성인의 權道를 알지 못했기 때문이다. 그렇다고 하여 백이의 지조까지는 비난하지 않았다. 〈無題〉에서 "약을 먹어 장생하기를 바라도, 고죽군의 아들만은 못해, 수양산 고사리 캐 먹어도, 만고토록 오히려 죽지 않았으니."(服藥求長年, 不如孤竹子, 一食西山薇, 萬古猶不死.)라 하여 불로초와 같은 신비로운 약을 먹어 세속적 삶을 영위하기보다는 비록 푸성귀를 캐 먹을지언정 백이·숙제와 같이 만고토록 人口의 膾炙가 되는 삶을 살고 싶다고도 하였다. 그러나 백이의 태도가 편협하다고 한 것은 이미 은 나라의 紂가 폭군이었기에 그 왕을 몰아 낸 무왕의 행위는 정당하다는 것이다. 이처럼 부정한 정권은 당연히 망해야 한다는 남명의 평소의 생각이 담겨 있다.

남명의 이 같은 생각은 이미 〈민암부〉에서도 살펴보았다. 앞의 한시 〈詠蓮〉·〈又〉에서도 어떠한 상황에 처해도 자신에게 주어진 책임과 도리를 다한다는 유하혜의 처신을 중시하였다. 그러나 道가 선 무왕시대에 세상을 등진 편협한 백이는 나무람의 대상이다. 남명은 道가 선 세상을 위해서는, 무도한 세상의 군주를 몰아내는 武王 같은 군주를 도와서 德治를 펼 수 있도록 현실에 참여해야 한다는 논리이다. 이런 논리에 따라 남명도 산림에 은거하면서도 현실 정치에 대한 염원을 「乙卯辭職疏」에 드러났다. 남명은 「乙卯辭職疏」에서 "어찌 임금을 섬길 날이 없겠습니까?"[74]라고 피력함으로써 出仕에 대한 자신의 분명한 뜻을 밝혔다.『明宗實錄』에서도 남명에 대해 기록하기를 "그러나 〈조식은〉 결코 세상을 잊지 않았다."[75]라고 하였다. 이처럼 남명 같은 철저한 유학자는 어디에 처해 있어도 현실을 바로잡고자 노력하였다. 이 같은 남명의 태도를 우리는

---

74) 『南冥集』, 卷二, 「乙卯辭職疏」, 『韓國文集叢刊』 31, 521쪽. "寧無事君之日乎."
75) 『明宗實錄』, 卷19, 10년 11월, 庚戌. "然非果於忘世."

유학자의 선비정신이라 한다.

Ⅳ. 결론

본고는 남명의 출처와 문학을 통해서 그의 선비정신을 고찰하고자 한 것이다. 出處의 문제를 깊이 이해하기 위해『論語』와『孟子』의 유가적 出處觀의 이론적 측면을 먼저 검토하여 儒家 哲學의 전체적인 체계 속에서 出處의 문제를 살펴보고자 하였다. 그 결과 남명의 出處觀도 여러 儒者가 행한 것처럼 無道한 시대이기에 出仕하지 않은 것이었다. 그가 살았던 시대가 士禍로 인해 훈척 세력이 득세하였으며, 言路가 막혀 있었던 시기였다. 이런 현실적 사정으로 인해 남명은 出仕하지 않았다. 그러나 남명은 산림에 은둔하면서 세상에 대한 관심을 버리는 노장적 태도는 보이지 않았다. 오히려 남명은 현실 참여적 태도를 취해 유가적 출처관을 보였다. 철저한 儒者는 어떠한 곳에 처해도 끊임없이 세상을 바로잡고자 하는 적극적인 현실관을 지니듯 남명도 자신에게 주어진 상황에서 儒者로서의 책임과 도리를 다 하고자 한 선비였다.

『論語』와『孟子』에 나타난 儒家들의 출처관이 남명의 문학인 〈엄광론〉에 반영되어 있다. 〈엄광론〉에서 남명은 자릉이 왕도 정치를 행할 수 없는 시대이기에 出仕하지 않았다고 하면서, 남명 자신이 살던 시대가 士禍로 인해 道가 없는 때이기에 출사를 하지 않았다는 것이다. 그렇다고 하여 남명이 세상과 단절한 채 삶을 산 것은 아니다. 백이처럼 원리원칙에 충실하면서도 이윤과 유하혜의 태도같이 자신이 처한 환경에서 최선을 다 한 선비였다. 참된 유자의 삶의 태도가 반드시 벼슬길에 나가는 것만은 아닐 것이다. 산림에 은거하면서도 얼마든지 인간 세상을 바로잡을 수 있기 때문이다. 그래서 남명은 산림에 있으면서 여러 편의 상소문을 통해 세상을 바로잡고자 노력하였다. 그런 남명의 태도를 정인홍은 「남명조선생행장」에서 "은둔하였으나 반드시 현실을 살피고자 하였다."(隱見必欲相時.)와 같이 남명이 세상을 잊지 않았다고 하였다. 참된 儒者가 산림에서 자연을 노래할 경우에 현실을 망각한 채 단순히 賞自然의 단계에만 그치는 것이 아니듯이, 남명도 〈단속사정당매〉에서 매화의 예찬에만 머문 것이 아니라, 현실의 지조 없는 일부 위정자의 태도를 비난하였다.

이런 남명의 태도는 참된 儒者라면 누구나 취해야 할 태도인 것이다. 따라서 '老莊爲崇'으로 비난한 것을 필두로 하여, 남명이 산림에 은둔하였기에 노장 사상을 지녔다고 후대의 일부 학자들이 주장한 것은 타당성이 없다. 남명은 儒者의 出處觀에 따라 삶을 산 참된 儒者이기 때문이다.

선비精神은 언제든 지조를 지키면서 삶의 참된 자세를 견지하여 어떤 환경에 處하더라도 제 뜻을 실현하는 것이다. 남명의 〈패인명〉에는 '敬'과 '義'로 선비정신을 나타냈다. 敬으로써 마음을 닦은 후 義로써 실천해 나간다는 것이다. 〈민암부〉에서는 "民則覆國"이라 하여 직언으로서의 선비정신을 드러내기도 하였다.

그의 한시에서도 세상을 잊지 않는 태도뿐만 아니라, 주변 환경에 지배받지 않는 君子의 모습을 연꽃에 비유하여 선비정신의 일면을 보여주기도 하였다. 儒者들의 문학과 문학론처럼 남명의 문학에도 끊임없이 세상을 바로잡고자하는 적극적인 현실관이 반영되었다. 이런 남명의 현실관이 儒者들이 전통적으로 계승해온 선비정신이었다.

지금까지 조선 중기 위대한 유학자인 남명의 참된 삶의 태도를 출처와 문학을 통해 그의 선비정신을 살펴보았다. 남명의 출처에 대한 인식은 유가적 출처 사상에서 벗어나지 않았다. 그리고 남명은 시대 현실에 대한 철저한 인식을 바탕으로 하는 출처대의의 사회적 중요성을 인식하여 敬

義 사상을 바탕으로 현실에 참여한 비판적 산림 처사였다. 거듭된 出仕에도 아랑곳하지 않고 자신의 신념에 따라 산 진정한 선비정신의 소유자였다. 물질에 의해 정신이 지배되는 오늘이야말로 우리는 이런 남명의 선비정신을 이어받아야 할 것이다. 물질에 의해 모든 것이 좌우되는 시대이기에 남명의 선비정신은 더욱 그 빛을 발한다.

이 글은 『영남학』 제13집(2008)에 수록된 「南冥의 出處와 문학을 통해 본 선비精神」을 그대로 실은 것이다.

南冥 敬義思想의 形成背景과 그 特色

이상필

Ⅰ. 南冥 敬義思想의 形成 背景

1. 家系的 背景

남명의 가계는 남명의 사상과 관련이 있을 것으로 짐작되는 여러 인물들과 혼인으로 얽혀 있음을 보여준다. 우선, 남명 자신이 지은 「先考通訓大夫承文院判校墓碣銘」에서 '우리 선조는 창산 사람, 九代에 걸쳐 平章事가 났다네.(我祖昌山 九世平章)'라 한 것은 자신의 가문에 대한 자긍심이 어떠한가를 잘 표현한 것이다. 그러나 九代 동안 平章事가 났다고 한 그 이후부터 祖父代에 이르는 13代 정도는 크게 드러났다고 할 수는 없다.

남명의 가계에서 주목되는 것 중의 하나는 증조부 曺安習이 江城文氏, 성균관 학유 文可容의 딸과 혼인한 것이다. 문가용은 江城君 三憂堂 文

益漸(1329~1398)의 조카이며, 태종 6년(서기1406년)에 반역죄로 처형당한 文可學의 형이다. 문가용은 1393년에 문과에 급제한 것으로『국조문과방목』에 실려 있으며, 그의 무남독녀가 바로 남명의 증조부와 혼인한 것이다.

삼우당 문익점에 대해서는 남명이 「三憂堂文公廟祠記」를 지어 현창한 바 있고, '백성에게 입고 덮을 면화를 들여왔으니 그 공이 后稷과도 같도다' 라는 시로 찬양하기도 하였다.[1] 三憂堂의 인물됨과 功績에 대해서 南冥은 물론 退溪도 「前朝故左司議大夫文公孝子碑閣記」를 썼으며 후세에 拓菴 金道和도 「江城君忠宣文公實紀序」 및 「江城君文益漸木棉遺田碑」를 썼다.

한편 문가학에 대한 다음과 같은 일화가『雲牕集』에 전해 온다.

第三坊 所耳谷은 江城君 文益漸의 아우 益夏가 새로 잡은 터이다. 익하에게는 두 아들이 있는데, 可庸과 可學이다. 모두 뛰어난 재주가 있었다. 형제가 함께 문과에 올라 가용은 學諭가 되었고 가학은 內翰이 되었다.

가학이 소시 적에 정취암에서 독서를 하였다. 정월 보름날 밤이 되자 모든 승려가 흩어져 떠났다. 그 까닭을 묻자 승려가 대답하였다. "매년 정월 보름날 밤이면 사악하고 요망한 것이 몰래 와서 상좌 가운데 나이가 젊고 얼굴이 아름다운 자를 골라서 잡아 갑니다. 이 때문에 피하는 것입니다." 가학이 말하였다. "너희들이 비록 간다 해도 장부가 어찌 사악하고 요망한 것을 두려워하리오? 다만 너희들은 방 가운데 크게 등촉을 벌여 놓고 또 좋은 술 한 동이와 좋은 안주 한 소반을 내 독서하는 책상 아래에 두고 떠나거라.

---

1) 『木綿花記』(규장각 도서번호 12076)의 끝부분에 '江城忠孝是文公 衣被生民后稷同 不免雲仍偏卒伍 東人無乃愧酬功'(이 시 轉句의 偏은 編의 오자로 보인다: 筆者註)이라는 시가 「목면화기」와 함께 남명의 작품으로 기록되어 전한다. 1900년 7월 丹城의 新安思齋에서 重刊한 『三憂堂實記』에는 「목면화기」가 秋江 南孝溫의 글로 실려 있고, 이 시는 남명의 작품으로 분리되어 실려 있다. 그런데 실기에는 시의 轉結句 부분이 '不見雲仍今顯祿 東人何以更酬功'으로 되어 있다. 前者가 오히려 남명의 詩다운 듯하다.

내 마땅히 시험해 보리라." 한밤이 되자 과연 분 바른 귀신이 붉은 가죽신을
신고 또박또박 걸어와 문밖에 이르렀다. 안을 엿보고 두세 번이나 문을 열
고 들어오려다가 주저하고 있었다. 가학이 들어오기를 청하였다. 한 미인이
머리는 새까맣고 얼굴은 하얗게 분을 바른 채 가벼운 옷깃을 날리며 긴 소
매를 끌면서 들어와 앉았다. 가학이 더불어 가까이 앉아 기꺼이 손을 잡으
며 말하였다. "아름다운 여인을 만난데다 술도 있고 안주도 있으니 얼마나
즐거운가?" 하고 술을 권하였다. 잠시 동안에 한 동이 술을 다 비우자 미인
이 술에 취해 잠이 들었고, 구름 같은 머리털이 땅에 떨어졌다. 귀신도 아니
었고 사람도 아니었고 바로 여우였다. 이에 한 가닥 동아줄로 동그랗게 꽁
꽁 묶어서 날이 새기를 기다렸다. 절의 승려를 불러 모아 죽이려고 하자, 여
우가 통곡을 하면서 사정하였다. "나에게 靑囊寶訣 한 부가 있는데, (이 책대
로 하면) 천지에 몸을 숨겨서 어떤 문이라도 출입할 수 있으며, 천 가지 만
가지로 변화하여 뜻대로 할 수 없는 것이 없습니다. 공이 만약 나를 죽이지
않으면 이것으로 보답하겠습니다." 가학이 마음 속으로 기뻐하였다. 그러나
속을까 두려워하여 긴 동아줄을 그 허리에 매고 여우가 가는 대로 따라갔
다. 여우가 바위 벼랑 아래에 이르러 그 사이로 뛰어 오르더니, 입에 한 권
의 靑簡을 물고 나왔다. 바로 '三遁陰符'의 부류였다. 손으로 펼쳐 보았다. 절
반도 보지 않았는데, 여우가 문득 슬쩍 잡고서 그 마지막 장을 찢어 입에
물고 바위 벼랑 위로 뛰어 들어갔다. 이것은 바로 종적을 감출 수 있는 부적
이었다. 가학이 드디어 그 책대로 시험해 보니, 과연 날짐승도 될 수 있도
길짐승도 될 수 있으며 돌도 될 수 있고 나무도 될 수 있었다. 천지를 오르
내리며 하고 싶은 대로 할 수 있었다. 그러나 마치 동아줄 하나가 아래로
늘어져 있는 것 같아서, 끝내 그 종적을 완전히 감출 수는 없었다. 내한에
있을 적에 나는 새로 변화하여 禁中에 들어갔다가 일이 발각되어 죽었다.[2]

雲牕 李時馪(1588~1663)의 이 기록은 전설의 차원에서 기록된 것이 아

---

[2] 李時馪, 『雲牕集』 卷2 「丹城誌」 '法勿禮里八坊考證' 第三坊 所耳谷 부분: 원문 인
용 생략

니라 사실의 차원에서 기록된 것이다. 왜냐하면 이 「단성지」의 다른 부분
에는 모두 의심의 여지가 전혀 없는 사실만 객관적으로 기술하는 태도를
보이고 있기 때문이다. 그러므로 이 기록을 통하여 운창으로 대표되는 당
시 단성 고을 지식인들이 문가학의 초일한 재주와 담대한 기상을 자랑으
로 생각하고 있었다는 것을 알 수 있다. 그래서 운창은 문가학이 반역죄
로 처형당했다고 기술하지 않고 단순히 대궐에서 자신의 도술을 시험하
다가 발각되어 죽은 것으로 기술한 것이다.

남명의 가계에서 또 주목되는 것은 그의 조부 曹永(1428~1511)이 林川
趙氏(1444~1506), 監察 趙瓚의 딸과 혼인한 것이다. 조찬은 단종 계유년
(1453년)에 문과에 급제하여 사헌부 감찰을 역임하였는데, 그 인물됨이
어떠한 지는 자세히 알 길이 없다. 그러나 知足堂 趙之瑞(1454~1504)가 그
의 아들이라는 데서, 남명의 성격 형성에 조찬의 딸이요 조지서의 누이인
조모의 영향도 적지 않았을 것으로 짐작할 수 있다. 지족당에 대해서는
남명이 「유두류록」에서 "承宣(趙之瑞)은 義人이었다. 그 기상은 높은 바람
이 불어오자 벽을 사이에 두고서도 몸이 떨리는 듯하다. ……높은 산과
큰 내를 보면서 소득이 없는 것은 아니었으나, 韓惟漢·鄭汝昌·趙之瑞 등
의 세 군자를 높은 산과 큰 내에 견주어 본다면, 십 층의 산봉우리 위에
다시 옥 하나를 더 얹어 놓은 격이요, 천 이랑 물결 위에 둥그런 달 하나
가 비치는 격이라 하겠다."[3]라 하여 그의 의로운 기상에 대해서 높이 평
가하고 있다.

또한 남명이 지족당의 묘갈명에서, "당시에는 蕭望之처럼 보필하였고
나중에는 伍子胥처럼 억울하게 죽었다. ……子産이 죽자 孔子가 눈물을
흘리며 말하기를 '옛날의 곧은 유풍을 간직한 사람이다.'라고 하였는데,
나는 거기에 이어서 말하기를 '輔德 역시 옛날의 곧은 유풍을 간직한 사

---

3) 曹植, 『교감국역 南冥集』, 289쪽, 「遊頭流錄」

람이다'라고 한다."4) 하여 知足堂을 '옛날의 곧은 유풍을 간직한 사람(古
之遺直)'이라고 평가하고 있다. 지족당을 위하여 건립한 新塘書院의 문루
인 水月樓 記文에는 '伯夷의 맑은 기풍과 比干의 곧은 기풍이 선생의 한
몸에 갖추어져 있다'5)는 표현도 보인다. 남명의 季父 曺彦卿(1487~1521)이
지은 묘갈명에서도 임천조씨에 대하여 "유서 깊은 집안의 훈계가 있어 忠
貞의 정신을 세습하였다."6)고 표현하고 있다.

　다음은 연산군 2년(1496년) 2월 18일(병인)에 지족당 조지서가 무고로
인해 옥중에 갇혀 있으면서 올린 상소문이다.

> 臣 之瑞는 간을 베어 종이로 삼고 피를 뿌려 글자를 써서 삼가 말씀 올립니
> 다. 옛사람이 형이 없는데도 형수를 훔친 자와, 아비 없는 고녀에게 장가들
> 었는데도 장인을 때린 자가 있었다고 하므로 신이 그 사람들을 의심하면서
> 천하에 어찌 이런 일이 있을까 하고 생각하였었는데, 이제 와서 承顔의 上書
> 를 보고서야 확실히 그런 일도 있었으리라는 것을 믿었습니다.7)

　이 가운데 "간을 베어 종이로 삼고 피를 뿌려 글자를 써서(刳肝爲紙 瀝
血以書)"라고 한 표현 방식은, 南冥이 「浴川」이란 시에서 "만약 티끌이 오
장에서 생긴다면, 지금 당장 배를 갈라 흐르는 물에 띄워 보내리.(塵土倘
能生五內 直今刳腹付歸流)"라 한 것과 흡사하게 격렬하기 짝이 없다.

　남명의 가계에서 또 주목할 만한 것이 바로 남명의 아버지 曺彦亨

---

4) 曺植,『교감국역 南冥集』, 203~205쪽, 「中訓大夫侍講院輔德贈通政大夫承政院都承
　旨趙公墓銘」

5) 趙德常, 「水月樓重建記」(『知足堂趙先生內外忠烈記』所載): 伯夷之淸 比干之直 得
　之於先生之一身焉

6) 曺彦卿, 「將仕郎公孺人趙氏雙墓碣銘」(『昌寧曺氏生員公派派譜』所載): 世襲忠貞
　家訓有自

7) 『朝鮮王朝實錄』, 燕山君 2년(1496년) 2월 18일(병인): 臣之瑞 刳肝爲紙 瀝血以書
　謹再拜上言 古人有無兄而盜嫂者 娶孤女而撾婦翁者 臣嘗疑其人焉 竊自以謂 天下
　豈有如此事歟 及今承顔之上書 然後固知有是事也

(1469~1526)이 인천이씨(1476~1545), 忠順衛 李菊(1451~1519)의 딸과 혼인
한 것이다. 남명의 외조부 이국은 佔畢齋 金宗直이 兵馬評事가 되어 지나
다가 만나보고서 '氷雪襟期'라 허여했다고 하며, 이국의 아버지 李克誠
(1426~1512)은 독서를 좋아했고 名利에 淡泊했다고 하며, 할아버지 李怖도
지조가 높고 생각이 皎潔하여 태종 정유년(1517)에 보은현감에 제수되자
도연명의 귀거래사를 읊고 돌아와 전원생활을 즐겼다고 한다.[8]

남명의 외조모 通川崔氏는 少尹 崔敬孫의 딸이요, 세종 때 대마도를 정
벌하고 북변의 야인을 진압하는데 명성을 떨쳤던 무인으로서 좌의정에까
지 오른 霖谷 崔閏德(1376~1445)[9]의 손녀이다. 최윤덕은 무관으로서 재상
의 직책에 있을 수 없다는 소를 올려 무관직에만 전념할 수 있도록 요청
하기도 했다. 또한 성품이 순진하고 솔직하며, 간소하고 평이하며, 勇略
이 많아서 一時의 名將이 되었다[10]고 한다. 그런데 세조가 어린 조카 단
종을 몰아내고 임금이 되자 사육신 등이 이에 불복하였던 바, 최윤덕의
아들 崔淑孫 및 손자 崔孟漢, 崔季漢 등이 이와 연루되어 집안 전체가 거
의 몰락하고 말았다.[11]

남명의 절친한 벗 황강 이희안의 어머니가 최계한의 딸이요, 최윤덕의
증손녀이다. 남명이 황강의 어머니 통천최씨의 묘표를 지었는데, 다음과

---

8) 『仁川李氏大同譜』 참조

9) 崔閏德의 '閏'이 다른 여러 문헌에서 '潤'과 착종되어 나타나고 있다. 실록에도
착종되어 나타나는데, 그가 주로 활약한 세종 시대에는 대부분 '閏'으로 표기
하고 있다.

10) 『조선왕조실록』 세종 27년(1445) 12월 5일(갑진) 영중추원사 최윤덕의 졸기 참조.

11) 『조선왕조실록』 세조 2년(1456) 6월 26일: "이개(李塏) 등의 사건에 관련된 최
숙손(崔淑孫)·홍귀동(洪貴同)·최맹한(崔孟漢)·최계한(崔季漢)과, 이유(李瑜)의
당파 고승후(高承厚)·박치(朴治)·이계성(李繼姓)·안조술(安祖述)·박동(朴同)·
박거완(朴去頑)·박호선(朴好善)·이석철(李錫哲)·고승익(高承益) 등도 역시 고
신(告身)을 거두고, 먼 지방에 안치(安置)하라."는 기록이 보인다. 이후 통천최
씨는 창원을 떠나 전국에 흩어져서 한동안 정렬공 최윤덕의 묘소도 수호할
형편이 되지 못하였으며, 정렬공 자손의 계보조차 족보에 정확하게 기재되어
있지 못한 형편이었다.

같이 묘사하고 있다.

> 나는 高靈縣監 李希顔과 친하게 지냈다. 堂下에서 부인을 뵌 적이 있었는데 象牙 같은 면모를 보고 보통 사람이 아님을 알았다. 멀리서 바라보면 엄숙하면서도 공경스러운 것은 제사를 받들고 남편을 받드는 거동이었고, 온화하면서도 엄격한 것은 비첩을 어루만지고 자녀를 가르치는 법이었다. 同知公(부인의 남편 李允儉: 필자 주)이 나라를 걱정하여 집에는 신경을 쓰지 않고 평생토록 집을 돌보지 않았으나, 부인이 仁으로 집안일을 다스리고 田宅을 잘 경영하여, 엄연히 예의 있는 한 가문을 이루었다. …… 부인이 어찌 힘써 공부한 적이 있어 수신제가의 도리를 써서 다스린 사람이겠는가? 단지 아름다운 자질을 타고난 것이 많아, 자기가 지니고 있는 것을 잃지 않고 있었을 뿐이다. 금이 불로 인해 순수해진 것이 아니고, 옥이 사람으로 인해 따뜻해진 것이 아니다. 대개 그 타고난 성질이 그러한 것이다.12)

남명은 이 묘표에서 정부인의 엄숙하면서도 공경스러운(肅而敬) 면모와 온화하면서도 엄격한(溫而厲) 면모를 강조하면서, 정부인의 아름다운 자질은 공부를 통해서 이루어진 것이 아니라 타고난 것이라고 하였다. 여기서 언급하고 있는 정부인 즉 황강 이희안의 어머니가 바로 남명 외조모의 종질녀이다. 그래서 이 묘표의 끝에다 자신을 族人이라고 표현한 것이다. 남명이 정부인의 타고난 아름다운 자질을 강조한 것은 바로 崔祿, 崔雲海, 崔閏德, 崔淑孫 등 四代에 걸쳐 국가에 혁혁한 공을 세운 집안의 피를 이어받았음을 드러내려고 한 것이다. 황강 이희안을 두고도 "활쏘기와 말타기의 재주를 겸비하여 무인의 반열에서도 뛰어났다."13)고 남명이 언급한 바 있다.

이제까지 남명의 타고난 성품 및 총기와 관련이 될 법한 부분을 살펴

---

12) 曺植, 「貞夫人崔氏墓表」, 『교감국역 南冥集』 230쪽.
13) 曺植, 「軍資監判官李君墓碣」, 『교감국역 南冥集』 220쪽.

보았다. 남명의 직계 조상으로는 크게 이름을 남긴 사람이 없지만, 외계로는 혁혁한 인물들이 있었다. 증조모 계열에 삼우당 문익점이 있고, 조모 계열에 지족당 조지서가 있고, 외조모 계열에 정렬공 최윤덕이 있어서, 남명의 타고난 성격이 이들과 일정 부분 관련 있다고 보는 것이 타당할 것이다.

즉, 남명이 특히 삼우당 문익점의 목화 전래에 깊은 관심을 보인 것은 자신의 증조모와의 관련을 배제할 수 없었던 것으로 보이며, "理致를 窮究함은 致用을 위한 것이며, 몸을 修養함은 行道를 위한 것"[14]이라는 현실적인 학문 태도도 이와 무관하지는 않는 것으로 보인다. 「을묘사직소」의 "자전은 생각이 깊으시지만 깊숙한 궁중의 일개 과부에 불과하고, 전하께서는 유충하시니 다만 선왕의 한 아들일 뿐"이라는 표현에서 보여주는 무모하리만치 대쪽 같은 선비 기질은 연산군이 세자 시절에 지족당이 보여준 자세와 흡사하다. 그리고 흔히들 남명을 두고 義氣를 숭상한다고 하는데, 이는 四代에 걸쳐 뛰어난 무인 가문을 형성한 외족 崔閏德 家系의 영향으로 인한 무인 기질이 잠재해 있었기 때문이 아닌가 한다.

또한 주목할 만한 것은, 증조모 계열에 문가용이 반역죄로 처형당했고, 조모 계열의 지족당 조지서가 연산군이 동궁으로 있을 적에 성의를 다해 가르치려 한 것이 도리어 화근이 되어 연산군에게 죽어서 시신이 강물에 던져졌으며, 외조모 계열의 정렬공 최윤덕 자손이 세조 2년 사육신 사건과 관련되어 몰락하였다는 것이다. 남명이 출처에 특별히 엄격하였던 점이나, 백성의 어려운 현실을 마음 아파하면서 조정의 처사에 냉소적이었던 점도 이와 같은 가계적 배경과 결코 무관하지 않으리라고 생각된다.

이제까지 논의했던 남명의 가계를 도표화해 보면 다음과 같다.

---

14) 曹植, 『교감국역 南冥集』 448쪽, 「戊辰封事」: 窮其理 將以致用也 修其身 將以行道也

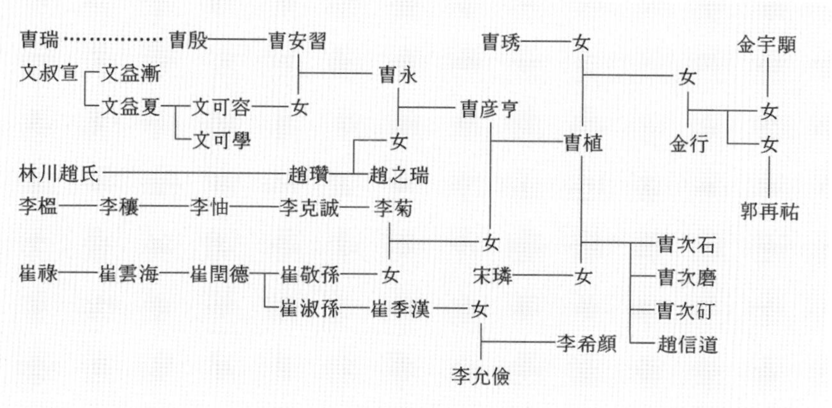

〈그림 1〉 南冥 曺植의 家系圖

2. 地理的 背景

사람의 품성이 지리적 환경에 따라 천편일률적이진 않지만, 그렇다고 지리적 환경과 무관하다고는 할 수 없다. 그러므로 지리지마다 풍속조를 두었고, 고을의 수령으로 부임하는 이들이 이를 참고로 하였으며, 또한 좋지 못한 풍속이 있으면 이를 크게 변화시켜 보려고도 하였던 것이다.

남명은 경상도 삼가현에서 태어났는데, 이곳은『新增東國輿地勝覽』「風俗」에 '俗尙强悍'이라 되어 있다. 成宗朝에『東國輿地勝覽』이 일차로 편집된 다음 다시 中宗朝에 증보되어『신증동국여지승람』이라는 이름으로 전해 온다. 「풍속」에 대한 기록은 경상도의 경우 주로 '觀風案'을 참고하였고 그밖에 地志 및 諸賢의 詩를 인용한 경우 등이 있다. 경상도 67개 고을 가운데 풍속을 기록해 둔 고을이 43개 고을이며,15) 이 가운데 '觀風案'을

---

15) 『신증동국여지승람』에는 전국 332개 고을 가운데 108개 고을의 풍속을 기록해 두었는데, 경상도가 67개 고을 가운데 43개 고을로 가장 많고, 다음이 전라도로 57개 고을 가운데 26개 고을이며, 그 다음이 강원도로 26개 고을 가운데 12개 고을이며 나머지는 30%도 되지 않는다. 이 가운데 유독 경상도의 경우에만 '觀風案'이 인용되고 있으며, 다른 도의 경우에는 地志와 先賢의 詩가 인용된 주자료이다.

인용한 것이 30개 고을로 대부분을 차지하고 있다. 그런데 이 '觀風案'이라는 책자가 지금은 전해지지 않는 것 같다. 관찰사가 여러 고을을 다니면서 고을의 풍속을 보고 수령을 평가하는 제도가 조선조 후기까지 내려왔으니, 아마도 어느 관찰사가 경상도 각고을을 다니면서 나름대로 평가한 기록이 아닌가 한다. 『동국여지승람』에서 30개나 되는 고을의 풍속을 기록하면서 이 기록을 인용한 것은 나름대로 객관성을 인정했기 때문으로 보인다.

『신증동국여지승람』의 이 관계 기록을 보면 대부분의 지역에 대해서는, 약간의 차이는 있으나 '俗尚儉率' 또는 '俗尚節儉' 등의 표현을 쓰고 있다. 그런데 이와 상당히 대비되는 표현을 보이고 있는 곳이 있으니, 蔚山의 尚武藝 好商賈, 豐基의 俗尚强狠, 密陽의 尚華侈, 星州의 俗尚華麗, 高靈의 俗尚强武, 晋州의 俗尚詩書尚富麗, 居昌의 俗尚强狠, 泗川의 俗尚武藝, 三嘉의 俗尚强悍, 宜寧의 俗尚强悍, 安陰의 强悍爭鬪, 金海의 俗尚强簡, 昌原의 俗尚麤暴健訟 등의 표현이 그것이다.

이 가운데 밀양·성주·진주의 경우는 물산이 풍부해서인지 화려함을 숭상한다는 것이 그 특징으로 표현되어 있고, 나머지는 모두 강함·사나움·무예·싸움 등을 숭상한다는 것으로 표현되어 있다. 후자의 경우에 속하는 고을 가운데 蔚山·豐基가 좌도에 속하고 高靈·居昌·泗川·三嘉·宜寧·安陰·金海·昌原 등 8개 고을은 우도에 속한다. 그리고 화려함을 숭상하는 것이 절약하고 검소한다는 쪽보다는 강함·사나움 등의 쪽에 훨씬 가깝다고 볼 수 있다. 절약하고 검소한다는 쪽이 우도 지역에 는 10개 고을에 불과하다. 그렇다면 결국 우도 지역의 절반이 强悍과 깊은 관련이 있다는 결론이 나온다.

남명은 증조부대로부터 자신에 이르기까지 4대 동안 삼가에 살았으며, 증조모가 단성 출신, 조모는 진주 출신, 어머니는 삼가 출신, 어머니의 외가는 창원 등으로 대부분이 이 强悍함과 직접적인 관련이 있는 곳이다.

3. 思想史的 背景

고려 말기에 성리학이 수입된 이래 조선 왕조에서 유학을 국시로 정함으로부터 조선 왕조 전체에서 유학이 극성할 바탕이 마련되었다. 물론 불교의 말기적 현상으로 인한 麗末鮮初의 어지러운 사회를 수습할 수 있는 유일한 대안이 바로 성리학이었고, 당시 현실에 대한 개혁적인 의지를 갖고 있었던 계층이 바로 성리학을 공부한 사람들이었으므로, 조선 왕조에서 유학을 국시로 정한 것은 당연한 귀결이었다.

당시 새로운 왕조의 건국 이념을 제공한 三峰 鄭道傳, 行政과 文翰 등의 각 방면에서 새로운 왕조의 일익을 담당했던 浩亭 河崙·陽村 權近 등이나, 새로운 왕조의 참여에 반대하다가 살해당한 圃隱 鄭夢周, 물러나 끝까지 은둔한 冶隱 吉再 등은 애초에 牧隱 李穡의 문인으로서 모두 같은 주자 성리학 계열의 유학자들이었다. 그러나, 조선이 건국되어 기반이 잡히고 난 뒤 1453년 癸酉靖難이 일어나고 1455년 世祖가 왕위를 차지한 후 전자의 후예들과 그 문인들이 대체로 「勳舊」 官人이 되고 후자를 정신적으로 계승한 계열이 대체로 「士林」이 되었다. 성종조에 들어서 이 훈구 관인들과 사림 사이에 상당한 알력이 있었고, 연산조에 들어서 두 차례 참담한 사화가 일어나게 되는데, 이들 사이의 알력에 대해서는 이후 사림의 동향을 이해하기 위해서 검토할 만한 가치가 있다.

成宗(1457~1494, 재위 1469~1494)은 세조의 손자로, 睿宗의 뒤를 이어 13세의 나이에 왕위에 올랐다. 그 뒤 7년간 世祖의 妃인 貞熹大妃가 수렴청정을 하였고, 1476년 20세 되던 해에 비로소 親政을 실시하였다. 1475년에 成均館에다 尊經閣을 지어 經籍을 소장하였으며, 養賢庫를 충실히 하여 학문연구를 후원하였고, 1484년과 1489년 두 차례에 걸쳐 성균관과 향교에 學田과 書籍을 나누어 주어 官學을 진흥시켰다.

성종은 한편으로 편찬사업도 활발히 진행하여『경국대전』(1471, 1474, 1485),『國朝五禮儀』(1474),『三國史節要』(1476),『東文選』(1478),『東國輿地

勝覽』(1481), 『東國通鑑』(1485), 『樂學軌範』(1493) 등을 編纂·刊行함으로써 文運이 極盛하게 되었다. 太祖 이래로 정치·경제·사회 등 각방면에 걸쳐서 체제가 이 시대에 비로소 완비를 보게 된다.

또한 성종은 2년 10월 경부터는 朝講·晝講·夕講 외에 夜對까지 함으로써, 역대 제왕들의 실록 가운데 조선왕조실록이 경연 관계 기록을 가장 많이 남기고 있는데, 이는 다름 아닌 성종의 호학을 단적으로 보여주는 것이다.

학문 연구를 적극적으로 후원하고, 각종 서책의 편찬 사업을 활발히 진행하고, 정치·경제·사회 등의 각방면에 걸쳐서 체제가 완비되는 등의 고도의 문화적 분위기는 실상 성종의 호학에 말미암은 바 크거니와, 이러한 문화적 분위기 속에서 성종은 조선조 어느 임금보다 신하들에게 作詩 시험을 많이 보임으로써, 詩文 창작 능력이 우수한 文人들이 조정에 대거 등용되었다.

점필재를 비롯한 그의 문도들이 대부분 문학적 능력을 인정 받아 대거 등용된 것도 바로 이 시기이다. 그런데 성종이 문학적 역량이 뛰어난 신진들을 지나치게 총애하자, 사장보다 경술을 중요시해야 한다는 원칙론이 대두되었다.

四佳 徐居正은 경학보다는 시와 문장으로 알려진 인물이다. 佔畢齋 金宗直이 사가 서거정과 동시대임에도 불구하고, 四佳가 主編한『東文選』과 넓게 보면 같은 의미로 볼 수 있는『靑丘風雅』와『東文粹』를 편찬한 까닭도 사실은 經學에 바탕한 시문을 뽑으려는 의도가 강한 것이었다. 그런 佔畢齋마저도 퇴계는 「非學問底人」이라 하여 사장하는 사람으로 보았으니, 사실 이 시대의 관료들은 모두가 사장에 밝은 문신들이라고 할 수 있을 것이다. 그럼에도 불구하고 四佳 같은 이가 이처럼 경학을 중시하는 발언을 끊임없이 하는 것은, 원칙적으로는 경학 중심으로 학문의 방향이 정해지는 것이 너무나 당연하기 때문이라는 점도 작용하였지만, 훈구 관

인으로서 신진 사림에 대한 일종의 견제 의미도 있었다.

四佳는 이후 성종 9년 4월 14일(을사)에도 회시의 강경 때에 사서오경 중에서 通이 일곱이고 略通이 둘 이상 되는 자는 비록 제술에 합격하지 못 하였을지라도 모두 뽑게 하며, 혹은 별시에서 通이 일곱 略이 둘 이상 인 자는 額數에 구애받지 말고 모두 뽑자고 건의하였다. 이 건의는 그대로 시행되지는 않았지만, 과거 시험이 경서를 강조하는 방향으로 흐르게 하는 데는 중요한 역할을 하였고, 그래서 그해 6월 5일(을미)에는 明經科의 事目이 정해졌다.

그러나 사장을 중시해야 한다는 의견도 만만치 않게 제기되어, 비록 물의가 있긴 했으나 課試에서 수석을 차지한 梁誠之를 숭정대부로 올려준 일도 있었고,[16] 성종이 "본국은 중국을 섬기는 나라이므로 문예는 진실로 뒷전으로 돌려서는 안될 것이다. 문신이 겨우 科擧의 명성을 얻게 되자 그 前業을 버리게 되니 옳지 못한 일이다. 내가 뜻밖에 만들어서 문예를 시험하려고 한다면 사람들이 장차 스스로 힘쓸 것이다."[17]라고 하여 틈 나는 대로 문신을 시험하겠다는 의사를 밝힌 바도 있다.

요컨대 이 시대는 사장에 힘쓰면서 경학을 강조하는 분위기였으며, 연소한 관리들에게 학문을 축적할 수 있는 기회를 주기 위하여 사가독서를 하도록 건의하여 그 사목을 정하여 시행하기에 이르렀고,[18] 촙異하고 詭僻한 문체를 明白하고도 平易한 문체로 고칠 방안을 강구하게 하는[19] 등 문풍 쇄신에 진력하였던 시대라고 할 수 있다.

특히 四佳 徐居正 같은 이가 문학에 능통하면서도 경학을 중시하여 과거 시험에서 경학과 행실을 겸비한 선비를 선발하여 등용하자고 여러 차

---

[16] 『조선왕조실록』 성종 12년 11월 19일(기축)

[17] 『조선왕조실록』 성종 13년 9월 28일(계해)

[18] 『조선왕조실록』 성종 7년 5월 15일(정사) 및 성종 6월 4일(을해), 6월 27일(무술) 참조

[19] 『조선왕조실록』 성종 3년 5월 16일(임자)

례 제의하여 일정한 성과를 거두었으니, 이른바 사림파가 제자리를 잡는 데 있어서 徐四佳야말로 중요한 지지자 역할을 하였다고 볼 수 있다. 그러나 경술을 사장보다 중시하자는 四佳의 견해는 단순히 받아들일 것은 아닌 것으로 보인다. 사가의 기본 입장에는 물론 그러한 측면이 있었다고 보아야 할 것이다. 그러나 신진 사림들이 뛰어난 문장 실력으로 대거 정계에 나타나 훈구 계열의 자리가 위태로와지자, 이들의 세력을 견제할 필요가 생겼다는 점도 아울러 생각하면서 이러한 표현을 음미해 볼 필요가 있다고 본다.

이렇게 보면 사림 계열은 오히려 사장에만 몰두하고 경술에 대해서는 가볍게 본 것처럼 이해되지만 그런 것만도 아니다. 왜냐하면 점필재는 찾아오는 문도들에게 먼저『小學』을 읽게 하였고[20], 이후 小學은 사림 계열이 가장 중시하는 과목 가운데 하나가 되었기 때문이다.

일반적으로 사림파 계열에서 경술을 주장하고 훈구파 계열에서 사장을 중시하는 것으로 이해하기 쉽지만, 앞의 실록 기록에서 본 것처럼 성종대의 실상은 그렇지 않다. 즉 신진 사림들이 뛰어난 사장 실력으로 성종의 적극적인 비호 아래 대거 정계에 진출하자 이들을 견제하기 위한 수단으로 훈구 계열의 관인들이 경술을 중시할 것을 주장한 것으로 보아야 한다는 뜻이다.

성종이 신진 사림을 적극적으로 비호한 것은 물론 그 자신의 호학과 깊은 관련이 있지만, 주지하다시피 당시 훈구 세력을 견제하기 위해서도 새로운 자기 지지자들이 필요하였기 때문이다. 신진 사림들은 앞서 언급한 포은 정몽주, 야은 길재의 학문과 정신을 계승하였다고 자부한 사람들로, 세조의 왕위 찬탈을 내심으로는 인정하지 않았을 뿐만 아니라 세조의 등극과 관련한 공신들에 대해서 적지 않은 악감정을 가지고

---

20)　河謙鎭, 『東儒學案』 上編二 「理學淵源諸儒學案」: 按寒暄請學尙書于畢齋 畢齋手抽
　　　小學 授之曰 苟志於學 宜從此始 寒暄之以小學君子見稱於世 蓋畢齋有以啓之也

있었다. 咸陽의 學士樓에 걸려 있던 柳子光의 시를 떼어내게 한 것이라든지 貞熹王后의 喪中에 李克墩이 기생과 놀았다는 것을 기록한 것 등의 사건도 바로 이러한 신진 사림의 내면의 감정과 깊은 연관이 있는 것이었다.

훈구 관인들이 경술을 중시해야 한다고 주장한 것은 한편으로 유교 입국이라는 왕조의 기본 성향에서 뚜렷한 명분도 있으면서 한편으로는 사장의 능력으로 발탁된 신진 사림을 견제할 수 있는 방편이 될 수도 있었다. 그러나 앞에서도 언급했던 것처럼 신진 사림을 대표하는 점필재가 그 문인들에게 특히 소학 교육을 강조함으로써, 경술을 중시해야 한다고 주장한 훈구 관인들이 유학적 사고를 그대로 실천하는 측면에서, 뛰어난 사장 능력으로 발탁된 신진 사림을 오히려 따라갈 수 없는 형편이 되었다. 무오사화의 가장 중요한 원인 가운데 하나는 바로 훈구 관인들의 이러한 내면적 갈등을 해소하기 위한 것이라 할 수 있다.

무오사화와 이후에 사화 주동 세력이 權貴化하여 기존 훈구 세력들의 경제적 기반마저 탈취하고자 연산군의 생모 윤씨 복위 사건을 계기로 甲子士禍를 일으켰으며, 이 결과 반대파의 훈구 세력이 대거 거세당하고 신진 사림 측도 무오사화에 못지 않을 정도로 엄청난 피해를 당하였다. 중종반정은 갑자사화 때 당한 훈구세력이 중심이 되어 일으킨 것이므로 반정 이후에 신진 사림들의 입지는 보잘것이 없었다.

그런데, 점필재 김종직의 문인인 한훤당 김굉필이 서울에서 벼슬하는 동안 그 문하에서 많은 문인들이 배출되었고, 이들이 중종반정 후 차츰 두각을 드러내게 되었다. 퇴계의 "점필재의 문학이 쇠미한 데서 일어남에, 求道하는 이들이 門庭에 가득했네. 스승보다 뛰어난 이가 있었으니, 김한훤·정일두가 이어서 울렸네.(佔畢文起衰 求道盈其庭 有能靑出藍 金鄭繼相鳴)"라는 표현에서도 확인할 수 있듯이 한훤당은 일두 정여창과 함께 점필재 문하에서 도학에 전념하여 16세기 유학의 단초를 제공한 학자로 알려졌다. 한훤당 문하에 정암 조광조 같은 이가 중종 반정 이후에 '堯舜君民'의 이상을 실현하려고 하여, 조야의 사림들이 한때 활기를 띠었으나 중종 14년(1519년)의 己卯士禍로 또 한 차례 좌절을 겪게 되었다. 그러나 이미 저변이 확대된 사림은 이후에도, 한편으로는 정계에서 한편으로는 재야에서 꾸준히 발전을 거듭하여, 결국 명종 말기 선조 초기에는 사림정치 시대를 이루고야 만다.

이와 같은 점에서 볼 때 조선조를 貫流하는 유학사상의 연원은 자연스럽게 사림파에서부터 찾을 수밖에 없다. 15세기 사림파에서 가장 핵심적인 인물은 역시 점필재라고 할 수 있는데, 그가 가진 학문에 대한 개방적이고도 폭이 넓은 경향 때문에, 당시에 대성황을 이루었던 그의 문인들은 매우 다양한 학문 경향을 보이고 있다. 이를 크게 나누어 보면, 성리학 쪽에 전념했던 一蠹 鄭汝昌(1450~1504)과 寒暄堂 金宏弼(1454~1504), 성리학적 기반을 가지고 있으면서 문학 쪽에 더 깊은 관심을 가졌던 濯纓 金馹孫(1464~1498), 秋江 南孝溫(1454~1492), 㵢溪 兪好仁(1445~1494), 梅溪 曺偉(1454 ~1503), 藍溪 表沿沫(1449~1498), 慵軒 李宗準(?~1499), 愚齋 孫仲暾(1463~1529), 忘軒 李胄(1468~1504), 再思堂 李黿(?~1504) 등과, 老莊 쪽에 심취했던 虛庵 鄭希良(1469~?) 등의 세 부류로 파악된다.

이들은 대체로 15세기 후반을 무대로 활동했고, 이들을 이어 靜菴 趙光祖(1482~1519), 慕齋 金安國(1478~1543), 花潭 徐敬德(1489~1546), 晦齋 李彦迪(1491~1553) 등이 16세기 전반기를 무대로 활동하면서, 성리학 쪽에 전념했던 일두와 한훤당이 끼쳤던 학문을 조정에서 직접 실현해 보려고도 하였고 한편으로는 은거와 유배기간을 통하여 학문을 더욱 심화시켜 나가기도 하였다. 그런데, 점필재에서 정암에 이르는 이 과정에서 세 차례의 사화가 일어남으로써 신진 사림의 정치에 관한 氣銳는 꺾일 대로 꺾이었던 바, 이는 士林으로 하여금 정계를 떠나 학문에 심취하게 하는 주요 인이 되었다. 이렇게 해서 16세기의 사림들은 앞 시대의 점필재 문하의 세 부류 가운데서 수적으로 열세였던 본격적인 성리학자들이 오히려 강세를 보이면서 당대를 주도하게 되었다. 또 정계를 떠나 은둔할 수밖에 없는 당시의 상황이 대학자를 고향에 있게 하였고, 이들의 門下 중에서 일부 뜻있는 사람들은 仕宦을 포기하고 학문에 전념하는 방향으로 분위기가 흘러가고 있었던 것이다.

16세기에 접어들면 조선유학사상 성리학적 이론에 관한 본격적인 탐색이 이루어지는데, 이러한 토대는 앞서 언급한 것처럼 15세기 사림파의 활동에서 그 세력이 맹렬하게 팽창되고 있었다. 즉, 점필재의 문인들이 이미 기성 훈구 세력들의 정치적 기반을 잠식함으로부터 시작하여, 한훤당과 일두 같은 대학자들이 수많은 문인을 통하여 성리학적 세계관에 입각한 삶을 강조하였고, 또 그들의 문인이 조야의 곳곳에 포진하여 성대한 교육의 장을 열었기 때문에, 16세기에 들어오면 학자들의 대부분이 이 계열이거나 이 계열과 깊은 관련을 맺고 있는 사람들이었다. 따라서 성리학적 세계관은 이 시대의 흐름이었고, 여기서 주도적인 역할을 수행한 인물이 바로 靜菴 趙光祖(1482~1519)와 聽松 成守琛(1493~1564), 晦齋 李彦迪(1491~1553)과 退溪 李滉(1501~1570), 慕齋 金安國(1478~1543)과 河西 金麟厚(1510~1560) 및 灘叟 李延慶(1488~1552), 花潭 徐敬德(1489~1546), 一齋 李恒(1499~1576), 大谷 成運(1497~1579), 南冥 曹植(1501~1572) 등이었다.

그런데 이들이 다같이 성리학적 세계관을 가지고 있었다고 하더라도 관심의 방향은 실로 다양하였다. 이들을 크게 정주의 정통 성리학만을 신봉하는 경우와, 원시유학도 중시하면서 송대의 정주를 아울러 포괄하여 이를 주축으로 삼고 제가의 학문을 두루 포용하려는 경우로 나누어 볼 수 있는데, 퇴계가 전자의 대표적 학자라면 남명은 후자의 대표적 학자가 될 것이다.

II. 南冥 敬義思想의 特色

南冥의 학문은 '敬義之學'으로 통칭되는 바, 만년에 자신의 학문을 요약하여 말하였다는 다음의 표현이 이를 잘 뒷받침하고 있다.

> 만년에 특히 '敬義'라는 두 글자를 제시하여, 창문과 벽 사이에 크게 써 두셨다. 그리고는 일찍이, "우리 집에 이 두 글자가 있는 것은 마치 하늘에 해와 달이 있는 것과 같아서, 만고를 통하도록 바뀔 수 없는 것이다. 聖賢의 千言萬語가 결과적으로는 모두 이 두 글자를 벗어나지 않는다."라고 하셨다.21)

이와 비슷한 표현이 東岡이 쓴 〈南冥先生行狀〉과 〈行錄〉에도 보이는 것으로 보아 당시의 문인들에게는 널리 알려져 있었던 것으로 생각된다. 뿐만 아니라 그 이후의 학자들도 대체로 남명 사상에 대하여 한 마디로 '敬義'라고 요약하는데 주저하지 않았고, 지금도 진주를 중심으로 하는 지역의 원로 학자들은 남명학을 '敬義之學'이라고 단언하고 있다. 그런데 아직도 학계에 '敬義之學'이 과연 구체적으로 어떤 것인지 그 실체를 분명히 제시한 논문은 보고되지 않았다. 그래서 경의에 대하여 남명 자신이 선유로부터 학습을 통하여 얻은 것을 어떻게 자기화하고 있는가를 살피되, 그의 문집에 보이는 글들을 통하여 이를 확인해 보려 한다.

'敬義'의 사전적 의미와 그것이 성리학적 수양과 어떤 관련이 있는지에 대해서, 이 자리에서 다시 자세하게 논급하는 것은 바람직하지 못하다. 그러나 남명의 '敬'과 '義'가 본래의 의미와 어떻게 다르며, 남명이 이를 수양과 어떻게 관련시키고 있는가 하는 점을 이해하려면 이에 대하여 간단

---

21) 鄭仁弘, 〈南冥先生行狀〉, 『韓國文集叢刊』31 458쪽: 最後特提敬義字 大書窓壁間 嘗曰 吾家有此兩箇字 如天之有日月 洞萬古而不易 聖賢千言萬語 要其歸 都不出二字外也

하게 언급하지 않을 수 없다.

『周易』坤卦 文言傳에「敬以直內 義以方外」라는 말이 보인다. 이에 대하여 程子는「君子主敬以直其內 守義以方其外 敬立而內直 義形而外方」이라 주석을 붙였다. 그런데『周易』坤卦 文言傳에 보이는「경으로써 안을 곧게 하고 의로써 밖을 반듯하게 한다」(敬以直內 義以方外)는 말은 坤卦 六二爻의 爻辭「直方大 不習 无不利」에 보이는 ‘直方’의 의미를 부연한 것이다. ‘直’이란 마음을 곧게 하는 것인데, 이는 ‘敬’을 통해야 가능하며, ‘方’이란 外物과의 교섭 과정에서 일을 반듯하게 처리하는 것인데, 이는 ‘義’를 기준으로 해야 가능하다는 뜻이다.

남명은「佩劍銘」에서,『주역』곤괘의 ‘敬以直內 義以方外’라는 표현에 변화를 주어, ‘內明者敬 外斷者義’라고 표현하였다. 그런데 사실 이 변화가 심상치 않은 것이다. 우선 ‘直’ 즉 곧게 한다는 뜻의 글자를 ‘明’ 즉 밝힌다는 뜻의 글자로 바꾸고, ‘方’ 즉 반듯하게 한다는 뜻의 글자를 ‘斷’ 즉 결단한다는 뜻의 글자로 바꾸었다는 점이 매우 심각한 변화라는 것이다. 마음을 곧게 한다는 의미의 ‘直’ 만으로는 유학의 핵심 사상과 직선적으로 관련시키기 어려우므로, 남명은 고심 끝에 이를 ‘明’으로 대체한 것으로 생각된다. 여기서 남명이 대체한 이 ‘明’은『大學』三綱領 가운데 첫번째인 ‘明明德’에서 ‘밝힌다’는 의미로 쓰인 앞의 ‘明’과 의미가 같다고 생각된다.

즉,『周易』에서는 ‘直’ㆍ‘方’의 의미를 부연설명하기 위해 ‘敬’ㆍ‘義’를 사용하였던 것인데, 南冥은 이 ‘敬’ㆍ‘義’라는 글자와 관련시켜 存心養性을 의미하는 ‘明’과, 處事接物時에 決斷을 의미하는 ‘斷’이란 두 글자를 그 자리에 대체시켜 넣음으로써, ‘敬義’가 주역에서 부여된 의미를 벗어나, 남명의 독특한 사상을 설명할 수 있는 새로운 용어로 거듭 태어난 것이다. 그러므로 남명이 말하는 ‘敬義’에는 늘 ‘明’과 ‘斷’이 전제되어 있다. 이를 가장 분명하게 보여 주는 것이「神明舍圖」와「神明舍銘」이다.

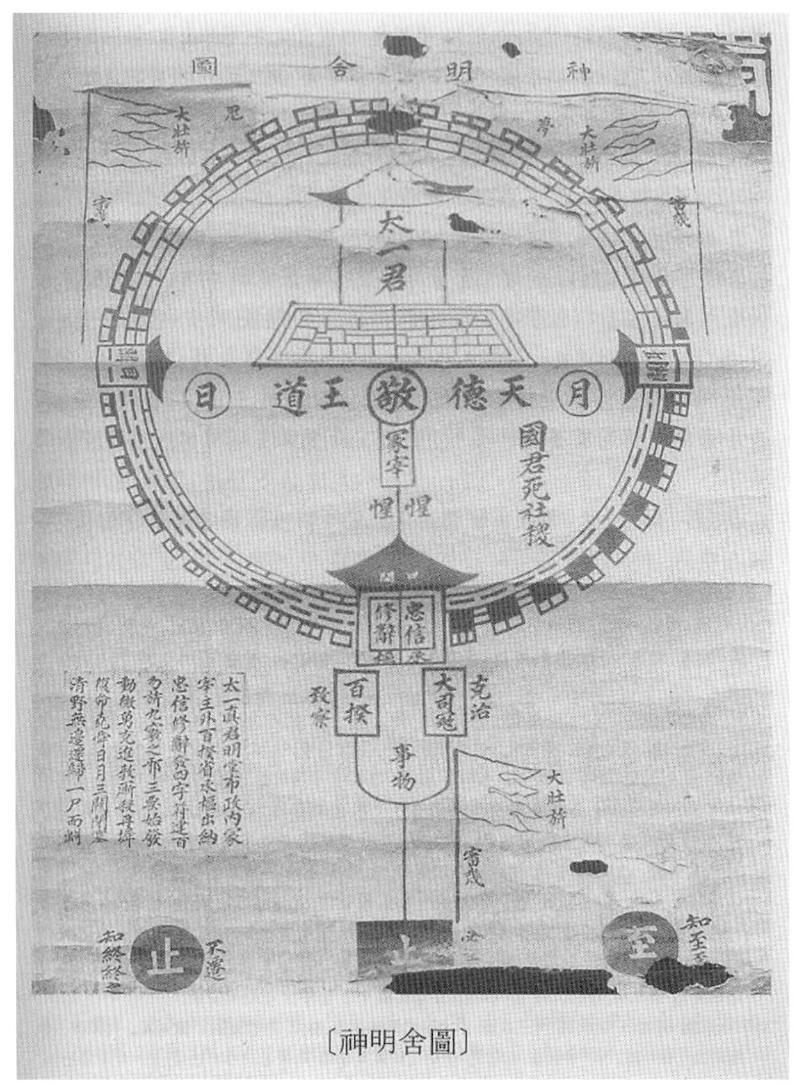

〈그림 2〉 신명사도

1. 厮殺的 存養省察

　「신명사도」는 크게 원곽의 안과 밖 두 부분으로 나누어진다. 「신명사도」

에서의 원곽은 태일군을 지키기 위한 성곽을 의미하는데,「신명사도」의 의미를 간략하게 말한다면, 太一君이 추구하는 天德과 王道를 펴기 위하여 이 성곽 안에서는 敬이 冢宰가 되어 이를 주관하고, 이 성곽 밖에서는 百揆가 주관하여 외적의 침입을 직접 물리치는 역할을 담당한다는 것으로 도형화된 것이다.「신명사도」하단의 方圓에 들어 있는 '止·至'는「存養·省察·克治·存養……」을 반복하여 '止於至善'에 이른다는 의미이다.

「신명사명」은「신명사도」와 한 조가 되어 부족한 부분을 상호보완하고 있다. 즉 말로 다 나타낼 수 없는 부분은 그림으로 표현함으로써 느끼어 깨닫게 하고, 그림으로 다 표현할 수 없는 부분은 銘으로써 보완하고 있다는 뜻이다.[22]

「신명사도」의 성곽에는 審幾라 이름붙은 大壯旂가 삼엄한 모습으로 펄럭이고 있고, 그 아래 쪽에 百揆와 大司寇가 致察과 克治라는 이름과 함께 버티고 있는데, 이는「신명사명」의 '動微勇克 進敎厮殺'과 깊은 관련이 있다. 마음에 사욕이 일어나는 기미를 살피는 것이 審幾이고, 사욕이 일어났을 때 이를 이겨내는 것이 致察과 克治인데, 이를「신명사명」에서 '낌새가 있자마자 용감하게 이겨내고, 나아가 반드시 섬멸토록 한다.' 즉 '動微勇克 進敎厮殺'이라 표현한 것이다. '厮殺'이란 남김 없이 모조리 죽여 없앤다는 말인데, 여기서 남명 수양론의 처절할 정도의 篤實性 내지 激烈性

---

22) 이제까지의 연구에서 대체로「신명사도」및「신명사명」이 남명 사상의 핵심을 드러내고 있는 글이라는 것에 대해서는 이의가 없다. 그러나 구체적인 설명 부분에 가서는 조선시대의 학자에서부터 현대의 학자에 이르기까지 각각 의견의 차이가 있어 왔다. 많은 연구가 있어 왔지만 아직까지 남명 사상의 전반적인 면모와 관련시켜 설명한 경우는 별로 보이지 않는다. 그리고 경의 사상이 이 그림과 이 명에 얼마나 명확하게 표출되어 있는지에 대해서도 아직 깊이 있는 연구가 이루어지지 않았다. 본고에서는 우선 경의사상과 연계시켜서 논의하는 것에 한정하기로 한다. 참고로『남명학연구』4집에서 최석기 교수가 '남명의「신명사도」·「신명사명」에 대하여'라는 논문을 발표하면서, 비로소 남명 사상의 전반적인 면모와 관련시켜 논의하는 방향으로 연구 방향이 전환되었다.

을 엿볼 수 있다.

남명은 「神明舍銘」 附註에서 厮殺이란 말의 의미를 좀더 분명하게 제시하고 있다.

> 밥해 먹던 솥도 깨부수고 주둔하던 막사도 불사르고 타고 왔던 배도 불지른 뒤, 사흘 먹을 식량만 가지고 사졸들에게 죽지 않고는 결코 돌아오지 않으리라는 의지를 보여 주어야 하는데, 이와 같아야 바야흐로 반드시 섬멸(厮殺)할 수 있다.[23]

이 글은 項羽가 전쟁하면서 쓴 死生決斷의 戰法인데, 이로 인해 항우는 일약 천하를 넘볼 수 있는 위치를 차지하였다. 항우는 눈에 보이는 적과 싸우면서 이런 전법을 사용하였지만, 남명은 눈에 보이지 않는 마음의 적과 싸우면서 사생을 결단하려고 했다.

또한 「신명사도」 성곽 안에 '國君死社稷'이란 말이 있는데, 이는 '임금은 사직과 그 운명을 같이한다'는 뜻으로, 임금이 사직과 그 운명을 같이할 뜻이 없으면 그 나라를 보전할 수 없듯이, 학자도 죽음으로써 도를 지킬 생각이 없으면 그 마음을 옳게 보전할 수 없다는 것을 말한 것이다.[24] 이 표현이 바로 외적의 침입에 대하여 사생결단의 각오로 임한다는 앞의 부주의 의미와 상통하는 것이다.

또 「신명사명」 '태일진군' 부분 아래에 "나라에는 두 임금이 없으며, 마음에는 두 주인이 없다. 삼천 명이 한 마음이 되면 억만의 군사도 쓰러뜨린다."(國無二君 心無二主 三千惟一 億萬則仆) 라는 세주가 병오본에만 보

---

[23] 破釜甑 燒盧舍 焚舟楫 持三日粮 示士卒必死無還心 如此 方會厮殺(『南冥集』丙午本 「神明舍銘」附註) 이 부분을 포함한 부주 15개 조항이 기유본(1609년 간본) 이후로는 삭제되는데, 이는 남명의 노장관계 문자를 없애고 순수한 유자로 드러내 보이려는 노력의 일환이다. 그러나 결국 이러한 노력이 남명의 핵심 정신을 도리어 흐릿해지게 하는 역할을 하였다.

[24] 남명학연구소, 『교감국역 남명집』 123쪽 참조.

인다.[25] 이는 「신명사도」의 '國君死社稷'이란 표현과 表裏 관계에 있는 말이다. 즉 '국군사사직'은 임금의 처지에서 국가를 지키려는 마음 자세를 나타낸 것이고, 이 銘은 신하의 처지에서 옳은 임금을 보위하면서 나라를 지키려는 마음 자세를 드러낸 것이다.

요컨대, 「신명사도」와 「신명사명」에서 외적의 침입을 사생결단의 각오로 막으려는 것과 바로 앞의 이 두 가지 경우가 처지에 따른 표현을 달리한 것일 뿐, 마음을 지키려고 할 적에는 오직 한 마음 사생 결단의 각오로 임해야 한다는 의미를 지니고 있다는 점은 서로 같은 것이다.

남명은 예술성을 추구하는 시에서도 이러한 자세를 드러내었으니, 「浴川」이란 시가 그의 이러한 면모를 여실히 보여 준다.

사십 년 동안 온 몸에 찌든 때,	全身四十年前累
천 섬 맑은 물로 깨끗이 씻는다.	千斛淸淵洗盡休
만약 五臟 안에 티끌이 생긴다면,	塵土倘能生五內
지금 당장 배를 갈라 흐르는 물에 부쳐 보내리.	直今刳腹付歸流

이 시는 남명이 49세 때인 1549년에 감악산 아래 가매못(鋪淵)에서 三嘉, 咸陽 등지의 선비들과 목욕하면서 읊은 시이다. 오장 안에 티끌이 생긴다는 것은 마음에 사욕이 일어나는 것을 비유한 것이며, 배를 갈라 흐르는 물에 부쳐 보내겠다는 것은 목숨을 담보로 하여 私欲을 廝殺하겠다는 표현이다.

남명이 存養省察의 측면에서 이처럼 철두철미했던 점은 「신명사명」에 나오는 용어를 빌어 표현하자면 廝殺的이라 할 수 있거니와, 이 점이 바로 남명의 敬이 가지고 있는 독특한 점이라 할 수 있다. 흔히 敬의 방법으

---

²⁵⁾ 병오본 이후로는 이 글이 제목 잃은 명으로 독립되어 「신명사명」 뒤에 붙어 있다.

로 '主一無適', '收斂其心', '整齊嚴肅', '常惺惺' 등을 들고 있지만, 남명은 이들을 바탕으로 해서 '廝殺的 存養省察'이라는 독특한 방법을 찾아냄으로써, 매우 적극적으로 敬을 실천하는 방법을 제시할 수 있었다.

그런데 남명의 이 '시살적 존양성찰'은 적어도 두 가지 측면에서 고찰될 필요가 있다. 하나는 지식을 축적하는 '明善'의 측면이고, 또 하나는 명선의 과정을 통해 안 지식을 실천하는 '誠身'의 측면이다.

남명은 「신명사명」에서 "안에서는 총재가 관장하고 밖에서는 백규가 살핀다.(內冢宰主 外百揆省)"고 한 뒤, 이 부분의 주석에서 "學問思辨 卽事物上窮理 明明德第一工夫"라 표현하고 있다. '學問思辨'은 『중용』에 나오는 博學·審問·愼思·明辨을 가리키는 말로, 尊德性의 절목 즉 篤行에 대한 道問學의 절목이다. 책을 통해서 많은 지식을 습득하며 신중하게 사색하며 옳고 그름을 분명하게 가리는 일 등은 '명선'의 측면에 해당하는 공부이므로, 남명은 이를 '명덕을 밝히는 첫번째 공부(明明德第一工夫)'라고 주석을 달았다. 앞에서 언급한 바 있는, 『周易』에서 표현한 '敬以直內'의 '直'을 「佩劍銘」에서 '內明者敬'의 '明'으로 바꾼 것이 「신명사명」의 이 부분과도 깊은 관련이 있다.

남명의 '시살적 존양성찰' 가운데 또 한 가지 측면인 '誠身'이야말로 바로 시살적 성찰을 통해 사욕을 이겨내는 공부로, 남명의 남명다운 소이가 바로 여기에 있다 해도 과언이 아닐 것이다. 「신명사도」나 「신명사명」은 전체가 다 '성신'의 의미를 지니는 것이지만, 그중에서도 '백 가지 금지의 깃발을 세운다'(建百勿旂)는 것이나 '나아가 반드시 섬멸토록 한다'(進敎廝殺)는 것 등은 바로 '誠身' 공부를 뜻하는 대표적 구절인 것이다.

남명의 誠身이 갖고 있는 특징 가운데 중요한 것은 자신의 精神世界를 엄청나게 확대시키려는 생각이 깊이 깔려 있다는 점이다. 이 점은 주자학 일색이던 조선시대 내내 남명이 純儒가 아니라는 증거로 작용하였다. 퇴계가 남명의 鷄伏堂銘의 글을 보고 "이런 글은 老莊書에서도 못 본 것이다"고 한 바 있는데, 계부당명이 바로 「신명사명」이 아닌가 한다. 주자학적 세계관으로 학문적 독재가 이루어졌던 조선시대에는, 노장서에서도 볼 수 없는 후대 도가의 글을 읽고 그것을 자신의 문장에 도입하기가 쉽지 않았다. 그럼에도 불구하고 남명은 문장 곳곳에 이러한 글들을 넣었으며, 특히 정신 수양과 관련되는 곳에는 더욱 많이 넣고 있음을 볼 수 있다. 이처럼 정신 수양과 관련되는 곳에 노장 관계 문자가 많은 것은 정신세계를 엄청나게 확대하려는 생각과 연결되어 있다. 이동환 교수는 이를 '自我定立의 巨大志向'이라 표현하였는데, 이는 끊임없는 수양을 통해서 정신세계를 엄청나게 확대하려는 남명의 내면을 정확하게 적시한 것이라 생각된다.

문집에 나타난 시문을 통해서 남명 정신 세계의 여러 가지 면모를 보면, 자신을 철저히 수양하려는 경우, 세속에 초연하려는 경우 등 크게 두 가지로 나타난다. 이 두 가지가 모두 현실에 바탕을 두고 있음은 말할 것도 없다. 남명에 대하여 흔히 노장 취향을 말하기도 하지만 정신세계를 크게 가지려는 것 이외에 도가 쪽으로 몰입한 것으로 이해하기는 어렵다.

불 속에서 하얀 칼날 뽑아내니,	离宮抽太白
서리 같은 劍光 廣寒殿까지 닿아 흐르네.	霜拍廣寒流
牽牛星·北斗星 떠 있는 넓디넓은 하늘에,	牛斗恢恢地
정신은 놀아도 칼날은 놀지 않는다.	神游刀不游

「칼자루에 써서 壯元한 趙瑗에게 줌」(書劍柄贈趙壯元瑗)이란 제목의 시이다. 『莊子』「養生主」에 나오는 包丁은 칼날을 자유자재로 놀렸지만, 趙瑗에게는 정신을 자유자재로 놀릴 수 있기를 바라는 내용이다. 壯元한 趙瑗에게 현실과는 상관 없는 도가적 정신 세계를 지니라고 시를 써 주었다는 해석을 할 수는 없을 것이다. 이 시는 조원이 현실 생활 속에서 고도의 정신 세계를 유지하기를 남명이 바라는 것인데, 우리는 이를 통하여

남명 자신이 그러한 정신 세계를 추구하고 있다는 것을 알 수 있다. '모름지기 마음 안에서 汗馬의 공을 거두어야 한다.'(須於心地 收汗馬之功)는 표현이나, 양손에 물사발을 받들고 밤을 지새우면서까지 정신을 수렴하려고 한 것 등도 철저한 수련을 통해 자신의 정신 세계를 고양시키려는 것이다. 이 점이 남명의 '경'이 갖고 있는 또 다른 특징이다.

2. 方斷的 處事接物

앞 장에서는 「신명사도」·「신명사명」을 중심으로 '경'의 의미를 집중적으로 살펴 보았다. 마치 이 두 작품은 '경'과 연계되기만 하고 '의'와는 상관 없는 듯이 논의하였다. 사실 '경'만 다룬 것이라 할 수 있다. 그러나 남명의 경은 의와 연계되어 있음으로써 의미가 더욱 두드러진다. 의와 연계되지 않은 경이라면 남명에게 있어서는 죽은 경이 되고 만다.

그런 생각을 가지고 다시 「신명사도」를 보면, 이 그림이 이중구조로 되어 있음을 알 수 있다. 마음을 밝히는 '경'을 설명하는 그림도 되고, '경'을 통해 마음을 밝힌 뒤 '의'를 실천하는 그림으로 볼 수도 있다. 문제는 원곽 밖의 치찰과 극치를 담당하는 백규와 대사구의 역할을 '경'으로 볼 것이냐, '의'로 볼 것이냐에 있다. 앞 장에서 언급한 것처럼 「신명사명」의 '外百揆省' 부분 주석에서 '學問思辨이다. 사물에 나아가서 이치를 궁구하는 것이다. 명덕을 밝히는 첫번째 공부이다.'라고 한 것으로 보아 치찰과 극치를 '경'으로 보는 데는 문제가 없다. 「신명사명」과 관련시켜서 보면 '의'로 해석할 여지는 없어 보인다.[26]

그러나 「신명사도」만으로 보면, 성곽에서 임금을 보위하면서 외적의

---

[26] 최석기 교수는 전게 논문에서 「신명사도」와 「신명사명」을 존양·성찰·극치의 삼단계 수양론으로 보고, 존양은 경과 연결시키고 성찰은 의와 연결시키고 있다. 그러나 필자는 그림 전체를 경으로 해석하고, 다시 이를 이중구조로 보아 성곽 바깥 부분을 의와 연결시킬 수 있는 것으로 해석했다.

침입에 목숨을 걸고 싸우는 것을 연상하게 하므로, '의'로 해석할 수 있는 부분이 있다. 「패검명」에서 '밖으로 결단하는 것은 의이다(外斷者義)'라 함으로써, 인간 세상에서 일어나는 모든 일을 결단하는 잣대가 '義'이며, 따라서 不義일 경우에는 목숨을 걸고 결단해야 한다는 의미를 함축하고 있다. 그리고 남명의 문인이요 외손서인 동강 김우옹이 남명의 命으로 지었다는 「天君傳」에는 百揆의 이름이 '義'로 되어 있다. 그러므로 「성곽 밖의 백규와 대사구는 실제 외적을 물리치는 역할을 맡은 자로 비유되었으며, 이들이 국가를 위하여 외적을 물리치는 행위가 바로 '의'이다」라는 해석을 할 수 있다.

그리고 보면 「신명사명」에 보이는 '國君死社稷, 大夫死官守'는 물론, 앞 장에서 인용한 '죽을 각오로 싸워야 섬멸할 수 있다'는 내용 등이 모두 '의'와 깊은 관련이 있음을 알 수 있다. 또한 남명이 임종 때 "우리 집에 이 '경의' 두 글자가 있는 것은 하늘에 해와 달이 있는 것과 같다"고 한 말의 의미가 분명히 드러난다.

다음으로 생각해 보아야 할 것은 이 '의'와 관련해서 현실 문제에 깊은 관심을 가진 것이다. 남명은 「戊辰封事」에서 '窮其理 將以致用也'라 하여, 궁리하는 목적이 치용, 즉 현실 세계에서의 쓰임을 극진히 하는 것에 있음을 분명히 하였다. 이는 敬으로 마음을 밝히는 목적이 現實에서의 處事接物時에 義로 이를 決斷하는 데 그 목적이 있다는 의미로 해석할 수 있게 한다.

현실 문제에 깊은 관심을 가지게 되면 지식인으로서의 책임을 통감하지 않을 수 없고, 따라서 나아가 벼슬함으로써 온축했던 뜻을 펼 것인지 물러나 도를 지키고 있을 것인지를 결정해야 하며, 또 임금에게 말할 수 있는 기회가 오면 현실 상황을 분명하게 인식시키고 그 대안을 제시해야 한다. 결국 『남명집』곳곳에 보이는 현실에 대한 깊은 애정, 엄정한 출처관, 상소문에 등에서 나라의 현실 문제를 심각하게 비판한 것 등은, 方斷 的 處事接物로 요약되는 '義'에 입각한 행위로 볼 수 있다.

3. '敬'과 '義'의 相互關聯性

남명의 「神明舍圖」는 '敬'이 총재로 있으면서 神明인 太一眞君을 보좌하는 그림으로, 그림 전체가 神明이 神明함을 유지하기 위해서는 '敬'의 역할이 절대적임을 보여주고 있는 동시에 '義'의 실현을 보여주는 것이기도 하다는 것은 앞에서 이미 언급한 바 있다.

'경'은 자신의 마음을 밝히기 위한 수단이고, '의'는 處事接物 時에 일을 반듯하게 처리할 수 있게 하는 잣대이다. '경'은 자신과 관계되는 일에 쓰이는 용어이고 '의'는 남과 관계되는 일에 쓰이는 용어이다. 그러나 '경'에 의한 마음의 수양이 되어 있지 않으면, 즉 神明이 神明함을 유지하지 못하면 '의'의 실현은 불가능한 것이다. 요컨대, '경'은 '의'가 반드시 전제되어야 하는 것은 아니지만, '의'는 '경'이 전제되지 않을 경우 그 존립 근거가 희박해진다.

그러나, 그렇다고 하여 '의'가 '경'에 종속되어 있는 것은 아니다. 자신의 내적 수양과 관련된 '경'이 중요한 만큼, '경'이 전제된 사회적 실천이라는 의미의 '의'도 '경'만큼 중요한 것이다.

非理 내지는 惡이 귀, 눈, 입을 통해 들어오는 것을 막아내되, 목숨을 걸고 섬멸시켜야 한다는 것이 南冥의 廝殺的 存養省察이다. 그런데 外敵이 國境을 넘어 쳐들어 올 때, 임금은 社稷과 운명을 같이할 각오를 하고, 大夫는 자기 직분을 다하다가 죽을 각오를 하고, 장수와 군졸은 죽을 각오를 하여 대적한다면 외적을 섬멸할 수 있다. 이것이 이른바 개인 또는 단체가 국가 사회를 위해 실천할 수 있는 '의'이다. 그리고 개인적으로도 옳지 못한 제의를 받거나 악에의 유혹을 받았을 경우 목숨을 거는 각오로 이를 물리친다면, 이것은 이른바 개인이 자신과 사회를 위해 실천할 수 있는 '의'이다.

이처럼 개인 또는 단체가 국가 사회를 위해 실천할 수 있는 '의'이거나, 개인이 자신과 사회를 위해 실천할 수 있는 '의'이거나간에[27] 모두 원곽

안의 신명사를 보호하기 위해 목숨을 바친다는 내용과 분리하여 설명할 수 없을 만큼 밀접한 관련이 있다. 그리고 '義'에 의한 實踐이 없는 상태에서의 '敬'에 의한 精神 修養 그 자체로는 儒家的 意味가 半減된다. 이 점이 「신명사도」가 갖고 있는 兩面構造의 正體이고, '경'과 '의'가 서로 대등한 의미를 지니는 까닭이다.

요컨대 '경'을 바탕으로 하여 사회적 실천을 이룩하게 하는 것이 '의'인데, 남명이 이처럼 '의'를 '경'과 대등하게 생각했기 때문에 사회적 실천 의지가 남다를 수 있었던 것이며, 남명 학문의 요체를 '경의' 사상이라고 하는 이유도 바로 여기에 있는 것이다.

Ⅲ. 맺음말

지금까지의 논의를 요약하고, 그 의미를 되짚어 봄으로써 맺음말로 삼는다.

남명의 사상이 형성된 배경에는 부계 혈통 외에, 문익점, 문가학 등과 관련된 증조모 강성문씨, 지족당 조지서의 누이인 조모 임천조씨, 최윤덕 가계를 외족으로 하고 있는 어머니 인천이씨 등의 혈통적 영향도 남명의 사상 형성과 일정한 관계가 있었으며, 삼가, 김해 등지를 중심으로 하는 지역적 풍기도 남명의 사상이나 성격 형성에 일정한 영향을 주었던 것으로 이해된다. 또한 성종 시대를 기점으로 사림파가 급성장하면서 여러 차례 사화가 발생하고, 그러면서 사림 세력이 결집되어 남명이나 퇴계 같은 큰 학자가 굴기할 수 있었다.

남명 사상에 대해서 논급한 글이 이제까지 적지 않게 나옴으로써 남명의 사상이 대체로 어떠하다는 정도는 상당히 밝혀졌다. 본고에서는 남명

---

27) 이 두 가지 모두 이른바 「方斷的 處事接物」과 깊은 관련이 있는 것이다.

의 경의사상의 특색을 논의하면서 자연스럽게 남명 사상의 다양한 측면이 경의사상과 어떻게 서로 관련되어 있는지에 대해서 살펴보았다.

「신명사도」와 「신명사명」을 통해 남명의 '경'이 가진 시살적 존양성찰의 면모를 살펴 보았고, 남명의 거대지향의 정신 세계가 바로 이와 관련됨을 살펴 보았으며, 이 거대 지향의 정신 세계가 가지고 있는 두 가지 측면, 즉 철두철미한 수련과 세속에의 초연성도 모두 이 시살적 존양성찰의 연장선상에 있음을 알 수 있었다.

그리고 「신명사도」가 겉으로는 '시살적 존양성찰'의 의미를 지닌 '경'만 드러내는 것으로 보이지만, 성곽 밖의 외적을 물리치는 것을 실제 전쟁의 상황과 관련시켜 보면, 이 그림은 '경'과 함께 '방단적 의기'를 뜻하는 '의'도 아울러 비유적으로 설명하고 있음을 알 수 있다. 그리고 남명의 의는 현실과 직결되어 있으며, 엄정한 출처관이나 매서운 현실비판, 백성들의 삶에 대한 뜨거운 관심 등은 모두 이 '의'의 고리와 연결되어 있다.

아울러 「신명사도」가 보여주는 것처럼 '敬義' 가운데서도 敬이 義의 바탕이 되면서, 厮殺的 存養省察의 정신이 義에도 깊이 연결됨으로써, 남명의 학문이 '敬義之學' 또는 '居敬行義'로 표현될 수 있었던 것이다.

이 글은 『남명학연구』 제7집(1997)에 수록된 「南冥 敬義思想의 形成背景과 그 特色」을 그대로 실은 것이다.

南冥 曹植의 山水遊覽에 대하여

「遊頭流錄」을 중심으로

최석기

Ⅰ. 머리말

조선 시대의 사대부는 대부분 지방에 근거지를 둔 중소지주 출신들이었다. 그러므로 벼슬에서 물러났을 경우, 그들의 삶의 본거지인 향리로 돌아가는 것은 자연스런 일이었다. 그런데 기묘사화로 出仕의 길이 막혀 버리자, 아예 진출을 포기하고 향리에 은거하는 것이 한 시대의 풍조를 이루었다. 그리하여 그들은 성리학에 더욱더 침잠해 학문을 성취하고, 자연과의 융화를 통해 심성을 수양하려 하였다. 그럼으로써 이들은 전시대 사람들보다 士의 자세를 더욱 확고히 견지하였으며, 자아에 대한 각성도 훨씬 진보되어 있었다. 그래서 이들은 山水를 遊覽하면서도 단순히 자연 경관을 구경하는 데서 그치지 않고, 부단히 마음을 닦고 성품을 기르는 정신자세를 가졌다. 그리고 역사적 현장을 통해 士로서의 올바른 삶의 가치를 다시 확인하고 다짐하였다.

이들 가운데는 山水遊覽을 통해 느낀 그들의 정신세계를 글로 남겨 놓은 경우도 있다. 이런 자료들은 그들의 정신적인 일면을 살펴보는 데 매우 귀중한 단서를 제공해 주기도 한다. 따라서 이런 산수유람록을 통해 이들의 정신세계를 엿보는 일은 의미 있는 일일 것이다. 본고에서는 이와 같은 관점에서 南冥 曺植의 산수유람에 대한 기본관점이 어디에 있는가를 살펴보고, 그가 남긴 「遊頭流錄」을 통해 그의 정신세계의 일면을 고찰해 보고자 한다.

II. 山水遊覽에 대한 基本觀點

예전 사람들은 산수유람을 통해 氣像을 鼓吹하거나 視野를 擴大하고자 하였다. 따라서 산수가 빼어난 勝景을 구경하며 노니는 차원이 아니라, 心身을 단련하고 浩然之氣를 기르려는 의도를 가지고 있었다. 『孟子』에 "孔子가 魯나라 東山에 올라 노나라를 작다고 하시고, 泰山에 올라 천하를 작다고 하셨다."[1]라고 한 것이, 바로 그런 높다란 정신세계를 가져 시야가 확대된 것을 의미한다. 또한 新羅의 花郎들이 멀리 산수를 돌아다니며 심신을 단련한 것도 이와 같은 맥락에서 이해할 수 있다.

남명의 산수유람도 기본적으로는 이런 일반적인 속성을 가지고 있다. 예컨대, 남명이 佛日菴·佛日瀑布를 유람하면서 "정신과 기운이 매우 상쾌하였다."고 기술하고 있는 것이 바로 그런 점을 드러낸 것이다.[2]

그러나 남명은 性理學 가운데 修養論을 學問의 根幹으로 한 실천주의자

---

1) "孔子登東山而小魯 登泰山而小天下"(『孟子』「盡心上」 제24장)
2) 曺植, 『南冥集』 권2, 「遊頭流錄」 19일조 참조.

였다. 또한 그는 세상에 나아가지 않고 학문에 침잠하며 道義를 부지하겠
다는 생각을 확고히 하고 있던 處士였기 때문에 성리학적 세계관 속에서
士로서의 自我覺醒이 철저했던 사람이다. 그러므로 그의 산수유람은 다른
인사들의 유람과는 달리 자아에 대한 깊은 성찰을 보이고 있다. 이런 점
에서 그의 산수유람은 산수를 통해 기상을 고취하는 데서 머물지 않고,
자아에 대한 성찰과 심성수양에까지 확대되고 있다.

그런데 남명의 산수유람은 또 이런 차원에서 머물지 않고, 산수를
통해 古人을 생각하고 歷史를 생각하였다. 그는 산수를 유람하면서 산
수를 단순한 자연경관으로 보지 않고 유구한 역사가 깃들이어 있는 산
수로 인식하였으며, 그 자연환경 속에 어떤 인물이 어떤 삶의 자세를
가지고 살았는가에 관심이 주어졌다. 그러면서 그는 자신의 삶의 자세
를 새롭게 다짐하였고, 현실의 사정을 은근히 그 속에 드러내었다. 그
래서 그가 지나는 곳에 역사적인 인물의 흔적이 있으면 그에 대해 생
각하고 그 삶의 의미를 다시 되새겼으며, 그가 살던 세상을 다시 조명
하였다.

실례를 들어보기로 하겠다. 남명이 河東을 거쳐 雙磎寺로 들어갈 때, 岳
陽縣을 지나다 강가의 鋪岩이라는 곳에 이르렀다. 그때 그는 삽암을 보고,
그곳에 살던 고려 말의 韓惟韓을 떠올렸다. 한유한은 崔忠獻의 무신집권
시대 사람으로 처자를 이끌고 두류산으로 들어가 숨어살던 사람이다. 조
정에서 大悲院 錄事의 벼슬자리를 내렸으나 끝내 나아가지 않고 깨끗한
지조를 지키며 살았다. 남명은 삽암을 통해 한유한을 상기시켰고, 그의
삶의 자세를 되새겼으며, 그가 이곳에 은거한 이유를 그 시대의 상황 속
에서 찾았다.

남명은 이와 같은 시각으로 산수를 바라보고 있는데, 다음 자료는 이점
에 대한 남명의 견해를 가장 잘 요약해 보여주고 있다.

내가 이번 유람에서 높은 산과 큰 내를 보아 오면서 소득이 없었던 것이 아
니다. 그러나 韓惟韓·鄭汝昌·趙之瑞 세 군자를 높은 산과 큰 내에 견주어 본
다면, 십 층의 산봉우리 위에 다시 옥 하나를 더 얹어 놓은 격이고, 천 이랑
의 물결 위에 둥그런 달 하나가 비치는 격이라 하겠다. 바다와 산을 거치는
삼백 리 여정 동안 세 군자의 자취를 하루 사이에 보았다. 물을 보고 산을
보고, 그리고 古人을 보고 그가 살던 세상을 보았다. 산 속에서 열흘을 보내
면서 가졌던 좋은 생각이 하루 만에 언짢은 생각으로 바뀌었다. 뒷날 정권
을 잡은 자가 이 길로 지나간다면 어떤 생각이 들지 모르겠다.[3]

남명은 이 유람 기간 동안 악양현 鍤嵓에서 韓惟韓을 생각했고, 花開縣
陶灘에서 鄭汝昌을 떠올렸고, 旌樹驛 客館 앞의 旌門을 보고 趙之瑞를 생
각했다. 그리고 나서 남명은 산수의 아름다움보다 이 세 군자의 덕을 더
아름답게 여기며 그들을 만나게 된 것에 대해 더 큰 의미를 부여하고 있
다. 그래서 그는 이런 자신의 유람에 대해 '看水看山 看人看世'라고 간명하
게 그 의미를 요약했다. 곧 물을 보고 산을 보고, 그리고 그 산과 물을 통
해 그곳에 살던 古人을 보고 그가 살던 세상을 보았다는 말이다. 이 '看水
看山 看人看世'라고 한 여덟 자의 말이 바로 남명의 산수유람에 대한 기본
관점이다.

위 인용문에서 '높은 산과 큰 내를 보아 오면서 소득이 없었던 것이 아
니다'라고 한 것은 바로 '看水看山'에 해당한다. '산을 보고 물을 보는 것'
은 누구나 바라는 바로, 산수유람을 통해 기상을 고취하고 시야를 확대하
는 것을 의미한다. 그래서 남명은 높은 산과 큰 내를 보고서 소득이 있었
다고 하였고, 산 속에서 열흘을 보내면서 그런 즐거움을 맛보며 좋은 마

---

3) 曺植, 『南冥集』 권2, 「遊頭流錄」 24일조. "看來高山大川 非無所得 而比韓鄭趙三
  君子於高山大川 更於十層峯頭冠一玉也 千頃水面生一月也 海山三百里 獲見三君子
  之迹於一日之間 看山看水 看人看世 山中十日好懷 翻成一日不好懷 後之秉鈞者 來
  此一路 不知何以爲心耶"

음을 가졌었다고 하였다. 이는 산수를 통해 느끼는 본연의 즐거움에 해당된다.

그러나 남명은 높은 산과 큰 내를 유람하면서, '아, 아름답다!'고 감탄이나 하고 마는 데서 그치지 않았다. 높은 산을 오르면서 인간이 善한데로 나아가기가 그처럼 어렵다는 것을 생각했고, 산을 내려오면서 인간이 惡으로 나아가기가 그처럼 쉽다는 것을 생각했다.[4] 곧 산수유람을 하면서 자신에 대해 끝없이 성찰을 한 것이다. 산을 보고 물을 보는 것이지만, 그것을 통해 자아를 돌아보고 인간의 심성을 살펴본 것이다. 이런 점에서 우선 남명의 산수유람은 다른 사람들의 산수유람과 구별된다. 단순히 산수를 즐기는 차원이거나 기상을 고취하고 시야를 확대하는 차원에 머물지 않고, 산수를 통해 자신의 심성을 수양하려는 자세를 가진 것이다.

그런데 남명의 산수유람은 자신의 심성을 수양하는 단계에서만 머물러 있지 않았다. 그는 산수를 통해 古人을 생각하고, 다시 그 고인을 통해 그가 살던 시대를 생각하는 데로 나아갔다. 곧 '看山看水'하는 데에서 '看人看世'하는 차원으로 나아간 것이다. 다시 말해 산수를 통해 역사를 보고, 역사를 통해 다시 현실을 본 것이다. 이런 점에서 남명의 산수유람에 대한 기본관점은 성리학자들의 심성을 수양하는 일반적 차원과 다르다고 할 수 있다. 기본적으로는 산수를 통해 심성을 돌아보고 살피는 일이 중요하다. 그러나 여기에만 머물러서는 현실과 동떨어진 도학자적 세계관에 머물 수밖에 없다. 남명은 현실주의자이고 실천주의자였다. 그는 산수를 통해 역사를 생각하고, 그것을 통해 다시 현실을 비추어 보았다.

---

[4] 曺植, 『南冥集』 권2, 「遊頭流錄」 19일조. "初登上面 一步更難一步 及趨下面 徒自擧足 而身自流下 豈非從善如登 從惡如崩耆乎"

Ⅲ. 「遊頭流錄」에 나타난 精神世界

1. 自我에 대한 省察과 心性修養

남명은 조선조 성리학이 開花하는 시기의 성리학자로서 학문이 형이상
학적으로 思辨化되는 것을 우려해 철저히 실천적인 修養論을 중시한 분이
다.5) 이처럼 남명은 애초 학문의 방향을 수양론을 중시하는 쪽으로 잡았
기 때문에 만년에 특히 敬・義를 크게 드러내 학문의 요체로 삼았다. 남
명은 늘 이런 마음가짐을 가지고 있었기 때문에 산수를 유람하면서도 자
신에 대해 끝없는 성찰을 하고 있고, 벗들과의 대화에서도 떳떳하고 올바
른 인간자세를 은연중 깨우치고 있다. 남명은 佛日瀑布・佛日菴 등지를
유람할 때, 가파른 비탈길을 오르고 내리면서 느낀 감회를 다음과 같이
서술하였다.

> 당초 위쪽으로 오를 적에는 한 발자국을 내디디면 다시 한 발자국을 내딛기
> 가 어렵더니, 아래쪽으로 달려 내려올 때에는 단지 발만 들어도 몸이 저절
> 로 흘러 내려가는 형세였다. 이것이 어찌 선을 좇는 것은 산을 오르는 것과
> 같고, 악을 좇는 것은 무너져 내리는 것과 같은 일이 아니겠는가?6)

남명은 산을 오르고 내리면서 무심히 자연의 경관이나 구경하고 감탄
하는 감각적 느낌만을 갖지 않았다. 한 순간 마음을 단속하지 않으면 악
으로 빠지기 쉽다는 것을 새삼스럽게 느낀 것이다. ‘선을 따르기가 산을
오르는 것처럼 어렵다[從善如登山]’는 말은 본디 『國語』「周語」에 나오는
말인데, 남명 문하에 전해진 傳法文字였다.7) 그리고 ‘악을 좇는 것은 무너

---

5) 崔錫起, 「南冥의 神明舍圖・神明舍銘에 대하여」, 『南冥學研究』 제4집, 경상대학
   교 남명학연구소, 1995.
6) 曺植, 『南冥集』 권2, 「遊頭流錄」 19일조. “初登上面 一步更難一步 及趨下面 徒自
   擧足 而身自流下 豈非從善如登 從惡如崩者乎”

져 내리는 것과 같다'는 말 속에는, 잠시도 마음이 흐트러지지 않도록 철저히 단속해야 한다는 뜻이 들어 있다. 이는 곧 마음이 다른 데로 흩어지지 않도록 專一하게 해야 한다는 것을 의미하며, 그것은 心學의 근원으로 일컬어지는 '人心惟危 道心惟微 惟精惟一 允執厥中'8)의 '惟一'에 해당한다.

그런데 이러한 생각은 누구에게나 쉽게 일어나는 것이 아니다. 남명이 성리학에 깊이 침잠하여 부단히 실천적인 수양의 자세를 가졌기 때문에 가능했던 것이다. 바로 학문의 힘이라고 할 수 있다. 이를 보면 남명의 학문은 성리학에 근본하고 있고, 그중에서도 수양론에 입각한 철저한 실천위주의 학문을 주창하고 있다는 사실을 알 수 있다.

이처럼 남명은 산수유람을 하면서 성리학적 사유를 바탕으로 자아에 대한 깊은 성찰을 보이고 있는데, 다음 자료는 이와 같은 그의 인식차원을 보다 구체적으로 선명하게 보여주고 있다.

밤에 郵店으로 갔는데, 겨우 한 말[斗]들이 정도밖에 안 되는 한 칸 방이어서 허리를 구부리고 들어갔다. 방안에서는 다리를 뻗을 수가 없었고, 벽은 바람도 가리질 못했다. 처음에는 답답하여 견디지 못할 듯싶었는데, 조금 뒤에는 네 사람이 이마를 맞대고 베개를 나누어 베고서 단잠에 빠져 밤을 보냈다. 이를 보면, 사람의 습성[習狃之性]이라는 것은 주의하지 않으면 눈 깜박할 사이에 낮은 데로 치닫는 것임을 알 수 있다. 앞에서도 그 사람이고 뒤에서도 그 사람인데, 앞서 청학동에 들어갔을 적에는 마치 신선이 사는

---

7) 松亭 河受一은 남명 문하의 '小學君子'로 불린 覺齋 河沆의 조카이자 제자이다. 또 그의 제자가 謙齋 河弘度인데, 송정이 겸재에게 "닭이 울면 일어나 부지런히 선을 행하는 자는 舜의 무리라고 하였는데, 옛날 남명 선생께서 그 뜻을 깊이 터득하셨고, 우리 각재 선생은 남명 선생에게 직접 가르침을 받아 그 도를 들었다. ―중략― 너희들은 내 문하에서 나왔으니, 큰 임무나 무거운 책임은 지지 못한다 할지라도 산에 오르는 것과 같은 노력은 깊이 이루어야 할 것이다."라고 하였다. 여기서 '산에 오르는 것과 같은 노력'이 바로 善을 따르려는 노력을 일컫는다.

8) 이 문구는 『書經』「大禹謨」에 보인다.

閬風에 오른 듯했는데도 오히려 만족해하지를 않았고, 신응동에 들어갔을 때에도 마치 신선이 사는 瑤池에 오른 듯했는데도 오히려 부족하게 여겨, 은하수에 걸터앉아 하늘나라로 들어가거나 학을 부여잡고 하늘 높이 날아올라 문득 인간 세상에 내려오지 않을 것처럼 하더니, 뒤에 와서는 모두 좁은 방에서 몸을 구부리고 자면서도 그것을 자기의 분수로 달게 받아들이고 있다. 이것이 비록 현재의 위치에 적응해 안주하는 것이지만 평소 습성을 기르는 것이 높지 않아서는 안 되며, 평소 거처하는 것이 작고 낮아서는 안 되는 것임을 알게 하는 것이다. 그리고 선하게 되는 것도 습성을 말미암는 것이고, 악하게 되는 것도 습성을 말미암는 것임을 알게 하는 것이다. 또한 끊임없이 발전하는 것도 그 사람이 하기에 달린 것이고, 끊임없이 퇴보하는 것도 그 사람이 하기에 달린 것인데 단지 한번 발을 들어 어느 쪽으로 두느냐에 달려 있는 것이다.[9]

이 글은 남명이 유람을 마치고 돌아오다가 현 하동군 옥종면 정수리에 있던 旌樹驛에서 하룻밤을 묵으면서 느낀 감회를 서술한 것인데, 한마디로 인간의 習性에 대해 언급한 것이다. 습성은 인간의 심성이 어떤쪽으로 익숙해져서 길들여지는 것을 의미한다. 남명은 청학동·신응동에 들어가 노닐 때 신선이 된 듯이 활달하게 가졌던 마음과 비좁은 방에서 오그리고 자야 하는 현실을 기꺼이 수용하는 마음, 이 두 마음의 이중성을 두고서 心性을 길들이는 문제에 대해 새삼 그 중요성을 일깨운 것이다.

그런데 인간의 습성은 하루아침에 바뀌어지는 것이 아니다. 마음을 거기에 두고 부단히 노력을 기울여야 한다. 잠시 선으로 나아가는 마음을

---

[9] 曺植,『南冥集』권2,「遊頭流錄」24일조. "夜就郵店 一室僅如斗大 佝僂而入 房不展脚 壁不蔽風 方初怵然如不自容 旣而四人抵頂交枕 甘寢度夜 可見習狃之性 俄頃而便趨於下也 前一人也 後一人也 前入靑鶴洞 若登閬風 猶以爲不足 又入神凝洞 方似上瑤池 猶以爲不足 又欲跨漢入靑霄 控鶴沖空 便不欲下就塵寰 後之屈身於坏螻之間 又將甘分然 雖是素位而安 可見所養之不可不高 所處之不可小下也 亦見爲善由有習也 爲惡由有狃也 向上猶是人也 趨下亦猶是人也 只在一擧足之間而已"

가졌다고 해서 바로 그런 경지가 지속되는 것은 아니다. 인위적으로 노력하지 않아도 저절로 그렇게 되기 위해서는 끊임없는 노력이 있어야 한다. 남명은 이 점을 절실히 느끼고 있었던 것이다. 그래서 그는『孟子』에 나오는 ‘一日曝之 十日寒之’를 인용해, 명산을 찾아 마음을 한번 상쾌하게 했다고 해서 바로 군자가 되는 것은 아니라고 경계하고 있다.[10] 곧 군자가 되는 길은 평소 자신의 德性을 부단히 닦아 나가는 데 있음을 다시 일깨운 것이다.

또한 남명은 산수를 유람을 하면서 벗들에게 정신세계를 높다랗게 가질 것을 깨우치거나 義를 북돋우고 있는데, 이 점도 역시 끝없이 자신을 돌아보고 단속하는 심성수양의 한 측면이라고 할 수 있다. 남명은 신응사 앞의 시냇가에 있는 반석 위에 올라 죽 벌여 앉아 있을 때, 다음과 같은 말을 하여 주위를 警責하고 있다.

절에 도착하자, 문 안으로 들어갈 겨를도 없이 곧장 앞 시냇가의 반석으로 달려가 그 위에 벌여 앉았다. 그때 寅叔과 剛而를 가장 높은 돌 위에 올려 앉히고서 말하기를, “그대들은 위급한 경우를 당하더라도 그 자리를 잃지 말게. 만약 몸을 下流에 두게 되면 다시는 그곳으로 올라갈 수 없게 될 것이네.”라고 하였더니, 그들이 웃으며 말하기를, “청컨대, 이 자리를 잃도록 하지나 말게.”라고 하였다.[11]

이 말은 정신을 높은 경지에 올려놓고 어떤 어려움이 있어도 그것을 잃지 않도록 해야 한다는 뜻을 담고 있다. “청컨대 천 석들이 종을 보게

---

[10] 曺植,『南冥集』권2,「遊頭流錄」20일조. “又以警人曰 入名山者 誰不洗濯其心 肯自謂曰小人乎 畢竟君子爲君子 小人爲小人 可見一曝之無益也”

[11] 曺植,『南冥集』권2,「遊頭流錄」20일조. “到寺未暇入門 徑趨前溪盤石 列坐其上 獨推坐寅叔·剛而於最高石頭曰 君等雖至於顚沛 毋失此地 若置身下流 則不得上矣 笑曰 請毋失此坐”

나, 크게 치지 않으면 울리지 않는다네. 어찌하면 나도 두류산처럼, 하늘이 울어도 울지 않을 수 있을까?"[12]라고 읊은 데서도 확연히 드러나듯이, 남명은 천 석들이 종처럼 크고 천왕봉처럼 우뚝한 정신세계를 이루려고 하였다. 그런 정신세계를 가져야 의연하게 자신을 세울 수 있다고 생각한 것이다. 반석 위에 李公亮과 李楨을 밀어 올리고 한 이 말도, 이와 같이 흔들림이 없는 높다란 정신자세를 가져야 한다는 의미를 가지고 있다. 이처럼 남명은 應事接物하면서 한 순간도 마음을 놓지 않고 심성을 수양해 높은 정신세계를 추구하도록 일깨우고 있다.

다음은 유람을 하면서 접한 어떤 사건을 통해 넌지시 義를 북돋아 주고 있는 일면을 나타내 주는 자료이다.

> 새벽에 흰 죽을 먹고 동쪽 고개를 올랐는데, 이 고개를 三呵息峴이라고 한다. …중략… 우옹이 강이의 말을 타고 혼자 채찍을 휘둘러 먼저 고개에 올랐다. 제일 높은 봉우리에 올라 말을 세우더니, 말에서 내려 돌에 걸터앉아 부채질을 하였다. 우리 일행은 한 걸음 한 걸음씩 나아가는데, 사람과 말이 모두 비 오듯 땀을 흘렸다. 한참 뒤에야 겨우 고개에 도착하였다. 내가 문득 우옹에게 면박을 주어 말하기를, "그대는 말을 탄 기세에 의지해 나아갈 줄만 알고 그칠 줄을 모르니, 뒷날 義로 나아가는 데 있어서는 반드시 남의 앞에 있을 것이네. 그러니 참으로 좋은 일이 아니겠는가?"라고 하자, 우옹이 사과하기를, "내 이미 그대의 꾸지람하는 말이 있을 줄 알았네. 내 스스로 내 죄를 알겠네."라고 하였다.[13]

---

12) 曺植, 『南冥集』 권1, 「題德山溪亭柱」. "請看千石鍾 非大扣無聲 爭似頭流山 天鳴猶不鳴"

13) 曺植, 『南冥集』 권2, 「遊頭流錄」 24일조. "晨喙白粥 登東嶺 嶺曰三呵息峴 ― 中略 ― 愚翁乘剛而馬 獨鳴鞭先登 立馬第一峯頭 下馬據石而揮扇 衆皆寸寸而進 人馬汗出如雨 良久乃至 植忽面折愚翁曰 君憑所乘之勢 知進而不知止 能使他日趨義 必居人先 不亦善乎 翁謝曰 吾已料君應有峭說 吾果知罪"

三呵息峴은 현 하동군 岳陽面과 赤梁面 사이에 있는 삼하실재를 가리킨다. 이 고개를 오를 때 愚翁 李希顔이 말을 타고 앞서 올랐던 모양이다. 이를 보고서, 남명은 간과하지 않고 一針을 놓았다. 그런데 그냥 꾸짖는 투로 말을 하지 않고 거기다 의미심장한 뜻을 덧붙여 놓았다. 곧 말을 타고 단숨에 고개를 오른 이희안의 행동을 두고 거침없이 義로 나아가는 것에 비유한 것이다.

義는 남명이 敬과 함께 나란히 중시한 外的 省察의 덕목으로 利와는 對가 되는 말이다. 그런데 남명은 이희안이 힘들이지 않고 먼저 고개에 오른 것을 덮어두고, 슬쩍 앞서 나아가는 점만 들추어서 義에 관한 일로 바꾸어 놓았다. 농담도 이쯤 되면 대단히 고단수라 하겠다. 그래서 이희안은 바로 그 警責을 받아들여 자신의 잘못을 시인하고 있다.

이상에서 살펴본 것처럼, 남명은 산수유람을 하면서 자연경관의 빼어나고 아름다운 점을 보고 경탄하는 데서 그치지 않고 끝없이 자신을 돌아보며 心性에 대해 관찰하고 있다. 그래서 다른 遊覽錄이나 遊山記가 대체로 자연의 빼어난 경치를 기술하는 데 치우쳐 있는 반면, 남명의 유람록은 유람을 하면서 접한 어떤 사건을 통해 마음을 가다듬고 나아가 인간으로서의 올바른 자세를 가다듬는 데에 초점이 맞추어져 있다. 그 가운데 특히 자아에 대한 깊은 성찰과 벗들에게 義를 북돋우고 우뚝한 정신세계를 깨우치는 警責性 발언이 주를 이룬다.

2. 歷史에 대한 回顧와 現實認識

앞에서 살펴보았듯이, 남명은 산수를 유람하는 데 있어 기본적으로 산을 보고 물을 보고 그리고 인간을 보고 세상을 보는 이른바 '看山看水 看人看世'의 유람관을 가지고 있었다. 그래서 단순히 산수를 보는 데서 그치지 않고 산수를 통해 고인을 생각했고, 다시 그 사람이 살던 세상을 생각했다. 그는 이와 같은 歷史에 대한 回顧를 통해 자신의 志節을 새롭게 다짐했고, 역사라는 거울을 통해 현실의 문제를 비추어 보며 다시 한 번 자기 시대를 걱정했다. 따라서 그의 유람은 산수에 대한 耽溺的 차원을 넘어서 있다. 즉 산수라는 평면적 공간을 넘어 역사라는 수직적 시간을 간직한 산수로 인식되고 있으며, 그 시간과 공간 속에 살다간 사람들의 삶이 담겨 있다. 이처럼 산수를 산과 강으로만 보지 않고 인간의 삶의 역사가 깃들이어 있는 것으로 보는 시각은, 현실사회에 대한 깊은 애정을 드러낸 것이기도 하다.

남명은 이 유람 기간 동안 모두 6명의 역사 속의 인물을 만났다. 우선 泗川灣에서 출발하기 전에 場巖 快哉亭에서 고려의 장군이었던 李珣을 만났고, 河東 岳陽縣 錤巖에서 고려 말에 志節을 지킨 韓惟漢을 만났으며, 花開縣 陶灘에서 鄭汝昌을 만났고, 雙磎寺 石門에서 崔致遠을 만났으며, 玉宗 旌樹驛에서 趙之瑞와 그의 부인 鄭氏를 만났다. 그런데 이순에 대해서는 별다른 언급이 없고, 최치원에 대해서는 글씨에 대해 언급하고 있을 뿐이다. 그러나 한유한·정여창·조지서 및 그의 부인에 대해서는 그분들의 존재를 부각시켜 말하고 있다. 이 부분을 차례로 들어보기로 한다.

> 가) 韓惟漢은 고려가 어지럽게 될 것을 알고, 처자를 이끌고 이곳에 들어와
> 살았다. 조정에서 불러 대비원 녹사로 삼았으나, 그날 저녁에 달아나 버
> 려 그가 간 곳을 아무도 몰랐다고 한다. 아, 나라가 망하려고 할 때에
> 어찌 어진 이를 좋아하는 일이 있을 수 있겠는가? 선한 사람을 선하게
> 여기는 정도로만 어진 이를 좋아하는 것은 葉子高14)가 용을 좋아한 것
> 만도 못한 일이니, 나라가 어지러워 망하려는 형세에 아무런 도움도 되
> 지 못한다. 문득 술을 청해 가득 부어 놓고 거듭 삽암을 위해 길이 탄식
> 을 하였다.15)

---

14) 葉子高는 춘추시대 葉縣의 수령을 지낸 沈諸亮을 가리킨다. 그는 용을 대단히 좋아해 자기 주변의 곳곳에 용을 새겨 놓았는데, 하늘의 용이 그 소문을 듣고 내려왔다고 한다.

나) 선생은 바로 天嶺 출신의 儒宗이다. 학문이 깊고 독실하여 우리 도학의
   실마리를 이어주신 분이다. 처자를 이끌고 산으로 들어갔으나 나중에
   內翰을 거쳐 安陰縣監으로 나아갔다가 喬桐主에게 죽임을 당했다. 이곳
   은 鉏岩과 십리쯤 떨어진 곳이다. 明哲의 幸·不幸이 어찌 운명이 아니겠
   는가?16)

다) 저녁에 旌樹驛에 도착했다. 客館 앞에 鄭氏의 旌門이 서 있었다. 정씨는
   承宣 趙之瑞의 아내이자, 文忠公 鄭夢周의 玄孫女이다. 승선은 義人이었
   다. 그 기상이 우뚝한 절벽과 같아서 높은 바람이 불어오면 곁에 있는
   절벽이 벌벌 떠는 것과 같았다. 그는 연산군이 선왕의 업적을 능히 잇지
   못할 것을 미리 알고서 물러나 있은 지 십여 년이 되었는데, 오히려 화
   를 면치 못했다. 부인은 籍沒되어 죄인이 되었으나, 젖먹이 두 아이를
   데리고서도 神主를 지고 다니면서 조석으로 上食을 폐하지 않았다. 절개
   와 의리를 둘 다 이룬 경우가 지금 여기에 있다 하겠다.17)

  이 세 자료는 모두 역사 속의 인물을 賢人으로 평가하여 表彰하고 있는
것이 특징인데, 한유한은 난세에 세상에 나아가지 않고 志節을 지킨 인물
로, 정여창은 道學의 儒宗으로서 포악한 군주를 만나 억울하게 희생된 인
물로, 조지서는 義人이었는데 포악한 군주를 만나 억울하게 희생된 인물
로, 조지서의 부인 鄭氏는 절개를 지킨 인물로 그리고 있다. 이런 평가에

---

15) 曺植, 『南冥集』 권2, 「遊頭流錄」 16일조. "惟韓見麗氏將亂 携妻子來栖 徵爲大悲院
    錄事 一夕遁去 不知所之 噫 國家將亡 焉有好賢之事乎 善善之好賢 又不如葉子高
    之好龍 無補於亂亡之勢 忽呼酒滿 重爲鉏岩長息也"

16) 曺植, 『南冥集』 권2, 「遊頭流錄」 16일조. "先生乃天嶺之儒宗也 學問淵篤 吾道有緖
    挈妻子入山 由內翰出守安陰縣 爲喬桐主所殺 此去鉏岩十里地 明哲之幸不幸 豈非
    命耶"

17) 曺植, 『南冥集』 권2, 「遊頭流錄」 24일조. "夕到旌樹驛 舘前竪有鄭氏旌門 鄭氏 趙
    承宣之瑞之妻 文忠公鄭夢周之玄孫 承宣 義人也 高風所擊 隔壁寒慄 知燕山不克負
    荷 退居十餘年 猶不得免 夫人沒爲城朝 乳抱兩兒 背負神主 不廢朝夕祭 節義雙成
    今亦有焉"

서 공통점을 발견한다면, 그것은 지조와 절개를 지켰다는 측면이다. 곧 이 분들은 모두 역사 속에서 지조와 절개를 굳게 지켜 후세에 모범이 될 만한 인물들이다. 남명은 이 점을 얘기하고 싶었던 것이다. 목숨을 아까워하지 않고 지조와 절개를 지키고 의롭게 행동하는 군자다운 정신을 자기 시대에 절실히 필요로 한 것이다.

남명은 한유한·정여창·조지서 이 세 사람을 君子로 일컬으며 큰 산과 큰 내를 본 것보다 이들을 만난 것에 더 큰 의미를 부여하고 있다. 그런데 그는 이들이 보여준 삶의 자세를 존모하고 표창하는 데에서 머물지 않고, 역사적 사건에 대한 탄식을 통해 자기 시대의 정치에 대해 경계하는 뜻을 덧붙이고 있다. 위 인용문 가)에서는 한유한의 경우를 두고서 '선한 사람을 선하게 여기는 정도로만 어진 이를 좋아하는 것은 葉子高가 용을 좋아한 것만도 못한 일이니, 나라가 어지러워 망하려는 형세에 아무런 도움도 되지 못한다'라고 하여, 개인의 인물에 대한 평가를 넘어서 위정자의 속성을 들추어 견책을 하고 있다.

그런데 남명은 한유한을 생각하며 왜 이토록 긴 탄식을 하였을까? 그것은 바로 한유한의 경우를 자기의 처지와 비슷하게 공감하고 있기 때문이었을 것이다. 남명은 어진 이를 천거하여 末職에 임용하는 것이 어려움에 처한 나라를 구제하려는 군주의 진정에서 우러나온 충심으로 보지 않았다. 그것은 어진 이를 좋아한다는 명성을 얻어 난국을 진정시키려는 고도의 정치적 술책으로 보았다. 그래서 남명은 여러 차례 벼슬자리에 임명되었으나 나아가지 않았다.

또한 정여창의 경우를 두고, 남명은 천거되어 나아갔다가 연산군에게 억울하게 죽은 점을 거론하였다. 道學의 儒宗이었다는 점에 대해 길게 언급할 듯한데, 이에 대해서는 한 마디로 줄이고 바로 그의 죽음을 들고 나왔다. 그리고 明哲한 이를 죽이는 어지러운 시대상을 드러내 탄식하였다. 위 인용문 나)의 '明哲의 幸·不幸이 어찌 운명이 아니겠는가?'라고 한 말은, 자기 시대에 대한 엄한 경고가 아닐 수 없다. 명철한 이가 등용되어 세상을 다스려야 하는데, 명철한 이가 뜻을 펴 보지 못하고 죽은 것을 운명으로 돌려버렸다. 남명의 이 말에 대해 退溪 李滉은 "참으로 천고 영웅의 탄식을 불러일으키고 지하에서 귀신을 울릴 수 있는 말이다."라고 평하였다.[18]

조지서의 경우도 마찬가지이다. 그가 義人인 점을 들추어 인물 성격을 千仞壁立의 기상을 가진 인물로 드러내고서, 바로 그가 억울하게 죽게 된 점을 들어 그 시대를 탄식하였다.

이상에서 살펴본 것처럼, 이 세 자료는 모두 특정 인물을 통해 그 시대의 문제점을 크게 드러낸 것이 특징인데, 여기에 바로 남명의 정신이 담겨 있다. 그는 지조와 절개를 지키거나 의롭게 살다간 역사적 인물을 통해 그 시대의 혼란함과 군주의 무도함을 드러내었다. 그리고 그런 역사적 사실을 통해 자기 시대의 어려움을 드러내고, 자신의 삶의 자세를 다졌다. 한 시대의 정신을 부지하려는 뜻을 그 속에 담아 놓은 것이다.

남명은 이들처럼 역사에 떳떳한 이름을 남기기를 원했다. 그래서 자신의 삶의 자세를 엄격히 했고 천왕봉처럼 흔들리지 않는 정신세계를 이룩하려 하였다. 그런 그였기에 위 세 군자의 경우와 바위에 이름을 새겨 넣은 사람들을 들어 다음과 같이 말하고 있다.

또한 보건대, 산 속에는 바위에다 자기의 이름을 새겨 둔 것이 많았는데, 이 세 군자의 이름은 결코 바위에 새겨져 있지 않았다. 그러나 반드시 이들의 이름은 길이 세상에 전해질 것이다. 그러니 바위에 이름을 새기는 것이 만고의 역사를 바위로 삼는 것과 어찌 같겠는가?[19]

---

[18] 李滉, 『退溪集』 권43, 「書曹南冥遊頭流錄後」 참조.

[19] 曹植, 『南冥集』 권2, 「遊頭流錄」 24일조. "且看 山中題名於石者多 三君子不曾入石 而將必名流萬古 曷若以萬古爲石乎"

남명은 또 이 세 군자를 통해서, 만고에 길이 전해질 역사에 志節을 지키고 의로운 일로 이름을 남기는 것이 장부가 해야 할 일임을 거론하고 있다. 이점도 남명이 평생을 두고 추구한 정신세계의 일면인데, 「陋巷記」에 잘 나타나 있다. 「陋巷記」는 孔子 門下의 首弟子인 顔淵을 두고 쓴 글인데, 그 가운데 "天子는 천하로 영토를 삼지만 顔子는 萬古로 영토를 삼았으니, 陋巷은 그의 땅이 아니다. 천자는 萬乘으로 지위를 삼지만 안자는 道德으로 지위를 삼으니, 曲肱이 그의 지위는 아니다. 그러니 그의 땅이 얼마나 넓으며, 그의 지위가 얼마나 큰 가?"라는 말이 있다.

여기서 눈여겨 볼만 한 대목이 '顔子는 萬古로 영토를 삼았다'는 말이다. 안자는 끼니를 잇지 못할 정도로 어려운 생활을 하면서도 도덕을 추구하는 것을 자신의 임무로 삼아 그 정신을 잃지 않은 사람이다. 그래서 그 이름이 만고에 길이 전해지고 있다. 천자의 영토인 '天下'가 공간적 개념으로 당대의 富貴를 상징하는 것이라면, 안자의 영토인 '萬古'는 시간적 개념으로 역사에 길이 남을 名譽를 뜻한다. 위 인용문에서 '만고로 바위를 삼는다'는 말이 바로 이런 말이 아니고 무엇이겠는가? 남명은 평생 '顔淵의 學'을 배우려 하였다. 그런 그였기에 이런 정신을 더욱 뚜렷하게 보여주고 있는 것이다.

이처럼 남명은 만고의 역사에 떳떳한 이름을 남기려고 하였다. 그래서 그는 바위에 이름을 새기는 것에 대해 "대장부의 이름은 마치 푸른 하늘의 밝은 해와 같아서 史官이 책에 기록해 두고, 넓은 땅 위에 사는 사람들의 입에 새겨져야 한다. 그런데 구구하게 숲 속 잡초 사이 원숭이와 이리가 사는 곳의 돌에 새겨서 영원히 썩지 않기를 구하려 한다. 이는 아득히 날아가 버린 새의 그림자만도 못한 것으로, 후세에 그것이 어떤 새인지 어찌 알겠는가?"[20]라고 하였다.

---

[20] 曺植, 『南冥集』 권2, 「遊頭流錄」 19일조. "大丈夫名字 當如靑天白日 太史書諸册 廣土銘諸口 區區入石於林莽之間 犭吾狸之居 求欲不朽 邈不如飛鳥之影 後世果烏知何如鳥耶"

다음은 남명이 역사에 대한 회고를 통해서 다시 현실에 대해 어떻게
인식하고 있는지 살펴보기로 하겠다. 남명은 두류산 깊숙이 묻히기를 원
했지만, 현실세계를 완전히 등지고 자연에 몰입하려는 것은 아니었다. 즉
후대 성리학자들이 현실을 떠나 산림으로 돌아가서 明哲保身을 일컬으며
한가하게 세월이나 보낸 경우와는 사뭇 다르다고 할 수 있다.

남명은 이처럼 역사에 대한 회고를 통해 土로서의 自己意識이 보다 선
명해졌다. 그 가운데 현실문제와 관련해 나타나는 土意識의 일면을 살펴
보기로 하겠다. 우선 민생 문제와 관련해 현실을 어떻게 인식하고 있는지
알아보자.

> 상계사와 신응사 두 절은 모두 두류산 한복판에 있어 푸른 산봉우리가 하
> 늘을 찌르고 흰 구름이 문을 잠근 듯하여 인적이 뜸할 듯하다. 그런데도 이
> 곳까지 관아의 부역이 폐지되지 않아 양식을 싸 들고 모여든 무리들이 끊
> 이질 않고 오가고 있다. 이제는 이들이 모두 흩어져 떠나갈 형편에 이르렀
> 다. 절의 중이 고을 목사에게 편지를 써서 조금이라도 완화해 주기를 바랐
> 다. 그들이 하소연할 데가 없음을 안타깝게 생각해 편지를 써 주었다. 산에
> 사는 중의 형편이 이러하니, 산촌 백성들의 사정을 알 만하다. 정사는 번거
> 롭고 세금은 과중해서 백성과 군졸이 流亡하여 부자간에 서로 돌보지 못하
> 고 있다.[21]

이 자료는 쌍계사를 둘러보고 神凝寺로 들어가 묵을 때의 일을 기록
한 것이다. 이들 일행은 20일 신응사에 들어갔는데, 21일·22일 양일간
온 종일 비가 내려 꼼짝 못하고 절에 들어앉아 있었다. 그때 절에 사는
승려들을 통해 그들의 고충을 듣고, 그들의 부탁으로 진주목사에게 편

---

21) 曹植, 『南冥集』 권2, 「遊頭流錄」 22일조. "雙磎·神凝兩寺 皆在頭流心腹 碧嶺揷天
白雲鎖門 疑若人煙罕到 而猶不廢公家之役 羸粮聚徒 去來相續 皆至散去 寺僧乞簡
於州牧 以舒一分等 憐其無告 裁簡與之 山僧如此 村氓可知矣 政煩賦重 民卒流亡
父子不相保"

지를 쓴 것 같다. 남명은 이들을 통해 승려들이 부역에 끊임없이 시달리는 사정을 알았고, 나아가 산간 마을 백성들이 번거로운 부역과 과중한 세금 때문에 가족이 뿔뿔이 흩어지게 된 현실을 절감했던 것으로 보인다.

남명은 백성들의 이런 실정을 피부로 느끼면서, 자신들이 한가롭게 유람이나 하고 있는 것에 대해 돌아보게 되었다. 그래서 그는 느낀 점을 다음과 같이 시로 읊었다.

높은 물결은 우레와 벼락이 다투는 듯 요란하고,	高浪雷霆鬪
신령스런 봉우리는 해와 달이 간 듯이 묘하네,	神峯日月磨
신령스런 이곳에서 함께 고담을 나누었는데,	高談與神宇
얻은 것이 과연 무엇인가?	所得果如何

제1구는 신응사 앞의 개울물이 요란하게 長廣舌을 내며 흐르는 모양을 형용한 것이고, 제2구는 신응사 주위의 산봉우리가 신비롭게 생긴 것을 형용한 것이다. 제3구의 '高談'은 일행이 신응사에 머물며 주고받은 談論인데 제1구의 '高浪'과 그 이미지가 연결되어 높고 청량한 느낌을 주고 있으며, '神宇'는 神凝寺 주위의 별천지를 의미하는 말로 제2구의 '神峯'과 자연스럽게 이어지고 있다. 그래서 '高談'과 '神宇'는 세속적 근심이 사라진 脫俗的 분위기를 자아낸다. 그런데 마지막 구는 갑자기 그런 분위기로부터 反轉하여 소득이 무엇인지를 묻고 있다.

그렇다면 이 마지막 구의 '所得果如何'는 무엇을 의미하는 것일까? 이 시를 앞뒤 문맥 속에서 보지 않으면 아마도 그 뜻을 파악하기 어려울 것이다. 그러나 앞에서 이미 승려들의 실정을 통해 번거로운 부역과 과중한 세금에 시달리는 민생문제를 거론했다. 그리고 이 시를 그 뒤에다 붙여 놓았다. 그렇다면 이 시의 마지막 구는 바로 그런 느낌을 삽입한 것이 아닐까? 神宇에서 며칠 高談을 했는데, 얻은 것은 '高'나 '神'의 경지가 아니고 답답한 현실뿐이었던 것이다.

여기서 알 수 있듯이, 남명은 세속과 동떨어진 곳을 유람하면서도 현실 문제에 민감한 반응을 보이며 민생을 걱정하고 있다. 이는 남명이 산수에 묻혀 있거나 산수를 노닐면서도 현실에 대한 생각을 조금도 늦추지 않고 있다는 것을 의미하는 것이다. 그는 일찍이 士類들과 이야기를 나누다 당시 정치의 잘못과 민생의 곤궁에 대해 말이 미치면 팔을 걷어 부치고 울먹이다가 눈물을 흘리기까지 하였다.[22] 남명이 세상을 뜨자 大谷 成運이 墓誌銘을 지었는데, 그 안에 "그는 세상사를 잊지 못하여 나라를 걱정하고 백성을 애달파 하였다. 매번 달 밝은 밤이면 홀로 앉아 슬피 노래를 부르고, 노래를 마친 뒤에 눈물을 흘렸다."[23]고 썼다. 대곡은 20세 전후부터 남명과 벗하여 평생 가장 가깝게 지낸 사이로, 누구보다도 남명을 잘 알 던 사람이다. 대곡이 절친한 벗을 먼저 보내고 묘지명을 지으면서 이와 같이 말하였으니, 남명의 평소 현실문제에 대한 자세를 摘示한 것이라 하겠다.

이와 같은 남명의 현실인식은, 현실에 유용한 학문을 해야 한다는 그의 학문정신에서 기인한 것이다.『宣祖修正實錄』에 남명의 학문에 대해 "조식의 학문은 마음으로 터득하는 것을 귀하게 여기고, 致用과 實踐으로 급무를 삼았다."[24]고 하였다. '마음으로 터득하는 것'은 自得을 의미한다. 학문하는 사람은 자득을 해야 실제의 일에 그 정신을 자유자재로 활용할 수 있다. '致用'과 '實踐'은 배운 것을 현실에 쓰는 것이다. 그렇다면 학문의 목표가 배운 것을 현실에 유용하게 쓰고 실천하기 위한 데

---

[22] 李肯翊,『燃藜室記述』권11,「明宗朝遺逸-曺植」. "嘗與士子語 及時政闕失生靈困悴 未嘗不振腕哽咽 至於流涕"

[23] 曺植,『南冥集』권두, 成運 撰「墓碑文」. "不能忘世 憂國傷民 每植淸宵皓月 獨坐 悲歌 歌竟涕下"

[24] 實錄廳,『宣祖修正實錄』제6권, 선조 5년 정월 무오일조. "植之爲學 以得之於心 爲貴 致用實踐爲急"

있는 것이니, 현실과 불가분의 관계일 수밖에 없다.

Ⅳ. 맺음말

이상에서 남명의 산수유람에 대한 기본관점과 「유두류록」에 나타난 정신세계의 일면을 살펴보았다. 대체로 산수유람을 즐기는 사람들은 기상을 고취하고 시야를 확대하려는 생각을 가지고 있다. 그런데 조선 시대 성리학자들의 경우는 심성을 수양하는 문제가 그들의 최대의 관심사였기 때문에 끊임없이 자연과의 융화를 통해 자신의 심성을 닦으려 하였다. 그래서 그들은 인근의 명산을 유람하며 心身을 연마하고 志趣을 고취하였다.

남명도 기본적으로 이런 생각을 가지고 있었다. 특히 그는 수양론을 중시한 실천적 성리학자였기에 빼어난 경관을 보고 정신을 상쾌하게 하는 데에서 머물지 않고, 자아에 대한 깊이 있는 성찰을 게을리 하지 않았다. 그래서 어떤 사건을 접하면 항상 자신을 돌아보고 마음자세를 가다듬거나, 동행한 벗들에게 義를 북돋우고 높다란 정신세계를 고취시켰다. 우선 이런 점에서 그가 남긴 「遊頭流錄」은 여타 다른 사람들의 유람록과 그 성격이 구별되어야 할 것이다.

그 다음 그는 이런 성리학자적 자세에서 한 걸음 더 나아가, 산과 물을 보고서 그 산과 물을 통해 역사를 떠올렸다. 곧 그 산과 물을 역사가 깃들이어 있는 산수로 인식한 것이다. 그래서 그 곳에 살던 옛 사람을 생각했고, 그가 살던 시대를 생각했다. 특히 지조와 절개를 세워 후세에 師表가 될 만한 인물에 대해서는 그 분의 특징적인 면모와 그 시대의 어지러운 측면을 드러내 삶의 가치를 크게 부각시켰다. 겉으로는 역사를 통해 탄식하는 뜻을 드러냈지만, 속에는 자기 시대의 無道함에 대한 警戒의 의미를 담아 놓았다. 이 점이 그의 산수유람에 대한 독특한 관점으로, 이른바 '看山看水 看人看世'의 산수유람관이다.

그는 기본적으로 이런 유람관을 가지고 있었기에, 산수유람을 하면서 자아에 대한 깊은 성찰을 보이고 심성수양의 문제에 대해 조금도 마음을 늦추지 않았다. 또한 역사를 회고하며 역사적인 인물을 통해 그 시대의 모순을 예리하게 파헤쳤고, 그를 통해 다시 자기 시대의 현실을 비추어 보았다. 그래서 자연스럽게 현실문제에 깊은 관심을 보이고 있으며, 특히 민생의 어려움에 대해 깊이 상심하고 있다.

남명의 「유두류록」에 나타난 이와 같은 정신세계는 곧 그의 士意識을 반영한 것이라 할 수 있다. 1519년 기묘사화가 일어난 뒤로부터 약 반세기 동안은 士林이 기를 펴지 못하고 外戚과 權臣이 정권을 농락하던 경색된 정국이었다. 남명은 이런 시대에 물러나 있으면서 士의 자세를 더욱 확고히 하였고, 士로서의 자아에 대한 각성을 새롭게 한 인물이다. 그리하여 士로서의 정신적 자세를 더욱 높게 가지려 하였는데, 이런 정신세계가 바로 이 「유두류록」에 자연스럽게 배여 있는 것이다. 남명은 이와 같은 士의 자세를 가졌기에, 뒷시대 李栗谷으로부터 "世道를 만회한 공은 우리나라 여러 군자의 아래에 있지 않을 것이다. 그의 千仞壁立의 기상은 완악한 사람을 청렴하게 하고 나약한 사람을 일으켜 세울 수 있으니, 이른바 백세의 스승이다."라는 극찬을 들었다.[25]

마지막으로 남명의 이 「유두류록」을 退溪가 보고 평한 말이 있는데, 이 가운데 일부분을 인용해 이 글을 맺으려 한다.

> 조남명의 「유두류록」 중에서, 그가 勝景을 두루 찾아다니며 구경한 것 외에 일에 따라 뜻을 붙여 놓은 것을 보건대, 분개하고 격앙하는 말이 많아 다른 사람으로 하여금 정신이 번쩍 들게 하여 그 사람됨을 상상해 볼 수 있게 한

[25] 李瀷, 『星湖僿說』 제9권, 「退溪南冥」 참조.

다. 그 가운데 ‘하루 동안 햇볕을 쪼이는 것은 아무런 도움이 없다’고 한 말이나, ‘위로 향하고 아래로 달려가는 것은 단지 한번 발을 드는 사이에 달려있을 따름이다’라고 한 말은 모두 至論이다. 그리고 이른바 ‘明哲의 幸·不幸이 어찌 운명이 아니겠는가?’라고 한 말은, 참으로 천고 영웅의 탄식을 불러일으키고 지하의 귀신을 울릴 수 있는 말이다.26)

이 글은 『남명학연구』 제5집(1995)에 수록된 「南冥의 山水遊覽에 대하여 – 「遊頭流錄」을 중심으로」를 그대로 실은 것이다.

---

26) 李滉, 『退溪集』 권43, 「書曹南冥遊頭流錄後」. “曹南冥遊頭流錄 觀其遊歷探討之外 隨事寓意 多感憤激昂之辭 使人凜凜 猶可想見其爲人 其曰一曝之無盆 日向上趨下 只在一擧足之間 皆至論也 而所謂明哲之幸不幸等語 眞可以發千古英雄之歎 而泣鬼神於冥冥中矣”

—

梅泉 自然詩에 投映된 近代性 研究

김진욱

—

Ⅰ. 서론

　매천 황현은 1855년에 태어나 1910년에 생을 마감하였으니, 19세기 말에서 20세기 초를 살다간 인물이다. 그간의 연구에서 밝혀졌듯이 그는 뛰어난 역사학자요, 시인이었다. 그에 대한 많은 연구 논문은 그를 한시 문학의 마지막을 장식했던 인물로 높게 평가하고 있다.

　이처럼 매천은 전통 시대의 문학을 대표하는 한시 문학의 뛰어난 작가이다.[1] 이러한 측면에서 본다면 그의 문학 작품 속에서 근대성을 논하는

---

[1] 여러 선행 논문에서 밝혔듯이 매천은 전통적인 한시 수업을 받았으며, 학시에 유달랐으며, 한시의 뛰어난 이론가였다. 이 부분에 대한 선행 연구는 연구사를 정리해야 할 정도이다. 여기에서는 이 부분에 대한 주목할 만한 연구 성과로 李秉岐(『매천시 연구』, 보고사, 1995) 기태완(『梅泉詩 研究』, 성균관대학교 박사학위논문, 1998), 金晋郁(「梅泉 黃玹의 〈和小川論詩六絶〉 研究」, 고시가연구 30집, 2012), 황수정(「梅泉 黃玹의 詩文學 研究」, 조선대학교 박사학위논문, 2006)의 논문 등을 소개하고자 한다.

것은 사실상 어려운 작업이다. 한시 문학이 지니고 있는 제 특성을 고려해 본다면 한시와 근대성을 접목시키는 작업이 어렵기 때문이다.[2]

반면에 매천은 근대를 살았던 인물이다. 매천은 동도서기론을 주장하였고, 근대 학교라 할 수 있는 호양학교 설립에 주도적으로 앞장섰다. 매천의 여러 행적들에서 그가 적극적으로 근대를 수용하였다는 사실은 쉽게 발견할 수 있다.

생트뵈브의 지적이 아니더라도 작가로부터 완전히 자유로울 수 있는 작품이 없다는 것은 증명할 필요가 없는 상식의 문제이다. 이러한 측면에서 본다면 매천의 문학 작품 속에 근대성이 전혀 없다는 것은 납득하기 어렵다. 이러한 이유로 매천의 문학 작품 속에 숨어 있는 근대성을 고찰하는 작업은 그의 문학 세계를 보다 정치하게 이해하는 데 도움을 주리라 판단한다. 나아가 한시 문학의 마지막 방향성을 추론하는 데에도 도움이 되리라 판단한다.

매천의 문학 세계가 폭이 매우 넓다는 것은 여러 선학들에 의하여 증명되었다. 그러므로 논의의 집중을 위하여 가장 근대성이 돋보이는 자연시[3]를 중심으로 고찰하고자 한다. 그가 남긴 사회시에도 곳곳에서 근대

---

[2] 봉건시대 문학을 대표하는 장르가 한국 한시라는 것을 고려한다면 특별히 증명할 필요가 없는 문제이나, 굳이 논거를 이야기하자면 이러한 선행 연구를 거의 찾아보기 어렵다는 사실을 들 수 있다.

[3] 한시 연구에 있어서 자연을 소재로 한 작품들은 일반적으로 산수시로 분류되고 있다. 그러나 논제의 성격상 전통 한시의 산수 개념을 뛰어 넘는 대상까지 논의에 포함하려는 의도와 근대성을 추출하는 데에 산수의 개념보다는 자연이라는 개념이 용이하기에 자연시라는 개념을 사용하고자 한다. 또한 자연시라는 개념 역시 산수시 못지않게 일반화된 개념이기에 사용에 문제가 없다고 본다. 자연시는 작품화 과정에서 자연을 대상으로 한 작품들을 일컫는 개념이다. 남재철은 자연시라는 개념을 다음과 같이 설명하였다. 한중 한시의 분류 항목으로 자연시라는 개념이 통용된 것은 근대 이후에 이르러서이며, 근대 이전에는 자연시와 유사한 개념으로 전원시, 산수시, 전가시 등의 용어가 주로 사용되었다. …중략… 이 용어들이 예나 지금이나 널리 통용이 되고 있기는 하지만, 학술적 개념어로 확정되는 과정이나 그 구체적인 범주가 분명치는 않기 때문이다. 이러한 용어들이 선명해졌을 때 자연시라는 용어의 의

성이 엿보이는 것이 사실이지만, 자연시에 숨어 있는 근대성을 논하는 것이 본 논제에 보다 적합하리라 판단한다.

이를 위하여 먼저 매천의 자연관을 살펴볼 것이며, 매천시의 형식적 특성을 고찰하여, 형식의 굴절에 숨겨 있는 근대성을 논하고자 한다. 나아가 근대문학의 주요 특성인 개별화가 매천의 자연시에서는 어떻게 드러나고 있으며, 리얼리즘의 토대가 되는 현장성이 작품에 어떻게 수용되었는가를 밝힘으로써 매천의 자연시에 투영되어 있는 근대성을 고찰하고자 한다.[4]

II. 傳統과의 斷絕

1. 梅泉의 自然觀

매천의 自然觀, 즉 매천은 자연을 어떻게 생각하였는가를 고민해보는 작업은 유의미하다고 생각한다. 매천의 자연에 대한 인식은 그의 자연시

미도 분명해 질 것으로 믿는다.(남재철, 「자연시의 의미와 한국에서의 전개 양상」, 『동방한문학』 제33집, 2008, 103쪽) 남재철의 지적처럼 현재 산수시, 전원시, 자연시 등의 개념이 학술적으로 확정되어 있지 않다. 학자마다 주관 적으로 용어를 사용하고 있는 실정이다. 남재철은 이 논문에서 자연시를 전 원시, 산수시, 전가시의 상위 개념으로 놓고, 자연시는 자연경물을 중심적인 소재로 수용할 것, 은일생활 내지는 자연에 대한 강렬한 애호 의식을 담고 있을 것 등 두 가지 기준을 내세웠다.(같은 논문, 112쪽) 자연시의 범주를 본 격적으로 논의했다는 의미를 가지지만, 그럼에도 기준이 모호하고 너무 폭 넓은 것이 사실이다. 남재철의 주장에 완전히 동의하는 것은 아니나, 자연시 가 산수시를 포함하는 상위 개념이라는 것에는 동의한다.

[4] 매천의 전체 작품 수는 2,500여수로 알려졌지만 정확한 전모의 파악은 현재도 진행형이다. 여기에서는 상해판 『梅泉集』을 토대로 논의를 진행하고자 한다. 상해판 『梅泉集』은 매천 사후 1911년에 그의 평생 벗이었던 창강에 의하여 발 간되었다. 이후 1913년에 속집이 발간되어 상해판 『梅泉集』은 9권 4책으로 구 성되어 있다. 이 상해판 『梅泉集』은 뛰어난 비평가였던 창강이 그의 벗 매천 의 작품 중 선별하여 책으로 엮었다는 장점이 있고, 수록된 전체 작품 수가 839수로 비교적 여러 통계를 내기에 적합한 수라는 장점을 지니고 있다.

에 직간접으로 영향을 끼쳤을 것이기 때문이다. 매천이 자연에 대한 인식을 직접적으로 언급한 적이 없으므로, 그의 문학 작품과 다양한 행적 속에서 그의 인식을 엿볼 수밖에 없다.

가장 먼저 생각해볼 수 있는 매천의 자연관은 유가 사대부의 전통적 자연관이라 할 수 있는 도학적 자연관5)이다. 매천의 자연시에도 이러한 도학적 자연관이 담겨 있다. 이것은 모든 유학자의 자연시에서 공통적으로 드러나고 있는 부분이라고 할 수 있다. 매천의 자연시에서 이러한 인식은 쉽게 찾아볼 수 있다.

반면에 매천의 자연시에는 정통 유학자의 한시 작품에서는 찾아보기 어려운 자연에 대한 인식이 반영된 작품이 상당수가 있다. 이병기는 매천시의 종합적 연구에서 '소재별로 본 주제적 특징'을 憂國詩 등 6개 항목으로 분류하여 논의하였다. 이 가운데 다섯 번째 항목으로 植物詩를 설정하였고, 이병기는 매천시에서 식물을 소재로 한 작품들의 주제적 특성을 '있는 그대로의 가시적 소재를 서경적 대상으로 다루었다.'6)고 주장하였다. 이병기의 '있는 그대로의 가시적 소재를 서경적 대상으로 다룬 것'이라는 지적은 남재철의 '조선풍의 사실주의적 자연시7)'라는 용어와도 궤를 같이 하고 있

---

5) 金晋郁, 『송강 정철 문학의 재인식』, 역락출판사, 2005, 222쪽. "사대부들에게 自然은 道學의 또 다른 표출이었다. 공자가 말하였던 '三人行必有我師焉'(論語, 述而.)의 확장이라고 말할 수 있는 '子曰 知者樂水 仁者樂山 知者動 仁者靜 知者樂 仁者壽(論語, 擁也.)의 山水가 自然이었던 것이다. 자연은 이와 같이 玩賞의 대상이 아니라 學의 방편이자, 수기의 대상이었던 것이다. 이러한 이유로 사대부들은 자연을 통하여 수기를 이루었고, 또한 이것이 자연을 통한 작품의 창작 동기이자, 내적 형상을 이루었던 것이다." 도학적 자연관은 자연경물 역시 修己의 대상으로서 인식하고, 자연경물 속에 존재하는 도학적 속성을 받아들여 수기의 방편으로 삼는 자연관이다. 유가 사대부들이 사군자를 애호하였던 것은 사군자가 지닌 五常을 숭상하였기 때문이다.

6) 李秉岐, 『매천시 연구』, 보고사, 1995, 162쪽.

7) 남재철, 「자연시의 의미와 한국에서의 전개 양상」, 『동방한문학』 제33집, 2008, 123~128쪽. 남재철은 '한국 자연시의 전개 양상'이라는 절에서 조선 후기 자연시 특성을 이서구와 정약용을 대상으로 하여 논의를 전개하였다. 논의의

다. 이것은 자연을 수기의 방편으로 보았던 인식에서, 세계 속에 나와 더불어 존재하는 대상으로 자연에 대한 인식이 전환되었다는 것을 의미한다.[8] 자연에 대한 이러한 인식은 근대 시인이라 할 수 있는 1930년대 자연친화적인 시인들의 작품에서 쉽게 찾아볼 수 있는 자연관이기도 하다.

있는 그대로의 자연을 묘사하는 시인의 심리 상태는 자연과학자가 관찰일지를 기록하는 것과 동일한 상태는 아니다. 남재철은 이러한 詩作을 避接行爲[9]로 보았다. 시인이 자연시를 통하여 정신적 건강을 회복하고자 하는 것을 詩作의 목적으로 본 것이다. 시인에게 있어 있는 그대로의 자연은 인간에 의하여 왜곡되고 파괴된 사회의 상대적 대칭물이다. 그래서

전개 과정에서 사실주의 내지 사실적이라는 표현을 10회에 걸쳐 사용하였으며, '조선풍의 사실주의적 자연시'라는 표현을 4번이나 사용하였다. 특히 이서구의 자연시에 대하여 '전통적 의미의 자연시와 조선풍의 사실주의적 자연시가 동시에 나타나고 있다.'(125쪽), '이전 시기에는 쉬이 볼 수 없었던 그래서 매우 尖新하게 느껴지는 조선풍의 사실적 자연시이다.'(126쪽)라는 표현을 통하여 도학적 자연시와 성격을 달리하는 자연시의 특성을 조선 후기 자연시의 한 흐름으로 보았다.

[8] 자연관의 변화는 근대문학 특성 중의 하나이며, 그 맹아는 이미 구한말에 싹트였다고 본다. 매천 문학의 근대적 특성을 산문화의 추구, 개성의 발현, 새로운 문체의 시도 등으로 나누어 살펴보았다. 이러한 형식적 특성에 드러난 근대성은 매천 근대정신의 무의식적 표출이며, 내용과도 상호작용을 하고 있다. 매천의 의식 세계는 봉건적 질서 체제를 수호하고자 하였으나, 문학 속에서만 표출되었던(서정시가 갖는 사고의 구조 자체 속에는 이미 내적인 것에서 외적인 것으로, 개별적인 사실이나 작품으로부터 그 뒤에 있는 뭔가 보다 넓은 사회경제적 현실로 나아가는 움직임이 전제되어 있다. 프레드릭 제임슨, 여홍상·김영희 공역, 『변증법적 문학 이론의 전개』, 창작과비평사, 1984, 18쪽) 잠재된 그의 근대 의식은 훗날 동도서기의 주창이라든지, 호양학교 설립 등에서 의식 세계로 나아갔다고 본다.

[9] 남재철, 「자연시의 의미와 한국에서의 전개 양상」, 『동방한문학』 제33집, 2008, 132~133쪽. 자연시는 확실히 그 방식이 어떠하든 간에 피접행위이다. 피접이란 다툼으로 인해 발생한 질병으로부터 요양을 떠나는 행위이다. …중략… 구한말의 애국지사 황현이 젊은 시절에 시국의 혼란함을 개탄하며 향리에 은거하며 〈採覆盆子〉와 같은 많은 자연시 창작을 통해 자신의 정신적 건강함을 유지하고 있지 못했더라면 …중략… 그의 〈絶命詩〉도 세상에 나오지 못하였을 것이라고 말한다면 지나친 비약이 되는 것일까?

훼손되지 않은 자연은 시인에게 있어 유토피아이다. 김홍진은 서정 시인들의 자연 지향을 '부조리와, 악, 모순과 고통의 현실을 돌파하려는 유토피아 정신의 결과로 보고자 하는 문제의식에서 출발한다.'[10]며 자연의 재신화화와 탈신화화의 의미를 분석하였다.

김홍진의 '서정시란 바로 불협화음의 삶 가운데서 상실된 세계와 행복하게 일치했던 서정적 자아의 힘겨운 자기 반성이다.'[11]라는 주장이 서정 시인들의 자연 지향의 이유이고, 그 결과가 남재철이 지적한 건강의 회복인 것이다. 이러한 자연관은 자연 역시 인간과 더불어 세계를 구성하고 있는 하나의 객관물로 인식하는 것이다. 자연을 수단이나 도구로 인식하지 않고, 또 다른 극인 절대적 예찬의 대상으로도 인식하지 않는 자연관이다. 매천이 자연을 하나의 객관적 대상물로 인정하고, 그 속에서 조화를 추구한 것은 오늘날 생태시학에서 주장하는 자연관[12]이기도 한다. 즉, 매천은 자연을 인간의 종속적 대상이 아니라 인간과 조화를 이루어야 하

---

[10] 김홍진, 「자연의 재신화화와 탈신화화」, 『한국언어문학』 제58집, 334~335쪽.

[11] 김홍진, 「자연의 재신화화와 탈신화화」, 『한국언어문학』 제58집, 354~355쪽.
서정적 자아의 원형은 자아와 세계가 행복하게 일치하는 동일성에 위치해 있다. 그런데 인간과 인간, 인간과 세계의 동일성은 파괴되고, 억압과 결핍, 혼돈과 분열의 세계에 시적 자아는 위치해 있다. 그 속에서 삶과 세계를 총체적 질서로 파악하려는 노력은 좌절될 수밖에 없고, 삶과 세계의 초월성은 더 이상 우리 곁에 행복한 표정으로 머물 수 없다. 자아와 세계는 분열되고 과학과 산업에 대한 신앙은 모든 존재를 물화시킨다. 주체와 객체, 자아와 세계가 조화롭게 일치하던 시대의 신성은 더럽혀졌으며, 그러한 문명의 세계에서 서정적 자아는 행복한 표정으로 인간과 세계를 노래할 수 없다. 현대의 서정시란 바로 불협화음의 삶 가운데서 상실된 세계와 행복하게 일치했던 서정적 자아의 힘겨운 자기반성이다.

[12] 송용구 편저, 『에코토피아를 향한 생명 시학』, 시문학사, 2000, 248~249쪽. 자연시는 근본적으로 인간적 가치에 기초를 둔 휴머니스틱한 시를 말한다. 이것은 자연을 숭배하거나 찬양하는 경우도 마찬가지이다. …중략… 자연은 인간을 발견하기 위한 들러리에 불과하게 된 것이다. …중략… 생태시는 자연을 주제나 대상으로 다루고 있는 점에서 하등 다를 바가 없다. 그러나 그것은 인간중심적 사고를 지양하고 비인간세계를 가감하게 포용하는 바이오센트리즘을 추구한다.

는 객관물로 인식한 것이다. 매천의 이러한 자연관은 전통시대의 유학자에게서는 찾아보기 힘든 근대적 자연관이다. 실제 작품을 통하여 논의를 진행하고자 한다.

다음 작품은 〈新月〉이다. 전통시대의 도학적 자연관은 찾아볼 수 없다. 한시에서 달이 지닌 관념적 이미지는 전혀 나타나지 않는다. 이 작품은 읽고 또 읽어서 내재된 의미를 깨닫고 나서야 즐거움을 누리는 시가 아니다. 사실적 묘사의 탁월함과 그 속에서 느껴지는 자연과의 교감이 시적 감흥을 주는 작품이다.

新月明未穩	새 달이 솟아도 온전하지 못하고
不破半邊暝	반나마 흐릿한 것 사라지지 않더니
淸風吹雲散	바람 불어 구름이 흩어지자
窓虛月上庭	창 틈 사이로 달빛이 내려앉네

〈新月〉13)

〈新月〉은 특별한 조탁을 하지 않았지만 독자에게 두 가지 즐거움을 준다. 그중 하나는 시인의 뛰어난 관찰력에 동화되는 즐거움이며, 나머지 하나는 시인의 시적 표현에 대한 감흥이다. 〈新月〉을 읽고 느껴지는 즐거움은 편안함과 기발함이다. 그리고 독자는 〈新月〉에서 그 편안함을 누리고, 또한 기발함 때문에 얼굴에 미소를 짓는다. 편안함은 매천의 피접행위14)가 독자에게 전달된 것이고, 기발함은 매천의 작가적 재능이다. 이

---

13) 『苟安室新稿』, 순천대박물관 소장본.

14) 남재철, 「자연시의 의미와 한국에서의 전개 양상」, 『동방한문학』 제33집, 2008, 132~133쪽. 자연시는 확실히 그 방식이 어떠하든 간에 피접행위이다. 피접이란 다툼으로 인해 발생한 질병으로부터 요양을 떠나는 행위이다. …중략… 구한말의 애국지사 황현이 젊은 시절에 시국의 혼란함을 개탄하며 향리에 은거하며 〈採覆盆子〉와 같은 많은 자연시 창작을 통해 자신의 정신적 건강함을 유지하고 있지 못했더라면 …중략… 그의 〈絶命詩〉도 세상에 나오지 못하였을 것이라고 말한다면 지나친 비약이 되는 것일까?

둘의 절묘한 조합이 〈新月〉을 작품성이라 할 수 있다.

〈新月〉에 그려진 그림을 보면 작가는 어느 날 밤, 잠이 오지 않아 마당을 서성거리고 있다. 달은 엷은 구름 속을 드나들고 있다. 그러다 바람이 불자 구름 사이로 밝은 달빛이 내려오는 것이다. 엷은 구름을 드나드는 달을 新月에, 바람에 흩어지는 구름을 제치고 나타나는 달빛을 창 틈 사이로 내려오는 것으로 비유하였다. 이러한 비유는 시인의 뛰어난 관찰력이 수반되지 않으면 하기 어려운 표현이다.[15] 산골 마을의 평화로운 달밤을 아름답게 시화하였다.

매천의 자연시들은 상당수의 작품들이 이와 같은 사실적 묘사에서 미감을 획득하고 있다. 아주 소박한 일상이나 산골의 평범한 풍경이 주로 시화되고 있다. 그럼에도 매천의 자연시들은 진부하지 않고 독자에게 읽는 즐거움을 준다. 그러한 이유는 작가의 뛰어난 관찰력에 기반한 기발한 표현력 때문이다.[16] 다음은 매천의 자연관이 잘 드러나 있고, 기발한 표현력이 돋보이는 〈秋聲〉이라는 작품이다.

秋聲入砧杵	가을바람이 다듬이질 소리에 스미니
孤月未能閒	외로운 달은 한가할 틈이 없네
絡緯答杵聲	귀뚜라미도 다듬이질 소리에 맞춰
時時在壁閒	때때로 벽 틈에서 화답하네

〈秋聲〉17)

---

15) 김정환, 「매천 황현의 구안실신고 연구」, 『한문학보』 제12집, 439쪽. 밝고 아름다우면서 풍부하고 윤기가 나는 시이다. 아름답게 꾸미거나 典故를 가능한 한 사용하지 않고 인위적인 조작을 가하지 않으면서 조탁한 흔적이 보이지 않는다. …(中略)… 〈新月〉은 완전한 시각적 이미지로만 구성되어 있으며, 아무런 꾸밈이 없어 소박하기까지 하다.

16) 매천의 작가적 재능은 본 논의의 주제에서 벗어나 있으므로 이 부분에 대한 상세한 논의는 다음 기회에 다루고자 한다.

17) 『苟安室新稿』, 순천대박물관 소장본.

매천은 起句에서 가을바람이 다듬이질 소리에 스민다고 표현하고 있다. 기발한 표현이다. 어느 가을날 어느 집에서 밤늦도록 다듬이질을 하는 모양이다. 그 소리가 바람을 타고 퍼져나가고 있다. 이것을 다듬이질 소리에 바람이 스민다고 표현한 것이다. 承句의 표현 역시 멋지다. '외롭다.'라는 표현과 '한가할 틈이 없다.'라는 표현은 이율배반적이다. 여기에서 외로운 것도 달이고, 한가할 틈이 없는 것도 달이다. 산골 마을에서 밤을 밝혀주는 것은 달이다. 달은 밤늦도록 다듬이질을 하는 이에게 부지런히 빛을 밝혀줘야 한다. 그러기에 '不能'이 아니라 '未能'인 것이다. 이러한 이율배반적인 표현이 자연스럽다. 보고 느낀대로 詩化한 것이다. 뛰어난 관찰력과 기발한 표현력, 이것이 사실적으로 묘사되고 있다. 여기에는 다듬이질 하는 사람도 보이지 않는다. 오직 귀뚜라미만이 다듬이질 소리에 맞춰 노래하고 있다. 靜中動의 白眉이다.

자연은 자연대로, 자신은 자신대로 각각의 거리를 유지한 채 조화롭게 적응해나가는 모습이 눈에 보인다. 매천의 자연시에는 이와 같이 자연을 그 대상 자체로 인식하는 작품이 많다. 이것이 매천의 자연관이고, 매천의 자연시에는 이러한 인식이 함께 하고 있다.

2. 傳統의 繼承과 變化

문학 작품이 독자에게 주는 최고의 아름다움은 감동일 것이다. 독자에게 감동을 주는 것, 이것이 문학의 존재 이유일 것이다. 어느 문학 작품이나 형식이 내용에 간여를 하겠지만, 특히 한시 작품은 작품의 정형성이 이러한 감동에 커다란 몫을 한다. 한시는 형식미가 주는 아름다움이 다른 문학 작품보다 훨씬 크게 작용하는 장르인 것이다. 이러한 이유로 정형성을 탈피한 작품을 한 수도 제작하지 않은 한시 작가가 상당한 것이다. 여기에 집단적으로 반발을 하였던 시파가 백탑시파이며, 이후 한시 문학의 마지막 시기까지 그 영향은 계속되었다.

우리 문화사에서 18세기는 격동의 시기였다. 중세의 붕괴가 곳곳에서 나타났으며, 새로운 질서를 찾고자하는 움직임이 사회 전반에서 일어나던 시기였다. 음악에서는 판소리가 등장하였고, 미술에서는 진경산수화와 풍속도가 등장하였다. 국문학 역시 사설시조의 확장과 더불어 전통 미의식의 변화가 일어났다.

한시 역시 예외일 수는 없었다. 典範에 대한 고민이 일어났으며, 법고에 대한 회의가 일었던 것이다. 唐詩와 宋詩에서 벗어나고자 하는 움직임이 있었고, 조선의 문인들이 중국인의 관념 세계를 추구하는 것에 대한 의문과 반성이 일었다. 연암은 〈嬰處稿序〉에서 조선과 중국이 산천과 땅의 풍기가 다르고 언어와 노래의 습속이 다르므로 조선 사람은 중국의 법을 본받아서는 안 되며 조선의 노래를 지어야 한다고 말한다. 여기에서 처음으로 '朝鮮風'이라는 용어가 사용되었다.[18] 그러나 연암의 '朝鮮風'에는 이정선의 지적[19]처럼 민족 주체에 대한 분명한 자각이 부족한 것 역시 사실이었다.

다산은 '我是朝鮮人 甘作朝鮮詩'라며 '朝鮮詩'의 개념을 수용하였다.[20]

---

[18] 朝鮮風이라는 용어에 대해서는 이정선의 『조선후기 조선풍 한시 연구』(한양대학교 출판부, 2002)에서 자세하게 논의되었다.

[19] 이정선, 『조선후기 조선풍 한시 연구』, 한양대 출판부, 2002, 22쪽. 문학 행위의 궁극적 목적은 어디에 있는가? 그것은 전범에 다가서기 위함이 아니라 자기 소리를 찾기 위해서이다. 자기 소리는 어디서 찾아지는가? '그때 거기'가 아니라 '지금 여기'에서이다. 아득한 옛날로만 향해 있던 눈길을 지금 내가 딛고 서 있는 이 자리로 옮겨야 한다는 것이다. 말로 하기는 간단하지만 이러한 인식의 전환이 이루어지기까지는 참으로 오랜 시간이 걸렸다.

[20] 朝鮮詩와 朝鮮風은 그 함의가 같고 朝鮮詩라는 용어보다는 朝鮮風이라는 용어가 더 많이 사용되어지고 있으므로 朝鮮風이라는 용어를 사용하는 것이 적절하다고 본다. 다만 여기서는 朝鮮風이나 朝鮮詩에 대한 논의가 아니고 그 중요한 속성인 매천시에 드러난 당대 현실의 사실적 묘사에 초점을 맞추고자 하므로 엄격한 용어의 구별은 불필요하다고 본다. 다만 매천의 여러 성향이 연암보다는 다산에 더 기울어 있고, 朝鮮詩라는 용어가 보다 일반적 의미를 내포하고 있다는 판단에서 朝鮮詩라는 용어를 사용하고자 한다.

다산의 朝鮮詩는 당대 현실에 대한 사실적 묘사에 초점을 맞추고, 개성의 발휘, 전범의 파괴, 탈중심적 사유 등 한시의 조선화를 추구한 것이다. 이러한 한시의 조선화는 자연스럽게 근대 정신을 수용하였다. 특히 백탑시파의 작품들은 이전의 한시 작품에서는 찾아보기 힘들었던 커다란 정서의 변화를 읽어낼 수 있었으며, 형식의 파괴를 보인 작품을 어렵지 않게 찾아볼 수 있다. 매천 문학의 근대성은 이러한 한시사의 변화에서도 영향을 받았다고 생각한다. 이 節에서는 논의의 집중을 위하여 형식적 특징에만 주목하고자 한다.

한시는 엄격한 형식을 요구하는 문학 장르이다. 한시 작법에는 편법, 운, 대우, 평측 등 눈에 보이는 규칙과 눈에 보이지 않는 규칙 등 반드시 지켜야 할 여러 약속들이 있다. 특히 한시는 4언과 6언에서 출발하였지만, 5언과 7언을 기반으로 하고 있다. 매천은 한시의 가장 완성된 형식이라 할 수 있는 7언 율시에 아주 능하였던 인물이다.[21] 시의 형식미에 정통하였던 그가 몇몇 작품에서는 일탈적인 형식의 작품을 창작하였다.

[21] 매천시에서 칠언 율시가 압도적으로 많은 이유는 다양한 각도에서 추론해 보아야 하겠지만, 여기서 다루고자 하는 논제가 아니므로 다음 기회로 미루고자 한다. 다만 칠언율시에 정통하였던 육유의 영향을 받았을 것이라는 사실은 지적하고자 한다. 매천은 스스로 〈讀劍南集〉(梅泉全集, 卷三, 249쪽)이라는 시에서 자신은 송시를 좋아하고, 그중에서 육유시를 가장 좋아한다고 말하였다. 이병기 역시 매천시에 영향을 끼친 중화시인으로 소동파와 육유를 들고 있으며(이병기, 『매천시 연구』, 보고사, 1995), 기태완도 육유가 매천의 칠언 율시에 끼친 영향을 심도 있게 언급하였다.(기태완, 『황매천시연구』, 보고사, 1999. 황수정 역시 「매천 황현의 시문학 연구」라는 논문에서 소동파와 육유를 별도의 장으로 비중 있게 다루고 있다.(황수정, 「매천 황현의 시문학 연구」, 조선대 박사논문, 2006.) 모든 매천 연구자가 매천시에 끼친 육유의 영향을 언급하고 있으며, 매천은 특히 육유의 칠언율시를 좋아하였다. 매천이 육유시를 차운한 71수의 작품 중에서 단 1수만이 오언율시이고, 나머지 70수의 작품이 칠언율시이다. 김정환은(「매천 황현의 구안실신고 연구」, 『한문학보』 제12집, 435~436쪽.)에서 매천시를 분류하면서 2119수의 작품 중 칠언율시가 929수, 칠언절구가 587수로 7언시가 1516수나 된다고 밝혔다.

須眉碧于山水   수염과 눈썹은 산수보다 푸르고
衣笠染盡煙霜   옷과 갓은 안개와 서리 빛이네
但得齊蹤禽向   다만 새 가는대로 발걸음을 옮기며
自家不恨枯黃   스스로 시름을 한탄하지 않네

江南天氣較暖   강남의 날씨는 비교적 따뜻해서
時序經霜未霜   상강이 지났건만 서리 아직 안 내렸네
一夜山中風雨   하룻밤 산 중에 비바람 치더니
出門千樹丹黃   문 밖이 온통 단풍으로 물들었네

老稻紛披倒雨   익은 벼는 어지럽게 비에 쓸리고
晚菘萋綠迎霜   늦 배추는 무성하게 푸르러 서리를 맞네
近江大有風味   가까운 강에는 큰 풍미가 있고
墟人競嚼蟹黃   주막에 모인 사람들 게장 먹기 바쁘네

寒江悄無人渡   추운 강가에는 건너는 사람도 없이 쓸쓸한데
一望沙白如霜   모래밭 바라보니 서리처럼 희어라
忽然微雨點滴   갑자기 가랑비 한 두 방울 떨어지더니
駁雲旋撥雄黃   비구름이 금방 흩어져서 햇빛이 밝아지네

〈鶉江22)途中 六言 四首〉23)

　　매천의 〈鶉江途中 六言 四首〉라는 작품은 대단한 수작이다. '須眉碧于山
水 衣笠染盡煙霜'라는 표현의 아름다움은 매천이 지닌 시인의 재능을 엿
볼 수 있는 표현이다.24) '須眉'를 '白'이 아닌 '碧'으로 표현한 것이다. '희다
못해 푸르다.'라는 정감은 결구의 '恨'으로 자연스럽게 이어진다. 그러나

---

22) 鶉江은 섬진강의 옛 별칭이다.

23) 黃玹, 『梅泉集』 卷二.

24) 二首 결구 '出門千樹丹黃'이란 표현 역시 같은 궤의 수법이다.

이러한 '恨'의 정감을 전구의 '齊蹤禽向'라는 표현으로 완화시킨다. 그러기에 가벼운 발걸음으로 벼가 익어가는 들판을 늦배추가 무성한 벌판을 자연스럽게 걸어갈 수가 있으며, 매천의 눈에 섬진강가에서 게를 먹는 풍경이 들어오는 것이다. 매천의 〈鶩江途中 六言 四首〉는 아무런 말이 필요 없는 한 폭의 산수화이다. 섬진강의 참게는 현재도 유명하다. 자연을 있는 그대로 그려내면서, 자연과 사람과의 거리를 적절하게 유지하고 있다.

이 작품은 六言으로 되어 있다. 매천은 칠언율시에 능하였다. 六言詩는 매천의 2,500여 수의 작품 중에서 三題 十二首[25]가 전부이다. 이처럼 자연시를 창작하면서 매천은 형식의 변화를 추구하였다고 본다. 다음 정민의 말은 시사하는 바가 크다.

> 의식의 변화는 내용의 변모를 가져오고, 내용의 변모로도 의식의 변화를 감당할 수 없을 때 형식이 변한다. 기존 한시의 굳건한 문법은 개화기의 발랄한 실험정신 아래 헤아릴 수 없이 해체의 양식들을 선보였다. 다만 그것이 치열한 시정신에 의해 안받침되지 못한 결과, 새로운 형식들은 일과성의 장난기로 그치고 말았지만, 이러한 실험들이 시사하는 바는 심장하다.[26]

매천이 다양한 형식의 작품을 창작하였다는 사실은 선학들의 연구에 의하여 증명되었다. 그러나 한시 문학의 정통 형식을 벗어난 작품은 그리 많지 않다. 또한 매천이 실험 정신에 기반 하여 여러 형식을 수용한 인물은 아니었다. 매천의 시론은 과거의 답습에 더 치우쳐 있었다.[27] 그는 스

---

25) 매천의 六言詩는 〈鶩江途中 六言 四首〉, 〈踰杜居嶺, 溯鴨江賦六言七首〉, 〈挽朴昆陽〉이 있다. 이 중 〈挽朴昆陽〉는 제목에 드러나듯 輓詩이고 앞의 두 작품은 자연시이다. 특히 〈挽朴昆陽〉는 三言詩로 볼 수도 있다. 六言詩는 일반적으로 七言의 5字가 빠지는 것이 일반적인데, 〈挽朴昆陽〉는 三言의 중첩 구조를 가지고 있다. 육언시로 보느냐, 삼언시로 보느냐의 논의는 다음 기회로 미루고자 한다.

26) 정민, 『한시미학산책』, 솔, 1996, 361쪽.

스로도 그러하였고, 學詩의 중요성을 항상 강조하였던 인물이다. 이러한 매천이 〈賦尖山〉28)이라는 작품은 四言으로 창작하였다. 매천은 이와 같이 자연시 창작에 있어 형식의 일탈이 잦았다. 우연의 일치로 보기보다는 그의 자연관은 끊임없이 기존의 전통적 자연시를 벗어나고자 했다고 보는 것이 타당할 것이다. 그는 무의식 속에서 근대적 자연관, 근대적 자연시를 수용하였던 것이다.

Ⅲ. 近代의 受容

1. 個別化의 受容

매천의 생애를 살펴보면 그를 위정척사파로 분류하는 주장의 타당성을 어렵지 않게 발견할 수 있고, 동학에 대한 인식이라든지, 절명시를 쓰고 자결한 그의 행적을 보더라도 봉건적 사상에 깊게 물든 전통적 유학자였음을 부정하기 어렵다. 어떻게 보면 20세기 초를 살다간 봉건시대의 마지막 몇 안되는 지식인 중 하나였다고 말할 수 있을 것이다. 이러한 매천이 문학 작품을 창작할 때에는 근대성을 적극적으로 수용하였다. 근대의 주요한 특성 중 하나가 '우리에서 나의 발견', '집단에서 개인의 발견'이다. 매천의 한시 작품에는 이러한 개별화가 돋보이는 작품이 상당수가 있다.

창강 김택영이 발간한 상해판『梅泉集』에는 卷 一에서 卷 五까지 839수

---

27) 박금규, 「매천 황현의 〈논시절구〉 연구」, 우석대 박사논문, 1995. 金晋郁, 「梅泉 黃玹의 〈和小川論詩六絕〉 硏究」, 고시가연구 30집, 2012.

28) 매천의 사언시는 二題 5首가 있다. 〈賦尖山〉은 매천이 43세 때 창작한 작품으로 50구의 장편 고시이다. 尖山은 전라남도 순천에 있는 산으로 매천은 여기를 자주 올랐다. 〈登尖山〉이라는 동일한 소재를 가지고 칠언율시로 창작한 작품도 있다. 〈渾璞四章 送李德一〉은 四言으로 창작한 교유시이다.

의 작품이 수록되어 있다. 이 중 자연시로 분류할 수 있는 작품은 총 197
수이다. 이 가운데 32수의 작품에는 특정 지명이 나오지 않고, 165수의 작
품에는 제목과 내용에 특정 지명이 나온다. 매천의 자연시 작품 중에는
대략 84%의 작품에서 구체적인 지명이 언급된다는 사실이다. 구체적인
지명이 언급되는 작품 중에는 상당수가 장소성[29]이 드러나고 있다. 공간
의 시화가 아니라 장소의 시화인 것이다.

특정 지명이 나오지 않는 작품들은 〈幽居信筆二首〉, 〈望江村〉, 〈山居卽
事〉, 〈夏晴〉, 〈暮行〉 등 32수의 작품이다. 이러한 작품에 나타나는 자연은
전통적 유학자들의 한시에 자주 등장하는 관념 속의 자연이다. 독자가 눈
을 감으면 과거의 경험이 재구성되어, 아니면 간접 경험을 통하여 습득된
자연이 눈앞에 펼쳐진다. 구체적인 특정 자연이 아니라 우리의 산하가 관
념화되어 나타나는 것이다. 그러므로 여기에서 얻어지는 미감 역시 항상
유사할 수밖에 없다. 즉, 장소라기보다 공간의 의미가 훨씬 강하다고 할
수 있다. 이러한 자연은 산속, 강가, 들판, 물가 등으로 분류되어 집단적
인식만이 존재할 뿐이다. 개인의 경험이 만들어낸 특정 장소의 구체성이
결여됨으로써 장소가 아니라 공간만이 존재하는 것이다. 작품을 통하여
구체적으로 논의하고자 한다.

---

[29] 여기에서 사용하는 장소성의 개념은 근대 문학 이론에서 논의하고 있는 엄밀
한 개념을 의미하는 것은 아니다. 이푸 투한이 말한 '움직임이며, 개방이며,
자유이며, 위협인 공간과 달리 장소는 정지이며, 개인들이 부여하는 가치들의
안식처이며, 안전과 애정을 느낄 수 있는 고요한 중심이다. …중략… 어떤 지
역이 친밀한 장소로 다가올 때 우리는 비로소 그 지역에 대한 느낌. 즉 장소
감을 가지게 되는 것이다.'(이푸 투한, 구동회, 심승희 옮김, 『공간과 장소』,
대윤, 1994, 7~8쪽)라는 폭 넓은 장소성이다. 다시 말하면 '문학 작품에서 장
소는 작가가 선택한 의미있는 구체적인 곳으로 그가 지향하거나 애정을 가진
곳이다. …중략… 우리가 세계 속에서 우리 자신을 외부로 지향시키는 출발
점을 구성하고 있는 것이다.'(에드워드 렐프, 김덕현 외 옮김, 『장소와 장소
상실』 논형, 2005, 104쪽.)라는 의미의 장소이다.

點滴林雨稀	점점이 듣는 물방울 숲에 비 드문드문 내리는데
掩苒川光暝	풀덤불에 가려 시내 빛이 흐릿해라
望中知有村	멀리 마을이 있는 것을 알겠는데
草深無行逕	억새풀 심하여 나아갈 길이 없네

〈暮行〉30)

매천의 〈暮行〉 1896년 42세 때 지은 작품으로, 구례에서 순천으로 가는 길을 시화한 것으로 추정된다.31) 그러나 작품의 어디에도 그러한 정보나 정서가 보이지 않는다. 다만 이 작품에서 느껴지는 미감은 가랑비 내리는 산길을 홀로 가는 나그네의 처량함이다. 굳이 순천 가는 길이 아니라도, 우리나라 어느 산길에서나 느낄 수 있는 정감이다.

특정 지명이 언급되는 작품에는 우리나라 각 지명과 옛 별칭 등 다양한 지명이 나온다. 이러한 분류의 작품들은 〈望月出山〉, 〈廣川橋〉, 〈紅流洞〉, 〈踰杜居嶺, 溯鴨江賦六言七首〉, 〈筏橋雜絕〉 등 165수이다. 이러한 지명이 나오는 작품 속의 자연은 관념 속의 자연이 아니라 실제 눈앞에 펼쳐진 자연이다. 작품을 통하여 구체적인 논의를 하고자 한다.

蘆竹蕭蕭上午潮	한 낮 밀물에 대나무 갈숲은 쓸쓸히 울고
浦禽驚起榜人謠	뱃사공 노래소리에 물새가 놀라 날아가네
千家橘柚晴陽轉	집집마다 귤과 유자가 맑은 태양에 고우니
南國秋光滿筏橋	남국의 가을 빛 벌교에 가득하네

筏橋兒女善漁歌	벌교 아낙네는 뱃노래를 잘해
能自操舟劈遠波	능숙히 스스로 배를 몰아 파도를 가르네

---

30) 黃玹, 『梅泉集』 卷二.

31) 『매천집』 二卷(상해판 『매천집』은 창작순으로 편찬되어 있다.)을 보면, 〈暮行〉의 앞, 뒤 작품은 〈燕子樓二首〉와 〈訪酉堂不遇 獨宿有吟〉이다. 두 작품 모두 매천이 순천에 가서 지은 작품들이다.

末及前津齊返棹　　건너편 나루에 미치지도 않고 급히 노를 돌리는건

鯉魚風信午來多　　좋은 소식이 한낮에 많기 때문이네

船船牛酒祭船神　　배마다 소고기와 술로 선신께 제사 올리고

拂拂風旗剪彩新　　바람에 펄럭이는 깃발 채색도 새로워라

一種娳𡃈聞不辨　　어떤 종류 사투리는 들어도 모르겠으니

海商多是嶺南人　　해상은 영남 사람이 많아서 라네

秋雲忽破石橋東　　石橋32) 동쪽 하늘에 가을 구름이 걷히니

水面亭亭起彩虹　　수면에 아롱아롱 아름다운 무지개가 이네

兩岸靑山一輪月　　두 언덕 푸른 산 둥근 달을 토하니

人家如在太湖中　　人家가 태호 가운데 있는 듯하네

〈筏橋雜絶四首〉33)

　매천의 〈筏橋雜絶四首〉는 그의 대표작 중 하나이다. 시어로 등장하는 귤, 유자, 남국, 벌교, 석교 등이 아니더라도 이 작품에는 벌교가 있다. 이 작품에서 누릴 수 있는 정감은 우리나라 어느 어촌에서나 느낄 수 있는 정감이 아니라 벌교라는 특정 지역에서만 느낄 수 있는 정감이다. 공간의 장소화라고 할 수 있다. 이 작품의 우수성 역시 이 부분에서 찾을 수 있다. 매천은 이 작품을 통하여 작은 어촌인 벌교를 세밀하게 그려내고 있다. 그래서 이 작품은 벌교를 아는 사람에게 훨씬 친밀하게 다가서는 것이다.

---

32) 원래 조선시대인 1718년(숙종 44)에 당시 樂安縣의 주민들이 벌교의 강과 해류가 교차하는 곳에 원목을 엮어 만든 뗏목다리를 놓았다. 1728년(영조 4)에 전라남도 지방의 대홍수로 이 다리가 무너져서 1729년 선암사의 楚安禪師가 석교를 세웠다고 전해지는데 이 다리는 1734년에 완공되었다. 그 뒤 1737년에 다리를 다시 고치면서 3칸의 무지개 다리가 만들어졌다. 벌교의 명물 중 하나이다.

33) 黃玹, 『梅泉集』 卷二.

大江中忽陷	큰 강 가운데 움푹 빠져 있고
洄浪綠成岸	물길 돌아 푸르름이 벼랑을 이루었네
峰缺曦斜映	봉우리 사이로 아침해 비스듬히 비추니
水蒸霞初散	수증기는 노을지며 비로소 흩어지네
沿流早樵競	물길 따라 일찍이 초동들이 다투어 나무하러 가고
舟重檣亞半	배의 무거운 돛대는 반이나 드리워 있네
淅淅蘆簹間	바람소리 울리는 갈대와 대숲 사이로
呷嗄鳧鵝亂	꽥꽥거리며 오리와 거위 어지럽게 모이를 쪼네

—— 下略 ——

〈早過岳陽〉34)

매천의 〈早過岳陽〉은 18구의 오언고시이다. 섬진강이 지나는 악양의 모습을 상상하는데 전반 8구만으로도 충분하기에, 이것을 가지고 논의를 하고자 한다. 섬진강이 악양을 지날 때면, 왼편으로는 만석꾼 최부자를 만들어 낸 넓은 벌판인 악양뜰과 오른쪽으론 백운산 자락을 두고 흐른다. 그러다보니 왼편으로 유달리 넓은 백사장이 펼쳐진다. 이 백사장이 너무 넓기에 강의 가운데만 움푹 빠지게 보이게 하고, 오른편은 바로 벼랑 밑으로 물이 흐르고 있다.

이 시에서 노래한 그대로 섬진강은 악양을 흐르고 있는 것이다. 필자 역시 이 작품을 읽으며, 악양의 모습이 눈에 잡히듯 그려지는 것은, 매천이 악양을 그렸기 때문이다. 위에서 논의한 바와 같이 〈早過岳陽〉은 우리나라 어느 강촌을 노래한 것이 아니라, 특정 공간인 악양을 노래했고, 이 작품 속에서 악양은 공간이 아니라 장소로 거듭나게 되는 것이다.

매천의 자연시에는 이와 같이 관념이 만들어낸 유형적 공간이 아니라, 개별화 된 특정 장소가 장소성을 획득하며 시화되곤 한다. 이러한 문학

---

34) 黃玹, 『梅泉集』卷二.

적 특성은 근대문학의 주요한 특성이고, 매천의 자연시에는 이러한 요소
가 다분히 투영되어 있다. 이것은 매천 자연 자연시의 근대성이라고 생
각한다.

2. 現場性의 受容

근대문학의 큰 특징 중 하나가 '관념에서 현실로'이다. 문학이 전통과
관념의 세계에서 실제와 현실 세계로 내려왔다는 것이 근대문학의 큰 특
징 중 하나라는 것이다. 매천의 자연시는 이러한 근대문학의 특성을 잘
보여주고 있다. 이 절에서는 매천의 자연시에서 보여지는 현장성이 '실제
와 현실의 세계'라는 근대문학의 주요한 특성을 잘 반영하고 있다는 점에
주목하여 논의를 풀어가고자 한다.

실제와 현실 세계를 중요시한 詩作 태도는 朝鮮風 한시의 구현 양식이
었다. 이정선의 다음 언급은 朝鮮風 한시의 기틀을 마련한 朴齊家를 위시
한 白塔詩派의 詩作態度이다.

> 박제가는 사물을 보는데 있어서 '細'를 중시하였다. 전고와 용사를 빌리지
> 않고 그들이 본 대로 느낀 대로 세밀하게 묘사하는 시야말로 신선한 것이라
> 하겠다. 이는 백탑시인들이 추구하던 詩作 방법으로, 이들은 도회지 소시민
> 들의 사소한 삶을 의미 있게 파악하는 데 비중을 두고 구체적인 현상에서
> 시적 대상을 찾아내는 것을 임무로 삼았다. 따라서 모든 사물을 그저 스쳐
> 지나는 것이 아니라 대상에 대한 형상과 동태의 미세한 부분까지 핍진하게
> 묘사하고자 하였다. 여기에는 당연히 그만큼의 관찰력과 실험정신을 필요로
> 하였다.35)

물론 매천과 白塔詩派의 영향 관계는 학계에서 논의된 적도 없고 남겨

---

35) 이정선, 앞의 책, 76쪽.

진 기록에서 어떠한 연결고리도 보이지 않는다. 매천은 〈讀國朝諸家〉에서 14인의 조선 시인을 논의하는데 여기서 白塔詩派는 거론하지 않는다. 하지만 이것이 白塔詩派와 매천의 영향관계를 부정하는 단서가 될 수는 없다. 매천은 〈讀國朝諸家〉에서 항상 흠모하고 숭상하였던 茶山에 대해서도 언급하고 있지 않다. 또한 學詩에 남달랐던 매천이 李德懋, 柳得恭, 朴齊家의 시를 읽지 않았다고 보기에는 어렵기 때문이다. 무엇보다도 영향관계를 떠나 매천은 자연시 창작에 있어서 이와 같이 현실에 대한 사실적 묘사36)에 치중하였다. 남재철이 조선풍의 사실주의적 자연시를 논의하면서 최고의 수작이라고 지적하였던 정약용의 〈夏日田園雜興效范楊二家體二十四首〉 중 4번째 작품을 살펴보고자 한다.

絶憐紅藥舊時容   사랑스런 홍작약 옛 모습 그대론데
破碎殘腮落蟻封   흩어져 시든 꽃잎 개미굴에 떨어졌네
豈有栗花香可採   어찌 밤꽃에 딸 꿀이 있으리오
梢頭無數著飢蜂   가지 끝에 무수하게 주린 벌들 모였으니

〈夏日田園雜興效范楊二家體二十四首〉37)

남재철은 이 시를 두고서 다음과 같이 평하였다.

---

36) 안대회(『18세기 한국한시사 연구』, 소명 출판, 1999, 50~53쪽.)는 이러한 사실적 묘사를 18세기 한국한시사의 중요한 지향점으로 파악하였으나, 朝鮮詩의 특성으로까지는 논의를 확장하지 않았다. 18세기 한국 한시가 겪은 커다란 변혁은 그 이전의 한시와 커다란 차이를 가져왔으며, 그 여러 특성을 朝鮮風 내지 朝鮮詩라 명명하는 것도 유의미하다고 판단한다. 안대회는 "18세기 이전 작가의 낭만적 상상력에 의한 현실의 경물 묘사가 지나치게 과장되고 그럼으로써 왜곡된 인상을 독자에게 주었던 상황에 비교하면 18세기의 시는 조선인의 인정과 감각에 부합하는 시를 창작하고 있다."(같은 책, 51~52쪽.)라며 18세기 한시의 큰 흐름을 정의하였다.

37) 정약용, 『與猶堂全書』第一集, 卷七.

여름날의 풍경이 매우 치밀하게 묘사되어 있다. 그야말로 한 폭의 풍경화이다. 풍경화 중에서도 세밀화에 가깝다고 하겠다. 작자의 주관적인 정서의 개입이 전혀 나타나 있지 않다. 그저 안전의 경물을 있는 그대로 보여주고 있을 뿐이다.38)

매천 자연시의 대표작 중 하나인 〈園植十五咏〉과 비교 검토 해보자. 〈園植十五咏〉 네 번째 작품 〈石榴〉는 20구, 평성 陽자 일운도저운인 고풍시이다. 5구에서 8구까지를 보자.

忽驚珊瑚樹　　돌연 놀랍게도 산호수가
爛披雲錦裳　　흐드러지게 구름무늬 비단치마를 둘렀네.
的皪彈朝露　　곱고 투명한 아침 이슬이 맺혀
輝爛排曒陽　　반짝반짝 아침 햇빛을 뿌리네.

〈石榴〉39)

위에서 인용한 남재철의 평에 조금도 어긋남이 없는 작품이다. 다만 수사에 있어 훨씬 시적이라는 것이 차이이다. 아침 이슬을 머금고 반짝거리는 석류꽃을 있는 그대로 묘사하고 있다. 눈앞에 보이는 현실 세계에서 실제로 아름답게 핀 석류의 현재 모습을 詩化시키고 있을 뿐이다. 이 작품의 작품성은 백탑시파의 詩作 태도인 "모든 사물을 그저 스쳐 지나는 것이 아니라 대상에 대한 형상과 동태의 미세한 부분까지 핍진하게 묘사하고자 하였다."40)에서 찾을 수 있을 것이다. 이러한 평과 동일한 감상이 가능한 〈槐〉라는 작품의 첫 4구만 보자.

---

38) 남재철, 앞의 논문, 127쪽.
39) 黃玹, 『梅泉集』 卷三.
40) 이정선, 앞의 책, 76쪽.

殘蟬凄忽斷   지친 매미 울음소리 문득 끊어지더니
古樹籠斜陽   한줄기 햇볕이 고목에 걸쳐 있네.
偃屈籬落間   쓰러질 듯 굽어진 울타리 사이로
蕭索增秋光   쓸쓸히 가을빛만 보태지네.

〈槐〉41)

매천 자연시의 독특함은 소재의 선택에서도 드러나 있다. 〈園植十五
咏〉은 오동나무, 개오동나무, 감나무, 석류, 대나무, 파초, 국화, 목단, 매
화, 소나무, 뽕나무, 훼나무, 백일홍, 밤나무, 인삼 등 15가지 식물을 소재
로 하여 창작되었다. 이 식물들은 매천이 살았던 구안실 주위에 심은 나
무와 화초이다. 실제 매천은 위의 사군자의 하나인 난은 보이지 않는
다.42) 또한 시의 대상물로써 전혀 어울리지 않는 개오동나무, 뽕나무, 훼
나무, 파초43), 인삼 등을 소재로 하였다. 이것은 다른 시인들의 시에서는
찾아보기 어려운 소재들로써 매천의 정원에서 자라고 있는 식물들이다.
매천은 이와 같이 실제 현실 세계에서 눈앞에 펼쳐진 자연을 대상으로
시를 창작하였던 것이다.

　〈園植十五咏〉44)을 보면 매천은 소재로 선택한 대상을 바라보는 시각도

---

41) 黃玹, 『梅泉集』 卷三.

42) 이병기는 〈園植十五咏〉에서 사군자의 하나인 난에 대해서 언급하지 않고
　　있다는 것을 주목해야 한다고 하였으나(이병기외, 李秉岐, 『매천시 연구』권2,
　　보고사, 1995, 340쪽), 그 이유는 간단하다. 난은 심지 않았기 때문이다. 즉
　　〈園植十五咏〉은 철저히 사실적인 이야기에 기초한 작품인 것이다.

43) 매천은 50세에도 동일한 시제로 〈芭蕉〉라는 작품을 남기고 있다. 매천이 정원
　　에 직접 파초를 기르고 가꿨기 때문에 눈앞에 보이는 파초를 시화한 것이다.

44) 『梅泉集』 卷三, 屋處甑峰之趾 雜樹圍繞間有手植者 蒼翠幽馥俱蓊然 最宜春夏之際
　　暇日隨意就賦 總之得五言十五篇. 왕시루봉 터가 보이는 집 주위에 잡다한 나
　　무가 둘러 있는데, 손수 심은 것이 무성하고 짙푸르며 그윽한 향기를 내뿜고
　　있다. 울창함이 무엇보다 좋아서 봄 여름 사이의 한가한 날에 마음가는대로
　　부를 지었다. 이를 모두 모아 15편을 얻었다. 매천이 〈園植十五咏〉을 창작한
　　이유를 직접 밝힌 언급이다. "눈에 보이는 것을 그대로 읊었다."라는 매천의
　　언급이 작품에서 그대로 읽혀진다.

달랐다. 일반적으로 소나무가 한시에 시적 대상이 될 때는, 그 곧고 푸름과 변치 않는 속성이 시화되는 것이 대부분이다. 그런데 매천에게 소나무는 자신과 함께 살아가는 자연의 부분으로써 인식될 따름이다. 그러므로 소나무가 집 앞에 있는 것도 우연일 따름이고, 특별히 그 좋음을 알아야 할 이유도 없는 것이다. 그럼에도 의젓한 풍미는 멋있다고 표현하고 있다. 매천은 이 시에서 다만 집 앞에 소나무가 있어 송진을 먹을 수 있어서 좋다는 것을 말하고 있을 뿐이다.

다음은 매천의 〈由石門至白雲村〉이라는 작품이다. 오언고시로 50구의 장구이므로 처음 20구만을 인용하였다.

胃屬叢刺澀	옭아맨 짚신은 떨기가시에 찔려 따끔거리고
鉤笠林梢繁	구부러진 삿갓은 나무 가지에 번거롭네
屢逢崖路斷	여러 번 험한 산길 끊겨짐을 만나고
水嚙峙孤根	물이 돌면서 갉아먹어 언덕의 밑둥이 드러났네
淺溪三五里	얕은 계곡 시오리 거리라
似易窮其源	마치 쉽게 그 근원을 찾아갈 수 있을 듯
漸入雷碨甚	점점 들어가니 우렛소리가 커지면서
黯慘無他喧	어두침침하고 다른 소리 들리지 않네
仰受衆壑流	고개를 들고 보니 여러 골짜기의 물을 받아들였고
橫劈雙石門	가로로 쪼개니 두 바윗돌로 문이 되었네
蘚死太古色	이끼는 시들어서 태고의 색을 띠고
瀨乾旬日痕	여울은 말라붙어 십여일이 지난 것 같네
瀑勢不能具	폭포의 기세는 갖출 수 없다 해도
竟異凡潺湲	마침내 평범하게 흐르는 물과는 다르다네
其下天作窪	그 아래 자연적으로 웅덩이가 생겼는데
皷激碎璵璠	부딪쳐 흘러서 옥가루를 날리네
約略成蒼壁	둘레는 푸르른 절벽을 이뤘는데
對面穹然尊	하늘처럼 높이 솟아 마주해 있네

纍纍雜柹熟　　　무수히 뒤섞인 열매들이 익어 가는데
識名惟覆盆　　　이름을 알 수 있는 건 산딸기뿐이라네

〈由石門至白雲村〉[45]

작품의 詩題 그대로 석문을 지나 백운촌을 가는 여정 동안에 눈앞에 펼쳐진 자연을 사실적으로 묘사하였다. 작품의 첫 구인 '冒屬叢刺澁 鉤笠林梢繁'에 보이듯 조금의 관념도 개입하지 않고 있다. 가끔 산길이 끊어지는 것을 목도하고, 언덕의 밑둥이 드러난 것도 이야기하고 있다. 시든 이끼, 말라붙은 여울, 석문, 산딸기 등 50구의 長句가 그대로 한 편의 기행문[46]처럼 읽혀지는 것이 〈由石門至白雲村〉이다. 혼자서 하룻길의 산길을 가노라면 여러 생각들이 떠오를 것인데도, 매천은 그러한 관념들을 시화하지 않았다. 눈앞에 보이는 풍경을 그의 눈으로 관찰하고, 세밀하게 묘사하는 매천의 자연시는 현장성이 돋보이고 이것은 매천 자연시의 주요한 특성이다.

이러한 특성은 매천의 의식 여부를 떠나 근대성이 투영된 결과라고 생각한다. 전통 유학자의 자연시와 매천의 자연시가 미묘한 미감 차이를 보이는 것은 바로 이러한 근대성이 수용되었기 때문이다. 이것이 매천이 근대를 문학에 적극적으로 수용하였다는 주장으로 나아갈 수는 없을 것이다. 다만 매천의 자연시는 이러한 근대성으로 말미암아 더욱 풍부해졌다고 판단한다.

Ⅳ. 결론

매천의 자연시에는 전통 한시의 자연시에서 읽혀지는 미감과는 미묘한 차이를 보이는 작품이 상당수가 있다. 이러한 미감의 차이가 어디에서 기

---

[45] 黃玹, 『梅泉集』 卷一.

[46] 시의 산문화가 보이고 있다. 문학에서 근대성을 이야기할 때 흔히 산문 정신을 일컫곤 한다. 이러한 산문화 경향 역시 매천시의 근대성과 유관하다 할 수 있겠다.

인하는지를 고찰하는 것이 본 논의의 목적이었다. 그리고 그러한 미감의 차이는 매천의 자연시에 투영된 근대성이라는 주장을 하였다.

이를 위하여 먼저 매천의 자연관을 살펴보았다. 유가의 전통적 자연관인 도학적 자연관에서 벗어난, 자연을 인간과 수평관계에서 인식하고자 하는 근대적 자연관을 매천의 작품에서 쉽게 읽을 수 있다는 주장을 하였다. 또한 매천시의 형식적 특성을 고찰하여, 형식의 굴절에 숨겨 있는 근대성을 논하였다. 매천은 詩作에 있어 일탈을 꺼려하는 규범적 詩作을 선호하였다. 그럼에도 불구하고 일탈된 형식에 자연시가 많이 쓰였다는 주장을 하였다. 이러한 형식의 굴절은 무의식 속에서 반영된 근대성의 결과라는 주장을 한 것이다.

그 다음으로 인식과 형식의 차원이 아니라 주제와 표현의 차이를 고찰하였다. 근대문학의 주요 특성인 개별화가 매천의 자연시에서는 어떻게 드러나고 있는지를 장소성을 가지고 논의하였다. 또한 리얼리즘의 토대가 되는 현장성이 작품에 어떻게 수용되었는가를 밝힘으로써 매천의 자연시에 투영되어 있는 근대성을 고찰하였다.

근대성이 투영된 한 편의 자연시에는 이러한 요소들이 복합적으로 드러나 있으므로, 논의의 중복은 어쩔 수 없었다. 인식을 이야기하면서 표현이 거론되기도 하였으며, 장소성과 현장성이 엄격하게 구분되지 않기도 하였다. 그럼에도 불구하고 위에서 논의한 네 가지 요소가 매천의 자연시에는 수용되어 있다고 주장하고자 한다. 그리고 이러한 이유로 매천의 자연시는 전통적 한시 장르의 자연시와 미묘한 미감의 차이를 보이고, 이것이 매천 자연시의 특성이라고 주장하고자 한다.

이 글은『남도문화연구』제27집(2014)에 수록된「梅泉 自然詩에 投映된 近代性 研究」를 그대로 실은 것이다.

지리산권의 도선과 풍수 담론

풍수지리설의 사회적 재구성

최원석

Ⅰ. 머리말

이 글은 도선과 그의 풍수 담론이 역사적 과정에서 정치사회 집단에 따라 어떻게 재구성되어 역할을 하였는지, 지리산 권역을 중심으로 그 의미체계를 해석한 것이다.

한국의 공간적인 전통문화 중에서 가장 역사적으로 뿌리가 깊고, 문화경관의 입지나 조영에 전반적인 영향력을 미쳤으며, 사회 여러 계층의 공간 담론과 이데올로기를 지배한 것에 풍수가 있다. 지리산 권역에서도 수많은 취락, 사찰, 서원, 토착신앙소 등의 可視的 문화경관과 지명, 설화, 도참 비기와 이상향(청학동과 십승지) 관념에는 풍수의 영향이 깊숙하고도 다채롭게 투영되어 있다. 중국으로부터 풍수사상의 도입은 삼국시대

이전으로 거슬러 올라갈 수 있고 다양한 유입과 전파 경로가 있겠지만, 고려시대의 정치사회 담론을 지배하였고 한국의 풍수사상사에서 획기적인 패러다임을 이룬 道詵(827~897)의 풍수사상이 발생·형성된 곳이 바로 지리산 권역이었다. 지리산은 도선이라는 풍수적 이상사회 담론의 주역을 배출한 역사적 공간인 것이다. 이에 도선과 그의 풍수 담론에 대한 고찰은 지리산권 문화의 연구에서 중요한 의의와 위상을 차지한다.

지리산 권역의 사회문화사를 개관해볼 때 손꼽힐 만한 여러 지식인과 이상사회 실현을 위한 사상이 있었다. 유학자로는 남명 조식이 대표적이고 앞선 시대의 최치원도 지리산의 유교 지식인이라 일컬을 수 있다. 불교 지식인으로는 신라 말 선종사찰을 창건한 신행과 홍척, 혜소, 혜철 등이 있었고, 앞서 경덕왕 대(742~765)에 화엄사를 창건한 煙起도 있었다. 그들은 각각의 이상사회(儒敎的 大同社會 혹은 佛敎的 佛國淨土) 구현을 사회적 목표로 실천하는 삶을 살았다.

그런데 지리산의 문화적 지층에서 빼놓을 수 없는 지식인과 사상이 있으니 바로 도선과 그의 풍수적 이상사회의 담론이다. 도선은 지리산에서 풍수법을 전수받아 그의 풍수사상을 체계화하고 정립하였으며, 지리산 권역인 광양 백계산 玉龍寺에서 평생을 주석하다가 열반하였으니, 지리산의 지식인이요 지리산권 문화의 생산자였다. 도선의 풍수사상은 지리산을 중심축으로 주변 권역으로 파급되었으며, 태조 왕건이 고려시대의 공간적 이데올로기로 채택하면서 국토적인 범위에서 이상사회의 사상과 담론으로서 시대를 풍미하였다. 도선의 사회문화사적인 영향력과 역사적 인지도에 비추어, 지리산과의 공간적 연관성에 대한 일반적 이해는 낮다. 고려의 도선과 조선의 남명은 지리산문화사에서 가장 대표적인 인물이라고 할 수 있는데, 남명과 비교하면 도선의 지리산 연관성에 대한 학계의 조명도 부족한 실정이다.

이 글은, 지리산의 지식인 도선 상에 대한 해석적 조명과 함께 도선의 풍수 담론이 역사적으로 전개되어온 과정을 지리산 권역을 중심으로 고찰함으로써, 지리산권 문화사에 도선과 그의 풍수사상을 자리 매김하고 그 역사적 정체성과 사회적 의미체계를 논구하고자 한다.

II. 도선상의 사회적 재구성

도선의 역사적 실체에 근접한 초기 문헌으로서, 사료적 가치가 높은 것으로 「白鷄山玉龍寺贈諡先覺國師碑銘」(1150)과 「玉龍寺王師道詵加封先覺國師敎書及官誥」가 있다. 이 두 글은 고려 중기에 王命(仁宗)에 따라 찬술되어, 王朝의 이데올로기적 의도로 도선의 지식인상을 재구성한 것이다. 여기서 도선은 지리산 권역에서 불교와 풍수를 배우고 음양오행설, 도참설 등 당시의 諸 사상을 수용·통합하여 사회사상을 정립하고, 신라 말의 시대상에 적용해 실천한 지식인으로 묘사되었다. 아래의 인용문에서 알 수 있듯이, 고려 왕조(仁宗, 1123~1146)에서는 도선을, 전통 불교인 화엄학이나 밀교뿐 만 아니라 중국에서 형성되었던 새로운 사상적 조류인 선종의 이치를 깨쳤고, 국토의 遍歷 과정과 풍수법의 傳受로 지리적 안목과 지역 정보를 넓혔으며, 음양오행의 술법, 도참 비결 등 응용적인 사회 담론의 원리와 방법을 習得·종합한 지식인으로, 그리하여 佛道, 예언, 術數 등에서 최고의 수준에 이른 國師로서 사회적 권위를 부여하였다.

> 尊師의 道가 지극함에 이른 것은 부처와 일치하고, 자취를 눈여겨보면 張子房이 신에게 책을 받은 것과 같고, 寶誌 스님이 조짐 없이도 예언함과 같으며, 一行이 術數에 정통함과 짝할 만하지 않은가.
>
> 「백계산 옥룡사 증시 선각국사 비명」

하늘의 돌봄이 오로지 새로워, 장차 집을 주려 함이니, 왕의 王氣가 있는 곳에는 반드시 먼저 조짐이 있다. 미리 올 것을 알았으니 어찌 異人이 아니리

오. 옥룡사의 王師 도선은 때에 응하여 세상에 나왔고, 順理를 도우니 하늘
이 덕을 내려주었다. 부처의 가르침을 발휘하여 종교를 주장하였고, 帝王의
業을 도와서 세웠으니, 미리 안 것과 올바르게 들어맞았다. 聖期가 바야흐로
흥하려 하매 啓發하고, 세상을 열어 王業을 창조하였다. 높고도 큰 공덕을
입었으니 영원히 잊지 못하리라. 顯廟께서는 禪師로써 (도선의) 死後에 尊號
를 올렸고, 肅祖는 王師를 더하여 號를 높였다. … 先覺國師로 삼노니 일을
맡은 사람은 시행하라.

「옥룡사 왕사 도선 가봉 선각국사 교서」

고려왕조의 도선에 대한 이러한 사회적 재구성의 의도는, 당시에 사상
적·사회적으로 영향력이 컸던 도선과 그의 풍수 담론을 끌어대어 권력
정통성의 토대 강화와 정치사회적 통치 합리화의 수단으로 활용하기 위
함이었다.

「白鷄山玉龍寺贈諡先覺國師碑銘」(이하 옥룡사 도선 비문으로 약칭함)에
서 드러나는바, 고려 왕조에서 도선의 지식인상을 구성한 핵심적 두 지식
요소는 선종과 풍수였다. 선종은 철학적인 존재의 담론인 데 비하여, 풍
수는 공간적인 사회 담론으로 기능 하였다. 나말여초의 사회 담론으로 본
격화하는 두 신진 사상은, 신라의 사회체제를 지탱하던 낡은 사상체계를
혁신할 수 있고, 국토의 정치적인 구조와 질서를 공간적으로 재편할 수
있으며, 개혁적 정치사회세력의 이상사회를 지향하는 이데올로기이자 전
략으로서 고려 건국의 사상적 기초를 형성하였다.

九山禪門으로 통칭하는 신라 하대의 선종 집단들은 마음정보의 啓發과
覺醒에 고도로 집중하는 참선 수행을 통하여, 곧장 이상적 인간 존재(부
처)의 경지에 도달하는 새로운 인문적 패러다임과 방법론을 중국으로부
터 도입하여 사회에 세력을 확산시키고 있었다. 특히 지리산 권역에는 일
찍이 北宗禪을 도입하여 단속사에서 주석한 神行(704~779)과, 흥덕왕 대
(826~836)에 전북 남원시 산내면에 實相寺를 세운 洪陟, 흥덕왕 5년(830)에

귀국하여 경남 하동군 화개면에 玉泉寺(현 雙磎寺)를 세운 慧昭(774~850), 신무왕 1년(839)에 전남 곡성군 죽곡면에 泰安寺를 창건한 慧徹(785~861) 등의 선사들이 포진하여 禪宗의 거점을 마련하고 있었다. 도선은 혜철의 동리산문에서 수학하여 선종의 묘한 뜻을 통달한 지식인으로[1] 옥룡사 도선 비문과 선각국사 관고는 당시의 정황을 이렇게 설명하고 있다.

> (도선은) 스무 살이 되었다. 문득 스스로 생각하기를 '대장부가 마땅히 法마 저도 떠나서 自靜해야 하거늘 어찌 문자 사이만을 지키고 있겠는가.' 하였 다. 때마침 혜철 대사가 서당 지장 선사로부터 비밀스러운 密印를 전해 받고 동리산에서 법당을 여니, 제방에서 행각 하면서 법을 구하는 자들이 많이 몰려들었다. 도선도 옷을 걷어붙이고 선문으로 들어가서 제자가 되기를 청 했다. 혜철대사는 도선이 총명하고 민첩함을 가상히 여겨 지극한 정성으로 접하면서, 소위 '말 없는 말과 법 없는 법(無說之說 無法之法)'을 마음속으로 주고받으니 (도선은) 확연히 깨우쳤다.[2]
>
> 「백계산 옥룡사 증시 선각국사 비명」

> 王師 도선은 나면서부터 큰마음이 있어서 세상에서 法器라고 일컬었다. 현 묘한 근원을 自性의 바다에서 찾아 佛門에 막힘이 없었고, 禪林에서 眞印을 얻어 스스로 묘한 뜻을 통달하였다.
>
> 「옥룡사 왕사 도선 가봉 선각국사 관고」

---

[1] 혜철과 도선의 사상적 관련성에 관한 다음과 같은 견해가 있다. "혜철의 唯心 論的인 사상 경향은 心識에 의한 諸法相의 差別을 인식하여 현상계의 모든 존 재를 면밀히 관찰함으로써 구체적인 국토산천의 형세에 대해서도 관찰할 수 있는 기반이 되었다."(김두진, 「나말여초 동리산문의 성립과 그 사상」, 『동방 학지』 29, 1988, 77~79쪽). "도선은 동리산문의 선사상과 풍수지리사상의 결합 을 통하여, 여러 法相의 차별을 인식하는 혜철의 유심론적 선종 사상을 산줄 기와 강줄기 등 자연환경에 대입하여 더욱 발전시켰다."(장일규, 「어머니의 산, 지리산의 토착신앙과 불교사상」, 『지리산』, 국립진주박물관, 2009, 151쪽)

[2] 「白鷄山玉龍寺贈諡先覺國師碑銘」.

도선의 지식인상이 구성된 두 번째 지식요소는 풍수였다. 동리산 선문에서 佛性을 깨우친 도선은 운수 행각을 하다가 지리산에 머무르던 중에 사도촌에서 仙道의 계통으로 추정되는 異人에게 풍수법을 전수받고 나서, 음양오행설과 도참 비결을 습득하였다고 묘사되었다. 「백계산 옥룡사 증시 선각국사 비명」과 「옥룡사 왕사 도선 가봉 선각국사 관고」는 그 정황을 아래와 같이 기록하였다.

> 도선이 아직 옥룡사에 주석하지 않았을 적에 지리산 구령에서 암자를 짓고 머물러 있었는데 어떤 異人이 와서 자리 아래에서 참배하고 도선에게 아뢰기를, "저는 세상을 멀리하고 깊은 곳에 산 지 수백 년 가까이 됩니다. 인연이 닿아서 조그마한 재주를 바치려 하오니 尊師께서 혹시라도 저급한 술법이라 비천하게 보지 않으신다면 다음 날에 남해의 강변에서 마땅히 전해 드리겠습니다. 이 역시 대 보살이 세상을 구제하고 사람을 제도하는 법입니다."라고 하고는 홀연히 보이지 않았다. 도선은 기이하게 여겨 약속된 장소로 찾아갔는데 과연 그 사람을 만났다. (그 사람은) 모래를 모아서 산천의 순하고 거역하는 형세를 보여줬는데 돌아보니 그 사람은 이미 없었다. 그곳이 지금도 구례현의 경계에 있고 마을 사람들은 沙圖村이라고 부른다. 도선은 이로써 활연히 깨닫고 더더욱 음양오행의 술법을 연구하여 비록 金壇과 玉笈의 심오한 祕訣일지라도 모두 가슴 속에 각인해 두었다.3)
>
> 「백계산 옥룡사 증시 선각국사 비명」

> 그윽하고 미묘함이 이미 부처의 경지에 다다랐고 나머지로 더욱 陰陽에 精通하였다. 비밀스러운 술법을 장차 전수받으려 하매, 홀연히 어떤 異人이 찾아와 뵙자 六通이 장애 되지 않으니, 大地를 묘하게 보아서 빠짐이 없었다.4)
>
> 「옥룡사 왕사 도선 가봉 선각국사 관고」

---

3) 「白鷄山玉龍寺贈諡先覺國師碑銘」.

4) 『東文選』 卷27, 「玉龍寺王師道詵加封先覺國師敎書及官誥」.

도선이 지리산에서 異人을 만나 풍수법을 전수받은 시기는 옥룡사에 주석(38세, 864년)하기 전의 어느 때였다. 그는 15세에 월유산 화엄사에 출가하여 화엄학을 공부하고, 20대 초반에 동리산 선문을 연 혜철의 문하에서 선 수행을 하여 禪旨를 깨치며, 이후 雲峯山, 太伯山 등지로 운수 행각을 하는데, 바로 이 무렵에 지리산의 한 異人으로부터 풍수법을 전수받는 것이다. 옥룡사 도선 비문에서 도선이 풍수법을 전수받았다는 장소인 사도촌은 현재의 구례군 마산면 沙圖里로 추정된다. 1872년에 제작된「구례현지도」에는 上沙圖里와 下沙圖里 사이의 위치를 표시 하면서, "옛 승려인 도선이 이인을 만나 모래를 모아 산천을 그렸다고 한다(古僧道詵, 遇異人, 聚沙圖山川云)."라고 기록하고 있다(그림 1).

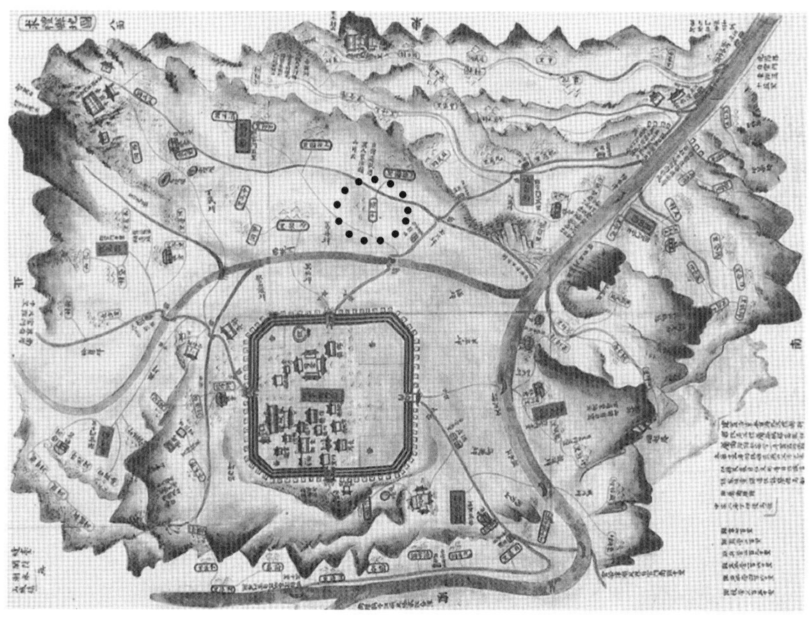

〈그림 1〉 1872년의 구례현 지방지도에 표시된 도선의 풍수법 전수지(점선)

도선에게 풍수법을 전해 준 지리산 이인은 仙道의 맥을 이은 사람으로 추정되며,5) 이로써 도선의 사상에 불교와 선도, 풍수가 결합할 수 있는 역사적 계기가 마련되었다. 지리산은 삼국시대 이전부터 산악·산신 신앙이 발아된 곳이었고, 지리산의 깊은 골짜기는 청학동 유토피아의 현장으로도 일컬어질 만큼 仙境의 자연경관을 갖추고 있어, 지리산에는 삼국시대 이후로 仙脈이 전개되었던 본향이었다.6) 지리산의 산악신앙은 전래적 문화전통으로서 사회적으로도 큰 영향력을 가지고 있었다. 그 사상의 계통이 도선에게 수용되었다는 사회적 含意는 도선의 풍수사상으로 하여금 지리산 문화전통의 계승을 통한 사회적 영향력의 확보를 의도하는 것으로 보인다. 더욱이 異人이 전수해준 풍수를 "비밀스러운 술법"이라고 표현하고, "지리산의 깊은 곳에 산지가 수백 년"이라는 異人의 신비

---

5) 異人에 관하여 여러 설들이 있다. 최병헌은 "도선에게 풍수지리설을 전수해 주었다는 異人은 惠徹이거나 아니면 그 계통의 사람으로 억측된다."라고 하였다. 혜철은 桐裏山門을 곡성 태안사에서 연 禪僧으로 도선의 스승이기도 한데, 중국의 유학 과정에서 당시 풍미하고 있었던 중국의 풍수법을 습득했을 가능성이 높다는 것이다(최병헌, 「道詵의 生涯와 風水地理說」, 『선각국사 도선의 신연구』, 123쪽). 김두진은 도선의 풍수 습득을 동리산 선문의 사상적인 특징으로 보았다(김두진, 「나말여초 동리산문의 성립과 그 사상」, 『동방학지』 29, 1988, 77~79쪽). 이용범은 "당시 영암이 당나라와의 교역항이라는 점을 감안한다면 이 지역을 출입하던 당나라 상인이 있었을 것이고, 서적은 주요한 수입품 중의 하나였기에, 도선이 영암지역에 출입하는 당나라 상인으로부터 풍수 서적을 사들인 것이, 최유청에 의하여 異人으로 신비하게 표현되었지 않은가 추측된다."라고 하고 있다(이용범, 「도선의 지리설과 당 일행선사」, 『선각국사 도선의 신연구』, 1988, 39~40쪽). 최창조는 異人이 自生 風水學人일 것이라고 추정한다. 그러면서 다음과 같은 논거와 이유를 들고 있다. "왜냐하면 혜철은 선문구산의 하나인 동리산파의 개조쯤 되는 당대 고승이며 당시로서는 당당한 지식인인 중국 유학생 출신이다. 그런 그에게서 풍수를 배웠다면 무엇이 부끄러워서 이름을 밝히지 않고 異人이라 표현했겠는가. 異人은 혜철이 아니라 지리산 언저리에서 풍수를 공부한 이름 없는 한 자생 풍수학인이었을 것이다. 물론 도선이 중국풍수를 배운 혜철로부터 중국풍수까지 익혔을 가능성은 있다. 그리고 자생풍수와 중국풍수를 함께 익힌 도선에 의하여 양자가 결부되고 체계화되어 그 후에 우리식 풍수의 출발이 된 것이 아니겠느냐는 생각이다."(최창조, 「풍수비판에 대하여」, 녹색 평론, 5~6월호, 1994, 60~61쪽).

6) 안동준, 「지리산의 민간도교 사상」, 『경남문화연구』 28, 2007, 138~139쪽.

스런 존재와 도선을 만나고 헤어지는 과정에서 보이는 이인의 기이한 행태, 그리고 神人이라는 정체성 표현7) 등을 통해 그에게서 풍수법을 전수받은 도선의 권위를 높이는 이미지 효과를 배가시켰다. 이윽고 도선은 당시의 제 사상과 지식을 익히고 나서 '부처의 경지에 이르렀고, 땅의 지리적 이치를 묘하게 볼 수 있는' 신화적인 존재로 우상화되었다. 도선이 仙脈을 전수하였다는 논리는 조선의 지식인 사회에도 이어져서 徐居正(1420~1488)은 '天仙이 하강하여 천문·지리·음양의 술법을 전수해 주었다'고 하였으며8), 趙汝籍이 撰한『靑鶴集』(16~17세기)에서도 도선은 勿稽子라는 仙人의 餘韻을 띤 것으로 기록되었다.9)

옥룡사 도선 비문에 나타난 도선의 풍수법 傳受 사실을 그대로 인정한다면, 9세기 중엽 당시의 지리산 권역에 이미 풍수가 유입되어 수용되어 있었음을 알 수 있다. 지리산 권역에 풍수가 도입된 사실은 어떤 의미를 지니고 있으며, 그 도입 경로는 어떻게 이해할 수 있을까? 일찍이 중국으로부터 도입되었던 선진적 지리인식과 정보 체계로서의 풍수는 사회 권력의 정치 역학과 맞물려 있는 공간적 이데올로기였다. 풍수의 지식 정보와 운용은 사회의 권력 지배층에게 배타적으로 독점된 전유물이었다. 당연하게도 신라시대에 풍수는 왕도인 경주를 위주로 한 정치행정의 중심지를 주 무대로 이루어져 왔다. 그런데 신라 하대에 중국에서 풍수를 습득하고 돌아온 지식인들-崔致遠(857~?)과 渡唐 求法僧들로서 神行, 洪陟, 慧昭, 慧徹과 그 문도들이 지리산 권역에 주석하여 禪門 개설이 이

---

⁷⁾ 「白鷄山玉龍寺贈諡先覺國師碑銘 陰記」.

⁸⁾ 지리산의 異人에 관해 관심을 가지고 언급한 사람 중에 李能和가 있다. 그는 『朝鮮佛敎通史』(1918)에서 徐居正(1420~1488)의 『筆苑雜記』를 인용하였는데, 그 중의 내용에, "도선이 출가하여 입산 수련하는데 어떤 하늘의 신선(天仙)이 하강하여 천문·지리·음양의 술법을 전수해주었다."는 대목이 보인다.

⁹⁾ 『揆園史話·靑鶴集』, 아세아문화사, 1976, 154쪽. 『三國史記』 卷 48, 列傳 第8, 勿稽者와 『三國遺事』卷5, 避隱 第8, 勿稽者에 관한 내용이 있다.

루어지자, 풍수는 지방 중심지 형성과 확산 거점의 마련이라는 새로운 전기를 맞이하였다. 지리산 권역에 풍수사상이 발아·확산하기 시작한 시점도 이 무렵으로 추정된다. 口傳 설화에, 지리산 실상사를 연 홍척이 도선에게 절터를 자문하였다는 이야기[10]는 지리산지 禪門의 풍수 반영 사실과 연관성을 암시해준다. 그리고 지리산과 지리적으로 근접하여 있는 영암은 對唐 교역항으로 인물과 물산, 선진 문화정보가 드나들었기 때문에 여기를 통해 지리산 권역으로 풍수문화가 확산하기에 더욱 쉬울 수 있었다.

도선의 풍수 담론이 고려 중기의 정치사회 권력에 의해 어떤 모습으로 재구성되었으며, 당시에 도선 풍수 담론의 정체성은 무엇이었는지를 짐작할 수 있는 몇 가지 단서가 옥룡사 도선 비문에 있다. 첫째, 고려 중기 당시에 도선의 풍수사상에 대한 사회적 가치 평가로서, "세상을 구제하고 사람을 제도하는 법입니다."라고 말한 대목이다. 당시에 풍수는 救世 度 人의 法術이라는 사회 담론으로 이해되고 소통되었음을 알 수 있다. 둘째, 도선 풍수법의 이론과 방법을 일러주는 말로서, 도선은 異人에게 "산천의 순종하고 거역하는 勢"에 관한 풍수법을 배웠다는 대목이다. 이 사실은 도선의 풍수가 당시 중국의 선진적인 풍수이론인 形勢法의 영향을 받았음을 드러낸다.[11] 도선의 山川順逆說은 고려 태조 왕건이 이데올로기적 지역 통제 전략의 논리로 수용·재구성하였다. 왕건은 訓要十條를 통해서 "뭇 사찰들은 모두 도선이 山水의 順逆을 따져 보아서 開創하였으

---

[10] "당시는 왜구가 남해안과 전라도 일대에 나타나 노략질을 일삼던 때이다. 홍척은 도선에게 부탁하여 절터를 알아보고 있었는데, 현재의 실상사 약사전 자리에 절을 세우지 않으면 나라의 정기가 일본으로 건너간다는 말을 듣고 절을 건립하였다고 한다."(출처: 남원의 문화재 자료실(http://www.namwonculture.org/)

[11] 山形, 山勢나 水勢 등을 따져 擇地하는 중국의 풍수학파를 形勢法 혹은 江西法이라고 하는데, 唐의 江西 지방을 중심으로 성행하였으며 楊筠松(僖宗 874〜888 代)이 이론을 구축한 대표적인 인물이다.

니 터는 사찰을 창건하지 마라."라거나, "(호남은) 地勢가 背逆으로 달리니 人心도 그렇다."[12]라고 산천순역설의 풍수 담론을 공간정치적으로 이용하였으니, 그것은 당시에 사회적 영향력이 컸던 도선의 풍수 담론을 상징적 이데올로기로 바꾸어 정치적 통제를 당연하게 받아들이고 고착시키고자 의도한 것이다. 셋째, 도선 풍수사상의 사회적 속성을 드러내는 말로서, 옥룡사 도선 비문의 「陰記」에 도선이 "神人이 모래를 모아 三國圖를 그린 곳에 三國寺를 세웠다."는 대목이다. 왜 神人은 도선에게 三國圖를 그려 보였고, 도선은 왜 그 장소에 三國寺를 세웠다고 하였을까? 이 대목은 神人에서 도선으로 이어지는 풍수법이 후삼국의 통일을 위한 정치적 지형도로 응용되었다는 점을 표현한 것으로 해석된다. '神人과 三國寺'라는 의미 記號는 고려 후기에 '성모천왕과 三岩寺'로 대응·변환되어 재구성된다.

지리산 권역에 전승된 문헌 설화에서 도선의 지식인상은 지리산을 공간적 중심으로 이상사회의 담론을 이끄는 주역으로 서술되었다. 도선은 지리산의 이인에게 풍수를 전수받고 나서, 음양에 정통하고 땅을 묘하게 볼 수 있는 인물로 신비화되었고,[13] 鰲山 鰲山寺(현 구례 사성암)에 머물면서 천하의 지리에 통달하여[14] 천하의 地理를 그린 전설적인 인물로 묘사되었다.[15] 지리산과 도선의 상징적 관계는 후대에 와서 지리산 성모천왕과의 연계를 통해서 더욱더 강화되었다. 고려 후기에 도선은 지리산 聖母天王으로부터 부촉 받은 고려 개국의 이데올로그로 이해된 것이다. 朴全之(1250~1352)가 쓴 「영봉산 용암사 중창기」의 내용은 그러한 사실을

---

12) 「訓要十條」 二訓. "모든 절은 다 道詵이 山水의 順逆을 추점하여 결정하였다." 「訓要十條」 八訓, "車峴 以南과 公州江 外는 山形과 地勢가 함께 背逆으로 달리니 人心도 또한, 그러한지라."

13) 『東文選』 卷27, 「玉龍寺 王師 道詵 加封 先覺國師 敎書 及官誥」

14) 考古美術同人會 刊, 『佛國寺·華嚴寺事蹟』, 109쪽.

15) 『新增東國輿地勝覽』 卷40, 求禮縣, 山川.

설화적으로 대변하고 있다.

> 옛적에 開國 祖師인 도선이, 지리산 主인 聖母天王으로부터 비밀스런 부탁을 받고 말하기를, "만일 三岩寺를 창립하면 三韓이 합하여 한나라가 되고 전쟁이 저절로 종식될 것이다"라고 하였다. 이에 세 암자를 창건하였으니 지금의 仙巖寺, 雲巖寺와 龍巖寺이다. 그러므로 이 절이 국가에 큰 비보사찰임은 고금 사람들이 모두 아는 바이다.[16]

정작 도선으로 하여금 고려 왕조의 공간정치적 이데올로그로서의 지식인상을 대내외적으로 확정시킨 것은, 도선의 왕조에 대한 풍수적 공헌과 사회적인 실천을 재구성한 사실에 있었다. 도선은 신라의 정치상황이 쇠망의 길로 접어드는 것을 알고 49세(876년)에 이르자 새로운 정치사회세력으로 부상하였던 송악의 호족세력을 만나 풍수지리의 지식정보를 제공하였다는 것이다.

> 신라의 정치와 교화가 쇠해져서 급속히 망할 조짐이 있었다. 도선은 장차 성스러운 사람이 천명을 받고 많은 사람 위에 설 것임을 예견하고 이따금 松岳郡에 住遊하였다. 그때 세조가 바야흐로 머물 집을 짓고 있었는데, 도선이 그 문 앞을 지나다가 말하기를, "이 땅에는 마땅히 왕이 될 사람이 나올 것인 데 다만, 집 짓는 자가 알지 못할 따름이구나."라고 하였다. 마침 하인이 그 말을 듣고 들어가서 세조에게 아뢰니, (세조가) 급히 나가서 나가 맞아들이라고 명하고 (도선에게) 그 방도를 물어 집을 개축하였다. 도선이 당부하며 말하기를 "(집을) 고친 뒤 2년 후에는 반드시 귀한 아들을 낳으리라."라고 하고 이어 한 권의 책을 써서 꼭꼭 봉하고 세조에게 주면서 말하기를, "이 책은 아직 태어나지 않은 그대의 아들에게 올리는 것입니다. 그러나 모름지기 나이가 장년이 되어 성숙한 연후에 주어야 합니

---

16) 『東文選』 卷 68, 「記」, 靈鳳山龍巖寺重創記.

다.”라고 말하였다. 이 해는 신라 헌강왕이 옹립하게 되었으니 당 건부 2
년(876)이었다. 4년(878)에는 과연 태조 왕건이 앞서 말한 그 집에서 탄
생하였다. 장년이 되자 (도선이) 봉해서 준 책을 받아 보고 하늘의 명이 부
촉되어 있음을 알게 되어 도둑들과 포악한 무리를 베어 없애고 나라를 개
국하였다.[17]

「백계산 옥룡사 증시 선각국사 비명」

성인이 마침내 일어나서, 천자의 자리에 오를 운명과 圖讖을 받았다.[18]

「백계산 옥룡사 증시 선각국사 비명」

때는 정권 혁명의 시기라 반드시 천명을 받는 사람이 일어설 것임을 알았
다. 드디어 先祖의 집터를 가리키며 이르기를, “마땅히 성인이 날 것이다.”
라고 하였고, 한 권의 책을 내용을 봉하여 아직 출생치 않은 君子에게 미리
올렸으니, 興起하는 날을 기약하며 원대한 기틀을 보여 줌이었다. 하늘로부
터 손을 빌려 세상에 없는 공적을 드리웠다.

「옥룡사 왕사 도선 가봉 선각국사 관고」

이렇게 도선의 명성과 풍수도참을 이용하여 고려 왕조의 설립을 天
命으로 합리화하는 전략은 권력의 정통성 부여와 민심의 상징 조작을
위하여 의도된 것이었다. 그러면 이상과 같이 살펴본 도선의 지식인상
에 대한 사회적 재구성과 관련하여, 그의 풍수 담론이 나말여초와 고
려, 그리고 조선시대를 거치면서 정치사회 지배세력에 따라 그들의 통
치 질서에서 어떤 의미체계로 변용되어 사회에 통용되었는지 살펴보기
로 하자.

---

17) 「白鷄山玉龍寺贈諡先覺國師碑銘」
18) 「白鷄山玉龍寺贈諡先覺國師碑銘」

Ⅲ. 도선 담론의 사회적 재구성

1. 나말여초의 이상사회와 도선 담론[19]

신라 하대에 풍수는 선불교와 결합하여 새로운 사회적 공간 이데올로기를 창출하는 결과를 빚었으니, 풍수와 선종이라는 두 신진 문화요소가 사회적 변혁주체세력에게 교섭되는 과정에서 문화변동이 유발된 것이다. 그 역사적 교섭 형태인 도선의 비보 사상이나 비보사탑설은 전래의 사탑 鎭護 신앙과 선불교의 공간관, 그리고 풍수지리설이 융합되어 형성된 것으로서, 기존에 왕족이나 중앙귀족과 교종 세력에서 견지되어왔던 경주 왕도 중심의 낡고 편협한 공간 담론의 틀을 깨는 지역균형발전론의 정치지리적인 인식 틀이라는 데에 중요성이 있다. 이것은 교종에 대한 선종의 불교에 대한 혁명적인 실천이자 사고방식과도 비견될 만하였다.

신라의 불교적 이상향으로서의 불국토 혹은 극락정토는 공간적으로 왕도인 경주에 한정된 영역이었고, 이상사회인 佛國의 주인공들은 왕족이나 중앙귀족의 계층에 국한될 뿐이었다. 신라 경주의 지배층들은 불국토의 상을 공간적으로 구현하기 위하여 불교의 우주공간을 경주에 상징적으로 대응하여 일체화하고자 했고, 경주 왕도의 곳곳에 불국토를 이루기 위해 사찰을 설치하였을 뿐 만 아니라, 화엄 교종의 주요 사찰들을 왕도를 중심으로 한 외곽의 지정학적인 요충지에 배치해 왕도를 수호하는 임무를 담당케 하였다. 토함산 불국사, 계룡산 갑사, 지리산 화엄사, 태백산 부석사, 팔공산 미리사 등 국가의 주요 화엄사찰들이 자리 잡은 곳은 각각 동·서·남·북·중 五岳으로서 이들 명산은 신라 영토의 요충지이자 국가적 산악신앙이 시행된 중요 명산들이었다. 이렇듯 신라 지

---

[19] 이 절은 최원석, 「한국에서 전개된 풍수와 불교의 교섭」, 『대한지리학회지』 44(1), 2009, 81~82쪽의 내용을 수정한 것임.

배층이 의도했던 공간적 편제의 이데올로기는 경주 중심의 왕도 발전론이었던 것이다. 그러나 신라 말기인 9세기 무렵의 사회는 왕권의 말기적 현상으로 심각한 혼란에 빠져들고 있었다. 정권 쟁탈로 말미암아 지배층들은 반목·이반하였고, 백성은 기근과 도탄에 빠져 전국 각지에서 민란이 일어났다. 이에 지방의 호족세력들은 중앙귀족의 간섭과 통제를 벗어나 독자적인 기반을 가질 수 있는 변혁사상을 요청하였다. 변혁의 주체세력을 지원하여 왕족과 귀족들의 경주에 한정된 왕도 중심주의를 극복할 수 있는 공간사상의 탄생이 시대적으로 필요하였던 것이다. 이러한 와중에 새로운 사회적 담론으로서 선종과 풍수가 교섭하여 창출된 비보 담론은 지방 호족세력의 정치사회적 요구에 맞는 변혁적 공간 이데올로기가 되었다.

신라 하대에 지방의 호족세력이 정치사회적으로 성장하게 되면서 그들은 선불교와 풍수사상을 전환기 사회를 이끄는 사상적 동력의 담론으로 재해석하였다. 선종의 인간관은 기존에 교종의 권위적이고 허식적인 의례를 지양하고 마음만 깨치면 누구나 부처가 될 수 있다는 혁명적 존재론을 지녔고, 풍수의 인간관 역시 여태까지 신령의 위력에 부림을 받거나 하늘이 정한 운명에 규정되는 이데올로기적 사상성에서 탈피하여 도리어 '신의 공력을 빼앗고 천명을 개척할 수 있다(奪神工開天命)'라는 변혁적 사상성을 가진 것으로서 적극적으로 해석되었다. 특히 풍수비보적 공간관은 기존의 왕도 경주가 중심이 된 불국토지리관과, 靈地的 지리인식의 국지성과 관념성을 지양하고 국토의 지형·지세를 전체적이고 구체적으로 개관할 수 있게 함으로써 왕도 경주의 지리적인 편재성을 일깨웠고, 지방도 풍수지리적 중심지가 될 수 있다는 혁명적 공간론을 품고 있었다. 이에 각 선문에서는 종래 별로 중요시되지 않던 지방의 산들을 禪門의 基地로 선정하여 새로 주석한 곳을 삼한 제일의 승지로 자처하면서 각기 그곳을 중심으로 새로운 교단세력을 확장하였으며, 이리

하여 각 선문은 그 지방에 있어서 지방문화의 중심지 구실을 하게 되었던 것이다.[20]

더욱이 지방 호족의 정치세력들에게 도선의 비보사탑설은, 주변부 지방이 중심지 왕도와 긴밀한 연관이 있기에 균형적으로 발전하여야 한다는 국토와 지역균형발전의 사회사상과 담론으로 정치사회적 의미가 부각되었다. 그러면 당시에 비보사탑설의 사회적인 설득 전략과 논리는 어떤 방식이었을까? 당면한 사회적 혼란과 분열, 백성의 기근과 자연 재해가 발생한 것은 국토가 병들어 있기 때문이라는 공간 담론의 논리를 펴서, 국토 전체를 조화와 균형의 상태로 만들기 위해서는 뜸과 침을 놓듯이 지방의 요소요소에 사탑을 설치하여야 한다는 것이다. 이러한 비보사탑설의 논리는 교종의 지리관념에 대한 선종계의 사상적 도전으로서 지역의 균형발전과 실용성을 고취한 것으로 해석할 수 있으며, 기존에 靈地를 찾아 願刹을 짓던 당시의 관념이 이제 지세를 살펴 欠背處를 사탑으로 비보하는 것으로 바뀌었으니, 이는 경주의 왕실이나 귀족을 중심으로 삼산·오악으로 개편한 종래의 편벽한 지리 관념을 부정하는 것이었다.[21] 이렇듯 도선의 비보설은 지역균형발전의 논리를 담고 있었기에 지방 호족세력에게 수용되어 나말여초 전환기의 정치사회변혁 담론으로 역할을 할 수 있었던 것이다.

결국, 도선의 풍수적 비보 담론과 그 실천적 방책으로서 비보사탑설은 개성 송악의 호족인 왕건에게 수용되어 고려라는 새로운 국가와 시대를 창출하는 공간적 정치이념으로 뒷받침되었다. 고려 태조 왕건은 비보사탑설을 중심(개성)과 주변(지방)을 통괄하는 국토계획안의 공간 이데올로기 담론으로 재해석하여 전국적으로 지역의 체계를 재편하고

---

20) 최병헌, 「도선의 생애와 나말려초의 풍수지리설」, 『한국사연구』 11, 1975, 140쪽.
21) 고익진, 『한국고대불교사상사』, 동국대출판부, 1985, 519쪽.

운영하는 정치이념으로 활용하였던 것이다. 후술하겠지만, 지리산 권역에 산재하여 있었던 수많은 사찰이 고려시대에 와서 도선이 창건 혹은 중건하였다거나, 국가 혹은 지방의 비보소로 위상이 재해석되는 의미도 이러한 정치사회 권력의 공간적 재편이라는 의미체계로 이해될 수 있다.

고려 태조 왕건은 도선의 비보설에 준거하여 국토의 지역 체계를 재편하는 과정에서 수도와 지방도시에 다수의 비보사찰들을 배치하였다. 왕건은 후삼국을 통일하고 고려를 건국하고 나서 비보사탑설에 기초하여 전국의 사찰들을 정비, 재편하였고, 여기서 비보설은 국토운영의 공간적 상위원리가 되어, 왕도인 개경을 보위하는 도성 계획안이자 수도와 지방의 공간적 통합성을 이루고 왕권의 중앙적인 집중과 지방 호족의 효율적인 통어 체계를 구축하려는 이념적 장치로 적극적으로 활용되었다. 이에 도성 계획안으로서 5大寺 10大寺 등의 國家裨補所가 수도 개성에 설치되었고, 풍수상의 비보가 필요한 지점에 사찰을 배치하여 취약한 풍수지리적 조건을 보완하고자 하였던 것이다. 지방에서도 비보사찰은 지방제도의 정비와 관련하여 퍼져 나갔다. 태조 대의 山川順逆說에 근거하여 지정된 사찰에서 출발하여, 각 행정단위의 邑基에서 중심 사찰이 정비되어 늘어나고, 국왕 또는 종파의 공인 사찰로 등재하여, 나중에는 모든 사찰이 나라와 州縣의 裨補所라는 의미로 확대되었다.22) 이렇듯 고려 왕조는 불교의 佛力信仰과 풍수의 地力思想을 결합시킨 이데올로기로 국가의 안녕을 기원하고 정책 운용의 기조로 삼았던 것이다.

고려 조정은 11세기 중반부터 사찰의 과다한 창건으로 인한 재정의 악화가 야기되었고, 12세기 말부터 시작하여 15세기 조선의 성종 대(1469~1494)

---

22) 한기문, 「高麗時代 裨補寺社의 成立과 運用」, 『한국중세사연구』 21, 2006, 272쪽.

를 지나면서 사탑비보설은 급속히 쇠퇴하였으며 15세기 말에 종언을 고하게 되었다.23) 조선 儒臣들의 비보설에 대한 비판도 거세어져 도선의 비보 담론은 조정에서 강력히 부정되었다. 이때 이후로 풍수 담론은 고려시대에 수행되었던 합리적인 내용은 탈각된 채 조선시대의 유가적 합리주의적 기준과 성리학적 정통론에 따라 權道的인 술법 분야와 영역으로 위상이 실추되었다. 도선의 비보설 역시 환경계획과 관리라는 사회적인 순기능은 배제된 채 유교적 이데올로기에 의하여 풍수도참이 끼쳤던 사회적 역기능이 부각되어 강력히 비판되었던 것이다. 이후 도선의 비보사탑설 담론은 조선조 排佛 정책의 기조와 유교적 이데올로기의 사회적 지배로 말미암아 불교신앙적인 기능은 축소되고 풍수적인 기능과 양식으로 전개되었다.

2. 지리산권역 사찰의 도선 담론

도선의 풍수 담론은 고려시대와 조선시대의 사회문화사적 과정에서 지리산 권역에 거주하는 사람들의 생활사와 문화경관의 형성과 변화에 강력한 영향을 끼쳤다. 지리산 권역에 산재한 사찰만 하더라도 도선의 풍수 담론은 입지와 분포, 조영과 관리의 실제적인 측면에 영향을 주었을 뿐 만 아니라, 사찰의 창건 연기나 사회적 기능과 관련된

---

23) 12세기 말에는 「道詵密記」에 기록된 사찰 이외에는 寺社田과 柴地를 지급하지 않았고, 태종 2년에 비보사찰이라도 常住僧 1백 명 以下로『道詵密記』에 있지 않는 사찰은 혁파할 것을 상언하고 있다. 태종 6년(1406)에 이르면,『道詵密記』에 소속된 사찰이라도 田地와 奴婢를 新都의 各寺로 옮기게 조처하였다. 이어 태종 8년에는 비보사찰의 노비수를 30구로 대폭 축소하였고, 조선의 성종대를 지나면서 도선의 사탑비보설은 급속히 쇠퇴하였다.『成宗實錄』16年 1月 8日조에 의하면, "지금 도선이 비보했던 시설이 허물어지고 철거되어 거의 다하였다"라는 말에서나, 당시 도선의 비보술을 장려하자는 내용으로 상소한 최호원이 유신들의 강력한 반발로 유배되고 마는 조정의 분위기가 그 정황을 말해 준다.

다양한 설화 문학을 낳음으로써 공간적 담론을 형성케 한 원동력이 되었다.

일찍부터 지리산은 정치세력에 주목받은 바 있었다. 그 계기는 일차적으로 지리산이 지니는 지정학적·신앙적인 가치 때문이었다. 지리산은 신라 때부터 五嶽의 하나로서 中祀의 격을 지니고 있었고, 화엄사는 신라의 華嚴十刹 중의 하나로 지정된 바 있었다. 聖母天王으로 대표되는 지리산의 산악숭배 신앙은 지리산의 상징적 가치를 높이는 데 기여하였으며, 고려 왕실의 정치세력이 지리산의 성모천왕을 고려 건국과 후삼국의 통일을 정당화하는 데 이용하였던 것[24] 등의 사실로 보아도 지리산이라는 공간이 정치권력에서 차지하는 비중과 의미를 짐작할 수 있다.

지리산 권역에서 도선과 관련된 사찰을 살펴보면, 옥룡사 도선 비문에 전해지는 도선 창건 사찰인 구례의 道詵寺(장소 미상), 米嵓寺(장소미상), 玉龍寺(광양), 雲嵓寺(장소 미상)와[25] 기타 도선계 법손의 사찰으로 추정하는 松林寺(장소 미상), 玄岬寺(장소 미상)외에 도선과 관련된 사찰로서 지리산 인접 권역에서 후대의 문헌이나 寺傳 또는 口傳으로 전해지는 유적지만 하더라도 모두 40여 개에 이른다. 이들 사찰은 옥룡사 도선 비문에 근거한 것을 제외하고는 대부분 후대에 도선을 끌어대거나 비보사찰로 추인한 결과로 추정되지만, 지리산 권역의 사찰에 미친 도선 풍수 담론의 사회적 영향력을 반증하는 자료로 의미가 있다. 지리산 권역의 도선 관련 사찰을 요약하면 다음과 같다(〈표 1〉).

---

24) 김아네스, 「고려시대 산신 숭배와 지리산」, 『역사학연구』 제33집, 2008, 29쪽.

25) 도선은 32세에 구례현에 道詵寺를 세우고, 神人이 모래를 모아 三國圖를 그리던 곳에 三國寺를 세웠다. 그리고 38세에는 玉龍寺에 주석하였고, 39세에는 雲嵓寺를 세웠다.

<표 1> 지리산 권역의 도선 관련 사찰 개요

사찰·유적지	현 위치	관련 사실	출처와 근거	비고
곡성 動樂山 道林寺	곡성읍 월봉리	중창설	寺傳	암각 (道詵國師)
곡성 桐裏山 太安寺	죽곡면 원달리	수학과 수도	「白鷄山玉龍寺贈諡先覺國師碑銘」	
광양 白鷄山 玉龍寺	옥룡면 추산리	주석	「白鷄山玉龍寺贈諡先覺國師碑銘」	
광양 成佛寺	봉강면 조령리	창건설	寺傳	
광양 重興寺	옥룡면 운평리	창건설	寺傳	
광양 龍文寺	옥룡면 동곡리	창건설	寺傳	
광양 白雲山 白雲寺	옥룡면 동곡리	창건설	寺傳	
광양 松川寺址	옥룡면 동곡리	창건설	口傳	
광양 玉泉寺址	옥곡면 대곡리	창건설	口傳	
광양 龍谷寺址	옥곡면 대죽리	창건설	口傳	
광양 王師庵址	다압면 금천리	창건설	口傳	
광양 黃龍寺址	진상면 황죽리	창건설	口傳	
구례 鰲山 四聖庵	문척면 죽마리	천하의 지리를 통달해 그린 곳	『新增東國輿地勝覽』, 『鳳城誌』, 『華嚴寺事跡』	
구례 智異山 燕谷寺	토지면 내동리	창건설	「道詵國師實錄」	
구례 智異山 華嚴寺	마산면 황전리	창건, 중창, 수도설	「華嚴寺事蹟」, 『鳳城誌』, 「道詵國師實錄」	비보사찰설 도선굴
구례 智異山 泉隱寺	광의면 방광리	중창설	寺傳	
구례 白蓮寺址	구례읍 산성리 사동마을		口傳	

순천 香林寺	석현동	주석설 창건설	「香林寺重修記」, 『香林寺大雄殿重修記』	
순천 雲動山 道詵庵	승주읍 상사면 비촌리	창건설	「昇平府南道詵庵重創記」, 「雲動山 道詵庵重創記」, 「曹溪山仙岩寺事蹟」	鎭壓寺刹說
순천 曹溪山 仙巖寺	승주읍 쌍암면 죽학리	裨補三巖寺	「靈鳳山龍巖寺重創記」 「曹溪山仙岩寺事蹟」	裨補三巖寺 도선국사영정
남원 萬行山 禪院寺	도통동	창건설	「道詵國師實錄」, 『龍城誌』	비보사찰설
남원 麒麟山 大福寺	왕정동	창건설	『韓國佛敎史學大辭典』	
남원 萬福寺址	왕정동	창건설	「道詵國師實錄」, 『龍城誌』	진압사찰설
남원 龍潭寺	용담리	창건설	寺傳	
남원 波根寺址	고기리		『龍城誌』	
남원 신계리 마애좌상	대산면 신계리	조성설	口傳	
남원 彌勒庵址	노암동	창건설	口傳	고려시대 石佛 있음
남원 彌勒庵址	이백면 효기리	창건설	口傳	현 蓮花寺
남원 虎成菴	사매면 서도리	택지설	口傳	고려마애여래 좌상 有
임실 聖壽山 上耳庵	성수면 성수리	창건설	寺傳	
임실 正覺山 下耳菴址	장소미상	창건설	寺傳	
순창 廣德山 剛泉寺	팔덕면 청계리	창건, 중창설	「道詵國師實錄」	
진주 餘航山 聖殿庵	이반성면 장안리	창건설	寺傳	
진주 靈鳳山 龍巖寺址	이반성면 용암리	창건설 裨補三巖寺	「靈鳳山龍巖寺重創記」	裨補三巖寺
진주 月牙山 靑谷寺	금산면 갈전리	창건설	寺傳	
진주 杜芳寺	문산읍 상문리	창건설	寺傳	고려 석탑 有

사천 鳳鳴山 多率寺	곤명면 용산리	중창설, 수도설	「多率寺重建碑文」, 『朝鮮寺刹史料』	
月遊山 華嚴寺	장소미상	출가사찰	「白鷄山玉龍寺贈謚先覺國師碑銘」	
道詵寺	장소미상	창건	「白鷄山玉龍寺贈謚先覺國師碑銘」	
米岩寺	장소미상	창건	「白鷄山玉龍寺贈謚先覺國師碑銘」	
雲岩寺	장소미상	창건 裨補三巖寺	「白鷄山玉龍寺贈謚先覺國師碑銘」	裨補三巖寺
松林寺	장소미상		「白鷄山玉龍寺贈謚先覺國師碑銘」	法孫系 사찰
玄岬寺	장소미상		「白鷄山玉龍寺贈謚先覺國師碑銘」	法孫系 사찰

옥룡사 도선 비문에 기재된 도선이 주석했거나 창건하였다는 몇 개의 사찰 외에, 지리산 권역의 수많은 사찰이 도선과 관계되거나 비보사찰로 해석된 까닭은 무엇일까? 그것은 지방 세력의 근거지가 되어 온 기존의 지방 사원들을 태조나 고려왕조의 지배 권력이 국가의 통제권으로 흡수하였다는 의미로 이해할 수 있다. 사원의 통제가 고려왕실의 유지를 위한 중요한 문제였기에 사찰들에 대한 효율적인 통제의 방편이 필요하였음을 의미한다.26) 또 하나의 현실적 이유는 조선조의 불교탄압에 대응하려는 각 사찰의 생존 전략으로 이해될 수 있다. 고려시대에 도선과 아무런 관련이 없었던 사찰일지라도 도선과 관련지어 국가 혹은 고을의 비보사찰로 인정된 경우는 외부적 정치 요인에 의한 폐찰의 위기를 모면할 수가 있었던 것이다.

지리산 권역 비보사찰들의 구성 형식과 속성에는 두 가지가 있는데, 하나는 국가 비보소이고 또 하나는 지방 비보소이다. 전자는 국가(중앙 권력)를 비보하는 역할을 하는 사찰로서 중앙의 왕권에 편제된 사찰이고, 후자는 고을을 비보하는 역할을 하는 사찰로서 지방의 관료 통치 세력이나 정치사회 집단과 맞물려 기능적 가치가 부여된 사찰이다. 국가 비보소

---

26) 권선정, 「고려시대 비보풍수와 권력」, 『대한지리학회 학술대회논문집』, 2003, 161쪽.

는 고려 건국 후에 태조 왕건의 국토 경영 이데올로기로 채택된 도선의 비보사탑설에 준거하여 사찰의 위상과 사회적 의미가 재구성되는 과정을 겪었다. 지리산 권역에서는 위에서 언급하였던 비보 삼암사(선암사·운암사·용암사)외에도 화엄사, 선암사 등이 국가 비보소로 언급되었다. 고을 비보소는 순천의 도선암과 향림사, 남원의 선원사와 용담사 등이 있는데, 이들은 지방관료의 통치 질서와 관련되어 사찰의 기능과 가치가 사회적으로 재구성되었을 것으로 추정된다. 이들 사찰의 비보적 사실과 관련한 내용의 문헌적 근거는 대부분 조선 후기에 윤색되어 작성된 사적기류와 읍지류에 인용된 사료로서 신빙성에 한계가 있지만, 시대적으로 지리산 권역 사찰들에 영향을 끼친 도선의 풍수 담론과 그 영향력을 드러내 주는 것으로서 가치를 매길 수 있다. 그러면 지리산 권역 비보사찰들의 도선 관련 사실과 그 의미를 국가 비보소와 고을 비보소의 차례로 살펴보기로 하자.

「화엄사 사적」(1696)에 의하면 "화엄사 역시 우리나라 山水圖의 3,800군데 神補所 지점에 들어간다."라고 기록되었고,[27] 선암사 역시 도선이 세웠으며 국가 비보소로 지정된 사찰로 해석되었다.[28] 화엄사는 일찍이 신라 왕조에서 화엄 10찰 중 하나로 지점 되었던 지리산지의 중요한 사찰이었고, 선암사는 前述한 박전지의 비보 삼암사 중 하나로 거론될 만큼 국가 비보소로서 편제될 수 있는 寺格과 배경을 가지고 있었다. 「조계산 선암사 사적」(1704)에는 도선과 관련된 사찰 연기를 아래와 같이 설화적으로 표현하고 있다.[29]

도선선사가 뒤에 중국으로 들어가 一行에게 배웠다. 도선은 이내 동방의 山水圖를 바쳤다. 일행이 일람하더니 말하기를, "산천이 이처럼 등지고 달아나

---

27) 考古美術同人會 刊, 『佛國寺·華嚴寺事蹟』, 84쪽.

28) 『朝鮮寺刹史料』上, 「曹溪山仙岩寺事蹟」, 282~283쪽.

29) 『朝鮮寺刹史料』上, 「曹溪山仙岩寺事蹟」, 282~283쪽.

니 당연하게도 전쟁터가 되었구나."라고 하면서 이윽고 붓을 뽑더니 지도를 보고 삼천오백 개의 장소를 택해 장소마다 점을 찍고 말했다. "사람이 병이 들면 그 혈맥을 찾아 침과 뜸을 하는 것처럼, 지금 내가 점을 찍은 곳에 절과 탑을 건립하거나 부도를 세우면 반드시 삼국을 통일하고 백성을 구하는 주인을 얻을 것이다."라고 하였다. 도선이 본국으로 돌아와서 일일이 가르침대로 하였으니, 이 선암사는 하나의 큰 裨補所이다. 우리나라의 남쪽에는 三巖이 있는데, 영암군 월출산의 용암, 광양현 백계산의 운암, 승평부 조계산의 선암이다. 삼암에 모두 사탑을 건립하고 부도를 세웠다. 그래서 이 선암사의 구역 안에는 한 개의 철불과 두 개의 보탑(寶塔), 세 개의 부도가 있고 지금까지도 남아있다. 이렇게 (비보법으로) 뜸을 뜬 것은 도선국사가 이 절을 세울 때에 그 (지세가) 등지고 달아남을 진정케 함이었으니, 원래 머뭇거려 모이는 땅이 보배 아니던가?30)

한편, 지리산 권역의 고을 비보소로는 순천의 도선암과 향림사, 남원의 만복사, 선원사, 파근사, 용담사 등을 대표적으로 꼽을 수 있는데, 모두 도선의 풍수비보설에 따라 고을 비보사찰로 창건되었다고 전하는 사찰이다. 순천의 비보소에 대해서는 「雲動山道詵庵重創記」(1849), 「香林寺 重修記』(1853) 등의 사적기에서 기록된바, 순천부 邑基의 입지경관에서 보이는 풍수적 危害와 재변을 막는 기능을 하는 사찰이었다.

순천부의 남쪽 20리에 있는 운동산 도선암은 도선국사가 도를 이루고 창건한 곳이다. 산은 마치 굶주린 호랑이가 먹을 것을 구하는 형세요, 邑의 맥은 달리는 사슴이 보금자리를 찾는 형국이다. 호랑이의 기세가 사슴을 굴복시키니, 읍의 터를 위해 鎭壓할 필요가 있음이 분명하다.31)

「雲動山道詵庵重創記」

---

30) 승주군, 『승주군사』, 1985, 819쪽.
31) 『朝鮮寺刹史料』 上, 「雲動山道詵庵重創記」, 295~297쪽.

선암사로부터 동남쪽으로 20여 리 쯤 가면 운동산에 虎口穴이 있는데, 그곳
에 역시 절과 탑을 짓고 불상을 건립하여 (호랑이 혈의) 아가리를 막았기에
그 암자를 도선암이라고 불렀다. 만약에 그 아가리를 막지 않으면 비단 한
府의 경내에 많은 재변이 있을 뿐 만 아니라, 국가에도 역시 그 해를 받는다
고 말하고 있으니 이미 道詵記에 기록되어 있다.32)

「曹溪山仙岩寺事蹟」

순천부의 북쪽으로 7리쯤 떨어진 근처에 叢林 한 구역이 있으니 우리 동방의
玉龍禪師가 거룩히 주석하신 옛 터이다. 산의 맥은 祖山인 마이산에서 시작하
여 구불거리며 와서 오성산에 이르고, 산의 남쪽으로 한 맥을 뽑으니 본 읍
의 터가 되었다. 그런데 이 산은 유독 그 곁의 落脈이 龍脈을 좇아 뛰어 오르
는 모양으로서, 난봉산이 머리 부분에 이르러서 칼과 창처럼 되었으므로 풍
수가의 설로 논해 말하기를, 邑으로 (기운이) 내리쏘는 꺼림칙함이 없지 않다
고 하였다. 이러한 까닭에 탑을 건립하고 절을 지어 그 기운을 진압하였으니
무릇 그것은 현명하신 스승의 훗날에 대한 염려가 深遠하심이다.33)

「全羅南道 順天郡 香林寺 重修記」

남원의 私撰 邑誌인『龍城誌』(1699)의 佛宇 조에는 "항간에 전해지기를, 도
선이 남원부의 地理를 鎭壓하기 위하여 사찰과 탑을 설치하였다."라는 비보
사찰의 설화가 기록되어 있다.34)『龍城誌』에 의하면, 萬福寺, 禪院寺, 波根寺
등은 도선이 창건하였다고 전하는 고을 비보소이다.35)

---

32)『朝鮮寺刹史料』上,「曹溪山仙岩寺事蹟」, 283쪽.

33)『朝鮮寺刹史料』上,「全羅南道 順天郡 香林寺 重修記」, 293쪽.

34)『龍城誌』佛宇.

35) 만복사는『世宗實錄地理志』(1454)와『新增東國輿地勝覽』(1530)에도 소개된 것으로
    보아 조선 중기에도 유지되다가,『龍城誌』(1699)에 의하면 정유재란(1597)의 兵禍
    로 말미암아 불탔음을 알 수 있다. 그런데 1678년 남원부사 정동설이 사찰을 수
    호하는 규칙을 만들고 중건하였다가,『輿地圖書』(1757~1765)에 기재된 것으로 보
    아 어느 기간 동안 유지되었음을 알 수 있다. 선원사는『新增東國輿地勝覽』에 존
    재 사실이 기재되었지만, 대복사와 용담사와 함께 정유재란 때 불탔다고 한다.

도선이…남원부의 지리를 진압하기 위하여 이 절(만복사)을 짓고 불상을 만들었으며 탑을 건립하였고, 丑川에는 鐵牛를 만들었고, 鶻回峯에는 龍潭과 虎山에 鉄環의 탑을 만들었고 禪院寺와 波根寺를 지었다고 한다.36)

이들 남원부 비보사찰의 유래나 기능은 사원과 민간에 전승되어 후대의 문헌과 설화에도 아래와 같이 윤색되어 내려 왔다.

이 절(용담사) 근처 깊은 물 속에 이무기가 살아 농작물을 해치고 사람을 잡아먹고 처녀들을 놀라게 하는 등 갖은 행패가 심하였으므로 도선이 이곳에 절을 지었다 한다. 또 일설에는, 龍潭 때문에 府使가 죽으므로 도선이 용을 作戲로 등천케 하고 하룻밤 사이에 메워 그곳에 석불을 세웠다고 한다.37)

남원의 地勢는, 백공산이 主山이고 蛟龍山이 客山인 데, 주산은 약하고, 객산인 교룡산은 산세가 강대하므로 주산이 객산에 압도당한 형국이다. 이를, 『三韓山林祕記』에도 말하기를, "남원은 주산이 낮고 객산이 건장하여, 서자가 요망함을 부리고 관직에 있는 이에게 해독을 끼친다."라고 하였다. 그렇기에 약한 주산은 북돋우고 강한 객산은 눌러야 된다는 것이다. 대복사, 만복사, 선원사를 시내에 짓되, 그중에서도 선원사를 백공산 날줄기의 끝에 세운 뜻은 백공산의 약세를 북돋기 위함이다. 또한, 약사여래불을 안치하여 불력으로 비보하였다. 그리고 선원사의 정문 현판을 萬行山禪院寺라 쓴 것도 알고 보면 백공산의 모체가 천왕봉 아래의 만행산 줄기이므로, 만행산의 큰 힘을 불러오려는 뜻이 담겨 있다. 그리고 '丑入首未破'라 하였는데, 이는 주산의 맥이 축방에서 들어와, 蓼川에 의하여 未方으로 빠진다는 뜻인바, 未方으로 빠지는 힘을 막아주는 의미에서 인위적으로 산을 만들어 이에 造山里라 이름하고, 또한, 왕정리에서 조산리 밑 요천변까지 토성을 쌓았다고 한다.38)

---

36) 『龍城誌』. "諺云 道詵以唐一行說 爲鎭壓此府地理 設此寺 造佛 建塔 丑川設鉄牛 鶻回峯設鉄環之塔於龍潭與虎山 建寺於禪院及波根云"

37) 전라북도, 『全羅北道誌』 3권, 742쪽.

위 인용문에서, 고을 입지경관의 풍수적 문제점 탓에 "서자가 요망함을 부리고, 관직에 있는 이에게 해독을 끼치며", "龍潭 때문에 府使가 죽으므로" 도선이 풍수적 해결책으로 비보했다는 표현에서 알 수 있지만, 도선의 비보사찰은 官 지배집단의 신변적 안위와 사회적 통제, 그리고 신분적 질서 유지를 주목적으로 사회적 존재와 기능적 가치가 부여되었고 향촌 사회에서 그 의미가 통용되었음을 알 수 있다. 이들 비보사찰들은 남원부의 안녕을 지켜주는 상징적 아이콘 경관으로 인식된 것이다. 여기서 정치 지배 집단이 노린 의도는 도선이나 佛力의 상징적 권위와 풍수 담론의 이미지를 활용한 지배 권력의 안존과 사회 질서의 상징적 통제 효과였다. 고을 비보소는 고을의 안위와 번영을 목적으로 사찰의 존재 가치와 기능이 설정되고 있었던 것이다.

요컨대, 도선의 풍수 담론과 관련된 비보사찰은 국가 비보소라는 전국적인 중앙 편제의 구성 형식과 고을 비보소라는 지방 편제의 구성 형식이 나타나며 거기에는 해당 권력집단의 정치사회적 의미체계가 반영되어 있다. 특히 고을 비보소들은 邑基 경관의 풍수와 관련되어 고을의 안위와 번영이라는 풍수적 기능을 수행하며, 해당 고을의 정치사회적 지배집단(官權)은 도선의 풍수 담론을 통해서 통치 전략과 정치적 의도를 상징적으로 실현하고자 하였다.

Ⅳ. 맺음말

이 글은 도선과 그의 풍수 담론이 역사적 과정에서 정치지배집단에 따라 어떻게 재구성되어 사회적으로 기능하였는지 그 의미체계를 해석하였다. 도선의 지식인상과 그의 풍수적 이상사회 담론은 역사적 과정에서 정

---

38) 趙成敎 編著, 『南原誌』, 1972, 753쪽.

치권력집단에 의해 재구성되었다.

도선의 활동 무대였던 지리산은 풍수사상의 발상지였다. 지리산 권역의 문화공간은 도선의 풍수사상이 형성될 수 있는 인적 계기와 사상적 기반을 제공하였으며, 도선 풍수의 특징인 사상적 통합성과 사회적 실천성은 지리산 권역이 지니고 있었던 문화전통의 포용력, 선진문물이 유입되었던 교역항의 지리적인 접근성, 정치세력들이 각축하는 지정학적인 요충지로서의 사회적인 역동성에서 뒷받침될 수 있었다.

나말여초의 정치사회에서 도선은 이상사회 담론의 이데올로그로, 신라 왕조가 몰락하고 고려가 건국하는 태동기에 불교와 풍수라는 두 사상 요소를 결합·응용하여 사탑비보설이라는 새로운 이상사회를 추동하는 담론을 만들고 실천한 전환기의 지식인상으로 묘사되었다. 도선의 풍수 담론은 내용상으로, 풍수와 불교를 주요한 논리적 근거로 삼고 도교, 음양오행술, 도참 비결 등 나말여초 당시의 제 사상과 내용을 포괄적으로 흡수·결합하여 이상사회의 담론으로 실천된 것이며, 형태적으로 비보풍수설로 요약된다. 도선의 풍수 담론은 사회변혁을 이끄는 공간적 논리로 해석되었을 뿐만 아니라, 국토공간의 계획과 운용 원리이자 사회사상적 이데올로기로서 큰 영향력을 행사하였다. 고려시대에 중앙 정치권력은 도선과 그의 풍수를 사회 담론화하여 지방 세력의 공간적 통제를 합리화하는 수단으로 활용하였다.

도선과 그의 풍수 담론은 풍수사적 맥락에서 그 위상을 자리매김해 볼 수 있다. 일찍부터 중국에서 한반도로 유입된 풍수는 통일신라시대에 왕족이나 귀족층, 관료 지식인들에게 독점되어, 왕권 강화의 정치적 목적을 위해 왕릉의 造營 등에 쓰였다. 신라 하대에 선불교가 중국에서부터 전래하자 유학한 선승들에 의하여 풍수는 사찰지 선정에 활용되었고, 풍수지식은 선종을 후원하는 주요 지방 호족들에게도 확산하여 해당 근거지의 장소적 권위 강화와 공간적 구성원리로서 영향을 미쳤다. 고려시대 풍수 담론은 불교와 결합하여 도선의 裨補寺塔說이라는 왕조의 국토 경영 이데올로기로 흥성하였으며, 도참사상과 결합하여 왕업 연장을 위한 地理延基說의 담론으로 異宮 혹은 別宮의 조영과 遷都 과정을 주도하였다. 조선시대에 풍수 담론은 도읍과 왕궁의 조영, 왕릉 입지선정, 지방 읍치의 입지와 경관구성 등 중앙집권적인 공간정치 이데올로기 구축과정에 중요한 역할을 담당하였다. 특히 조선 중후기에는 사족들에 의한 근거지 촌락의 입지나 세력화 과정에 활용되어 촌락 풍수 담론이 형성되었으며, 유교적 효 이데올로기의 사회적 확산과 맞물려 묘지 풍수의 담론은 일반 서민층에까지 널리 퍼지고 실천되었다. 현대에 와서는 생태환경적 담론이 풍수사상과 연관되어 재구성되는 과정에 있다.

지금에 지리산권 문화의 한 지층을 형성한 역사적 주역으로서 도선과 그의 풍수 담론을 조명하고 가치를 매기는 중요한 이유 중의 하나는, 도선의 사상적 정체성이 현대의 친환경적 사회 담론에 발맞추어 발전적으로 재구성될 수 있는 문화전통이기 때문이다. 새 천년에 인류의 문명사회가 자연환경과 더불어 나아가야 할 상생의 길은 지리산 권역에서 발생하였던 도선의 풍수적 문화전통에서도 찾을 수 있을 것이다.

이 글은 『남도문화연구』 제18집(2010)에 수록된 「지리산권의 도선과 풍수 담론」을 수정해 실은 것이다.

보조지눌의 三門修行과 淨土念佛觀

이종수

Ⅰ. 머리말

삼국시대에 불교가 전래된 이후 고유의 무속 신앙과 때로는 경쟁하고 때로는 습합하면서 한국적인 불교로 재탄생하기까지 많은 세월이 걸렸다. 중국으로부터 들어오는 불교의 새로운 사조는 학문적 성장과 더불어 신앙의 변화를 가져왔고, 다양한 예술적 표현으로 승화하였다. 그 대표적으로는 지금까지 전해오는 백제의 석탑이나 향로를 통해 짐작해볼 수 있다. 삼국은 왕실이 주도하여 불교를 도입했지만 점차 백성의 종교가 되어갔고, 수행자들의 구도행각은 늘어갔다.

삼국이 통일된 이후 불교는 삼국을 하나로 묶는 구심점이 되어 더욱 발전하였고 국가에서도 고승들을 보호하였다. 그 가운데 중국에 유학했던 승려들이 귀국하면 국왕이 직접 대면하고 정착을 지원하였다. 그런데 9세기 초 중국에서 禪을 배우고 돌아온 禪僧들 만큼은 예외였다. 이미 신라사회에 존경받고 있던 화엄종이나 법상종의 승려들로부터 배격 받아 당시의 수도였던 경주에 정착하지 못하고 지리산이나 설악산에 은거할 수밖에 없었다. 그러나 이들이 왕실로부터 인정받기까지 그리 오랜 세월이 걸리지는 않았다. 이미 중국에서도 禪은 거스를 수 없는 시대적 흐름이 되어 있었기 때문이다. 9세기 말부터 선승들이 머무는 사찰들도 왕실로부터 경제적 지원을 받기에 이르렀다.

오늘날 한국불교를 대표하는 禪 불교가 우리나라에 본격적으로 정착하게 된 것은 불교가 전래된 지 500년이 지난 이후였다. 이때부터 소위 말하는 九山禪門이 성립되기 시작하여 화엄종·법상종 등의 교종 세력과 대립할 수 있는 수준의 禪宗 세력이 형성되었다. 선종 세력은 신라 말기 지방의 호족과 결탁하면서 고려 건국에도 큰 역할을 담당하였다. 고려는 건국 이후 교종의 경쟁 상대였던 선종을 더욱 지원하였고, 이는 천태종의 성립으로 귀결되었다. 大覺國師 義天(1055~1101)이 초석을 놓은 천태종은 구산선문의 조계종과 더불어 선종의 2대 종파로 성장하였다. 즉 고려 사회는 교종의 화엄종과 법상종, 선종의 조계종과 천태종의 큰 종파를 중심으로 여러 개의 군소 종파가 발전하였다.

고려의 여러 불교 종파들은 국가로부터 전폭적인 지원을 받으며 발전하였지만 세월이 흐를수록 점차 권력과 결탁하는 일이 잦아지고 세속화되어 갔다. 승려들은 불교계 과거시험이라고 할 수 있는 僧科를 통해 권력과 명예를 추구해갔으며, 또한 세속의 정치에도 깊이 관여하여 1170년에 무신난이 일어나자 근왕병을 조직하여 반란에 가담하기도 하고 무신들을 지지하는 세력이 형성되기도 하였다. 이러한 때에 출가자로서 수행의 본분을 회복하기 위해 定慧結社를 조직했던 이가 普照國師 知訥(1158~1210)이었다.

보조지눌은 한국불교의 수행체계로서 三門을 처음 제시한 승려이다. 그는 깨달음에 이르는 과정에 통과해야할 문으로서 수행자들에게 惺寂

等持門·圓頓信解門·徑截門을 제시하였다.[1] 이 삼문은 보조가 일생에 깨달은 수행법으로, 修禪社의 전통이 되었고 더 나아가 九山禪門의 전통이 되었다. 뿐만 아니라 조선후기 三門修學 전통에도 큰 영향을 미쳤을 것으로 생각된다.[2] 이에 이 글에서는 보조지눌의 삼문수행과 정토염불관을 살펴봄으로써 오늘날 한국불교의 전통을 되새겨보는 기회를 갖고자 한다.

II. 보조지눌의 생애

보조지눌의 법명은 知訥이고 호는 牧牛子이며, 입적한 후 熙宗(재위 1205~1211)으로부터 받은 國師의 시호는 佛日普照이다. 그는 지금의 황해도 서흥군에서 태어났으며, 부친은 지방 향리층으로서 이름이 鄭光遇이고 모친의 성은 趙氏였다. 나면서부터 병이 많았는데 부모가 부처님께 출가시키겠다고 맹세하자 병이 나았다고 한다. 나이 여덟 살이 되자 부모의 허락을 받고 구산선문 가운데 사굴산문闍堀山門의 宗暉 선사에게 출가하여 구족계를 받았다. 그 후 스스로를 목우자라고 불렀는데, 이는 禪家의 尋牛圖를 연상케 한다. 심우도는 禪에 입문하여 깨달음을 얻는 과정을 목동이 소를 잃어버렸다가 다시 찾아 그 소를 타고 가는 10단계의 과정으로 나타낸 그림이다. 즉 목우자란 '소치는 아이'라는 뜻이므로, 스스로를 심우도의 목동에 비유한 것으로 생각된다.

지눌은 1182년(명종 12)에 개경 普濟禪寺에서 개최된 談禪法會에 참석

---

1) 金君綏, 「昇平府曹溪山松廣寺佛日普照國師碑銘并序」(이하 「보조비문」). "其勸人誦持 常以金剛經 立法演義 則意必六祖壇經 伸以華嚴李論 大慧語錄 常羽翼 開門有三種 日惺寂等持門 日圓頓信解門 日徑截門 依而修行 信入者多焉."

2) 이종수, 「조선후기 불교의 수행체계 연구—삼문수학을 중심으로」, 박사학위논문, 동국대학교대학원, 2010.

하여 동학 10여 명과 함께 定慧結社를 조직하기로 맹세하였다. 그러나 곧이어 치러진 選佛場에서 합격자와 불합격자로 나뉘면서 그 맹세는 흐지부지되고 말았다. 이때 지눌은 禪科에 합격하여 大德이 되었으나[3] 얼마 후 僧職을 버리고 홀로 남쪽으로 수행의 길을 떠났다. 당시는 국왕에게는 아무런 실권이 없고 무신이 실질적으로 국가를 경영하는 무신정권기였다. 1170년에 무신난이 발생한 이후, 이고(李高, ?~1171) → 이의방(李義方, ?~1174) → 정중부(鄭仲夫, 1106~1179)로 정권이 뒤바뀌고, 1179년에는 26세의 경대승이 정권을 잡는 등 혼란이 계속되고 있었다. 이러한 시기에 지눌은 승직에 나아갔지만 정치적 혼란을 목격하고 개경을 떠났을 것으로 생각된다.

지눌은 속세를 떠나 전남 담양의 淸源寺에 머물렀는데, 어느 날『육조단경』을 보다가 "진여자성은 생각을 일으켜 육근으로 비록 보고 듣고 지각하여 알지만 만물에 물들지 않아서 진실한 성품은 항상 자재하다"는 대목에 이르러 첫 번째의 깨달음을 얻었다.[4] 이때부터 명예와 이익을 싫어하고 항상 수행에 매진하였다.

그 뒤 1185년(명종 15)에 경북 예천의 下柯山 普門寺에서 대장경을 열람하다가,『화엄경』의 "한 티끌 가운데 대천세계를 머금었다"라는 구절과 "여래의 지혜도 그와 같아서 중생의 몸 안에 다 갖추고 있지만, 다만 어리석은 범부들이 알지 못하고 깨닫지 못 한다"라는 구절에서 두 번째의 깨달음을 얻었다.[5] 그리고 李通玄(635~730)의『신화엄경론』을 읽으며 더욱

---

3) 당시 禪宗의 직급은 '大德－大師－重大師－禪師－大禪師'였으므로 禪科에 합격하여 '大德'의 직위를 부여받은 것으로 생각된다.

4) 「보조비문」. "偶一日於學寮 閱六祖壇經 至日 眞如自性起念 六根雖見聞覺知 不染萬像 而眞性常自在 乃驚喜 得未曾有."

5) 「華嚴論節要序」, 『華嚴論節要(『한국불교전서』 4, 767下). "至閱華嚴經出現品 擧一塵 含大千經卷之喩 後合云如來智慧 亦復如是 具足在於衆生身中 但諸凡愚 不知不覺 子頂戴經卷 不覺殞涕."

더 깨달음의 경지를 깊이 맛보았으며, 학인들의 미혹함을 깨우쳐주었다. 이때 알고 지내던 得才라는 禪客이 팔공산 居祖寺에 와서 머물기를 간청하였다. 그래서 1188년(명종 18)에 도반 4~5명과 함께 거조사에서 정혜결사를 시작하였다.[6] 그리고 그로부터 2년 후에는 『권수정혜결사문』을 지어 유교와 불교, 출가와 재가를 가리지 않고 결사의 취지에 공감하는 이들의 동참을 호소하기도 하였다.

그렇게 몇 년을 보낸 후 1198년(신종 원년) 봄에 선객 몇 명과 함께 지리산 上無住庵으로 거처를 옮겨 바깥 인연을 끊고 오로지 수행하였다. 이때 『대혜보각선사어록』의 "선정은 고요한 곳에도 있지 않고, 또한 시끄러운 곳에도 있지 않으며, 날마다 攀緣하는 곳에도 있지 않고 생각하고 분별하는 곳에도 있지 않다. 그러나 제일 중요한 것은 고요한 곳이나 시끄러운 곳이나 날마다 반연하는 곳이나 생각하고 분별하는 곳을 버리지 말고 참구해야 홀연히 눈이 열려서 비로소 그 모든 것이 집안일임을 알 것이다"라는 구절을 읽고 세 번째의 깨달음을 얻었다.[7]

그 후 1200년(신종 3)에 순천 송광사로 거처를 옮겼다. 당시의 명칭은 송광산 吉祥寺였으며 그곳에서 정혜결사를 재조직하였다. 그런데 인근 鷄足山에 '定慧寺'라는 절이 있었기 때문에 왕실에서는 혼동을 피하기 위해 결사의 명칭을 定慧에서 修禪으로 바꾸도록 명하고 '修禪社'라고 賜額하였다. 이로부터 '정혜사'가 아니라 '수선사'로 바뀌었지만 정혜가 곧 수선의 의미와 같았기 때문에 명칭만 바뀌었을 뿐 의미는 차이가 없었다고

---

6) 보조지눌이 결사의 이름을 定慧라고 한 것은 圭峰宗密(780~841)이 『선원제전집도서』에서 "禪是天竺之語 具云禪那 中華飜云思惟修 亦云精慮 皆是定慧之通稱也"라고 한 데서 비롯된 것으로 보인다.

7) 「보조비문」. "師嘗言子 自普門己來 十餘年矣 雖得意勤修 無虛廢時 情見未忘 有物碍膺 如讎同所 至居智異 得大慧普覺禪師語録云 禪不在靜處 亦不在鬧處 不在日用應緣處 不在思量分別處 然第一不得捨却靜處鬧處日用應緣處思量分別處叅 忽然眼開 方知皆是屋裡事 子於此契會 自然物不碍膺 讐不同所 當下安樂耳 由是慧解增當衆所宗仰."

할 수 있다.

이처럼 지눌은 일생에 세 번의 큰 깨달음을 이루었고 그 깨달음에 의거하여 후학들을 지도하였다. 제자로는 수선사를 크게 발전시키고 훗날 국사가 된 眞覺國師 慧諶(1178~1234)이 있다. 그리고 그 뒤를 이어 고려 말까지 많은 고승이 나왔으며, 지눌을 포함하여 모두 16국사가 배출되었다. 이로 인해 송광사는 한국불교에서 佛寶·法寶·僧寶 가운데 승보 사찰의 지위를 얻게 되었다.

Ⅲ. 보조지눌의 삼문수행

지눌이 후학들에게 수행의 문으로서 제시한 삼문은 성적등지문·원돈신해문·경절문이다. 이 삼문을 명시적으로 언급하고 있는 곳은 金君綏가 찬술한 「보조비문」이고,8) 그 구체적인 내용은 『圓頓成佛論』과 『看話決疑論』과 『法集別行錄節要并入私記』(이하 『절요』) 등에 나타나 있다. 이 책들은 모두 지눌이 만년에 저술한 것으로 입적한 후에 제자들에 의해 간행된 것이다.9) 그러므로 지눌의 사상체계가 비교적 잘 정리되어 있다고 볼 수 있다. 이 책들에 의거하여 삼문을 설명하면 아래와 같다.

첫 번째의 성적등지문이란 惺과 寂을 똑같이 지니는 문이라는 의미이다. 성이란 惺惺으로서 慧를 의미하고, 적이란 寂寂으로서 定을 의미한다. 그러므로 성적등지는 定慧雙修와 같은 의미가 된다. 定은 自心의 體이고 慧는 自心의 用이다. 체는 용 없이 존재할 수 없고 용도 체 없이 있을 수 없으므로 그 둘을 분리하여 생각할 수 없다. 그래서 정과 혜를 평등하게

---

8) 「보조비문」에 "開門有三種 曰惺寂等持門 曰圓頓信解門 曰徑截門"이라고 되어 있다.

9) 이종익, 「普照撰述의 思想概要와 書誌學的 考察」, 『普照思想』 1, 보조사상연구원, 1987 참조.

수행해야 한다. 정혜에는 漸宗의 離垢定慧와 頓宗의 自性定慧가 있다. 이 구정혜는 먼저 적적으로써 산란한 생각을 다스리고 성성으로써 혼미한 정신을 다스리므로 정과 혜를 구분하고 선후가 있는 것이다. 이에 비해 자성정혜는 心地에 어리석음도 없고 혼란함도 없는 상태이므로 정혜에 대한 구분이나 선후가 없다.

> 점종은 성적등지라고 말하지만 그 성과 적의 두 뜻이 공행문에 속하기 때문에 선후와 점차가 있고, 또한 고요함으로 수행을 삼기 때문에 존재에 대한 애착과 남과 나를 구별하는 상을 떠나지 못한다. 돈종에서 닦는 정혜는 바로 자성 가운데 있는 성과 적의 두 뜻이어서 주관과 객관이 없고 다만 스스로 깨달아 수행하는 것이므로 선후가 없다. 선후가 없기 때문에 동정이 없고, 동정이 없기 때문에 법아가 없으며, 법아가 없기 때문에 참된 수행이라고 할 수 있다.10)

지눌은 『절요』에서 정혜의 참된 수행으로서 선후와 구분이 없는 자성정혜를 제시하였다. 정혜의 선후와 점차가 있는 것은 올바른 수선이 아니라고 보았다. 지눌이 말하는 정혜는 계정혜의 정혜로서 수행자의 기본 지침에 해당한다. 전통적인 교학자들은 정과 혜를 구분하여 점차적인 수행을 설하였지만 지눌은 이를 동시에 수행할 것을 주장하였던 것이다.

두 번째의 원돈신해문이란 원만히 단박에 믿고 이해하는 문이라는 의미이다.11) 如實한 言敎를 圓頓信解하여 부처와 중생의 동일한 根本智를 체득하는 선 수행이다. 여기서 여실언교란 화엄교학을 선의 종취에 가장

---

10) 『절요』(『한국불교전서』 4, 748中). "漸宗 雖云惺寂等持 以二義屬功行門 故有先後 漸次 亦是取靜爲行 故不離法愛人我之相 頓宗所修定慧 卽自性中二義無能所觀 但 自悟修行 故無先後 無先後故無動靜 無動靜故無法我 無法我故可謂稱眞之行矣."

11) 원돈신해문의 해석은 최연식의 「『法集別行錄節要幷入私記』를 통해 본 三門의 성격」(『普照思想』 12, 1999)과 박영제의 「知訥의 禪思想 硏究－三門體系를 中心으로」(서울대 박사논문, 2007)의 것을 따랐다.

잘 부합하는 부처님의 가르침으로 인정하여 선의 입장에서 수용한 것을 말한다. 지눌이 말하는 화엄교학은 이통현의『신화엄경론』에 의거한 가르침이라고 할 수 있다. 지눌은『원돈성불론』에서 이통현의『신화엄경론』을 보고 '숙겁의 인연이 있었던 것'이라고까지 표현하였던 것이다. 아마도 지눌의 두 번째 깨달음은 이통현의 화엄론과도 깊은 관련이 있었을 것이다. 지눌은 이통현의 화엄론을 보고서 비로소 선교일치의 논리적 근거를 확립하게 되었던 것으로 보인다.[12]

> 요즘 어떤 사람들은 "원교의 십신은 십 천겁을 지나도록 수행해야 초발심주의 지위에 들어간다"라고 한다. 그러나『신화엄경론』을 살펴보건대, "만약 삼승에서라면 십신심을 수행하여 십 천겁을 지나야 하지만, 이 가르침에서는 근본지의 부처님 법계를 교체로 삼기 때문에 다만 실상을 볼 수 있기만 하면 되고 겁의 수량을 논하지 않는다"라고 하였다. 지금 교학자들은 이『신화엄경론』을 보지 않았기 때문에 상근기 범부의 깨달아 들어가는 경지가 십주의 처음인 초발심주라고 하면 손바닥을 치면서 크게 비웃는다.[13]

지눌은 이통현의 성기문에 의거하여 화엄교학을 이해했고 선과 조화를 이루려고 했다. 지눌에게 있어서 근본지는 선과 화엄교학의 공통된 깨달음의 바탕이었다. 그리고 그 근본지는 法의 경계로서 예단할 수 없는 말의 길이 끊어진 言語道斷의 경지였다.[14] 또한 지눌은 圭峰宗密(780~841)의

---

[12] 이통현의 화엄론은 정통 화엄이라고 할 수 있는 賢首法藏(643~712)과 淸凉澄觀(738~838)의 화엄론과는 차이가 있다. 이에 대해서는 인경의『화엄교학과 간화선의 만남』(명상상담연구원, 2006)과 임상희의「李通玄의 華嚴思想 硏究」(동국대 박사논문, 2008)를 참조.

[13] 『절요』(『한국불교전서』4, 751下). "今時有云圓敎十信 須經十千劫修 入發心住 然審華嚴論所說 如三乘中修十信心 經十千劫 此敎中爲以根本智佛法界以爲敎體故 但以才堪見實卽得 不論劫量也 今時敎學者 不見此論 故聞上根凡夫悟入處 是住初發心 則拊掌大笑."

심성론을 도입하여 선과 화엄이 근원적으로 하나임을 밝혔다. 종밀이 말한 空寂靈知를 해석하면서, '공적영지는 마음의 본체로서 분별식도 아니고 증오지도 아니지만, 그럼에도 중생들이 분별식과 증오지를 내는 것은 그 본체가 知이기 때문에 경계를 반연하여 是非와 好惡가 있는 것이다. 그러나 공적영지는 항상 고요히 그 자리에 있기 때문에 깨달으면 될 뿐이지 현실로부터 벗어날 필요가 없다'고 하였다.15) 이는 수십 겁을 수행해야 깨달음에 이를 수 있다는 전통적인 화엄교학을 이통현의 성기문에 의거하여 한 순간에 깨닫는다는 돈오의 관점에서 해석한 것으로, 화엄과 선을 일치시킨 것이라고 볼 수 있다.

세 번째의 경절문이란 곧장 가로질러 가는 문이라는 의미이다. 徑截이란 원래 송나라 선가에서 사용하던 말로서 '徑截一路' '徑截心地' 등으로 사용되었다. 여기서 徑이란 지름길이라는 뜻이고 截이란 자른다는 뜻이니, 돌아가지 않고 곧장 가로질러 사량분별심을 잘라 없애버린다는 의미가 된다.16) 그런데 경절이란 글자에 門이라는 글자를 붙여 사용하기 시작한 사람은 바로 보조 지눌이다. 조사선을 경절문으로 표현하여 그 의미를 더욱 구체적으로 표현하였던 것이다. 또한 지눌은 경절문에 이르기 위한 수행방법으로서 간화선을 제시하였다. 간화선은 화두를 참구하여 깨달음에 이르는 임제종의 수행방법으로서 송나라 때 五祖法演(?~1104)과 圓悟克勤(1063~1135)을 거쳐 大慧宗杲(1089~1163)에

---

14) 『원돈성불론』(『한국불교전서』 4, 731下). "賢首淸凉 所辨性起品中佛智在衆生心之義 與長者論之旨 稍異也 然若約緣起門中融攝之義論則以衆生今日悟解普光明智中生佛圓融故 謂他果在我亦得 十世圓融故 謂當果自有亦得 以有隨染性淨故 謂生生自有亦得 然今日頓悟普光明智佛 非約圓融行布緣起門之所論 以法界證處 果豈預談."

15) 『절요』(『한국불교전서』 4, 757上~中). "今之所明空寂靈知 雖非分別之識 亦非證悟之智 然亦能生識之與智 或凡或聖 造善造惡 違順之用 勢變萬端 所以然者 以體知故 對諸緣時 能分別一切是非好惡等 雖對諸緣 愛憎嗔喜 似有起滅 能知之心 無有間斷 湛然常寂 是知迷時謂心爲動 悟則知心無起耳."

16) 인경, 「大慧 看話禪의 特質」, 『普照思想』 13, 2000, 243쪽 참조.

의해 체계화된 것이다.[17]

  이상의 삼문의 관계에 대해서는 단계적인 수행법으로 본 견해와 각각의 독자성을 강조한 견해로 나뉘어 있다. 전자 중에는 성적등지문과 원돈신해문을 초기의 미숙한 수행법으로 보고 경절문을 최종적인 수행법이라고 본 견해[18]와 성적등지문을 보편적인 가르침으로 보고 원돈신해문과 경절문을 근기에 따른 수행법으로 본 견해[19]가 있다. 그리고 후자 중에는 성적등지문과 원돈신해문은 서로 보완적인 수행법이고 경절문은 그 둘을 하나의 차원에서 통합한 수행법이라고 본 견해[20]와 각각의 문이 깨달음에 이르기 위해 개설되어 있다고 본 견해[21]가 있다.

  지눌은 경절문을 주장하기 이전에 이미 성적등지문과 원돈신해문을 제시한 바 있다. 이는 지눌이 33세에 작성한『권수정혜결사문』의 내용에서 확인할 수 있는데, 이 글에서 성적등지문과 원돈신해문에 대해서는 설명하였지만 경절문에 대해서는 아무런 언급을 하지 않았다. 따라서 삼문에 대한 지눌의 인식은 시기적으로 나누어 생각해볼 필요가 있

---

[17] 보조 지눌 이전의 우리나라 禪은 남종선을 받아들여 九山禪門을 형성하고 있었는데, 그중에서도 馬祖道一(709~788)의 홍주종 계통이 가장 광범위하게 전래되어 있었다. 홍주종은 臨濟義玄(?~867)과 仰山慧寂(814~890)의 시기가 되어 다시 임제종과 위앙종으로 분리된다. 이를 표로 나타내면 아래와 같다.

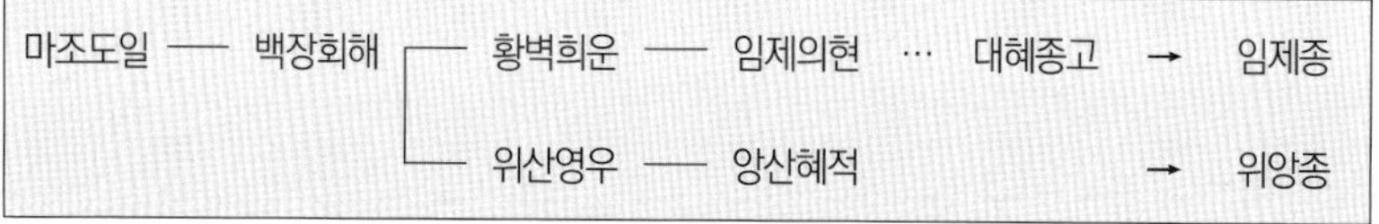

[18] 성철,『禪門正路』, 불광출판사, 1981; 정경규,「普照 圓頓門의 실체와 性徹禪師의 圓頓批判」,『白蓮佛教論集』4, 해인사 백련불교문화재단, 1994.

[19] 이종익,「修禪證에 있어서 頓悟漸修의 과제」,『普照思想』4, 1990; 김호성,「普照의 二門定慧에 대한 思想史的 考察」,『韓國佛教學』14, 한국불교학회, 1989.

[20] 최연식,「『法集別行錄節要并入私記』를 통해 본 三門의 성격」,『普照思想』12, 1999; 최연식,「知訥 禪思想의 思想史的 검토」,『東方學志』144, 연세대 국학연구원, 2008.

[21] 박영제의 박사논문.

다. 가령 『권수정혜결사문』을 작성할 당시라면, 성적등지문과 원돈신해
문을 깨달음에 이르는 완전한 방편으로서 제시하였던 것으로 이해해야
할 것이다. 왜냐하면 그 당시에는 경절문에 대해 인식하고 있지 않았기
때문이다. 만약 그 과정으로 제시된 것이라면『권수정혜결사문』의 내용
은 폐기되거나 수정되었어야 할 것이다. 그렇다면 삼문의 관계를 어떻
게 이해해야 할까?

> 선문에서는 이러한 원돈신해의 여실언교가 갠지스강 모래 같이 많지만 그
> 것을 死句라고 말한다. 왜냐하면 사람들에게 알음알이의 장애를 내게 하기
> 때문이다. 이 모든 언교는 초심학자들을 위한 것이니, 경절문의 活句를 아
> 직 참상하지 못하기 때문에 성품 그대로를 원만하게 말해주어 그들로 하여
> 금 신해에서 물러나지 않도록 하려는 것이다. 만약 상근기의 사람으로 비
> 밀히 전한 것을 감당하고 내려오는 관습을 벗어날 수 있는 자라면 경절문
> 의 무미한 가르침을 듣자마자 알음알이의 병에 막히지 않고 곧바로 귀결처
> 를 알 것이니, 이것을 한 번 듣고 천 가지를 깨달아 大摠持를 얻은 자라고
> 하는 것이다.22)

위의 인용문에서 보듯이 지눌은 초심자를 위해 원돈신해문이 있음을
이야기하고, 상근기에게는 곧바로 깨달음에 이를 수 있는 경절문이 있다
고 하였다. 그러나 원돈신해문이 반드시 경절문에 이르기 위한 과정으로
제시된 것은 아니었다. 원돈신해문의 여실언교는 경절문과 다른 또 하나
의 선 수행문으로 이해되는 것이다. 마치 산 정상에 도달하는 데 있어서
여러 갈래의 길이 있어서 구불구불한 길이 있는가 하면 지름길이 있는
것과 같다.

---

22) 『간화결의론』(『한국불교전서』 4, 733쪽 上). "禪門中　此等圓頓信解　如實言敎　如
　　河沙數　謂之死句　以令人生解碍故　竝是爲初心學者　於徑截門活句　未能參詳故　示以
　　稱性圓談　令其信解不退轉故　若是上根之士　堪任密傳脫略窠臼者　纔聞徑截門　無味
　　之談　不滯知解之病　便知落處　是謂一聞千悟　得大摠持者也."

원교에서 말하는 십현의 걸림 없는 법문은 비록 부사의승 보살의 보안경계라고 하더라도 지금의 범부 관행문에서는 듣고 이해하는 언어의 길과 뜻의 길이 있기 때문에 무분별지를 얻지 못한다. 따라서 반드시 보고 듣고 알고 행하기를 거친 뒤에 증입해야 한다. 증입하면 선문의 무념과 마땅히 상응할 것이다.23)

지눌은 원교의 가르침에 의해 깨달음에 이르거나 경절문에 의거해 깨달음에 이르거나 그 깨달음의 경지는 차이가 없다고 보았다. 다만 상근기와 하근기의 수행법이 다를 뿐이었던 것이다. 따라서 지눌이 만년에 경절문을 다시 제시하였던 것은 더욱더 완전한 깨달음의 길을 제시하기 위해서였을 것으로 생각된다. 상근기라면 굳이 원돈신해문을 통과할 필요 없이 곧바로 경절문을 통해 깨달음에 이를 수 있는 길을 제시할 필요가 있었을 것이다. 그래서 지눌의 마지막 저술이라고 할 수 있는 『절요』에서는 원돈신해문을 부정하지 않고 오히려 그 문을 초월하여 깨달음의 생각까지도 없애버리는 경절문을 이야기하였던 것으로 이해되는 것이다.

그러면 성적등지문은 어떻게 이해해야 할까? 흔히 성적등지문을 지눌의 첫 번째 깨달음에 연결시켜 원돈신해문에 이르기 위한 전단계로 설정하기도 한다.24) 그러나 설사 성적등지문이 첫 번째 깨달음과 연결된다고 하더라도 원돈신해문의 전단계로 설정될 이유는 없다고 생각한다. 앞의 인용문에서 보듯이 '원돈신해의 여실언교는 초심학자들을 위

---

23) 『간화결의론』(『한국불교전서』 4, 736쪽 中). "圓教談十玄無碍法門 雖是不思議乘 菩薩普眼境界 而於今時凡夫觀行門 以有聞解語路義路故 未得無分別智 須經見聞解 行生然後 證入矣 當於證入 亦如禪門無念相應."

24) 이종익, 「禪修證에 있어서 頓悟漸修의 과제」, 『普照思想』 4, 1990; 김호성, 「頓 悟頓修的 漸修設의 문제점」, 『東과 西의 사유세계』, 1991; 정경규, 「普照 圓頓 門의 실체와 性撤禪師의 頓悟批判」, 『白蓮佛教論集』 4, 해인사 백련불교문화재 단, 1994.

한 것'이라고 하였기 때문이다. 초심학자들에게 필요한 것이 원돈신해문이라면 그 이전의 문이 다시 설정될 필요가 없는 것이다. 성적등지는 정혜쌍수와 같은 의미이고, 정혜쌍수는 수행자의 기본원칙이다. 그렇다면 성적등지문을 수선의 기본원칙으로 이해해야하는 것은 아닐까? 이는 김군수의 「보조비문」에서 "뜻을 반드시 『육조단경』에 두고 이통현의 『화엄신론』과 『대혜어록』을 펼쳐 항상 두 날개로 삼아 삼문을 열었으니, 성적등지문과 원돈신해문과 경절문이었다"25)라고 한 내용에서 짐작할 수 있다. 즉 이 말은 성적등지문을 설하고 있는 『육조단경』에 기반하여 원돈신해문과 경절문을 닦는다는 뜻으로 이해된다. 이로 볼 때 성적등지문은 수선의 원칙으로서 제시되었고, 그 원칙의 내용이 원돈신해문과 경절문이었다고 생각된다. 이를 그림으로 나타내면 아래와 같다.

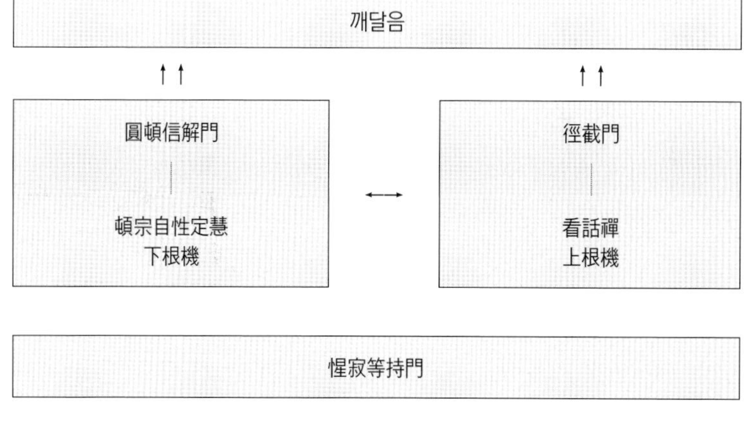

〈그림 1〉 지눌의 삼문

25) 「보조비문」. "意必六祖壇經 伸以華嚴李論 大慧語錄 常羽翼 開門有三種 曰惺寂等持門 曰圓頓信解門 曰徑截門."

Ⅳ. 보조지눌의 정토염불관

지눌의 저서 가운데 정토염불관을 나타내주는 자료는 『권수정혜결사
문』뿐이다.[26] 이 글은 7가지의 질문에 답하는 형식으로 전개되고 있는
데, 이 중에 첫 번째와 일곱 번째에서 지눌의 정토염불관을 엿볼 수 있다.
그 첫 번째의 문답은 아래와 같다.

여러 사람들이 물었다. "지금은 말법시대여서 바른 길이 가려졌는데 어
찌 정혜로써 힘쓸 수 있겠는가? 부지런히 아미타불을 염불하여 정토업을
닦는 것만 같지 못할 것이다." 나는 답하였다. "시대는 변하지만 심성은
변하지 않는다. 법도가 흥하고 쇠하는 것이라고 보는 사람은 삼승의 방
편적인 배움에서 말하는 견해이다. 지혜 있는 사람은 이와 같이 해서는
안된다. 그대들과 나는 이 최상승의 법문을 만나 견문훈습하고 있으니
어찌 숙세의 인연이 아니겠는가. 그런데 스스로 기쁘게 여기지 않고 도
리어 제 분수에 맞지 않는다고 생각하여 기꺼이 방편만을 배우는 사람이
되려 하니, '선조를 저버리고 끝내는 부처님 종자마저 끊는 사람'이라고
말할 수 있을 것이다. 염불과 전경 등 모든 수행은 사문들이 항상 가져야
할 법이니 어찌 방해될 것이 있겠는가. 그러나 근본을 궁구하지 않고 모
습에 집착하여 밖으로 구한다면 지혜 있는 사람들의 비웃음을 사지 않겠
는가."[27]

---

[26] 지눌의 정토관에 대해서는 다음의 논문을 참조하기 바란다. 권기종, 「高麗時
代 禪師의 淨土觀」, 『韓國淨土思想研究』, 동국대 불교문화연구원, 1985; 한보광,
「普照의 淨土觀」, 『佛敎學報』 38, 1998; 韓普光, 「知訥の 《定慧結社文》における
淨土觀」, 『印度學佛敎學研究』 47-2, 1999.

[27] 『勸修定慧結社文』(『한국불교전서』 4, 698中). "諸公聞語曰 時當末法 正道沈隱 何
能以定慧爲務 不如勤念彌陀 修淨土之業也 余曰 時雖遷變 心性不移 見法道之興衰
者 是乃三乘權學之見 有智之人不應如是 君我逢此最上乘法門 見聞薰習 豈非宿緣
而不自慶 返生絕分 甘爲權學人 則可謂辜負先祖 作最後斷佛種人也 念佛轉經 萬行
施爲 是沙門住持常法 豈有妨碍 然不窮根本 執相外求 恐被智人之所嗤矣."

지눌은 말법시대에도 심성은 변하지 않기 때문에 수행자는 마음을 닦아야 한다고 하였다. 그리고 아미타불을 염불하고 경전을 읽는 轉經 등과 같은 수행은 잘못된 것이 아니지만 그로 인해 근본을 궁구하지 않을 것에 대해 염려하였다. 다시 말하자면, 서방정토를 인정하고 "나무아미타불"만을 칭명하는 專修念佛로서의 염불은 부정하였지만 염불과 전경 등의 수행이 修心으로 귀결되는 것에 대해서는 용인하였던 것이다. 지눌이 용인한 염불은 법성정토의 염불로서 禪淨一致 사상을 반영하고 있었다. 그는 일곱 번째의 문답에서 서방정토를 대신하여 법성정토를 주장한다.

또 물었다. "요즘의 수행하는 사람은 비록 정과 혜를 열심히 닦지만 대개는 도력이 충분하지 못하다. 만일 정토를 구하지 않고 이 예토에 머물러 있다가 온갖 고난을 만난다면 수행에서 물러나지 않을까 염려된다" 나는 답하였다. " … 자신의 마음이 곧 부처의 마음이요, 자신의 성품이 곧 법의 성품이어서 원래부터 번뇌의 성품을 떠나 있으니, 성성하면 그대로 성성하게 드러나고 력력하면 그대로 력력하게 드러난다. 이러한 이해에 의해 닦는 이는 비록 애초부터 습기가 있더라도 … 이와 같이 법에 맡겨 습기를 다스릴 것이니, 만약에 이치에 맞는 지혜를 더욱 밝히고 인연에 따라 만물을 이롭게 하여 보살도를 행한다면, 비록 삼계안에 있더라도 모두가 법성정토요, 비록 세월이 지나더라도 본체는 시간을 따라 옮겨가지 않는다.28)

자신의 마음이 곧 부처의 마음이고 자신의 성품이 법의 성품이기 때문

---

28) 『勸修定慧結社文』(『한국불교전서』 4, 704中). "問 今時行者 雖專定慧 多分道力未充 若也不求淨土 留此穢方 逢諸苦難 恐成退失 答 … 自心是佛心 自性是法性 從本已來 煩惱性自離 惺惺直然惺惺 歷歷直然歷歷 依此解而修者 雖有無始習氣 … 如是任法 調治習氣 使稱理智增明 隨緣利物 行菩薩道 雖處三界內 無非法性淨土 雖經歲月 體不移時."

에 이를 알고 보살도를 닦아야 한다고 하였다. 그렇게 수행하면 현실 그대로가 법성정토라고 하였다. 지눌의 이러한 정토관은 당시의 시대성을 반영한 것으로 보인다. 중국의 법안종 永明延壽(904~975)가 선정일치를 주장29)한 이래 고려 구산선문에서도 唯心淨土 사상을 일부 수용하고 있었던 것이다. 이는 다음의 글에서 추정할 수 있다.

> 연수선사가 "마음을 알면 바야흐로 유심정토가 생겨날 것이요, 경계에 집착하면 다만 반연하는 경계에 떨어질 것이다"라고 하였다. 이상에서 부처님과 조사가 말씀하신 바와 같이 정토에 나기를 구하는 뜻은 모두 自心을 떠나 있지 않다. 잘 모르겠지만, 자심의 근원을 떠난다면 어디로부터 들어가겠는가?30)

> 예나 지금의 통달한 자들은 정토를 구하지 않지만 진여를 깊이 믿어 정혜만을 오로지 닦기 때문에 저 빛깔과 모양의 장엄하는 등의 일이 옴도 없고 감도 없어서 分齊를 떠나 있고 오직 마음에 의거해 드러나서 진여를 떠나 있지 않은 줄을 안다.31)

위의 글에서 보듯이 지눌은 영명 연수의 유심정토설을 알고 있었고 또

---

29) 영명 연수는 육조 혜능이 서방정토 신앙을 부정하며 비판했던 것과는 달리 서방정토를 수용하여 禪淨一致를 주장하였고, 坐禪을 통해 마음의 진리를 깨닫고 염불을 통해 死後에 극락왕생하고자 하여 禪淨雙修를 실천했다. 그는 서방의 아미타 정토 뿐만 아니라 諸佛의 淨土를 인정하였으며, 또 唯心淨土를 주장하였다. 연수의 정토관에 대해서는 다음의 논저를 참조하기 바란다. 服部英淳, 「永明延壽の淨土思想」, 『印度學佛教學研究』 14-2, 1966; 紫田泰, 「永明延壽の唯心淨土說」, 『印度學佛教學研究』 32-2, 1984; 韓京洙, 「永明延壽の淨土思想」, 『韓國佛教學Seminar』, 新羅佛教研究會, 1990; 藤吉慈海 저/韓普光 역, 『禪淨雙修의 展開』, 민족사, 1991.

30) 『勸修定慧結社文』(『한국불교전서』 4, 705上). "壽禪師云 識心方生唯心淨土 着境只墮所緣境中 如上佛祖所說求生淨土之旨 皆不離自心 未審 離自心源 從何趣入."

31) 『勸修定慧結社文』(『한국불교전서』 4, 706下). "古今達者 雖求淨土 以深信眞如 專於定慧 故知彼色相莊嚴等事 無來無去 離於分齊 唯依心現不離眞如."

받아들이고 있었다.32) 그러나 이러한 유심정토설은 당시의 일반적인 인식과는 차이가 있었던 것 같다.『권수정혜결사문』의 7가지 문답 중에서 2가지가 정토와 관련된 것에서 알 수 있듯이, 당시에는 서방정토 신앙이 광범위하게 퍼져 있었던 것으로 짐작된다. 그래서 많은 지면을 할애하여 유심정토에 대해 설명할 필요가 있었던 것 같다. 그리고 지눌은 이러한 생각을 결사에서 실천하였을 것이다. 어쩌면 그 때문에 圓妙國師 了世(1163~1245) 같은 이는 지눌을 떠나 白蓮結社를 결성하였던 것인지도 모르겠다. 요세는 지눌의 정혜결사에 참여하기도 했으나 1216년에 강진 백련사에서 백련결사를 결성하여 날마다『법화경』전체를 독송하고, 준제다라니 1천 번과 아미타불 1만 번을 염송하였으며, 53불에게 12번씩 예경하며 참회행을 닦았다.33) 이는 백련결사가 천태교와 정토교가 결합한 성격임을 보여주는 것이며, 동시대에 있었던 수선사와 백련사의 성격이 확연히 차이나는 부분이기도 하다.

구산선문 내에서 유심정토를 주장한 것도 지눌로부터 비롯되었던 것이 아닌가 생각된다. 현존하는 자료 중에 고려시대에 지눌의『권수정혜결사문』보다 먼저 유심정토를 언급한 문헌은 발견되지 않는다.34) 그리고 지눌의 저서 가운데에서도 정토에 관해 언급한 내용은『권수정혜결사문』이 유일하다. 아마도 결사 이후 정토에 대해 다시 언급할 만한 필요성을 느끼지 못했던 것 같다. 그렇다고 해서 지눌의 정토관을 가볍게 다룰 수는

---

32) 보조 지눌의 정토관이 영명 연수로부터 영향을 받은 점에 대해서는 韓普光의 앞의 논문 참조.

33) 백련사에서는 宋代 天台淨土 사상을 수용하여 염불 수행을 하였다. 宋代 천태 정토에 대해서는 福島光哉의『宋代天台淨土敎の研究』(京都: 文榮堂書店, 1995)를 참고하고, 백련사에 대해서는 고익진의「원묘요세의 백련결사와 그 사상적 동기」(『佛敎學報』15, 1978), 서윤길의「高麗 天台와 密敎의 淨土思想」(『韓國淨土思想研究』, 동국대 불교문화연구원, 1985), 김양순의「高麗後期 白蓮結社의 淨土思想 연구」(『불교학연구』창간호, 불교학연구회, 2000)를 참고하기 바란다.

34) 인경,『蒙山德異와 高麗後期 禪思想 研究』, 불일출판사, 2000, 370쪽 참조.

없다. 그의 유심정토관은 고려 말에 이르러 선사들의 일반적인 인식으로 자리 잡았기 때문이다. 게다가 조선시대를 거쳐 현재에 이르기까지 한국불교에서 가장 보편적인 정토관이 되었다고 할 수 있다.

V. 맺음말

이상에서 살펴본 보조지눌의 삼문수행과 정토염불관은 생명력을 가지고 오늘날 한국불교계에도 커다란 영향을 미치고 있다. 삼문수행은 修禪이 그 근저에 있지만 禪敎一致의 사상이 포함되어 있다. 중국불교에서 敎와 禪은 그 출발점이 달랐으므로 물과 기름처럼 한 덩어리가 되지 못하였다. 불교 교학이 정착되고 연구되어가던 시기에 不立文字를 주장하는 禪이 흥기하면서 서로 반목이 격화되기도 했던 것이다. 그러다가 敎의 입장에서 禪을 포섭하려 했던 敎禪一致의 사상이 9세기 이후 확산되었고, 그 이후에는 禪의 입장에서 敎를 포섭하는 禪敎一致 사상이 대두되었다. 또한 淨土 신앙이 확산되면서 禪의 입장에서 정토신앙을 포섭하는 禪淨一致 사상도 나타났다. 앞서 살펴본 바와 같이, 지눌은 禪師로서 禪敎와 禪淨의 일치를 주장하려 했던 것을 알 수 있다. 그에게 있어서 敎는 부처의 말씀이고, 禪은 부처의 마음이며, 淨土는 우리 마음 속에 있었다.

지눌의 禪敎淨土의 일치 사상은 고려후기 看話禪 절대주의적 경향으로 교학과의 연계성이 위축된 적도 있었지만, 조선시대 숭유억불 정책의 경향으로 인해 모든 불교 종파가 禪宗으로 통합되어 가는 과정에서 자연스레 교학도 禪의 영역으로 포섭되었으므로 지눌의 사상은 조선시대에 더욱 빛을 발하였다고 생각된다. 조선 명종 대에 虛應普雨(1515~1565)가 문정왕후의 지원으로 선종과 교종을 부활시켰지만 얼마 못가서 조정대신들의 반대로 좌절된 후 한국불교는 禪 일변도의 불교로 정착되었다. 그러나 그 속에는 교학이 포섭되어 있었으므로 선교일치적인 불교였다고 할 수 있다.

이러한 선교일치의 사상이 한국불교의 전통으로 정착되는 시점은 조선후기였던 것으로 보인다. 조선후기 국가 공인의 불교 종단은 사라졌지만 묘향산, 금강산, 팔공산, 가야산, 지리산, 두륜산을 중심으로 불교가 번성하였고, 清虛休靜(1520~1604)의 문도와 浮休善修(1543~1615)의 문도가 각각 발전하였다. 이 두 계파는 공통적으로 三門의 수행체계를 갖추고 있었는데, 즉 그것은 徑截門, 圓頓門, 念佛門이었다. 이 세 가지 문을 통해 깨달음에 이르는 길을 제시하고 있었다. 이것을 흔히 三門修學이라고 부른다.

이 삼문은 서로 배타적이 아니라 보완적인 관계에 있었던 것 같다. 수행자는 상황에 따라 경절문의 선을 수행하거나 원돈문의 교학을 공부하였고, 또 염불을 통해 대중을 교화하거나 자신을 가다듬었을 것이다. 깨달음에 이르는 수행문으로서 삼문수학은 조선후기 불교의 보편적인 현상이었을 것으로 생각되는 것이다.

그런데 이 삼문수학은 고려 보조지눌의 삼문수행과 정토염불관의 수행체계와 매우 유사하다. 지눌이 내세웠던 성적등지문·원돈신해문·경절문의 삼문 가운데 경절문과 원돈신해문은 조선후기 경절문과 원돈문에 각각 연결된다. 그리고 지눌의 정토염불관은 염불문의 수행체계와 닮아 있다. 조선후기 사찰에는 禪院과 講院과 念佛院이 있었는데, 선원은 경절문의 수행처이고, 강원은 원돈문의 수행처이며, 염불원은 염불문의 수행처로 설립되었다. 그리고 그 강원의 교재에는 선교일치를 선양하고 있는 규봉종밀의 『禪源諸詮集都序』와 보조지눌의 『法集別行錄節要幷入私記』가 포함되어 있었다.

이처럼 보조지눌의 사상은 수백 년이 흐른 조선후기에 새롭게 정착되어 삼문수학으로 나타났다고 볼 수 있다. 그리고 그 삼문수학은 한국불교의 전통이 되어 오늘날 사찰에서 면면이 이어가고 있다. 그러므로 보조지눌의 사상은 과거와 현재의 한국불교 속에 살아 있고, 미래에도 꺼지지 않을 등불이 될 것으로 생각한다.

이 글은 「조선후기 불교의 수행체계 연구―삼문수학을 중심으로」(동국대 박사논문, 2010)에 수록된 글을 수정·보완한 것이다.

부휴 선수의 사상과 그의 법통관

김방룡

I. 머리말

한국의 禪은 나말여초 마조계와 석두계의 선사상이 중국으로부터 들어와 이른바 '九山禪門'이 형성되면서부터 시작되었다. 광종대 화엄종과 법안종에 대한 지원으로 고려의 불교계는 교종이 한동안 주도하게 되었다. 무신집권기 보조 지눌의 등장으로 인하여 고려의 선사상은 다시 부활하였으며, 고려 말 麗末 三師(태고 보우, 나옹 혜근, 백운 경한)의 활약에 힘입어 중국으로부터 간화선의 법맥이 계승되었다. 조선시대의 사상계는 성리학으로 주도권이 넘어갔으며, 이후 임진왜란을 계기로 하여 조선의 선사상은 다시 부활을 맞이하게 된다. 그 중심인물이 바로 淸虛 休靜 (1520~1604)과 더불어 浮休 善修(1543~1615)이다.

본고의 목적은 조선 선을 중흥한 부휴선사의 '생애와 사상 그리고 법통관' 등에 대하여 살펴보고자 하는 것이다. 부휴의 생애와 사상을 알 수 있는 1차 자료는 白谷 處能(1617~1680)의 문집인『白谷集』卷二에 수록된「追加弘覺登階碑銘幷序」[1]와 1920년 다시 세워진「順天松廣寺 浮休堂善修大禪師碑文」[2] 그리고『浮休堂大師集』5권[3]이 있다. 그리고 부휴의 사법전승 관계에 대해서는 인조 14(1636)년에 건립된「松廣寺開創碑」[4]와 숙종 4(1678)년에 건립된「松廣寺嗣院史蹟碑」[5]에 수록되어 있다.

부휴에 관한 그간의 연구물로는 高橋亨의『李朝佛敎』와 忽滑谷快天의『朝鮮禪敎史』[6]를 위시하여 사상과 역사 그리고 한문학의 분야에서 연구물들이 있다. 부휴 및 부휴문도의 사상에 대한 대표적인 연구논문으로는 김인덕의「부휴선사의 선사상」[7]과「부휴의 門流」[8]가 있다. 사학계의 연구는 주로 부휴계의 법통문제를 다루고 있는데, 대표적인 논문으로는 최병헌의「조선후기 부휴선수계와 송광사－보조법통설·태고법통설의 갈등사례」[9]와「조선시대불교 법통설의 문제」[10] 그리고 김용태의「부휴계 계파인식과 보조유풍」[11]과「금명 보정의 부휴계 정통론과

[1]『白谷集』,『韓國佛敎全書』第八册, 동국대출판부, 1987, 332쪽.

[2] 智冠編,『韓國高僧碑文總集 朝鮮朝·近現代』, 가산불교문화연구원, 2000, 78~83쪽; 李能和,『韓國佛敎通史』상, 新文館, 1918, 484~486쪽;『曹溪山松廣寺史庫』, 亞細亞文化社刊, 1977, 583~548쪽; 천마산봉인사지편찬위원회,『奉印寺』, 도서출판 한길, 2005, 91~105쪽.

[3]『浮休堂大師集』,『韓國佛敎全書』第八册, 동국대출판부, 1987, 1~23쪽.

[4]『朝鮮金石文總覽』卷下, 869쪽.

[5]『朝鮮金石文總覽』卷下, 955쪽.

[6] 忽滑谷快天著,『朝鮮禪敎史』(東京, 春秋發行社刊), 대동불교연구원, 1970; 정호경역,『朝鮮禪敎史』, 보련각, 1978, 518~536쪽.

[7] 숭산 박길진 화갑기념사업회편,『한국불교사상사』, 원광사, 1975, 925~936쪽.

[8] 숭산 박길진 화갑기념사업회편,『한국불교사상사』, 원광사, 1975, 937~959쪽.

[9] 최병헌,「조선후기 부휴선수계와 송광사－보조법통설·태고법통설의 갈등사례」, (동덕여대,『동덕사학』)

[10] 최병헌,「조선시대 불교 법통설의 문제」(서울대 국사학과,『한국사론』19집), 1988, 281~293쪽.

조계종 제창」12)을 들 수 있다. 13) 한문학 분야의 연구물로는 이종찬의
『한국불가시문학사론』14)과 이진오의『한국불가문학의 연구』15)와 김석
태의「부휴선수의 시에 나타난 선사상과 현실인식」16) 등이 있다.

II. 부휴 선수의 생애와 봉인사

1. 부휴 선수의 생애

'浮休'라는 그의 號를 보면 '혼란한 세상을 벗어나 산속에 혼자 초탈한
삶을 살아가는 道人'의 모습을 연상케 한다. 실재 부휴의 삶 또한 그러

---

11) 김용태, 「부휴계 계파인식과 보조유풍」(보조사상연구원, 『보조사상』 25집),
   2006.2, 315~360쪽.

12) 김용태, 「錦溪 寶鼎의 부휴계 정통론과 조계종 제창」(서울대 규장각 한국학연
   구원,『한국문화』 37집), 2006 .6, 157~183쪽.

13) 이외에도 부휴계와 서산계의 법통문제에 대한 많은 논문이 있다. 근래 대표적
   인 것을 열거하면 다음과 같다. 퇴옹 설철,『한국불교의 법맥』, 장경각, 1976;
   이영무, 「한국불교사에 있어서의 태고 보우의 지위-한국불교의 종조론을 중
   심으로」(한국불교학회,『한국불교학』 3집), 1977; 이영자, 「조선 후기의 선풍-
   西山 五門을 중심으로」(『한국선사상연구』), 1984; 김영태, 「조선 선가의 법통고
   -서산 가통(家統)의 규명」(동국대 불교문화연구원,『불교학보』 22권), 1985; 고
   익진, 「벽송 지엄의 신자료와 법통문제」(동국대 불교문화연구원,『불교학보』 22
   권), 1985; 허흥식, 「14,5세기 조계종의 계승과 법맥」(『동방학지』 73집), 1991;
   종범, 「나옹 선풍과 조선불교」(『가산 이지관 한국불교문화사상사』 상), 1992;
   이철헌, 「나옹 혜근의 법맥」(한국불교학회,『한국불교학』 19집), 1994; 유영숙,
   「나옹 혜근의 법통과 麗元 불교교류」(가산문화연구원,『가산학보』 5집), 1996;
   이봉춘, 「조선 후기 선문의 법통고-鏡虛의 법맥계보를 중심으로」(한국불교학
   회,『한국불교학』 22집), 1997; 김용태, 「조선 중기 불교계의 변화와 '西山系'의
   대두」(서울대 국사학과,『한국사론』 44집), 2000; 김용태, 「대둔사의 '宗院' 표
   명과 그 불교사적 의미」(구산장학회,『구산논집』 11집), 2006.

14) 이종찬,『韓國佛家詩文學史論』, 불광출판부, 1993.

15) 이진오,『한국불가문학의 연구』, 민족사, 1997.

16) 김석태, 「부휴선수의 시에 나타난 선사상과 현실인식」(한국고시가문학회,『고
   시가연구』 12집), 2003, 17~39쪽.

했다. 이기영은 『한국의 불교』에서 부휴에 대하여 다음과 같이 평하고
있다.

"… 그는 서산·사명과는 달리 매우 소극적이요, 염세적인 선풍을 보여 주고
있다. 그는 인생의 실제 생활에는 무관심하려고 노력하는 듯하였다. 밖으로
부터 강적의 침입이 있을 때 그것이 걱정이 되지 않는바 아니었고, 안으로
유생의 배불이 있을 때 그것이 분하지 않은바 아니었으나, 그는 애써 그것
들을 관심 밖으로 돌리려고 한 흔적이 역력하다."17)

실재『부휴당대사집』에 나타난 그의 詩를 살펴보면 부휴에 대한 이기
영의 이 같은 평가가 지나치지만은 않다는 생각을 갖게 한다. 부휴의 산
중 생활을 엿볼 수 있는 다음 두 편의 시를 살펴보자.

"山居雜詠(산에 살면서)"18)

俛仰天地間	굽어보고 우러러 천지사이에
暫爲一時客	잠깐 동안 한 때의 나그네 되었구나
穿林種新茶	숲을 헤쳐서는 새로 차(茶)를 심구고
洗鼎烝藥石	솥을 씻어서는 약석(藥石)을 달이노라

月夜弄月明	달 뜬 밤에는 밝은 달빛 희롱하고
秋山送秋夕	가을 산에서는 가을 저녁 보낸다
雲深水亦深	구름도 깊고 물도 또한 깊나니
自喜無心迹	찾을 사람 없음을 스스로 기뻐하네.

---

17) 이기영,『한국의 불교』, 세종대왕기념사업회, 1974, 203~204쪽.
18)『浮休堂大師集』2권,『韓國佛敎全書』第八冊, 동국대출판부, 1987, 5쪽; 번역
『한글대장경 부휴당집외』동국역경원, 1992, 152쪽.

"次西山韻贈衍禪伯(서산의 운을 따라 연선백에게 줌)"19)

閑臥高峯頂	높은 산꼭대기에 한가히 누었나니
不與世浮沈	세상과 함께 부침(浮沈)하지 않노라
無事弄山月	일이 없으매 산의 달을 희롱하고
虛愧聽水琴	마음을 비워 물거문고를 듣네
隨緣能悟道	인연을 따르면서 능히 도를 깨치고
卽物便明心	사물에 다달아 곧 마음 밝힌다
一笑相分手	한 번 웃고는 서로 손을 놓나니
落日掛西岑	지는 해가 서산에 걸리어 있네.

위의 두 시를 통하여 알 수 있듯이 부휴의 평소 삶은 세속의 일을 모두 초월하여 산속에서 홀로 자연과 벗 삼아 살아가고 있음을 볼 수 있다. "세상과 함께 부침하지 않는다."는 구절에서 알 수 있듯이 당시 조정의 당파 싸움이나 전란의 소용돌이 속에서도 초연한 수도자의 삶을 지향하고 있음을 볼 수 있다.

이러한 부휴의 일생을 알 수 있는 「추가홍각등계비명병서」에서는 부휴의 삶을 다음과 같이 말하고 있다.

1) 출생 및 성장

臨濟의 24세의 嫡孫이 있으니 바로 浮休이다. 부휴는 號며, 법명은 善修이고, 속성은 金씨이며. 古帶方 鰲樹 사람이다. 아버지는 積山이며, 선조대에는 신라의 大姓이었으나 신라가 망하자 집안이 몰락하여 庶民이 되었다.

어머니 李씨는 자식이 없음을 근심하여 부부가 서로 서원하기를 "자식

19) 『浮休堂大師集』 2권, 한불전 8책, 7쪽; 번역 『한글대장경 부휴당집외』, 173쪽.

을 얻게 되면 반드시 출가시키겠노라"하였다. 그리고 길가에 있는 古石에 끝없이 기원하기를 오래도록(彌旬) 하였다. 어느 날 밤 꿈에 神僧이 나타나서 一圓珠을 주었다. 그것을 삼키고 나서 임신이 되어 癸卯(중종 38, 1543)년 2月 戊子일에 (스님이) 출생하였다.

어릴 때부터 고기 먹는 것을 갑자지 싫어하더니, 억지로 먹이니 물고기의 등에 붙은 살만을 조금씩 먹었으며, 기름진 고기는 삼키지도 않았다.[20)

2) 출가

卅歲(20세)가 되자 부모에게 "부질없는 세상 쓸데없이 흘러가니 저는 출가하고자 합니다."라고 알리고, 頭流山에 들어가 信明 장로로부터 삭발을 하였다. 이후 芙蓉대사를 알현하고 심요(笆籬邊物: 心要)를 얻었다. 그 사람됨이 배짱이 크고 眉目이 가지런하며, 長身에 얼굴이 풍성하였으나(豊頰), 다만 왼 손이 자유롭지 못했다.[21)

3) 출가 후 행적

가. 독서와 글씨에 뛰어남

(부용대사로부터) 법을 얻은 후 당시 相國이었던 盧守愼으로부터 집에 있던 藏書를 빌려 7년(七寒暑)을 열람하였는데, 읽지 않은 것이 없었다.

---

20) 『追加弘覺登階碑銘 并序』, 한불전 8책 332쪽. "臨濟後 二十四世 有嫡孫曰浮休 浮休號也 法名善修 俗姓金氏 古帶方檠樹人也。父積山 先世 爲新羅大姓 羅亡 遂沒家爲庶。初母李 悶無胚胎 相誓言生子 當捨出家 卽禱于路傍古石無竭 彌旬不息。一夕合眼間 有神僧 授一圓珠 吞之有妊 以癸卯 二月 戊子生焉。孩提時 母飼肉 輒不喜 戻侑則暫唼鰲鰭之薄脊 不膵膋之膏膩。"(번역문 『봉인사』, 97~102쪽 참조. 이하 同.)

21) 『追加弘覺登階碑銘 并序』, 한불전 8책 332쪽. "卅歲 啓父母曰 浮生滾冗 吾將出世 辭入頭流山 從信明長老髡。謁芙蓉大師 盡得笆籬邊物。爲人 皤腹修眉 長身豊頰 惟左手失適。"

글씨 또한 아름답기 그지없었는데(遒媚) 王羲之의 필법을 본 딴 것이었다. 松雲 政公(사명 유정)과 더불어 이름이 가지런하여 당시 사람들은 二難이라고 불렀다.

예전에 한 스님이 대사에게서 몇 자 써주길 부탁했는데, 한양을 지나다 글씨를 잘 쓰는 중국 사람을 만나 꺼내 보여주니, 한참을 보고나서, "필세가 정미롭고 웅건하여 옛 글씨에서도 얻기 힘든 것입니다. 비록 점과 획에 손 병이 있긴 하지만 道를 얻은 사람만이 쓸 수 있는 것입니다."라고 하였다.[22]

나. 왜군과의 담대한 만남

宣廟 壬辰년에 섬나라 오랑캐(왜적)가 침범하여 산야를 크게 유린하자, 대사는 이때에 덕유산에 들어가 은신하여 계곡 바위사이에서 왜적을 피했다. 해가 저물고 적이 지나갔다고 생각하여 시냇물을 따라 암자로 돌아오는데, 왜적 수십 무리가 숲 사이로 나오는 것이었다. 대사는 손을 다소곳이(叉手) 하고서 마주서니 왜적은 칼날을 휘두를 기세였다. 대사가 태연히 움직이지도 않자 왜적이 매우 신기하게 생각하였고, 모두 물러서 절을 하고는 흩어졌다.[23]

다. 명나라 장수 이종성과의 만남

왜란이 끝나자 대사는 가야산으로 갔는데, 명나라 장수 이종성이 황제의 명을 받고서 일본 關白을 봉해주러 왔다가[24], 해인사에 들러 대사를

---

[22] 『追加弘覺登階碑銘 并序』, 한불전 8책 332쪽. "得法之後 借盧相國守愼家藏書 七閱寒暑書無所不讀。筆亦遒媚 效鍾王法 與松雲政公齊名時號二難。嘗會下一衲 索師書數字 撩過王都 遇漢人能書者 出示之 注目久之曰 筆精健在 古不得 雖然 點畫必手瘕 道人所揮也。"

[23] 『追加弘覺登階碑銘 并序』, 한불전 8책 332쪽. "宣廟壬辰 島夷侵疆 大鞣山野 師時棲德裕隱身 谼礨中避鋒 日晩慮賊已過 緣澗路還菴 有倭十數輩 從林麓出 師叉手而立 賊作揮刃勢 師怡然不動 賊大奇之 皆羅拜而散。"

한 번 만나보고는 돌아갈 것도 잊고 머물면서 수일을 대화하였는데 그 말이 분명(偏偏)하였다. 작별할 때 (이종성에게) "천리를 기약하게 되니 면목이 어찌 없겠는가?(期爲千里 面目無何)"라는 시를 한 귀 주었다.[25]

라. 구렁이의 구제

대사가 구천동으로 옮겨 어스름한 즘에 하루는 눈을 감고 원각경을 암송하여 다 마치지 못하였는데, 스륵스륵하는 듯한 소리에 눈을 떠보니 커다란 구렁이가 섬돌아래 누워 볕을 쬐고 있었다. 대사가 암송하기를 멈추고, 한 발을 들어 뱀 꼬리를 치자 구렁이는 머리를 숙이고 꿈틀거리며 기어가니, 따라 갔지만 보이지 않았다.

그날 밤 꿈에 노인이 절을 올리며 말하기를 "화상의 설법에 힘입어 이미 고난을 벗어났습니다."라고 하는 것이었다. 대사의 신이한 일들이 모두 이런 것이었다.[26]

마. 광해군과의 인연

광해군 때에 대사가 두류산에 갔다가 광란한 승려의 무고함에 옥에 갇히게 되었다. 獄吏가 대사의 기개가 크고 바르고 말이 논리 정연함을 보

---

24) 관백은 풍신수길을 말하며, 풍신수길을 일본왕으로 봉하는 문서를 말한다. 1594년 평양성 전투 이후 중국의 심유경과 일본의 소서행장 사이에 밀약이 이루어지는데 그 내용은 소서행장과 함께 풍신수길의 거짓 항복문서를 명나라 신종 황제에게 올리고, 이에 대한 답으로 풍신수길을 일본왕으로 봉한다는 내용이었다.(배규범, 『사명당』, 민족사, 2002, 211쪽)

25) 『追加弘覺登階碑銘 幷序』, 한불전 8책 332쪽. "賊平 屬天將李大人宗城 受皇帝命 來封關白 間途入海印寺 一見師 輒忘歸 留語數日 偏偏如也。 臨別 贈詩一章 期爲千里 面目無何。"

26) 『追加弘覺登階碑銘 幷序』, 한불전 8책 332쪽. "師移九千洞宴晦 一日瞑目 誦圓覺經 讀未及終 似有窸窣聲 開目示之 有一巨蟒。 偓暴階除下 師輟誦 跋一足 震其尾 蟒俛首 蚴蟉而去 追之不見。 其夜夢 翁致拜曰 蒙和尚說法 已離苦矣。 其神異 皆此類。"

고 광해군에게 아뢰었다. 광해군은 대사가 죄가 없음을 알아보시고, 다음 날 안으로 불러들여 도의 요체를 묻고는 크게 기뻐하였다. 대사에게 자주 빛 금란가사 한 벌, 푸른 무늬 비단장삼 한 벌, 녹색 비단 겹저고리 한 벌, 금강석 구슬 한 꼬지 등을 공양하였으며, 나머지 진귀한 물건과 두터운 선물을 내렸으니 모두 기록할 수 없을 정도였다.[27]

바. 봉인사의 재를 설함

또 곧 봉인사에서 재를 설하게 되었는데, 대사를 보내 증명법사로 삼았다. (이때) 천리마 한 필을 준비하여 타고 가게하고 호위하는 사람으로 앞에서 이끌게 하였다. 서울 사람들이 대사의 풍모를 보고 와서 절을 하였고, 뒤처지는 것을 부끄럽게 생각하였다. 재가 끝나고 대사가 사직하고 돌아가자 불교계나 속세에서나 다투어 사람들이 바꾸어가며 수레를 끌어 주었다.[28]

사. 대사의 덕과 도량

대사는 평생 덕을 높였고, 사방 멀리서 재화를 공양하는 사람들이 이어 졌지만, 그때마다 바로 나누어 주어 물건을 하나도 놔두지 않았다. 대사 의 도량이 깊고 의연하며 넓어 속 좁고 가벼운 무리들과는 관계하지 않 았다. 꾸준히 모여든 제자가 700명이었다.[29]

---

27) 『追加弘覺登階碑銘 幷序』, 한불전 8책 332쪽. "光海時 師住頭流 爲狂僧所誣拿繫獄。 理官覲其氣宇軒輊 言說璀璨 以白光海。 光海洞其非罪 翌明召入內 詢問道要 大悅。 賜紫襴方袍一領 碧綾長衫一衿 綠綺重襦一襲 金剛數珠一串。 其餘珍玩厚賚 迨不可記。"

28) 『追加弘覺登階碑銘 幷序』, 한불전 8책 332쪽. "卽又設齋於奉印寺 遣師爲證。 輀出內廐裏一匹 俾騎而使 圍人前導之。 都人望風趨拜恥居後 齋畢師辭還 道俗爭先 遆夫輿歸。"

29) 『追加弘覺登階碑銘 幷序』, 한불전 8책 332쪽. "師平生峻德四遠 獻貨者輻輳 隨卽散之 不待一物。 器量沈毅滉瀁 不可斟與 毦徒有緣。 憧憧坌集 衆盈七百。"

3) 대사의 열반

萬曆 甲寅(1614)년 대사가 나이 72세에 조계산 송광사에서 방장산 칠불암으로 가셨으니, 죽음을 생각한 것이었다.

다음해 가을 칠월에 조그만 증상이 있더니 上足인 碧嵒大師를 불러 법을 맡기며, "내 뜻은 너에게 있으니 너는 받들도록 하라."라고 하였다. 11월 초 1일에 해가 申時에 이르렀을 때 목욕을 마치고 시자를 불러 붓과 종이를 가져오게 하여 게송을 적었다.

73년 꿈과 같은 바다를 여행하다	七十三年遊幻海
오늘에야 껍데기를 벗고 근원으로 돌아가네	今朝脫殼返初源
확연하고 공적하여 본래 한 물건도 없거니	廓然空寂元無物
어찌 보리와 생사의 근본이 있으랴	何有菩提生死根

게송을 마치고 조용히 서거하니, 나이는 73세이고 불교에 입문한 지 57년이었다.30)

4) 부도탑의 건립과 추증

문도들이 靈骨(사리)을 수습하여 네 곳에 부도탑을 세우니, 해인사 · 송광사 · 칠불암 · 백장암이 그곳이다. 5년 후에 광해군이 弘覺登階에 추증하였다.31)

---

30) 『追加弘覺登階碑銘 并序』, 한불전 8책 332쪽. "萬曆甲寅 師年七十二 自曹溪之松廣 之方丈 之七佛 擬啓手足。翌年秋七月 示微疾 召上足碧嵒大師 付法曰 吾意在汝 汝欽哉。至十一月初一日 日纔中晡 沐浴訖 喚侍者 索紙筆 書一偈曰。七十三年遊幻海 今朝脫殼返初源 廓然空寂元無物 何有菩提生死根。偈畢 泊然而逝 報年七十三 坐夏五十七。"

31) 『追加弘覺登階碑銘 并序』, 한불전 8책 332쪽. "門人闍維 收靈骨樹浮屠 凡四處 海印松廣七佛百丈也。後五年 光海追加弘覺登階。"

2. 蘇齋 盧守愼 및 松雲 惟政과의 교유

억불의 조선시대에 있어서 세조과 명종대에 잠시 불교의 중흥을 맞기도 하였으나, 16세기 사림의 집권으로 인하여 불교에 대한 배척은 한층 강화되었다. 이러한 억불의 상황을 호전시킨 것은 壬辰·丙子의 兩亂을 맞이하여 義僧軍들의 활약에 힘입은 바 크다. 전쟁에서 전공을 세운 승려들이 관작을 받음으로 인하여 사회적 신분상승의 효과가 있긴 하였지만, 전쟁이 끝나고 오히려 유생들로부터 반감을 사는 계기가 된 것도 사실이다.

조선을 지배했던 사대부들은 주자학의 이념에 의하여 불교를 이단사설로 간주하였으며, 따라서 사대부와 승려사이의 교류는 쉽게 이루어지지 않았다. 그 간극을 좁히고 사대부와 승려가 교유할 수 있었던 계기는 의승군의 활동이었지만, 그 직접적인 매개는 '漢詩'였다. 시문에 능했던 승려들은 사대부들과 대등한 교유를 할 수 있었으며, 詩를 주고받으면서 인격적이며 격의 없는 교류가 이루어졌다.[32]

부휴의 유일한 문집인 『부휴당대사집』 5권 중 1권에서 4권까지가 시문집이다. 왜 부휴의 문집이 '法語集이 아닌 시문집의 형식일까?'에 대한 의문이 여기에서 풀린다. 청허 휴정과 송운 유정 또한 많은 시를 남겼고, 한시에 뛰어난 禪僧이었다. 물론 이들 모두 불교는 물론 유가와 도가 경전에 해박한 지식을 소유한 사람들이다.

부휴의 詩는 조선의 불가문학에서 중요한 위치를 차지한다. 이에 대하여 이진오의 『한국불가문학의 연구』에서 「부휴당대사집의 간명해제」와, 김석태의 「부휴선수의 시에 나타난 선사상과 현실인식」에서 자세히 다룬 바 있다. 그렇다면 이러한 부휴의 作詩 능력을 부여해준 스승은 누구였을까? 그는 바로 소재 노수신(1515~1590)이다. 앞의 「추가홍각등계비명병

---

32) 이에 대하여는 김상일의 「조선중기 士大夫와 승려와의 交遊詩 연구」(한국어문학연구 제39집, 2002)를 참조하기 바란다.

서」에서 언급하였듯이 부휴는 부용 영관에게서 법을 얻은 후 노수신과 7년간 교류를 한다.

> "법을 얻은 후 당시 相國이었던 盧守愼으로부터 집에 있던 藏書를 빌려 7년
> (七寒暑)을 열람하였는데, 읽지 않은 것이 없었다.(得法之後 借盧相國守愼家藏
> 書 七閱寒暑書無所不讀。)"

노수신은 조선조 중종·명종·선조의 3대에 걸쳐 활동한 정치가이자 사상가이자 시인이었다. 나이 20(1534)에 생원 진사에 합격하여 성균관에 들어갔으며, 29세에 初試·會試·殿試에 장원급제하여 成均館典籍에 배명되었으며, 31(1545)세에 司諫院正言으로 재직한 당대 최고의 수제였다. 32세에 乙巳士禍로 파직되어 순천으로 유배되었다가, 이어 '良才驛 壁書사건'에 연류되어 珍島로 유배되기도 하였다. 53(1567)세에 유배 생활에서 풀려났으며, 선조대에 우상과 영의정(1573년)을 역임한 당대의 대표적인 정치인이기도 하였다.[33] 특히 노수신은 당대의 대표적인 시인으로서 많은 찬사를 받았다. 허균은 "근대의 대가로 그의 五律은 황정욱의 七律과 더불어 천년의 絕調"라고 찬탄하였다. 또 김창협은 "세상에서 흔히 대가로 통칭되는 蘇·湖·芝 세 사람 가운데 소재가 風格과 宏妙한 면에서 두 사람을 압도한다."고 평가한다.[34]

이러한 노수신과 부휴가 7년간 교유하면서 그의 집에 있는 藏書를 모두 열람하였다고 하니 부휴가 당시 불교계는 물론 사대부 사이에서도 이름을 떨치게 됨은 당연한 일이었다.

부휴가 노수신에게 다음과 같은 시가 전한다.

---

33) 황구하, 「蘇齋 盧守愼의 心學」, 『양명학』 제10호, 한국양명학회, 2003, 136쪽 참조.

34) 김성언, 「소제 노수신의 유배기 한시에 나타난 동식물 상징에 대하여」, 『한국한시작가연구』 5집, 한국한시학회, 2000, 4쪽.

“上盧府尹(노부윤에게 올림)”35)

平生放浪倚雲濱	한 평생 방랑하면서 구름 가를 의지하다가
今始看書慕古人	이제 비로소 책을 읽고 고인(古人)을 사모한다
松榻坐來觀物化	송탑(松榻)에 앉아서는 만물의 변화를 보고
蒲團定處養精神	방석에 좌선(坐禪)해서는 참 정신을 기른다
風騷每向閑中詠	한가할 때는 언제나 풍소(風騷)를 읊고
心志多因靜裏新	고요할 때는 항상 심지(心志)를 새롭게 한다
聞道仙車停此地	들으니 선거(仙車)가 이 땅에 머무른다 하나니
翩然飛錫犯風塵	편연(翩然)히 지팡이 날려 풍진(風塵)을 범하려네.

　노수진과 부휴의 만남은 한 평생 友誼를 돈독히 해왔던 송운 유정과의 관계에 대한 계기가 된 것으로 추측된다. 『부휴당대사집』에는 사명당(송운·중봉)에게 증여하거나 차운한 시가 무려 17편이나 실려 있다. 사명 또한 부휴에게 보낸 두 편의 시가 있다. 사명이 사명은 휴정의 제자이고, 휴정과 부휴가 부용의 제자인 점을 생각하면 법맥으로 사명은 부휴의 조카뻘이다. 그럼에도 불구하고 한 평생 긴밀한 교류가 이루어졌다. 이들의 교류는 시를 매개로 이루어졌다. 두 사람 사이에 오간 시를 한 편씩 소개하고자 한다.

“贈浮休子(부휴자에게)”36)

去聖三千年後時	석가께서 가신 지 삼천년 뒤인데
大雄眞法日將衰	부처님 참된 법 날로 쇠하여 가네

<hr>

35)　『浮休堂大師集』 3권, 한불전 8책, 9쪽; 번역 『한글대장경 부휴당집외』, 동국역경원, 1992, 198쪽.
36)　『四溟大師集』 3권, 한불전 8책, 53쪽; 번역 배규범, 『사명당』, 155~156쪽.

| 紛紜魔語人皆醉 | 시끄러운 마귀의 말 사람들 모두 취하였고 |
| 磊落金言世孰持 | 드높은 금언(金言) 세상 누가 잡으리오. |

靈嶽此時曾歲晏	이때 영악(靈嶽)에 일찍이 해는 저물었는데
少林何日又春歸	소림 어느 날 다시 봄이 돌아오리오
秖今正眼吾兄在	지금 바른 눈 오직 나의 형(부휴)에게 있으니
再整頹綱更是誰	무너진 기강 다시 잡을 이 누구이겠는가?

"別鍾峰(중봉과 이별함)"37)

交契如松栢	서로 사귐이 송백(松栢)과 같았나니
知心問幾年	마음을 안지 몇 해나 되었던고
頭流同染指	두류산(頭流山)에서 같이 다른 맛을 보다가
楓嶽共隨緣	풍악산(楓嶽山)에서 함께 인연 따랐네

一別情多少	한 번 이별하는 정(情)이 얼마만한가
獨行路八千	홀로가노니 길은 팔천이로세
死生從此隔	죽고 삶이 지금부터 서로 막히니
離思益茫然	이별하는 생각이 더욱 아득하구나.

그런데 유정 또한 노수진과 깊은 인연이 있다. 출가 전 柳村 黃汝獻 (1486~?)에게서『맹자(孟子)』를 배운 유정은 출가 후 18세의 어린 나이로 禪科에 합격하고 이어 당대의 文士들과 교유를 가지게 된다. 思菴 朴淳 (1523~1589), 鵝溪 李山海(1538~1609), (霽峰 高敬命(1533~1592), 孤竹 崔慶 昌(1539~1583), 荷谷 許篈(1551~1588), 白湖 林悌(1549~1587), 蓀谷 李達 등 이 그들이다.38) 유정이 이들과 교유하면서 학문적으로 일취월장하게 된

---

37)『浮休堂大師集』2권, 한불전 8책, 7쪽; 번역『한글대장경 부휴당집외』, 172쪽.

계기는 노수신을 만나 수학한 것이었다. 이에 대한 「사명대사석장비문」
에서는 이렇게 말하고 있다.

> "노수신에게 四子書(노자·장자·문자·열자를 말한 것으로 보임)를 수학하
> 고, 도 李白과 杜甫의 시도 배웠다. 이로부터 문장이 날마다 더욱 眞趣를
> 보였을 뿐만 아니라, 內典의 千函도 또한 모두 섭렵하였으니, 方袍입은 스
> 님으로서 인도의 竺墳을 익힌 (강주들이 스님이 있는) 山門으로 구름처럼
> 모여들었다."39)

위와 같이 사명 또한 부휴가 노수신의 집을 들락거리며 장서를 열람하
고 영향을 받은 것과 같이 노수신으로부터 한학과 시문에 대한 공부를
하였던 것이다. 사명이 법맥으로 사숙뻘인 부휴에게 '吾兄'이라고 부를 수
있는 것도 노수신에게 공부한 인연으로 짐작할 수 있다.

부휴가 노수신을 만난 시기는 언제일까? 부휴가 20세에 출가하였으니
출가 년은 1562년이다. 이후 부용에게 법을 전해 받은 시기는 1563년에서
1571년 사이로 볼 수 있다. 부용이 열반한 시기가 1571년이니 분명 그 이
전일 것이기 때문이다. 부휴가 부용을 곁에서 모신 것으로 보아서 노수신
을 만난 것은 부용이 열반한 이후일 가능성이 많다. 그렇게 보면 1571년
에서 1580년 사이일 것이다.

그렇다면 사명이 노수신을 만난 시기는 언제일까? 사명은 선과에 합격
한 18세부터 30대까지이니 대략 명종 16(1561)년부터 선조 6(1573)년 사이
이다. 많은 문사들과 교류 후에 만난 것으로 미루어 30세 가까이 될 즈음

---

38) 김영태, 「호국대성 사명대사 연구: 사명대사의 생애」,『불교학보』8집, 동국대
　　불교문화연구원, 1971, 27쪽. 이 내용은 허균이 찬한 「합천해인사 사명대사
　　석장비문」에 실려 있다.

39) 「협천 해인사 사명대사 석장비문」(이지관,『역대고승비문(조선편1)』, 가산불교
　　문화원, 1999, 104쪽.(번역문 18~119쪽): "因受四子於蘇齋相 又學李杜詩 自是 文
　　章日益進 而內典千函 亦盡涉獵 方袍習竺墳者 雲集山門矣。"

인 것 같다. 대략 1570년에서 1573년 사이일 것이다. 노수신이 1567년에 유배에서 풀려나 1573년 영의정에 오르게 되었으니, 이후 부휴와 사명과의 만남이 이루어졌을 것이다.

이 같은 사실을 감안하면 부휴와 사명은 동시기에 노수진과 관계를 가졌음을 알 수 있으며, 당대의 최고의 석학이자 시인이며 영의정을 지낸 노수신과의 교유를 통하여 이들이 유교사회에서 명성을 드날릴 수 있었던 하나의 요인으로 작용하였던 것이다. 또한 부휴와 사명과의 끈끈한 유대도 이 같은 요인이 작용하였던 것으로 보인다.

부휴에게 있어 불교계에서는 스승 부용과 사명이, 시문학에서는 노수신이 중요한 인물이었다면 광해군과의 만남은 대외적으로 부휴의 존재가 더욱 부각되는 계기가 되었다. 광해군과의 인연을 통하여 부휴가 불교계 내부에서도 중심적인 인물로 떠올랐다는 점에서 특별한 의미가 있다고 하겠다.

양난이후 광해군이 즉위하고 난 다음해 송운 유정이 열반에 든다. 비록 비문에는 무고에 의하여 부휴와 광해군의 만남이 이루어진 것으로 나타나 있지만, 광해군으로서는 당시 불교계를 대표하고 있고 그 명성이 알려져 있던 부휴를 통하여 불교계와의 관계를 설정하고픈 정치적인 욕구도 있었을 것으로 보인다. 실재로 사명 이후 불교계에서 부휴의 제자들이 두각을 나타나게 된다. 대표적인 인물이 碧巖 覺性(1575~1660)이다. 그는 임진왜란 때 부휴를 대신해 출전하여 해전에서 큰 공을 세운 바 있고, 부휴가 무고로 투옥되었을 때 같이 투옥되게 된다. 이때 광해군은 부휴를 석방시키고, 각성은 한양의 봉은사에 머무르며 判禪敎都摠攝에 제수되었다. 1617(광해 9)년에 오대산 상원사에서 동안거를 하였는데 그때 광해군이 청계사에서 齋를 설할 때 관리를 불러 각성을 참석하게 하여 說法을 하게하고 금란가사를 제수하였다.[40] 또 승군을 독려하여 남한산성을 축조하고, 병자호란 때는 승려 3천을 규합하여 降魔軍을 조직하여 북상하기도 하였다. 임란이후 의승군들은 일본의 재침에 대비하여 산성을 쌓는 역할을 주로 하였는데, 거기에 책임자가 사명의 제자인 松月 應祥과 각성이었던 것이다. 이처럼 각성이 부각되게 된 데는 부휴와 광해군의 만남이 인연이 된 것이다.

다음으로 광해군이 봉인사에 애착을 가지게 된 이유는 무엇이었을까? 비문을 통하여 보면 광해군이 생모 恭嬪 金氏를 추숭하기 위하여 봉인사를 지원하였고, 그러한 과정에서 부휴 선수를 만나 봉인사에서 재를 설하게 하였음을 알 수 있다.[41] 그런데 어머니 공빈김씨 말고도 자신의 형인 임해군에 대한 의식 또한 작용했을 것으로 보인다. 임해군과 비록 왕권다툼을 하고 결국 죽게 만든 장본인이 광해군이지만 어머니 묘소 가까이에 임해군의 묘소가 있는 점에서 봉인사를 통하여 죽은 형에 대한 명복을 빌었을 가능성이 있다.

임진왜란이 일어나던 1592년 9월 임해군은 함경도 지역에서 일본군의 포로가 되어 왜장 加等淸正에게 넘겨져 高原에 수감되었다가 이듬해 부산으로 이동된다. 이후 여러 차례의 석방협상 끝에 서울로 돌아온다.[42] 그런데 임해군의 딸과 아들은 가등청정을 따라 일본에 압송되었으며 끝내 고국에 돌아오지 못하고 일본에서 일생을 보내게 되었다. 그리고 아들은 일본에서 일련종의 고승이 된 日延(1589~1665) 스님이며, 생의 마지막을 妙安寺에서 보내게 된다.

이 같은 사실은 지난 2004년 5월 '불교학결집대회'에서 원광대의 양은용 교수에 의하여 국내에 소개되었으며, 이재형 기자에 의하여 2004년 8월 10자 법보신문에 자세한 내용이 기재되어 있다.[43] 임해군의 아들이 일

---

[40] 忽滑谷快天저, 정호경역,『조선선교사』, 보련각, 1978, 527~528쪽 참조,

[41] '광해군과 부휴', '광해군과 봉인사' 그리고 '부휴와 봉인사'의 인연관계를 보다 분명히 밝히는 것은 금번 학술대회의 중요한 과제이다. 이 부분에 대하여는 다른 발표자의 주제와 중복되기 때문에 자세한 언급은 피하고자 한다.

[42] 천마산봉인사지편찬위원회,『奉印寺』, 도서출판 한길, 2005, 189쪽.

본에 건너가 승려가 되었다는 사실은 조선왕조실록에 나오지 않고 있으나 아마도 정치적인 이유에서 광해군 혹은 그의 측근에 의하여 은폐되었을 가능성이 짙다.[44]

III. 부휴 선수의 사상

禪師의 사상을 규명하려는 의도는 항상 벽에 부딪히곤 한다. 禪이란 것이 이미 '言語道斷 心行處滅'의 경지를 의미하는 것이고, 사상이란 언어와

---

[43] 참조로 신문에 게재된 "일연 스님 행장"을 소개하면 다음과 같다.

1589(1세) 조선왕실에서 임해군 아들로 출생
1592(4세) 4월. 임진왜란 발발, 함경도로 떠남.
1592(4세) 9월. 회령에서 붙잡혀 가또에게 넘겨져 일본으로 이송.
1593(5세) 7월. 부친 임해군 귀환.
1601(13세) 후쿠오카 법성사에서 출가.
1604(16세) 교토 본국사 구법단림 수학.
1607(19세) 치바 반고단림에서 수학.(가관원, 일연상인 호를 받음)
1608(20세) 광해군 지지세력 주청으로 부친 임해군 진도로 유배.
1609(21세) 임해군 살해당함.
1614(26세) 치바 탄생사 18세 계승, 조사당 건립. 후쿠오카 용잠사 건립.
1630(42세) 신지대론에 불참.
1631(43세) 동경 각림사·원진사 건립. 신지대론 문제로 추방된 후 후쿠오카로 귀환.
1632(44세) 번주 쿠로다 귀의로 법성사 창건.
1660(72세) 쿠로다의 후원으로 묘안사 창건.
1665(77세) 1월 26일. 묘안사에서 입적.
2004년 8월 현 묘안사의 주지스님과 아들이 양은용교수의 주선으로 국내에 들어왔다. 일연상인의 조각상 중 불에 타고 남은 머리 부분을 모시고 와서 금산사(주지 평상스님)에서 몸체와 합체하였고, 봉안의식을 행한 후 다시 일본으로 돌아갔다. 이때 동원정사의 송묵스님, 조계종의 세준스님 그리고 필자 등이 일정을 같이 했다.

[44] 가등청정에게 임해군의 아들이 잡혀있었고, 이 당시 사명이 일본에 들어갔던 것을 고려하면 분명 일연상인의 소식을 광해군은 알 수 있었을 것이다. 그럼에도 불구하고 조선왕조실록에 이 같은 내용이 보이지 않는 것으로 보면 광해군의 정치적 이해에 따른 것이라고 생각된다.

사유의 세계를 말하는 것이니 사실 당연한 것이기도 하다. 왜 "부휴는 휴정과 달리 자신의 사상을 기술한 저술을 남기지 않았을까?"하는 필자의 치기 어린 불평(?)은 어리석은 자의 넋두리일 것이다. 그나마 다행스러운 것은 震黙 一玉(1562~1633)의 경우처럼 '詩 한 귀' 만을 남겨놓은 선사에 비하면, 부휴의 경우는 그의 제자 각성에 의하여 스승의 詩와 疏를 모아 『부휴당대사집』을 남겨놓고 있으니, 이를 통해 부휴의 사상을 유추해 볼 수 있겠다.

김인덕은 부휴의 선사상에 대하여 이렇게 요약하고 있다.

> 부휴선사의 선사상은 趙州의 無字 公案에 따른 커다란 疑團을 세워 常參功夫하는 간화선을 正系로 하여, 당시 분열·상쟁·혼란으로 타락한 불교를 부용·서산 등에서 볼 수 있는 敎禪이 통일된 禪旨에 입각하여 재통일·재정돈 하였고, 특히 金剛慧眼을 證得하여 언어도단, 심행처멸한 제법실상을 一心에 回光하고 그 心王靈光을 天地에 빛나게 할 格外禪旨가 있었다.
>
> 그러므로 그에게 있어 修禪參究의 실제는, 시종 閑山深寂에 幽居靜坐하여 웅장한 대자연의 아름다운 조화를 읽어 識心見性하고 返本還元함과 동시에 한편으로 三毒除去의 강조나 정토왕생의 念禪兼修등으로 현실개선과 이상현실도 잊지 않았던 風光이 있었다. 또 발달한 대승불교의 關鍵에 전통함과 동시 노수신의 장서를 독파하는 등 外學에도 밝았고, 累卵의 위기에 봉착한 국가 민족을 걱정하는 뜨거운 落淚로 보은할 줄 아는 경건한 종교생활을 하는가 하면, 法喜充滿한 禪悅을 즐겨 나누는 등 出入이 자유자재한 대인격자의 활달한 길을 걸었다.[45]

1. 부용 영관의 선사상의 계승

「추가홍각등계비명병서」에는 "(부휴는) 頭流山에 들어가 信明 장로로부터 삭발을 하였다. 이후 芙蓉대사를 알현하고 심요(芭籬邊物: 心要)를 얻었다."란 기록이 있다. 부휴(1543~1615)는 부용(1485~1571)에 비해 58의 연

---

45) 김인덕, 「부휴선사의 선사상」, 『한국불교사상사』, 932~933쪽.

하이다. 20세에 출가한 후 부용을 만난 시점은 부용이 70세 전후인 셈이다. 그리고 부휴가 29세 되던 해에 부휴는 열반에 들었다. 부용의 말년을 부휴는 함께한 것이다.

부용 또한 자신에 관한 기록을 일체 남기지 않았다. 우리가 부용의 삶을 알 수 있는 것은 휴정의『三老行蹟』중「芙蓉堂先師行蹟」[46]과 이를 토대로 대둔사 草衣 意恂(1786~1866)의 제자인 梵海 覺岸(1820~1896)이 작성한『東師列傳』'芙蓉祖師'조를 통해서이다.

이 기록에 의하면 "연산군 7(1501)년 신총법사를 찾아가 교학을 탐구하고 또 위봉대사 회상에서 선의 요체를 터득한다. 그 뒤 스님은 덕유산 구천동으로 들어가 손수 암자를 짓고 9년 동안 두문불출한 채 용맹정진 하였으며, 일체 눕지 않았다.(長坐不臥)"[47]한다. 또 "(1521년) 미륵봉 내원암으로 깊숙이 들어가 산문출입을 두절하고 잠자코 앉아 묵언한 채 정진하였다."[48] 이후 지엄을 찾아가 20년 묵은 의심을 해결하게 된다.[49]

부용이 묵은 의심을 풀고 깨달음을 얻은 碧松 智儼(1464~1534)의 삶을 알 수 있는 자료 또한『삼노행적』중「碧松堂大師行蹟」과『동사열전』중 '碧松禪師'조이다. 이 기록에 의하면 다음과 같이 말하고 있다.

"먼저 教學에 밝은 衍熙스님을 찾아가 圓頓教義(화엄)를 묻고 다음에 正心선사를 찾아가 '달마조사가 서쪽에서 온 뜻(西來密旨)'을 일깨움 받아 玄妙한 가르침에 도움이 많았다. 중종 3년(正德 3, 1508) 가을, 금강산 妙吉相庵으로 들어가『大慧語錄』을 보다가 '개에게는 불성이 없다(狗子無佛性)'는 화두에 의심을 일으켜 정진하다가, 얼마 안 되어 의심덩어리(漆桶)을 타파했다. 또『高峰語錄』을 보다가 '颺在他方'이라는 구절에 이르러 마지막 알음알이

<hr>

46)『三老行蹟(삼노행적)』, 한불전 7책, 754~755쪽.

47) 梵海撰, 김윤세역,『동사열전』, 광제원, 1992, 114쪽.

48) 梵海撰, 김윤세역,『동사열전』, 광제원, 1992, 116쪽.

49) 梵海撰, 김윤세역,『동사열전』, 광제원, 1992, 119쪽.

(前解)를 떨쳐버린다. 이런 까닭으로 벽송선사는 평생토록 대혜와 고봉의 宗
風을 드날린 것이다."50)

이러한 휴정의 기록에 비추어보면 부휴 또한 그의 스승인 부용과 부용
의 스승인 벽송으로부터 내려오는 禪風을 이어 받았음을 추론할 수 있다.
이들의 선풍은 교학과 선학의 이해를 기초로 하여 참선을 하고 이어 강
한 의심에 들었다가 어느 순간 의심을 타파하고 스승을 만나 깨달음을
확인받는 것으로 보인다. 벽송이 대혜와 고봉의 종풍을 한 평생 드날렸다
는 것으로 보아 대혜의 간화선풍과 고봉의 공부방법론으로서 三要 즉 大
信心·大憤心·大疑心이 중히 여겼을 것으로 보인다.
  '부휴에게 스승 부용이 실재로 이렇게 선을 지도했는가'를 정확히 알
수 있는 기록은 없다. 다만『부휴당대사집』5권, '부용대사백일소'에서 부
용에 대해 언급하고 있는 다음과 같은 내용을 확인할 수 있다.

楓嶽山에서 坐禪을 할 때는 일곱 개 방석을 앉아서 떨구었고, 頭流山에서 行
化할 때는 한 쪽만 보는 눈을 후벼 내었습니다. 도는 方外에 까지 떨치고 이
름은 당시에 무거웠으니, 一國의 高人과 三山의 禪學들이 驪釐에서 다투어 구
슬을 찾아왔고, 龍門에서 서로 아가미를 쬐었습니다. 그러나 方丈은 비록 넓
었으나 物情은 저절로 비좁았습니다. 제자도 또한 전생의 인연이 있어 函丈
님을 곁에서 모시면서, 조석으로 약을 달이고 좌우를 떠나지 않았사온데,
자상히 이끌어주셨으니 그 은덕이 천지보다도 더하였습니다.51)

---

50) 梵海撰, 김윤세역, 『동사열전』, 광제원, 1992. 『三老行蹟(삼노행적)』, 한불전
    7책, 752~753쪽; "先訪衍熙教師 問圓頓教義 次尋正心禪師 擊西來密旨 俱振玄
    妙 多所悟益。正德戊辰秋 入金剛山妙吉祥 看大慧語錄 疑着狗子無佛性話 不多時
    日 打破漆桶。又看高峰語錄 至颺在他方之語 頓落前解。是故師之平生所發揮者 乃
    高峰大慧之風也。"
51) '芙蓉堂大師百日疏'『부휴당대사집』, 한불전 8권, 19쪽; "安禪楓嶽兮 坐破七介蒲
    團 行化頭流兮 刮除一方翳眼。道扇方外 名重當時 一國高人三山禪學 競探珠於驪
    釐 爭曝鰓於龍門。方丈雖寬物情自隘。弟子亦有宿世之因 參陪函丈之側 朝夕湯藥
    左右不離 諄諄提撕 德勝於天地。"

그런데 부휴가 제자들에게 직접 간화선을 지도했다는 것은 그의 詩를 통하여 확인된다. 그것은 趙州의 '구자무불성'의 화두이다. 이는 가까이는 벽송 선풍의 영향으로 볼 수 있으나, 고려 普照 知訥(1158~1210)이『看話決疑論』을 통하여 이 땅에 소개한 이래 眞覺 慧諶(1178~1234), 懶翁 惠勤(1320~1376), 太古 普愚(1301~1382) 등이 모두 강조했던 화두이다.

'次松雲韻贈正道人(송운의 음을 따라 정도인에게 줌)'[52]

......

趙州無字起疑團	조주의 무자(無字) 화두 의단(疑團)을 일으켜
十二時中着意看	언제나 간단없이 그 생각만 떠올려라
若到水窮雲盡處	만약 물이 끝나고 구름이 다한 곳에 이르게 되면
驀然撞破祖師關	곧바로 조사의 관문(祖師關)을 때려 부수리.

箇中消息有誰知	저 가운데 소식을 그 누가 아리
發憤忘身切起疑	분심(憤心)을 일으켜 몸을 잊고 간절한 의심 일으켜라
凼地一聲天地毁	그 자리의 한 소리에 천지가 무너지리니
何論北海與南陲	북쪽 바다며 남쪽 변방이야 말하여 무엇하리.

위의 시 속에는 정도인에게 부휴가 선을 수행하는 법을 설명해주고 있다. 즉 '조주의 무자화두 결택→의단의 형성→끝없는 참구→깨달음의 기연→깨달음'에 이르는 간화선의 수행법을 구체적으로 말해주고 있음을 볼 수 있다.

2. 道의 세계를 노래함

僧瓚의『信心銘』에서는 '지도무난 유혐간택'이라 했다. '지극한 도의 세

---

52)『浮休堂大師集』4권, 한불전 8책, 18쪽.

계도 별것 아니니 간택하는 마음만 없으면 된다.'는 것이다. 禪師로서 부휴가 그의 삶에 있어서 일관된 지향점은 '至道'의 경지를 체득하여 그 세계와 합일되는 것이다. 부휴는 철저한 선수행을 통하여 분별 망상의 일체의 상대적 세계를 초월하였고, 그것을 시를 통하여 노래하고 있다.

"贈環師(환선사에게)"53)

道本忘言難指注	도(道)는 본래 말을 떠난 것이라 설명하기 어렵고
更無形色可思量	다시 형색(形色)으로도 헤아릴 수 없나니
巖前翠竹和雲立	바다 앞의 푸른 대(竹)는 구름과 어울려 섰는데
臺上黃花帶露香	돈대 위의 누른 꽃은 이슬을 띠고 향기롭네.

위의 시는 1~2연에서 언어도단이요 일체의 사량을 떠난 도의 세계를 밝힌 다음에 3~4연에서 대나무와 누른 꽃의 자연이 그러한 도의 세계임을 노래하고 있다.

"次寄金生員(김생원에게 답함)"54)

塵世紛紛如火宅	티끌세상이 어지럽기 불난집과 같기에
隱淪林下擬亡名	숲속에 파묻히어 망명(亡名)으로 가장했다
閑居無事弄山月	한가하게 일이 없나니 산의 달을 희롱하고
靜坐焚香尋自經	고요히 앉아 향을 사르며 자심경(自心經)을 참구하네.

위의 시는 1~2연에서 세상의 삶이 허망하여 그곳을 떠나 산속에 사는 것을 말하고 3~4년은 한가함 속에 마음을 비추어가며 살아가고 있음을

---

53) 『浮休堂大師集』 4권, 한불전 8책, 10쪽.
54) 『浮休堂大師集』 4권, 한불전 8책, 9쪽.

노래하고 있다. 아마도 김생원이 속세를 떠나 산속에 사는 부휴의 삶을
질책한 것에 대한 부휴의 답시인 것으로 보인다.

"贈峻上人(준상인에게)"55)

歸眞了妄空　　　진(眞)에 돌아가 망(妄)이 공(空)함을 알면
生佛本通同　　　중생과 부처가 본래 평등하여라
迷似蛾投焰　　　미혹됨은 부나비가 불꽃에 뛰어드는 것 같고
悟如鶴出籠　　　깨달음은 학(鶴)이 새장을 벗어나는 것과 같네.

위의 시는 깨달지 못한 중생의 세계와 깨달은 부처의 세계를 대비하여
깨달음의 필요성을 말하고 있다. 중생의 삶은 미혹하여 부나비가 불꽃에
뛰어들어 목숨을 잃는 것과 같고, 깨달음이란 갇혀 있던 학이 새장을 벗
어나 자유로움을 찾는 것과 같음에 비유하고 있다.

"贈和法師(화법사에게)"56)

當機開活眼　　　근기에 따라 활안(活眼)을 열면
應物振玄風　　　사물에 응해 현풍(玄風)을 떨치리라
更踏毘盧頂　　　그리고 비로자나불의 정수리를 밟으면
蓮花出火中　　　연꽃이 불 속에서 피어나리라.

위의 시는 깨달음의 안목을 얻게 되면 나타나는 세계에 대해 노래하고
있다. '活眼'과 '毘盧頂'은 최고의 경지를 말한다. '玄風'이란 그윽하고 미묘
하게 온갖 사물에 응하는 지혜를 상징한 것이며, 연꽃이 불속에서 피어나

---

55) 『浮休堂大師集』 4권, 한불전 8책, 3쪽.
56) 『浮休堂大師集』 4권, 한불전 8책, 3쪽.

는 것은 고통 속에 빠진 중생을 구해주는 자비를 상징한 것이다.

3. 儒·佛 調和

부휴의 생애에서 언급하였듯이 노수신의 藏書를 모두 열람했을 뿐만 아니라 사대부가 갖추어야 할 필수적인 교양이라 할 수 있는 詩書에 있어서도 부휴는 당대 최고의 수준을 갖추고 있었다. 이러한 부휴의 外學에 관한 식견과 능력은 억불의 분위기 속에서도 사대부와의 자연스런 교류를 가능하게 했다.

부휴가 비록 『儒釋質疑論』을 저술한 涵虛 己和(1376~1433)처럼 적극적으로 儒·佛 調和를 주창한 것은 아니었지만, 거리낌 없이 사대부와 만나고 詩와 書를 통하여 교류하면서 그들에게 禪 세계를 알게 했다는 점에서 유불조화의 실천자라고 할 수 있다.

부휴의 詩 가운데는 盧府尹, 南宮進士, 姜正郎, 李相國 등 그와 교류한 많은 儒者들의 이름들이 보인다. 물론 단순히 부휴가 유자들과 교류했기 때문에 유불조화를 꾀했다고 말하는 것은 아니다. 그는 禪의 차원에서 바라보면 유교와 불교가 다르지 않다는 입장을 견지했다.

“次梁生員(양생원에게)”57)

晦迹韜光人不識	자취를 감추고 빛을 숨기면 아는 사람 없는 것을
何緣目擊認心通	무엇하러 직접 보고 마음이 통한다고(心通) 인정하는가
儒冠釋服名雖異	유자의 갓과 불자의 옷이 이름은 다르지만
語及禪風意亦同	말이 한 번 선풍(禪風)에 미치면 그 뜻은 같으리라.

위의 시는 아마도 양생원이 산 속에 숨어사는 부휴를 찾아와 마음이

---

57) 『浮休堂大師集』 4권, 한불전 8책, 10쪽.

서로 통함을 고백한 것 같다. 그런데 부휴는 선의 차원에서는 유교나 불교나 할 것 없이 그 뜻이 하나임을 말하고 있는 것이다.

"嘲士大夫(사대부를 조롱함)58)

人間浮命電光中	인간의 뜬 목숨 번갯불과 같은데
徒費精神走北東	부질없이 정신 쓰며 사방으로 내달린다
退隱林泉貧亦樂	임천(林泉)에 숨어 살매 가난해도 즐겁나니
不知身困是非風	시비(是非)의 바람 앞에 시달리지 않는다네.

위의 시는 '사대부를 조롱함'이란 제목이 붙어있다. 제목과는 달리 조롱하는 내용이 드러나지 않는다. 오히려 번잡한 세속에 휘날리는 이들에 대한 연민을 드러내고 있다. 세속을 떠나 사는 것을 스스로 즐거워하고 그렇게 사는 것이 더 좋지 않겠냐는 권유하고 있다.59)

4. 救國 · 慈悲

임진왜란과 병자호란의 병화 속에 서산과 사명이 의승군을 조직하여 적극적으로 활동한 것과는 달리 부휴는 산 속에서 홀로 초탈한 삶을 살아간 것으로 비추어지기도 한다. 그러나 부휴의 가슴 속에는 나라를 구하고 도탄에 빠진 백성을 걱정하는 자비심이 가득했던 것으로 보인다. 사명과의 주고받은 시 속에는 이 같은 부휴의 마음이 여러 곳에서 표출되어 있다. 임진왜란이 당하여 서울이 함락될 당시의 심경을 부휴는 다음과 같이 노래하고 있다.

---

58) 『浮休堂大師集』 4권, 한불전 8책, 18쪽.
59) 김석태, 「부휴선수의 시에 나타난 선사상과 현실인식」(한국고시가문학회, 『고시가연구』 12집), 2003, 32쪽.

“次諸賢避亂書懷(제현의 피난의 글을 가슴 아파하며)”[60]

憂國憂民日益深	나라와 백성을 사랑함이 더욱 깊어진 것은
只緣兵火萬家侵	병화로 모든 집이 불타버렸기 때문이네
滿腔雖有忠情在	가슴 속에 가득히 충정(忠情)은 있으나
隻手無因露赤心	한 쪽 손이라 붉은 마음을 나타낼 길이 없네.
移棲避寇入山深	도적을 피해 집을 옮겨 깊은 산에 들었는데
四境干戈日益侵	사경(四境)의 창과 방패로 더욱 다가온데
又陷京都人枕死	서울이 함락되고 사람들은 모두 베어 죽으니
誰能禦敵慰天心	누가 능히 왜적을 막아 천심(天心)을 위로할꼬.

위의 시에는 왜군의 침략으로 모든 것이 불타버리는 상황을 목도하면서 당장이라도 나가서 싸우고 싶은 충정이 가득한데, 자신은 왼 손이 없는 불구의 몸이라서 뛰어들지 못함을 안타깝게 표현하고 있다. 또 서울이 함락되어 백성들이 죽어가는 상황 속에서 왜적을 막지 못하는 상황을 절절히 가슴 아파하고 있음을 볼 수 있다.

“次朴正字韻(박정자의 운을 따라)”[61]

······

避寇移栖老此身	도적을 쫓고 집을 옮겨 사는 늙어가는 이 몸이
憂民憂國淚霑巾	백성과 나라를 걱정하는 눈물이 수건을 다 적신다
何時一掃氛埃盡	언제나 요사스런 먼지를 모두 쓸어버리고
獨立斜陽思古人	해질녘에 홀로 서서 옛사람을 생각할꼬.

---

[60] 한불전 8권, 15쪽.
[61] 한불전 8권, 16쪽.

위의 시는 백성과 나라를 걱정하는 부휴의 모습과 병화의 폐허를 말끔히 쓸어버리고 다시 옛 사람의 청정무구한 세상을 회복하고자 하는 염원이 우회적으로 표현되어 있다.[62]

이렇게 간절히 나라와 백성을 사랑하였던 부휴가 직접 의승군에 참여하지는 않았지만 그의 제자 벽암 각성이 그를 대신하여 전장에서 공을 세웠음은 상기할 때, 아마도 왼손이 부자유스러웠던 신체적인 상황이 작용하였던 것으로 보인다. 그러나 임진왜란과 정유재란 당시 서산은 이미 나이가 많았기 때문에 사명이 의승군의 임무를 맡게 됨으로 인하여, 부휴는 승단 내부의 정비와 수행의 전통을 유지하는데 힘을 썼던 측면도 있었던 것 같다.

IV. 부휴의 법통관과 부휴계의 활약

조선 후기 불교계는 '서산계'와 '부휴계'에 의해서 주도 되었으며, 지금까지 그 전통은 이어지고 있다고 볼 수 있다. 이 중 '부휴계'는 보조 지눌의 유풍을 존중하면서도 태고법통설을 강조하며 송광사를 근거지로 하여 그 법맥을 계승해오고 있다.

'법통'이란 불조의 慧命이 끊이지 않고 이어진 경로를 밝히고 스승과 제자 사이에 正法이 계승되어야 함을 중시한다는 점에서 중요한 일이다. 그런데 단일한 법통의 체계를 세움으로 인해 승가 내에 파벌이 형성되고 그로 인하여 갈등과 이해관계가 생기게 되는 부작용도 있어 비판을 받기도 한다.

우리나라에 있어 '법통설'의 성립은 17세기 전반 휴정의 문도에 의해서

---

[62] 김석태, 「부휴선수의 시에 나타난 선사상과 현실인식」(한국고시가문학회, 『고시가연구』 12집), 2003, 19쪽.

이다. 이들의 노력에 의하여 고려 말의 태고 보우를 내세워 임제종의 정통을 계승한다고 표방한 '태고법통설'이 공론화되었다.[63] 태고법통설의 내용은 임제→ ⋯석옥 청공→ 태고보우→ 환암 혼수→ 구곡 각운→등계 정심→부용 영관→ 청허 휴정을 이어진다는 것이다. 이러한 법통설은 우여곡절 끝에 사명의 문도와 편양 언기의 문도 등이 참여하여 서산계의 공의를 담아 공론으로 채택한 것이다.[64]

그렇다면 부휴 자신은 어떠한 법통관을 가지고 있었을까? 백곡 처능의 「추가홍각등계비명병서」에는 "臨濟의 24세의 嫡孫이 있으니 바로 부휴이다."라고 명기하고 있다. 이는 백곡 처능에 의하여 명기된 것이다. 부휴 자신은 자신이 임제선의 선풍을 계승하고 있다고 생각했을 수는 있지만, '임제의 24세 적손'이라는 점을 강조하지는 않았던 것 같다. 오히려 선문과 교문에도 구애되지 말고 조주의 무자화두를 통해 의단을 타파하고 깨달음을 얻을 것을 강조하고 있다.

"次眼師韻(안스님의 운을 따라)"[65]

道不在他唯在我	도(道)는 다른 데 있지 않고 오직 내게 있나니
不須求遠又求天	부디 멀리 구(求)하거나 또 하늘에서 구하지 말라
收心靜坐山窓下	마음 거두고 고요히 산창(山窓) 앞에 앉았으면
畫夜常參趙州禪	밤낮으로 언제나 조주선(趙州禪)에 들어가리.
	⋯⋯
道本虛玄難指的	도(道)는 본래 허현(虛玄)하여 꼬집어 보이기 어려운데

---

64) 이에 대한 논의는 이미 김영태, 최병헌 등 여러 사람이 밝힌 바 있고, 본 주제를 벗어나기 때문에 자세한 언급은 피한다. 앞서 제시한 논문들을 참조하기 바란다. 사명의 문도는 처음에 허균의 나옹법통설을 지지 하였으나 이후 태고법통설을 주장하는 편양계의 입장으로 돌아서게 되었다.

65) 한불전 8권, 18쪽.

迷頭狂客謾尋經　　제 머리에 미친 사람 부질없이 경전 찾네
一團疑破通身汗　　한 덩이의 의심을 깨뜨리고 온 몸에 땀 흐르면
佛祖門中信步行　　부처 조사 문중에서 마음대로 다니리.

　부휴는 법통의 계보를 강조한 스님은 아니다. 오히려 스스로 철저한 수행을 통하여 조주선의 禪旨를 간직하기를 당부하고 있다. 그러면서도 부용과 서산의 死後 부휴는 자신만이 조사선의 법통을 잇고 있다는 자부심은 있었던 같다. 그 같은 내용이 아래의 시에서 드러나 있다.

“送峻上人之湖南(호남으로 가는 준상인을 보내며)”[66]

來自香峰結一夏　　묘향산으로부터 와서 한여름 결제를 나고
今朝告別又天涯　　오늘 아침에 고별하고 또 하늘 끝으로 향하는 구나
南方如有求禪旨　　만일 저 남방에 선지(禪旨)를 구하는 사람 있거든
須及浮休未死時　　부디 이 부휴(浮休)가 죽기 전에 도모하라 하여라.

　부휴와 그의 제자 각성에 의하여 계파 성립의 기반을 구축한 부휴의 문도들은 百庵 性聰(1631~1700)대에 이르게 되면 계파로서 정체성을 확립하게 된다. 선수 이후의 直傳은 벽암 각성→취미 수초→백암 성총→무용 수연→영해 약탄→풍암 세찰→묵암 최눌→환해 법린 등으로 이어진다. 이 중 풍암 세찰의 문하에서 묵암 최눌, 응암 랑윤, 제운 법등, 벽해 행인의 사걸이 배출되어 이들 네 문파가 근세 부휴계의 주류를 이루었다. 특히 最訥(1717~1790)은 성총과 스승 세찰을 선양, 추숭하는 사업을 활발히 펼쳐서 이에 이르러 부휴계의 계파 인식이 더욱 공고하게 되었다.[67]

----

⁶⁶⁾ 한불전 8권, 13쪽.
⁶⁷⁾ 김용태, 「부휴계의 계파인식과 보조 유풍」, 『보조사상』 25집, 316쪽.

이들 부휴계는 서산계와 경쟁하면서 조선후기 불교계를 주도하게 된다. 이들은 송광사를 중심으로 보조의 유풍을 계승하게 되며, 다른 한 편 부휴를 중심으로 한 법통설을 강조하게 된다. 다만 법통설에 있어서는 서산계와 같이 '임제-태고 법통설'을 주장하고 있으며, 서산이 아닌 부휴를 정맥으로 주장하게 된 것이다.[68]

백곡 처능의 부탁으로 申翊聖(1588~1644)이 지은 「전주 송광사개창비」에는 이 같은 법통설이 확실하게 기록되어 있다.

고려 말 普愚는 중국 霞霧山에 들어가 石屋 淸珙 선사를 參謁하였다. 청공은 臨濟의 18대 嫡孫이다. 보우는 그의 법을 남김없이 받았고, 그의 법을 幻庵 混修에게 전했다. 혼수는 龜谷 覺雲에게 법을 전했고, 각운은 登階 淨心에게 법을 전했고, 정심은 碧松 智儼에게 법을 전했고, 지엄은 芙蓉 靈觀에게 법을 전했고, 영관의 上足弟子에게 전하였으니, 그가 바로 善修이다. 자신의 호를 浮休라 했고, 內典에 깊이 통달하여 一代宗師가 되었다.[69]

결국 백곡 처능대에 와서 임제-태고의 법통설이 부휴계 내에서 본격적으로 주장하게 되었음을 알 수 있다.

V. 맺음말

이상으로 봉인사의 고승 부휴 선수의 삶과 사상 그의 법통관 등에 대하여 고찰해 보았다. 이상으로 살펴본 바와 같이 부휴는 서산과 더불어

---

68) 이에 대하여 상게서에 자세히 나와 있음.

69) 「全州松廣寺開創碑」, "麗僧普愚　入中國霞霧山　參石屋淸珙禪師　淸珙卽臨濟十八代 嫡孫也。普愚盡得其法　傳之幻庵混修　混修傳之龜谷覺雲　覺雲傳之登階淨心　淨心傳 之碧松智儼　智儼傳之芙蓉靈觀　靈觀傳之上足弟子　其名曰　善修。自號浮休　淹貫內 典　爲一代宗師。"

부용 영관의 법맥을 이은 조선 중기의 대표적인 선승이자, 현재 한국불교에 지대한 영향을 끼친 선승이다. 그의 문도들이 보조 지눌이 머물렀던 순천 송광사를 중심으로 활약한 것도 그의 위상을 알기에 충분하다. 그럼에도 불구하고 부휴에 관한 연구는 그동안 많지 않았었다.

본고에서는 부휴와 노수신 그리고 사명 유정 간의 교유에 대해 구체적으로 언급하였다. 漢詩를 통하여 이루어진 이들 세 사람의 교유는 조선 중기의 유·불교섭사 연구에 중요한 내용이 된다. 따라서 추후 이 부분에 대한 연구의 한 촉매재로 작용할 것으로 기대된다.

부휴 스님의 생애와 사상에 대하여 나름대로 정리를 하여 보았지만 아직도 스님의 존재는 저만치에 아물거린다. 끝으로 스님의 임종게를 소개하고자 한다.

"臨終偈(임종게)"[70]

七十餘年遊幻海	칠십년이 넘도록 환(幻) 바다에 놀다가
今朝脫殼返初源	오늘에 껍질 벗고 초원(初源)으로 돌아간다
廓然眞性元無礙	텅 빈 진성(眞性)에는 아무 것도 없나니
那有菩提生死根	거기 어찌 보리(菩提)와 생사 뿌리 있으랴.

이 글은 『한국선학』 제22집(2009)에 수록된 「부휴 선수의 사상과 그 법통관」을 그대로 실은 것이다.

---

[70] 한불전 8책, 18쪽.

—

부휴대사와 그 문파의 지리산 활동

이종수

—

Ⅰ. 조선후기 불교 문파의 성립

한국불교에서 門派라는 개념은 조선후기에 재정립된 것으로 보인다. 그 이전에도 문파라는 용어가 사용되었겠지만, 하나의 독자적인 세력으로 인식되기 시작한 것은 조선후기라고 해야 할 것이다. 문파의 의미가 조선후기에 이르러 재정립된 것은 조선전기 국가에서 종파를 공인하지 않았던 영향이 크다고 할 수 있다. 조선전기 불교 종파는 태종 6~7년(1406~1407)에 11개 종파가 7개로 축소되었고, 세종 6년(1424)에는 선종과 교종으로 통폐합되었다. 그 후 연산군 대에 선종과 교종의 本寺를 폐지함으로써 사실상 종단은 그 명맥을 상실하였다. 명종 대에 僧科를 부활하고 禪宗과 敎宗의 본사를 奉恩寺와 奉先寺에 두는 등 잠시 숭불정책이 있었지만, 문정왕후가 승하하고 虛應普雨(1515~1565)가 제주도로 유배되어 살해된 후 불교종파는 그 명맥이 끊어졌다. 이로부터 불교계는 이름난 禪師

를 중심으로 문파가 형성되면서 사실상 선종 일색으로 변모되었다. 국가 공인의 종파는 없어졌지만 교종 세력이 그 명맥을 상실하였으므로 선종 내부의 갈래로써 문파가 성립된 것이다. 임진왜란과 병자호란을 거친 후 淸虛休靜(1520~1604)과 浮休善修(1543~1615)의 제자들이 지방의 여러 명산에서 문파를 형성하였는데, 이를 흔히 淸虛系와 浮休系라고 부른다.

문파의 성립은 法統의 표방으로부터 비롯되었다. 종파가 있을 때에는 승려들이 저마다 종파의 일원이 됨으로써 조직의 보호를 받을 수 있었겠지만, 종파가 없어진 상황에서는 자발적으로 자신의 스승과 동료를 보호해야 했다. 이에 따라 스승의 법맥이 중요시되고, 또 그 법을 누가 전수받았는지도 관심거리가 아닐 수 없었다. 게다가 임진왜란 이후 사회가 유교적 질서에 의해 재편되면서 家門의 系譜가 중시되는 경향이 있었고, 불교계도 그러한 사회적 변화에 영향을 받아 법통설이 등장하였다.

먼저 許筠(1569~1618)은 1612년에 쓴 『淸虛堂集』 서문에서, 중국 法眼宗의 법을 전수받은 고려의 道峰靈炤로부터 道藏神範 → 淸凉道國 → 龍門天隱 → 平山崇信 → 妙香懷濬 → 玄鑑覺照 → 頭流信修 → 懶翁惠勤 → 南峰修能 → 碧溪正心 → 碧松智儼 → 芙蓉靈觀 → 淸虛休靜으로 이어지는 법맥을 제시하였다.[1] 또한 「海印寺四溟大師碑文」에서, 普照知訥과 懶翁惠勤이 고려 禪門의 宗匠이 되고, 휴정은 혜근으로부터 6대의 嫡孫이라고 하였다.[2] 이처럼 허균은 같은 해에 쓴 두 글에서 나옹법통설을 제시하였다.

그런데 휴정의 제자 鞭羊彦機(1581~1644)는 1625년에 쓴 「鍾峰影堂記」와 저술 연도가 불분명한 「淸虛堂行狀」에서 중국 臨濟宗의 법통을 이어받은 고려의 太古普愚로부터 幻庵混脩 → 龜谷覺雲 → 碧溪正心 → 碧松智儼 → 芙蓉靈觀 → 淸虛休靜으로 이어지는 태고법통설을 제시했다.[3] 이는 허

---

[1] 「淸虛堂集序」, 『淸虛堂集』(『한국불교전서』 7, 659~660쪽).

[2] 「陜川海印寺四溟堂惟政大師石藏碑文」(이지관, 『韓國高僧碑文總集』, 가산불교문화연구원, 2000, 86쪽).

균이 제시했던 나옹법통설을 정면으로 부정한 것이다.

그리고 中觀海眼(1567~?)은 1634년에 쓴 「說禪儀後跋」에서 "임제 법통의 경우, 석옥청공으로부터 청허휴정에 이르는 8, 9위는 다른 것이 끼어들 수 없다"[4]라며 나옹법통설을 강하게 부정하였다. 이러한 법통설 논쟁은 청허계로부터 시작되었지만 부휴계도 예외는 아니었다. 부휴선수는 청허휴정과 마찬가지로 부용영관의 제자였으므로 부휴계 역시 태고법통설을 따랐다. 17세기 중반 이후 문파를 가릴 것 없이 대부분의 승려들이 태고법통을 주장하였던 것이다. 이후 청허휴정의 제자들은 전국에 흩어져 문파를 확대해간 것에 비해, 상대적으로 부휴계는 지리산이 그 중심적 활동무대였다. 이는 부휴선수가 활동했던 지역이 지리산이기도 했고, 그 제자들 역시 지리산을 근거지로 활동했기 때문일 것이다.

II. 부휴대사의 지리산 정착

부휴대사 선수는 전라북도 獒樹에서 태어났고 속성은 김씨이다. 그의 어머니 이씨는 자식이 없음을 괴로워하다가 아들을 낳으면 출가시키겠다고 서원하고, 기도한 지 열흘이 되는 날 저녁 꿈에서 어떤 승려가 주는 둥근 구슬을 삼키고 임신하게 되었다고 한다. 어려서부터 육류를 먹지 않았으며, 스무 살이 되어 부모에게 "부질없이 흘러가는 삶을 살기보다 차라리 속세를 떠나겠습니다."[5]라고 출가의 뜻을 밝혔다. 부모와 작별하고 그는 지리산으로 들어가 信明 스님을 恩師로 모시고 삭발하였다. 선수가

---

3) 「蓬萊山雲水庵鍾峰影堂記」, 『鞭羊堂集』(『한국불교전서』 8, 253쪽); 「淸虛行狀」, 『淸虛堂集』(『한국불교전서』 7, 735쪽).

4) 「說禪儀後跋」(『한국불교전서』 7, 743쪽), "至於臨濟直傳 自石屋至淸虛八九位 則不加收齒".

5) 白谷處能, 「追加弘覺登階碑銘幷序」(『한국불교전서』 8, 332쪽), "浮生滾兀 吾將出世".

지리산으로 들어간 것은 고향에서 그리 멀지 않은 곳이기도 했고, 지리산에는 이름난 승려들이 많았기 때문일 것이다.

당시 지리산에는 芙蓉靈觀(1485~1571)이 제자들을 거느리며 교화하고 있었다. 영관은 덕유산 九泉洞에서 9년 동안 長坐不臥하며 수행하였고, 여러 佛典과 外典을 섭렵하였다. 그리고 1530년(46세)에 지리산에 주석하고 있던 碧松智嚴(1464~1534)을 찾아가 가르침을 받고 豁然大悟하였다. 그 후 지리산에 주석하며 제자들에게 祖師禪을 참구하여 깨달음에 나아가도록 가르치면서도 교학을 게을리 하지 않았다. 즉 禪敎兼修를 실천하였던 것이다. 게다가 儒學과 道學에도 조예가 깊었다. 그래서 휴정은 「부용당선사행적」에서 대해 다음과 같이 기록하였다.

『주역』의 이론과 천문·의술에 통달하였고, 심지어 『중용』과 『장자』를 끼고 다니는 자들도 모두 스님에게 의문 나는 점을 물어 해결하였다. 이 때문에 문을 가득 메운 유학자들은 모두 이별하기 아쉬워하였고, 뜰에 가득 찬 僧俗의 제자들은 모두 떠날 마음을 내지 못하였다. 그러므로 호남과 영남의 俗人들 중에 삼교에 통달한 자는 스님의 교화에 기인한 것이다.6)

이러한 영관의 제자로서 대표적인 승려가 바로 청허휴정과 부휴선수였다. 그리고 그들의 문파가 바로 청허계와 부휴계로 발전하였던 것이다.

선수는 스무 살에 출가하여 지리산에서 교화하고 있던 부용영관을 찾아가 가르침을 받았다. 스승의 조사선과 禪敎一致, 그리고 三敎會通의 영향을 받아 교학에도 게을리 하지 않았다. 그는 盧守愼(1515~1590)에게 책을 빌려 모두 通讀하였으며, 또한 필체가 뛰어나서 사명유정과 더불어 二難이라고 불렸을 정도였다.7) 또한 華嚴宗主라고도 불렸으며8), 청허휴정

---

6) 청허휴정, 「芙蓉堂先師行蹟」, "凡七曜九章　天文醫術　莫不通焉　至於懷中庸挾莊子者　亦莫不決疑焉　是故溢門英儒　俱懷生別之恨　盈庭法俗　共鯁去留之心　是故湖嶺兩南　以白衣　通三敎者　乃師之風也".

의 제자 逍遙太能(1562~1649)도 그에게서 대장경을 배웠다.[9] 이렇게 선수가 지리산에서 禪과 敎를 가르치고 있을 때 인근의 순천 松廣寺에서 정유재란으로 소실된 건물을 재건하면서 도와줄 것을 요청하였다. 이에 선수는 1609년 가을에 제자 400여 명을 거느리고 송광사로 가서 중건하였다.[10] 그리고 이듬해 1610년에 다시 지리산으로 돌아가서 후학들을 지도하였는데, 당시의 교화에 대해 柳夢寅(1559~1623)이 1611년에 쓴 「遊頭流山錄」에서, "이름난 승려 선수가 이 곳 靈源庵에 사는데, 제자들을 거느리고 불경을 공부하여 사방의 승려들이 많이 모여든다. 그는 유순지와 퍽 친한 사이였다."[11]라고 하였다. 昇州 수령으로 있던 柳詢之와 친분이 있었던 것은 前年에 송광사에 머물렀기 때문일 것이다.

그런데 선수는 1612년(광해군 4) 4월에 黃赫(1551~1612)의 역모사건으로 誣告를 당해 궁중에서 鞫問을 받은 일이 있었다.[12] 선수가 지리산에서 제자들을 교화하고 있을 때 어떤 狂僧의 무고로 首弟子 覺性과 함께 서울로 압송되어 감옥에 갇혔다. 이때 두 승려를 大佛과 小佛이라고 칭찬할 정도로 품성이 높고 초연하였다. 국왕은 그들의 무죄를 알고 선수를 內庭으로 불러 불교의 大要를 물었으며 많은 선물을 하사하였다. 그 후 왕실이 주관하여 奉印寺에서 齋를 올릴 때 선수를 證明法師로 초청하면서 말

---

7) 白谷處能, 「追加弘覺登階碑銘并序」(『한국불교전서』 8, 332쪽).

8) 이능화, 『朝鮮佛敎通史』 下編, 新文館, 1918, 48쪽. 「敎林結果酒於雜花」 "浮休善修 稱爲華嚴宗主(松雲惟政 讚浮休大師曰 傳如線之華嚴云云)".

9) 「金山寺逍遙堂太能大師碑文」(이지관, 『韓國高僧碑文總集』, 가산불교문화연구원, 2000, 138쪽), "受大藏於浮休".

10) 임석진, 『松廣寺誌』, 불일출판사, 1965, 18쪽; 최병헌, 「朝鮮後期 浮休善修系와 松廣寺―普照法統說과 太古法統說 葛藤의 한 사례」, 『同大史學』, 동덕여대국사학과, 1995, 133~156쪽.

11) 최석기 외 옮김, 『선인들의 지리산 유람록』, 돌베개, 2007, 299쪽, 「遊頭流山錄」 "有名僧善修居之 率徒弟演經 四方釋子多歸之 與詢之頗相善".

12) 『光海君日記』, 광해군 4년 4월 5일.

을 보내 타고 오게 하는 등 왕실에서도 정중히 대우하자 많은 사람들이 경배하였다고 한다.[13] 아마도 선수에 대한 무고는 오히려 그 명성을 높이는 계기가 되었던 것으로 보인다.

이후 선수는 지리산에 머물며 교화를 계속하였고, 만년에는 조계산 송광사에 있다가 지리산 칠불암으로 옮겨 머물다 입적하였다. 임종에 이르러 제자 각성을 불러 법을 부촉하며 "내 뜻이 너에게 있으니 공경히 받들라."[14]고 하였다.『해동불조원류』에 이름을 전하고 있는 제자로는 碧巖覺性을 비롯하여 松巖戒益, 雷靜應默, 松溪聖賢, 孤閑希彦, 寶鑑惠日 등이 있는데 선수의 衣鉢을 전수 받은 제자는 각성이었다. 그리고 각성의 문파가 가장 번성하였으며 사실상 부휴계를 대표하였다. 부휴계는 조선말기까지 지리산 화엄사, 쌍계사를 중심으로 인근의 송광사, 징광사 등의 큰 사찰에서 세력을 떨치며 청허계와 더불어 가장 큰 불교 문파가 되었다.

III. 부휴문파의 지리산 활동

부휴대사의 수제자로서 법을 부촉 받은 碧巖覺性(1575~1660)은 황혁의 역모사건 때 스승인 선수와 함께 국문을 받기도 했지만, 그로 인해 조정 대신들에게 이름이 알려지게 되었던 것 같다. 인조가 왕위에 오른 이듬해(1624)에 각성을 불러 남한산성 八道都摠攝에 임명하였던 것은 그의 명성이 조정에도 알려져 있었음을 의미하는 것이다. 팔도도총섭은 제1대 休靜, 제2대 義嚴(생몰년 미상)으로 이어지며 청허계가 담당하였다.[15] 인조 역시 처음에는 도총섭에 유정의 제자인 松月應祥을 임명

---

13) 白谷處能, 「追加弘覺登階碑銘并序」(『한국불교전서』 8, 332쪽).
14) 『西域中華海東佛祖源流』(『한국불교전서』 10, 104쪽), "吾意在汝 汝欽哉".

하려 하였다.[16] 그러나 응상이 고사함에 따라 각성에게 도총섭을 맡긴 것이다. 각성은 남한산성 축조의 임무를 맡아 전국에서 모여든 승군을 지휘하였으며, 이로부터 국가의 부역에서 부휴계가 주도적으로 나서는 계기가 되었다.

당시 남한산성의 축성은 摠戎使가 주관하였지만, 성곽을 쌓는 역할에서 승병들이 가장 주요한 임무를 맡았다. 각성은 그 승병들을 지휘하며 1624년(인조 2)부터 1627년(인조 5)까지 3년에 걸쳐 성곽을 쌓아 완성하였다. 이때 공로를 인정받아 임금으로부터 報恩闡敎圓照國一都大禪師라는 직함을 하사받았다. 이렇게 성곽이 완성된 후에 산성수비에서도 승군의 역할이 주어짐으로써 僧軍이 제도적으로 정착되었다.[17] 가령 남한산성 내외에 있는 10개 사찰에는 僧軍摠攝 1인, 僧中軍 1인, 敎鍊官 1인, 哨官 3인, 義僧 356명, 原居僧軍 138명이 머물며 산성을 수비하였다.[18]

남한산성의 축성을 마치고 지리산으로 돌아온 각성은 정유재란으로 피해를 입었던 화엄사와 쌍계사의 중창을 주도하였다. 화엄사에는 華嚴石經으로 지은 丈六殿이 신라시대에 건립되어 전해져왔으나 왜적에 의해 소실된 후 寺勢가 크게 위축되어 있었다. 반면에 인근의 순천 송광사는 1609년의 스승 부휴선수와 함께 가서 중창한 바가 있었다. 그 경험을 살려 화엄사의 대웅전을 건립하고 일주문을 다시 세웠다. 현재 남아 있는 대웅전, 보제루, 천왕문, 일주문 등은 당시 각성에 의해 중건된 것으로, 대웅전과 일주문의 현판에 "崇禎九年歲舍丙子仲秋義昌君珖書(1636년 8월

---

15) 이봉춘, 「도총섭 제도의 발생과 확대」, 『조선시대 불교사 연구』, 민족사, 2015, 567~592쪽.

16) 「高城榆岾寺松月堂應祥大師碑文」(이지관, 앞의 책, 150쪽).

17) 『정조실록』 3년(1779) 8월 3일 1번째 기사.

18) 승병들은 산성 내외에 있던 10개의 사찰에서 머물렀는데, 산성 내에는 원래부터 있던 望月寺와 玉井寺 외에 開元寺・漢興寺・國淸寺・長慶寺・天柱寺・東林寺・南壇寺 등 7개 사찰이 새로 지어졌고, 외부에는 靈源寺가 새로 지어졌다.(『重訂南漢志』)

에 의창군 이광이 쓰다)"라고 씌어 있다. 그 현판의 글씨를 쓴 의창군 이광(1589~1645)은 선조의 여덟 번째 아들로서 1618년(광해군 10)에 아내의 친척이었던 許筠(1569~1618)의 역모사건에 연루되어 삭탈관직되고 유배되었다가 1623년 인조반정으로 다시 복권되었던 인물이다.

그런데 화엄사 대웅전이 완공되어 의창군의 현판을 게시했던 1636년 병자년의 겨울에 북방으로부터 청나라가 침략해왔다. 소위 말하는 병자호란이 발발하였다. 전쟁이 일어나고 얼마 지나지 않아 仁祖가 남한산성으로 피신했다는 소식을 듣고, 각성은 승병 3천여 명을 모집하여 관군에 가담하였다. 그러나 의승병이 남한산성에 도착하기 전에 仁祖가 청나라 군대에 항복함으로써 각성의 구국운동은 좌절되고 말았다.

화엄사로 돌아온 각성은 인근의 하동 쌍계사를 중창하였다. 당시 쌍계사는 지금의 금당 지역을 중심으로 그리 크지 않은 소규모였으나, 각성이 진감선사비를 중심으로 대웅전과 팔영루를 건립하고 양쪽에 요사체를 건립하면서 지금의 쌍계사 모습으로 규모가 확장되었다.[19] 쌍계사는 신라시대 고운 최치원이 마지막으로 은거했던 곳으로 알려져 있었고, 쌍계사 뒷산에 최치원이 숨어 살았다고 하는 청학동이 있다고 여겼으므로, 조선의 유학자들이 지리산을 유람할 때면 으레 들르는 사찰이었다.[20] 그곳을 각성이 새로 중창함으로써 화엄사와 더불어 지리산의 대표적 사찰로 성장하였다.

<hr>

[19] 이영운, 「17.18세기 하동 쌍계사의 배치와 전각구성의 변화: 지리산 유람기 분석을 중심으로」, 경기대학교 석사논문, 2011.

[20] 최석기, 「조선중기 사대부들의 지리산 유람과 그 성향」, 『한국한문학연구』 26, 한국한문학회, 2000; 강정화, 「지리산 유산기에 나타난 조선조 지식인의 산수 인식」, 『남명학연구』 26, 경상대 남명학연구소, 2008; 전병철, 「감수재(感樹齋) 박여량(朴汝樑)의 지리산 유람과 그 인식 – 「두류산일록(頭流山日錄)」의 분석을 중심으로」, 『남명학연구』 31, 경상대 남명학연구소, 2010; 강정화, 「지리산 유람록 연구의 현황과 과제」, 『남명학연구』 46, 2015; 이종수, 「16~18세기 유학자의 지리산 유람과 승려 교류」, 『남명학연구』 46, 2015; 이경순, 「18세기 후반 지리산 유람의 추이와 성격」, 『남명학연구』 46, 2015.

각성이 주도하여 중창 했던 지리산 화엄사와 쌍계사는 그 제자들이 머물며 修禪과 講學의 전통을 이어갔다. 그는 항상 '無'자 화두를 들었고 후학들에게도 무자 화두를 참구하도록 하였다고 한다.[21] 그러나 교학도 경시하지 않았다. 각성과 그의 제자들이 화엄학의 대가로 칭송받았던 데서 충분히 짐작할 수 있다. 각성의 제자로는 翠微守初, 暮雲震言, 白谷處能[22] 등이 유명하다. 이러한 각성의 활동으로 인해 조선후기 부휴계가 지리산을 중심으로 근거지를 마련하게 되었고, 부휴계는 청허계와 더불어 조선후기 2대 문파로 성장하였다. 특히 취미수초와 모운진언의 제자들이 지리산을 중심으로 활동하였다.

각성의 제자 翠微守初(1590~1668)는 어려서 출가하여 부휴선수에게 사미계를 받았는데 그때 각성이 선수의 수제자로 있었기 때문에 수초를 잘 지도하라고 부탁하였다. 그 후 수초는 잠시 서울 등지를 유력하며 상류층과 교류하였으나 속세의 글에 싫증을 느끼고 다시 각성의 문하에 들어가 가르침을 받았다. 수초는 선과 교를 겸수하였을 뿐만 아니라 儒家의 經史子集에도 능통하였다고 한다. 그래서 유가의 관료들과도 많은 교류가 있었다. 수초는 각성이 입적하기 전까지는 주로 남쪽에서 활동하였으나 각성이 입적한 1660년 이후는 주로 평안도와 함경도에서 활동하였다. 평안도의 묘향산, 함경도의 안변 석왕사와 함흥 삼장사가 그 활동의 중심지였

---

[21] 「賜報恩闡敎圓照國一都大禪師行狀」, 『曹溪山松廣寺史庫』, 아세아문화사, 1983, 549~555쪽.

[22] 白谷處能(1617~1680)은 현종의 억불책에 맞서 「諫廢釋敎疏」를 쓴 것으로 유명하다. 1674년(현종 15)에 팔도도총섭에 임명되기도 하였다. 그러나 처능은 세속의 직책이 부담스러워 3개월 만에 사직하였다. 그는 어느 누구보다도 강한 어조로 禪敎一致를 주장하였다. 禪은 마음으로 전한 것이고 敎는 언어로 전래되어 온 것이라고 인정하면서도 "교학을 떠나서 따로 선이 있지 않고 선을 떠나서 따로 교학이 있지 않다"(「禪敎說贈勒上士序」, 『大覺登階集』, "非離敎而別有禪也 非離禪而別有敎也.")고 하여 선과 교를 동등한 위치에 두면서 그 둘이 다르지 않다는 견해를 밝혔다. 제자로는 龜巖勝覺, 息影眞明 등이 있으나 후대에 이름을 떨친 이는 별로 없다.

다. 결국 수초는 삼장사에서 입적하였는데 그의 사리는 삼장사, 석왕사, 송광사에 봉안되어 탑이 건립되었다.[23] 이로 볼 때 당시까지는 부휴계로서 계파에 대한 특별한 인식이 있었던 것 같지 않지만, 수초가 북방에서 활동함으로써 훗날 부휴계는 전국적인 연대망을 가지게 되었던 것으로 보인다. 그리고 暮雲震言(1622~1703)은 후대에 開敎講禪弘法普濟華嚴宗主라고 칭송받았던 인물이다. 그는 각성을 수십 년 동안 모시면서 경전을 배웠다. 특히 그는 화엄학에 정통하여 문하에는 100여 명이 상주하며 수학하였다. 팔공산 운부정사에서 화엄법회를 크게 개설하였으며, 직지사와 쌍계사 등지에서 교화하였다.[24]

　취미수초와 모운진언의 법은 栢庵性聰(1631~1700)에게 이어졌다. 성총은 취미수초에게 의발을 전수받고 모운진언에게서 화엄학을 공부하였다. 그는 13세에 출가하고 18세에 지리산에 들어가 수초의 문하에서 9년간 수학하였다. 그 후 송광사·징광사·화엄사·쌍계사를 오가며 활동하면서 부휴계의 법통을 확립함으로써, 부휴계가 청허계와 더불어 조선후기 2대 문파로 발전하는데 결정적인 역할을 하였다.[25] 이는 1678년에 趙宗著(1631~1690)가 쓴 「松廣寺嗣院事績碑文」을 통해 확인할 수 있다.

　　금강산과 묘향산은 기이한 풍경으로 천하에 이름이 있지만 禪의 법맥을 이어가는 중요함에 있어서는 감히 이 송광사와 비견할 곳이 없다. 이 어찌 보조지눌이 그 기틀을 열었기 때문이 아니겠는가. … 근세에 부휴선수가 이 사찰에 주석하면서 벽암각성과 취미수초에게 법을 전하였는데 이 세 스님은 모두 도법을 천양하고 전각을 중수하여 여러 국사들이 주석할 때 보다 더 성대하였고 종파는 더욱 수승함이 있었다.[26]

---

23)　「翠微大師行狀」,『曹溪山松廣寺史庫』, 아세아문화사, 1983, 565쪽.

24)　晴峯秀暎, 「慕雲大老行蹟」,『華嚴品目間目貫節圖』(한불전 8, 377中~378中).

25)　김용태, 「浮休系'의 계파인식과 普照遺風」,『普照思想』 25, 보조사상연구원, 2006, 315~359쪽.

위의 글은 다른 사찰에 비해 송광사의 종파가 수승하다는 자부심이 반영된 것으로, 고려시대 普照知訥(1158~1210)의 유풍을 계승하면서 부휴선수 이후의 법맥을 중시하여 부휴계의 법통을 확립했다고 평가하였다. 또한 성총은 1681년 전라도 임자도에 떠내려 온 중국 표류선에서 佛書를 발견하고 지리산에서 간행하여 부휴계의 위상을 높이고 18세기 이후 불교계의 학문적 풍토에 큰 영향을 미쳤다.

성총이 표류선에서 발견한 불서는 명나라 말기부터 청나라 초기까지 중국에서 간행한 嘉興大藏經이었다. 일본에 수출할 상품을 싣고 출항했던 중국 상선이 태풍을 만나 임자도에 표착하였는데 그 표류선에 불서가 가득 있었던 것이다.[27] 성총은 표류선에 있던 1만권이 넘는 가흥대장경 가운데 일부를 수집하고 15종 167권을 간행하였다. 그리고 桂坡性能도 그 불서 간행에 참여하여 가흥대장경의 『華嚴玄談會玄記』(총40권)를 1695년에 지리산 쌍계사에서 復刻하였고[28], 그 서문과 발문을 백암성총이 썼다. 이 책은 당나라 淸凉澄觀(738~839)이 쓴 『華嚴玄談』을 원나라 普瑞가 주석한 것으로 조선후기 화엄학의 유행에 크게 기여하였다.[29]

백암성총의 가흥대장경 복각 사업은 그의 제자 石室明眼(1646~1710)과 無用秀演(1651~1719)의 도움으로 이루어졌고,[30] 또 명안의 제자 印

---

²⁶⁾ 「松廣寺嗣院事績碑文」(『曹溪山松廣寺史庫』, 29~30쪽). "楓岳妙香 以奇勝聞天下 而至於禪法嗣承之重 則無敢與此寺抗 豈非普照肇基而然也 … 近世有浮休善修者 繼居是寺 傳碧巖覺性翠微守初 三師皆闡揚道法 增務院宇 比諸國師時爲尤盛 而宗派則有殊焉".

²⁷⁾ 이종수, 「숙종 7년 중국선박의 표착과 백암성총의 불서간행」, 『불교학연구』 21, 불교학연구회, 2008, 259~295쪽; 이미정, 「명말 강남 사대부의 佛學 유행과 가흥대장경 開版」, 『명청사연구』 42, 명청사학회, 2014.10, 65~99쪽.

²⁸⁾ 『華嚴懸談會玄記』 卷34末에 "康熙乙亥(1695)智異山雙溪寺開刊"이라 되어 있고, 卷40末에 "板留于智異山雙磎寺 大化士 性能比丘"라고 되어 있다.

²⁹⁾ 김용태, 『조선후기 불교사 연구—임제법통과 교학전통』, 신구문화사, 2010, 241~272쪽; 강현찬, 「조선후기 화엄경소초의 판각과 화엄학의 성행」, 석사학위논문, 동국대학교대학원, 2015; 이종수, 「조선후기 화엄학의 유행과 그 배경」, 『불교학연구』 42, 불교학연구회, 2015, 59~82쪽.

湛에게로 이어졌다. 인담은 가홍대장경의 『注華嚴法界觀門』과 『因明入正理論解』를 1713~14년에 지리산 王山寺에서 복각하였는데, 그 발문을 수연이 썼다.31) 이러한 인담의 가홍장 복각은 백암성총의 遺志를 이은 것이라 볼 수 있다. 명안이 스승의 유지를 이어 가홍장 일부를 판각하려다가 뜻을 이루지 못하고 입적하자 그 제자가 복각한 것으로 짐작된다.

석실명안은 지리산 쌍계사 칠불암에서 염불결사를 주도하였다. 그의 행장에 의하면 70여 명의 뜻을 같이하는 사람들과 함께 『現行西方經』에 의거하여 극락정토에 왕생하기 위한 수행을 하였다고 한다.32) 그리고 무용수연은 1719년에 호남과 영남의 승려들로부터 화엄 강의를 요청받아 송광사에서 열린 화엄대회의 맹주가 되었다.33) 또한 수연의 제자 影海若坦(1668~1754) 역시 화엄교학에 능통하여 1750년에 있었던 화엄법회를 주관하였다.34)

한편 桂坡性能35)은 국내에서 가장 큰 규모의 법당인 화엄사 覺皇殿을 중건하였다. 그는 안동 鶴駕山 鳳停寺에서 출가하고 지리산 쌍계사로 와

---

30) 백암성총이 판각한 『화엄소초』의 경우는 징광사에서 1권~59권까지 판각하고, 대원암에서 60권~80권까지 판각했다. 대원암에서 판각한 총21권의 「入法界品」은 성총의 제자 석실 명안이 주도하여 판각한 것이다. 明眼의 「新刻華嚴疏鈔後跋」(大源庵 刻成 『華嚴疏鈔』 제80권) 참조.

31) 「重刊華嚴法界觀門跋」(1713年 刊 『注華嚴法界觀門』), 「重刊因明論跋」(1714年 刊 『因明入正理論解』).

32) 「石室先師行狀附」, 『百愚隨筆』(『한국불교전서』 9, 167쪽).

33) 「無用堂大禪師行狀」, 『無用堂遺稿』(『한국불교전서』 9, 366쪽).

34) 「影海大師行狀」, 『影海大師詩集抄』(『한국불교전서』 9, 485쪽).

35) 계파성능의 생몰년은 알려져 있지 않다. 그는 1728년에 이미 "扶宗樹敎傳佛心燈福國祐世廣濟衆生悲智普照解行雙運圓融無礙一切種善禪敎都揔攝兼八方都僧統弘覺登階國一紫都大禪嘉義大夫八道都揔攝兼僧大將"이라는 시호를 사용하고 있으며(『한국불교전서』 11, 523쪽), 1769년에 세워진 「海印寺事蹟碑」에 "桂坡聖能 造武陵橋 伐石紀功 爲念未竪而入寂 今於事蹟碑用之"라고 하였으므로 17세기 중엽에 태어나 18세기 초중반에 입적한 것으로 보인다.

서 1695년(숙종 21)에 백암성총의 가흥대장경 복각 사업에 참여한 바 있었다. 각황전은 1699년(숙종 25)에 공사를 시작하여 1702(숙종 28)년에 완성되었다. 원래 각황전 자리에는 신라 말 화엄석경으로 지은 丈六殿이 있었으나 정유재란으로 소실된 후 방치되어 있던 것을 성능이 발원하여 재건한 것이었다. 이와 관련하여 재미있는 설화가 전한다.

계파대사는 벽암대사의 위업을 이어 화엄사 근본 전각인 丈六殿의 중창불사에 나섰지만 화주를 해올 길이 막막하였다. 밤새 기도하는데, 한 노인이 나타나 "걱정 말고 내일 화주를 하러 떠나 맨 먼저 만나는 사람에게 시주를 권하면 되리라"고 하였다. 다음날 길을 가다가 어떤 거지 노파를 만났다. 대사는 난감하였으나 꿈속 노인이 일러준 대로 장륙전 건립 시주를 권하면서 꿈 이야기를 하였다. 거지 노파는 눈물을 흘리며 "내 몸이 죽어 왕궁에 새로 태어나 불사를 성취하리니 문수대성은 가피를 내리시리라"는 서원을 남기고 옆에 있던 늪에 몸을 던졌다. 몇 년 뒤 계파대사가 볼 일이 있어서 서울에 갔다. 길에서 어린 공주를 만났는데 공주는 대사를 보자마자 반가워하며 달려와서 매달렸다. 공주는 태어날 때부터 한쪽 손을 꼭 쥔 채 펴지 않았는데 대사가 안고 손을 만지니 신기하게도 손이 펴졌다. 그런데 그 안에는 '장륙전'이라는 세 글자가 씌어 있었다. 이 소식을 들은 숙종은 대사를 불러 자초지종을 듣고 감격하여 장륙전 건립을 허락하였다.36)

위의 설화를 사실 그대로 믿을 수는 없겠지만, 1701년(숙종 27)에 蔡彭胤(1669~1731)이 쓴 상량문에 의하면, 1694년에 탄생한 延礽君(영조)이 願堂 大施主이고 그 어머니인 숙빈 최씨가 成造 大施主로 기록되어 있다. 즉 각황전은 왕실로부터 지원을 받아 지어진 것이었다. 그리고 각황전 현판에는 "癸未孟夏刑曹參判李震休書(1703년 4월 형조참판 이진휴가 쓰다)"라

---

36) 정병삼 외,『화엄사』, 대원사, 2005, 35~38쪽.

고 되어 있다. 글씨를 쓴 이진휴(1657~1710)는 당대 최고의 명필가로 알려져 있다.

계파성능이 각황전을 성공적으로 건립한 후 그의 이름이 조정에 알려지게 되었고, 1711년(숙종 37)에는 팔도도총섭이 되어 승병을 이끌고 북한산성을 축성하였다. 앞서 언급하였듯이, 벽암각성이 팔도도총섭이 되어 남한산성을 축성하였는데, 수십 년이 지난 후 화엄사에 머물던 계파성능이 팔도도총섭이 되어 북한산성을 축성한 것이다. 이는 당시 화엄사와 왕실의 인연이 17세기 중반 이후 지속적으로 이어지고 있음을 나타내는 것이라고 할 수 있다. 성능은 30여 년 간 북한산성 내에 있는 重興寺에 머물다가 북한산의 지리와 산성의 시설에 관해 직접 기록한『北漢誌』를 당시 도총섭이었던 瑞胤에게 인계하고 1745년(영조 21)에 다시 화엄사로 돌아와서 머물렀다. 그리고 1750년(영조 26)에는 통도사의 釋迦如來舍利塔碑를 세우고 戒壇塔을 증축하였다.

이처럼 부휴계는 벽암각성과 백암성총, 그리고 계파성능 이후 크게 발전하여 그 제자들이 전국적으로 확대되었다. 하지만 부휴계의 중심은 여전히 지리산에 있었다. 18세기 중반 黙庵最訥(1717~1790)은 부휴계로서 백암성총의 비석을 세우는 등 부휴계의 법통을 재확립하였다. 그는 14세에 낙안 澄光寺에서 출가하여 楓巖世察(1688~1758)의 법을 이었다. 현존하는 그의 저술로『諸經會要』가 있는데 주요 교학의 내용을 도식화하여 科目으로 나눈 것이다. 그 가운데「華嚴十例科欲顯難思圖」는 징광사에서 간행한『華嚴經疏鈔』를 순서에 따라 과목을 나눈 것으로, 화엄을 배우는 자들에게 공부의 길을 제시해주었다. 이 외에도 화엄의 심성을 논한『심성론』이 있었다고 하지만 현전하지 않는다.37) 이『심성론』에 대해서는 청허계 蓮潭有一(1720~1799)이 쓴「심성론서」에서 당시 불교계에서 벌어진

---

37) 이능화,『朝鮮佛敎通史』下編, 新文館, 1918, 896쪽.

심성논쟁의 전말을 유추할 수 있다. 즉 法身의 一心과 多心에 대한 논쟁을 정리한 것이『심성론』이라는 것이다.[38] 청허계의 유일은 일심을 주장하고, 부휴계의 최눌은 다심을 주장하였다. 더 이상 그 자세한 내막을 알 수는 없지만, 조선후기 지리산 인근에서 벌어진 부휴계와 청허계의 불교철학 논쟁이었다는 점에서 그 의미가 크다고 할 수 있다.

묵암최눌 이후에도 부휴계는 송광사와 선암사를 비롯하여 화엄사, 쌍계사 등의 지리산문화권을 거점으로 활동했으며, 인근의 흥국사와 능가사 등도 부휴계의 주요 사찰이었다. 이렇게 보면 19세기까지 지리산을 중심으로 남부지방의 주요 사찰들을 부휴계가 장악하고 있었음을 알 수 있다.

IV. 부휴문파 지리산 활동의 불교사적 의의

부휴계의 지리산 정착은, 앞서 살펴보았듯이, 부휴선수가 지리산에서 수행했고 그 제자들이 지리산을 근거지로 삼았던 데서 비롯된 것이었다. 하지만 문파의 정착이 한국불교사에서 의미를 가지게 된 이유는 국가의 불교 정책과 밀접한 연관을 가지고 있다.

조선전기 조정은 崇儒抑佛 정책을 시행하여 국가기구로서의 佛敎宗團·僧錄司·僧科를 폐지함으로써 官僚에서 승려를 배제하였다. 이로써 승려는 더 이상 지배층이 되지 못하고 백성의 일원으로서 자립의 길을 모색해야 했다. 신분에 있어서, 승려들은 관료가 될 수 없었으므로 양반이 아니었지만, 그렇다고 천민도 아니었다. 넓은 의미에서 良人으로 볼

---

38) 이종수, 「조선후기 불교계의 心性 논쟁 — 雲峰의『心性論』을 중심으로」,『普照思想』29, 보조사상연구원, 2008, 261~293쪽; 김용태, 「조선후기 불교의 심성 인식과 그 사상사적 의미」,『한국사상사학』32, 한국사상사학회, 2009, 403~434쪽.

수 있겠지만 속세를 벗어난 사람들이었으므로 세속적 통치 영역에서 분리되어 있었다. 그래서 국가는 승려들에게 貢賦의 의무 외에 租稅나 徭役을 면제해주면서도 결혼과 같은 俗世적인 행동에서는 제약을 가하였던 것이다.[39] 그들은 非俗人으로서 유교적 통치질서에서 배제되어 갔다. 그리고 성리학적 가치관으로 무장한 유학자들은 승려에 대해 임금에게 충성을 다하지 않으며 부모를 버리고 떠나서 無爲徒食하는 쓸모없는 존재로 인식하였다. 忠孝를 절대적 가치로 여기는 유학자들에게 불교의 출가는 용납하기 어려운 행위였던 것이다. 이러한 유학자의 불교에 대한 반감은 임진왜란과 병자호란 이후 크게 변화하였다.

1592년 임진왜란이 일어나자 산 속에서 수행하던 승려들이 무기를 들고 나와 임금을 위해 목숨을 걸고 싸웠다. 청허휴정이 팔도도총섭이 되고 四溟惟政(1544~1610)과 靈圭騎虛(?~1592)를 비롯하여 전국 4천여 명의 승려들이 僧軍에 참여하였다. 이에 부모를 떠나 출가한 승려들에 대해 인륜도 모르는 자들이라고 비난했던 유학자들은 목숨을 걸고 싸우는 義僧兵의 활약을 목격하고 불교에 대한 생각을 바꾸게 되었다.[40] 승려는 미신을 믿고 무위도식하는 쓸모없는 존재가 아니라, 平時에는 깨달음을 위해 좌선하고, 戰時에는 임금을 위해 충성하는 수행자로 인식되었던 것이다. 승려들의 국가를 위한 헌신은 임진왜란으로 끝나지 않고, 남한산성이나 북한산성의 축조에 참여하였으며, 또 병자호란이 일어났을 때에도 수천 명이 서울을 향해 진격했던 데서 그 진의를 알 수 있었다.

두 차례에 걸친 전쟁의 혼란을 수습하고 17세기 중반 이후 사회가 점차 안정기에 접어들 무렵 불교 역시 지방을 중심으로 새로운 발전을 이

---

[39] 조우영, 『경국대전의 신분제도』, 한국학술정보, 2008, 100~124쪽.

[40] 손성필, 「17세기 전반 高僧碑 건립과 조선 불교계」, 『한국사연구』 156, 한국사연구회, 2012, 145~190쪽; 이종수, 「17세기 유학자의 불교인식 변화」, 『보조사상』 37, 보조사상연구원, 2012, 257~292쪽.

록하고 있었다. 조선전기에는 왕실의 崇佛과 抑佛의 부침에 따라 불교계가 요동쳤지만, 17세기 이후 불교계는 더 이상 정권에게 불교종단이나 승록사와 같은 국가기구를 요구하지 않고 지방에 은거하였기 때문에 정치적 영향을 덜 받았다. 유학자들도 더 이상 불교를 없애야 한다는 상소를 올리지 않았다. 승려들은 지방에 터전을 잡고 수행과 강경에 열중했는데, 그 대표적인 곳으로 묘향산, 금강산, 팔공산, 가야산, 지리산, 두륜산 등을 들 수 있다. 흔히 조선불교를 山中佛敎라고 말하듯이 여러 명산의 큰 사찰을 중심으로 수백 명의 승려들이 수행하면서 불교의 慧命을 이어갔다.

불교계는 청허휴정의 문파인 淸虛系와 부휴선수의 문파인 浮休系로 양분되어 발전하였다. 청허계는 전국의 명산을 중심으로 그 세력을 확장하였으며 四溟惟政, 靜觀一禪(1533~1608), 逍遙太能(1562~1649), 鞭羊彦機의 문파가 가장 번성하였다. 사명유정은 청허휴정의 嫡傳이라고 할 수 있지만 그 문파는 별로 번성하지 못했다. 1743년(영조 19)에 표충의 사액을 받아 밀양에 표충사를 건립하여 경상도 일대에서 그 명맥을 유지하였던 것으로 보인다. 정관일선의 문파는 대체로 호남 지역을 근거지로 활동하면서 부휴계 등과 교류를 하였던 것으로 보이지만, 18세기 이후는 문파의 활동이 거의 확인되지 않는다.41) 그리고 소요태능의 문파는 지리산을 중심으로 활동하였는데, 청허계 문파 중에서 부휴계와 가장 친밀하게 교류했던 것으로 보인다. 지리산권 여러 사찰에서 부휴계와 소요문파의 부도가 함께 발견되고 있는데서 짐작할 수 있다. 마지막으로 편양언기의 문파는 청허계 가운데 가장 번성했던 문파였다. 흔히 조선후기 전국 사찰의 2/3를 청허계가 장악하였고42) 그중에서도 편양문파가 대부분이었다고 평가한다. 그야말로 명산의 명찰에는 편양문파가 법맥을 이어갔다고 해도

---

41) 김용태, 「조선후기 불교의 심성 인식과 그 사상사적 의미」, 『한국사상사학』 32, 한국사상사학회, 2009, 126~128쪽.

42) 김영수, 「講經에 專業」, 『朝鮮佛敎史』, 필사본, 20세기 초.

과언이 아닐 것이다. 그리고 그 대표적인 사찰은 묘향산의 보현사, 금강산의 유점사와 건봉사, 팔공산의 동화사, 두륜산의 대흥사이다.

한편, 부휴계는 전국에 그 문도가 활동하기는 했지만 청허계에 비견할 만큼 큰 세력을 형성하지는 못했고, 그 중심 활동영역은 지리산 일대였다. 부휴계에게 있어서 지리산은 정치 중심지인 서울로부터 멀리 벗어나 불교 고유의 목적인 깨달음을 추구하는 터전이었던 것으로 생각된다. 고려시대 보조지눌이 그러했듯이 한반도 최남단으로 내려와 수행에만 전념할 수 있는 최적지로 인식되었을 것이다. 부휴계 사찰의 禪院·講院·念佛院에는 수백 명의 승려들이 모여들었고, 그들은 부휴계 문파의 일원이 되어 불교 전통을 이어갔다. 현재까지 청허계와 부휴계의 사상적 특징을 구분할 수 있는 증거가 밝혀진 바 없지만, 부휴계가 한국불교의 전통이라고 할 수 있는 修禪과 敎學과 念佛의 수행전통을 근대까지 가장 잘 유지해왔던 것으로 보인다. 특히 부휴계의 宗刹이라고 할 수 있는 송광사는 18세기 이래 三寶 사찰 가운데 僧寶 사찰로 불리고 있으며, 佛寶 사찰의 통도사와 法寶 사찰의 해인사에도 부휴계의 흔적들이 발견된다. 게다가 오늘날 조계종의 본사 중의 하나인 화엄사와 쌍계사는 부휴계가 가장 활발하게 활동했던 사찰이다. 비록 일제강점기와 한국전쟁을 거치면서 지리산의 많은 사찰들이 파괴되고 부휴계의 법맥이 끊어지기는 했지만 한국불교사에서 부휴계의 역할은 청허계에 못지않다고 생각된다. 필자는 조선후기 부휴계의 지리산 활동이 한국불교의 전통을 가장 잘 보여주는 모습이 아닐까 생각한다. 이러한 의미에서 그 불교사적 의의를 높이 평가하는 바이다.

저자 약력

강정화(姜貞和)

현 국립경상대학교 경남문화연구원 인문한국(HK)교수. 한국한문학 전공. 국립경상대학교 한문학과 문학박사. 경남문화연구원 학술연구교수 역임. 저역서로는『선인들의 지리산 유람록 1−6』(공역),『지리산, 인문학으로 유람하다』(공저),『거문고에 새긴 외금내고, 청도 탁영 김일손 종가』등 십여 권이 있으며, 연구논문으로는「한말 지식인의 지리산 유람」,「지리산유람록 연구의 현황과 과제」등 30편이 있다.

최영성(崔英成)

현 한국전통문화대학교 교수(교학처장). 한국철학전공. 성균관대학교 철학과 문학박사. 저서로『한국유학통사』전3권,『고운 최치원의 철학사상』,『한국의 금석학』,『되짚어 본 한국사상사』,『역주 최치원 전집』등 20여 권의 저서, 역서와 100여 편의 논문이 있다.

정우락(鄭羽洛)

현 경북대학교 국어국문학과 교수. 고전비평 전공. 경북대학교 국어국문학과 문학박사. 저역서로는『남명학의 생성공간−용처럼 나타나고 우레처럼 소리쳐라』,『동강 김우옹』,『경북의 유학과 선비정신』등이 있으며, 연구논문으로는「월천 조목의 국토 기행과 그 시적 형상」,「조선시대 선비들의 풍류방식과 문화공간 만들기」,「남명 조식의 ‘물’ 인식과 인문정신」등이 있다.

최석기(崔錫起)

현 국립경상대학교 한문학과 교수. 한국경학 전공. 성균관대학교 한문학과 문학박사. 한국고전번역원 전문위원 역임. 저역서로는『선인들의 지리산 유람록 1−6』(공역),『남명과 지리산』,『남명정신과 문자의 향기』,『덕천서원』,『한국경학가사전』,『조선시대 대학도설』,『조선시대 중용도설』등 40여 권이 있으며, 연구논문으로는「성호 이익의 시경학」,「남명의 성학과정과 학문정신」등 100편이 있다.

윤인현(尹寅鉉)

현 인하대학교, 교양교육원 교수. 한시비평 전공. 서강대학교 국어국문학과 문학박사. 저역서로는 『한국한시비평론』, 『한국 한시 비평론과 한시 작가 · 작품론』, 『한문학연구』 등이 있으며, 연구논문으로 「이규보의 굴원불의사론에 나타난 역사의식의 문제점」, 「송강 정철의 한시에 나타난 용사와 점화」, 「송강 정철의 한시에 나타난 용사와 점화」 등이 있다.

이상필(李相弼)

현 국립경상대학교 한문학과 교수. 한문산문 전공. 고려대학교 국어국문학과 문학박사. 저역서로는 『남명의 삶과 그 자취 1』, 『남명학파의 형성과 전개』, 『한강 정구』(공저)등이 있으며, 연구논문으로는 「河世應 宗家 所藏 辨誣의 內容과 그 意義－鄭仁弘의 李滉 批判을 중심으로」, 「南冥學派의 展開過程에서 來庵 鄭仁弘에 대한 認識 再考」 등이 있다.

김진욱(金晋郁)

현 조선대학교 자유전공학부 교수. 한시 전공. 조선대학교 국어국문학과 문학박사. 저역서로는 『智異山圈 寺刹 題泳詩』, 『향가문학론』, 『송강 정철 문학의 재인식』 등이 있으며, 연구논문으로는 「梅泉 自然詩에 投映된 近代性 硏究」, 「智異山圈 寺刹 題泳詩에 投影된 佛敎 空間 認識 硏究－朝鮮時代 儒者들의 作品을 中心으로」, 「松江 漢詩의 理想鄕 모티프 酒夢·鶴 硏究」 등이 있다.

최원석(崔元碩)

현 국립경상대학교 경남문화연구원 인문한국(HK)교수. 지리학 전공, 고려대학교 대학원 지리학과 문학박사. 저역서로는 『사람의 산 우리 산의 인문학』, 『한국의 풍수와 비보』 등이 있으며, 연구논문으로는 「지리산유람록에 나타난 주민생활사의 역사지리적 재구성」, 「한국의 산 연구전통에 대한 유형별 고찰」 등이 있다.

이종수(李鐘壽)

현 국립 순천대학교 지리산권문화연구원 인문한국(HK)교수. 한국불교사 전공. 동국대 사학과 문학박사. 동국대 불교학술원 조교수 역임, 역서로는 『운봉선사심성론』(동국대출판부, 2011), 공저로는 『사지자료집－대흥사편①』(동국대출판부, 2014), 논문으로는 「숙종 7년 중국선박의 표착과 백암성총의 불서간행」, 「조선후기 불교 이력과목의 선정과 그 의미」, 「조선후기 가흥대장경의 복각」, 「조선후기 화엄학의 유행과 그 배경」, 「16–18세기 유학자의 지리산 유람과 승려 교류」 등이 있다.

김방룡(金邦龍)

현 충남대학교 철학과 교수. 한국불교철학 전공. 원광대학교 불교학과 문학박사. 저서로는 『불교수행법』, 『보조 지눌의 사상과 영향』, 『한국불교의 전개 및 근 현대 불교계의 동향』 등이 있으며, 연구논문으로는 「근 현대 한국불교에 나타난 생활불교의 유형과 미래 재가 불교의 방향」, 「鏡虛惺牛의 禪사상과 불교사적 위상」, 「〈금강경〉과 원불교 사상 — 원불교와 불교의 새로운 관계모색을 제안하며」 등이 있다.

지리산인문학대전14 토대연구04
지리산권 인물의 삶과 정신

초판 1쇄 발행 2015년 6월 25일

엮은이 ㅣ 국립순천대 · 국립경상대 인문한국(HK) 지리산권문화연구단
펴낸이 ㅣ 윤관백
펴낸곳 ㅣ 도서출판 **선인**

등록 ㅣ 제5-77호(1998.11.4)
주소 ㅣ 서울시 마포구 마포대로 4다길 4(마포동 324-1) 곳마루빌딩 1층
전화 ㅣ 02)718-6252 / 6257
팩스 ㅣ 02)718-6253
E-mail ㅣ sunin72@chol.com
Homepage ㅣ www.suninbook.com

정가   30,000원
ISBN   978-89-5933-896-2   94910
       978-89-5933-920-4   (세트)

· 이 책은 2007년 정부(교육과학기술부)의 재원으로 한국연구재단의 지원을 받
  아 수행된 연구임(KRF-2007-361-AM0015)

· 잘못된 책은 바꾸어 드립니다.